D1699720

Schlosser
EuGVÜ

EuGVÜ

Europäisches Gerichtsstands- und
Vollstreckungsübereinkommen
mit Luganer Übereinkommen
und den Haager Übereinkommen über
Zustellung und Beweisaufnahme

erläutert von

Dr. Peter F. Schlosser

Ordentlicher Professor
an der Ludwig Maximilians Universität
München

C. H. Beck'sche Verlagsbuchhandlung
München 1996

Zitiervorschlag: Schlosser EuGVÜ/LÜ bzw. EuGVÜProt
(für Protokoll zum EuGVÜ) bzw. EuGVÜLuxprot
(für Luxemburger Auslegungsprotokoll) bzw. EuGVÜ/HZÜ
(für Haager Zustellungsübereinkommen) bzw. EuGVÜ/HBÜ
(für Haager Beweisaufnahmeübereinkommen)

Die Deutsche Bibliothek – CIP-Einheitsaufnahme

Schlosser, Peter F.:
EuGVÜ : Europäisches Gerichtsstands- und Vollstreckungs-
übereinkommen mit Luganer Übereinkommen und den
Haager Übereinkommen über Zustellung und Beweis-
aufnahme / von Peter F. Schlosser. – München : Beck, 1996
ISBN 3 406 41078 2

ISBN 3 406 41078 2

Satz und Druck: C. H. Beck'sche Buchdruckerei, Nördlingen
Gedruckt auf säurefreiem, alterungsbeständigem Papier
(hergestellt aus chlorfrei gebleichtem Zellstoff)

Vorwort

Das Buch dient dem Anliegen, allen jenen eine Orientierungshilfe zu sein, die es mit dem zu tun haben, was man, gerafft formuliert, das transnationale Zivilprozeßrecht in Europa nennen könnte. Streng genommen lassen sich als „europäisch" freilich nur jene Teile des geltenden Zivilprozeßrechts ansprechen, die einen europarechtlichen Geltungsgrund haben. Neben der EMRK, die im „Straßburger" Europarecht verwurzelt ist, ist dies das von Brüssel ausgehende europäische Zivilprozeßrecht in Gestalt des EuGVÜ und seiner Nebenübereinkommen, deren territorialer Anwendungsbereich heute formell außer den sechs Gründungsstaaten der EWG alle Mitgliedstaaten der EU, außer den ganz neuen, umfaßt.

Mit einer so engen Sicht würde man jedoch auseinanderreißen, was praktisch zusammengehört. Einer übernational geregelten justiziellen Arbeitsteilung in Europa bedarf es auch bei der amtlichen Zustellung in Zivilsachen und der Informationsbeschaffung für zivilgerichtliche Verfahren, etwas verkürzt „Beweisaufnahme" genannt. Da insoweit in Gestalt der beiden Haager Übereinkommen das Entstehen einer über Europa hinausreichenden transnationalen Rechtsgrundlage absehbar war, hatte man schon im Europa der Sechs darauf verzichtet, in diesem Bereich etwas Eigenständiges, „Europäisches" zu schaffen, obwohl ein insoweit antiquiertes Souveränitätsdenken zu sehr ärgerlichen Umständlichkeiten und vermeidbaren Risiken bei der grenzüberschreitenden Urteilsanerkennung geführt hat. Da die beiden Haager Übereinkommen aber in den Staaten des europäischen Kontinents ihr Hauptanwendungsfeld im intraeuropäischen Justizverkehr haben, sind sie und ihre Erläuterung in dieses Werk mit aufgenommen worden, ohne daß dieser Anlaß dem Verfasser Grund gewesen wäre, auf die Vermittlung solchen Anschauungsmaterials zu verzichten, das außerhalb des inner-europäischen Justizverkehrs entstanden ist.

Das Regelungswerk von Lugano – bestehend aus dem Luganer Übereinkommen und zwei ergänzenden Protokollen – fällt völlig aus der Tradition der übernationalen Rechtsgrundlagen des internationalen Zivilprozeßrechts (und auch des internationalen Privatrechts) heraus. Es ist, dem EuGVÜ und seinen Nebenakten fast vollständig nachgebildet, als Ergänzung zu den internationalen Übereinkommen über den Europäischen Wirtschaftsraum ge-

Vorwort

dacht, nur zwischen den Staaten der damals erweiterten EG und den EFTA Staaten (Finnland, Island, Norwegen, Schweden, Schweiz – in Österreich noch nicht in Kraft) geschlossen und soll dem Beitritt weiterer Mitgliedsstaaten außerhalb des Europäischen Wirtschaftsraums offenstehen. Eine Sonderstellung nimmt nur die Schweiz ein, die zwar Vertragsstaat (und Depositarmacht) des Luganer Übereinkommens ist, aber aufgrund einer Volksabstimmung das übrige Vertragswerk zum Europäischen Wirtschaftsraum nicht angenommen hat.

Die Kommentierung ist, der Buchreihe entsprechend, in der sie erscheint, auf eine platzsparende Darstellungsform angelegt. Die Rechtssprechungsnachweise sind ausführlich, auch was Judikate aus dem nicht-deutschen Sprachraum anbelangt. Literatur ist nur insoweit berücksichtigt, als sie nicht durch wohlbegründet erscheinende Rechtsprechung bestätigt oder durch die Judikatur des EuGH überholt ist, die sich durchgesetzt hat. Lediglich berichtende Literatur ist nicht berücksichtigt, auch wenn sie die sprachliche Form der Zustimmung zur Rechtsprechung des EuGH angenommen hat. Die Abkürzungen auch von fremdsprachigen Publikationsorganen oder Sammelwerken sind knapp gehalten, aber durch ein Abkürzungsverzeichnis erläutert. Die Urteile des EuGH sind in einem eigenen Register aufgeführt, in dem alle deutschsprachigen Parallelfundstellen und Entscheidungsanmerkungen festgehalten sind. Die meisten Entscheidungen des EuGH sind mit dem Zusatz des Namens einer der Prozeßparteien versehen. Der schon Kundige weiß dann die Entscheidung sofort auch im übrigen einzuordnen.

Trotz des Charakters dieses Erläuterungsmerkmals eines Kurzkommentars sind zahlreiche, bisher unerörterte Probleme angesprochen. Auch hat der Verfasser gelegentlich kritische Distanz zu vorherrschenden Sichtweisen nicht unterdrückt.

Ich schulde vielfältigen Dank. Frau Dr. Bachmann und Herr Rechtsreferendar Pörnbacher haben mir in letzter Minute, als eine Umorganisation der Arbeit zu diesem Buch nötig wurde, durch Anfertigung von gut verwertbaren Entwürfen große Hilfe geleistet. Letzterer, Frau Rechtsreferendarin Pörnbacher und Herr Rechtsreferendar Halfmann haben mich bei der Zusammenstellung von Literatur und Rechtsprechung und bei der Durchsicht der Manuskripte hervorragend unterstützt sowie die Register angefertigt. Frau Schlieper und Frau Isabell Conrad haben sich durch liebevolle Schreibarbeit verdient gemacht.

Inhaltsverzeichnis

Abkürzungsverzeichnis

Abkürzungen

X

Abkürzungen

LG	Landgericht
L. R.	Lloyds Law Reports
LÜ	Lugano-Übereinkommen über die gerichtliche Zuständigkeit und Vollstreckung gerichtlicher Entscheidungen in Zivil- und Handelssachen (16. 9. 1988)
MDR	Monatsschrift für Deutsches Recht
n. c. pr. c.	nouveau Code de la procédure civile
NJW	Neue Juristische Wochenzeitung
NJWRR	NJW-Rechtsprechungs-Report
OHG	Offene Handelsgesellschaft
OLG	Oberlandesgericht
OLGZ	Entscheidungen der Oberlandesgerichte in Zivilsachen
Q. B.	Queen's Bench Division, High Court of Justice
RabelsZ	Rabels Zeitschrift für ausländisches und internationales Privatrecht
Rec. des Cours	Recueil des Cours (Académie de Droit international)
Rev. crit.	Revue critique de droit international privé
RG	Reichsgericht
RGBl.	Reichsgesetzblatt
RGZ	Entscheidungen des Reichsgericht in Zivilsachen
Riv. dir. int.	Rivista di diritto internazionale
Riv. dir. int. priv. proc.	Rivista di diritto internazionale privato e processuale
RIW	Recht der Internationalen Wirtschaft
Rn	Randnummer
Rpfleger	Der Deutsche Rechtspfleger
Rs	Rechtssache
SchKG	Gesetz über Schuldbetreibung und Konkurs
schwZGB	(Schweizer)Zivilgesetzbuch
sec.	section
SJZ	Schweizerische Juristen-Zeitung
SZIER	Schweizerische Zeitschrift für internationales und europäisches Recht
Trib.	Tribunal
Trib. App.	Tribunal d'Appel
Trib. cant.	Tribunal cantonal
Trib. trav.	Tribunal du travail

Abkürzungen

Einleitung

I. Das Gefüge des Regelungswerks, erläutert anhand der Chronologie seiner Entstehung

1. Die Grundlage des EuGVÜ in den Römischen Verträgen

Ausgangspunkt dessen, was man heute „europäisches" Zivilpro- **1** zeßrecht nennt, ist Art. 220 EWGV gewesen. Er lautet:

> „Soweit erforderlich, leiten die Mitgliedsstaaten untereinander Verhandlungen ein, um zugunsten ihrer Staatsangehörigen folgendes sicherzustellen: ... Die Vereinfachung von Förmlichkeiten für die gegenseitige Anerkennung und Vollstreckung richterlicher Entscheidungen und Schiedssprüche".

An der Notwendigkeit solcher Verhandlungen hatte im Prinzip niemand gezweifelt. Die Defizite des Genfer Abkommens über die Anerkennung und Vollstreckung von Schiedssprüchen von 1927 waren offenbar. Das UN-Übereinkommen über die Anerkennung und Vollstreckung von Schiedssprüchen von 1958 gab es noch nicht. Ein multinationales Übereinkommen über die wechselseitige Anerkennung und Vollstreckung von Gerichtsentscheidungen fehlte ebenso wie auch nur ein geschlossenes, nach einheitlichen Prinzipien geflochtenes Netz bilateraler Staatsverträge. Im Laufe der Verhandlungen, die schließlich zum EuGVÜ führten, Rn 5 ff, kam es aber zu drei sehr einschneidenden Abweichungen von dem, was die Schöpfer von Artikel 220 EWGV vor Augen hatten.

a) Inzwischen hatte sich der weltweite Erfolg des UN- (oder **2** New Yorker) Übereinkommens über die Anerkennung und Vollstreckung von Schiedssprüchen schon abgezeichnet. Daher verzichtete man auf eine Regelung der Anerkennung von Schiedssprüchen, Art. 1 Rn 23 ff. Tatsächlich gilt dieses Übereinkommen heute in allen Vertragsstaaten des EuGVÜ und des LÜ.

b) Vor allem aber mußte man entdecken, daß der unbefriedigen- **3** de Zustand in der transnationalen Durchsetzung von Gerichtsentscheidungen nicht nur in übertriebenen „Förmlichkeiten" lag. Vielmehr konnte nach jeweiligem autonomen oder bilateralem Staatsvertragsrecht die Anerkennung eines Urteils in einem anderen als dem Ursprungsstaat auch substantiell scheitern, was den obsiegen-

1

den Teil fast immer rechtlos stellte. Allerdings zeigt das Recht in den USA auch heute noch, daß selbst in einem Bundesstaat gerichtliche Entscheidungen aus einem der Gliedstaaten nicht überall im Bund vorbehaltslos anerkannt und vollstreckt zu werden brauchen. In Europa ist die Entwicklung jedenfalls noch lange nicht so weit (gewesen), daß man ein einheitliches Justizterritorium hätte ins Auge fassen können. So kehren auch im EuGVÜ die klassischen „Anerkennungsversagungsgründe" fast vollständig und in einer heute fast kleinlich anmutenden Weise wieder, Art. 27, 28. Der ärgerlichste von allen erscheint dort aber nicht mehr. Ob das Gericht des Ausgangsstaates international zuständig war, ist im Anerkennungs- und Vollstreckungsstaat nur noch bei Entscheidungen in einigen Spezialmaterien zu überprüfen, in der Masse der Fälle nicht mehr.

Eine solche, in der damaligen Zeit bewundernswert mutige Entscheidung erzwang aber die Verwirklichung einer Vorbedingung, die in Art. 220 EWGV durchaus nicht angelegt war: Man konnte es den einzelnen Staaten nicht mehr überlassen, die internationale Zuständigkeit ihrer Gerichte eigenverantwortlich zu regeln. Man mußte im Bereich der EWG ein **neues, einheitliches System der internationalen Zuständigkeit** schaffen, das die nationalrechtlichen Vorschriften verdrängte. Damit konnte und kann es nicht mehr dazu kommen, daß das Gericht des Ursprungsstaates nach seinem Recht internationale Zuständigkeit unter solchen Umständen in Anspruch nimmt, die dem Anerkennungs- und Vollstreckungsstaat als Legitimationsgrundlage hierfür untragbar erscheinen. Zum Ärgernis im Anerkennungs- und Vollstreckungsstaat kann es nur noch dann kommen, wenn das Gericht im Ausgangsstaat irrtümlich seine internationale Zuständigkeit annahm. Solche Irrtümer aber kann man in der europäischen Solidargemeinschaft des Rechts in gleicher Weise ertragen, wie man im innerstaatlichen Bereich aus der irrtümlichen Annahme der örtlichen Zuständigkeit eines Gerichtes – im Bundesstaat der regionalen Zuständigkeit im Mitgliedstaat – außerhalb des normalen Rechtsmittelzugs keine Weiterungen mehr zieht, ganz im Gegenteil häufig (Bsp: §§ 512a ZPO) nicht einmal die Möglichkeit einer Korrektur durch Rechtsmittel erlaubt.

4 c) Internationale Zuständigkeit läßt sich außerhalb des familienrechtlichen Bereichs in unseren Tagen nicht mehr an die Nationalität einer der Parteien anknüpfen. Daher haben die Verfasser des EuGVÜ nicht nur „zugunsten der Angehörigen ihrer Staaten" gehandelt. Vielmehr haben sie den allgemeinen internationalen Gerichtsstand an den Wohnsitz – leider nicht: an den gewöhnlichen Aufenthalt – des Beklagten und besondere internationale Gerichtsstände an die traditionellerweise hierfür anerkannten Kriterien geknüpft sowie die Erleichterung der Anerkennung und Vollstreckung von Entscheidungen unabhängig davon gestellt, ob sie Angehörigen eines Mitgliedstaates oder auch nur ihren Eingesessenen zugute kommt.

2. Die Entstehungsgeschichte des EuGVÜ in seiner ursprünglichen Fassung

Auf Initiative der Kommission setzten die sechs damaligen Mitgliedstaaten 1960 einen Sachverständigenausschuß ein, dem je ein Experte aus dem zuständigen Ministerium (meist das Justizministerium), Vertreter der Kommission und, u. a., Beobachter der Haager Konferenz für Internationales Privatrecht angehörten. Den Vorsitz hatte der damalige Ministerialdirektor im Bundesjustizministerium, *Bülow*, inne. Berichterstatter, Rn 22, war der belgische Delegierte *Jenard*. Die Arbeit währte sechs Jahre. Unterzeichnet wurde das Übereinkommen am 27. 9. 1968 auf einer Sitzung des Ministerrats. In Kraft getreten ist es nach seinem Art. 62 am 1. 2. 1973. In gleicher Weise ist eine schlicht „Protokoll" genannte Zusatzvereinbarung zustande gekommen, die einige Vorschriften enthält, welche aus optischen Gründen nicht im EuGVÜ selbst stehen sollten, weil sie Kleinigkeiten und Kleinlichkeiten (Zugeständnisse an einzelne Staaten) betreffen.

3. Das Auslegungsprotokoll vom 3. 6. 1971

Das sogenannte „Luxemburger" Auslegungsprotokoll, unterzeichnet auf einer Sitzung des Ministerrats in Luxemburg, ist erst zweieinhalb Jahre später in Kraft getreten (Lit: Zur Rechtsprechung des EuGH *Linke* RIW 85, 1ff; Beil. 5 zu Heft 12/1991; *Volken* SZIER 91, 81ff). Die Übertragung neuer Zuständigkeiten auf den Gerichtshof war ein heikles Thema. Unter anderem hatte man lange darum gerungen, ob zukunftsweisend eine Grundlage für die Zuständigkeit dieses Gerichtshofs zur Auslegung *aller* später von den Mitgliedstaaten in Ergänzung des EWGV abzuschließender Verträge begründet werden sollte, was man dann aber doch nicht tat. Kernstück des Protokolls ist ein dem Verfahren nach Art. 177 EWGV nachgebildetes Vorlageverfahren. Vorlageberechtigt sind aber nicht alle Gerichte (Einzelheiten: Bem. z. Luxemburger Auslegungsprotokoll).

4. Umsetzung des EuGVÜ ins nationale Recht

7   In Deutschland ist es üblich, größere staatsvertragliche Regelungswerke nicht schlicht dadurch Bestandteil des nationalen
Rechts werden zu lassen, daß die gesetzgebenden Körperschaften
ihm durch Gesetz zustimmen. Im Zusammenhang damit werden
vielmehr häufig Ausführungsgesetze erlassen. Das ursprüngliche
AG stammt vom 29. 7. 1972 (BGBl. I L, S. 1328). Es regelte eine
große Zahl von Einzelheiten mehr prozeßtechnischer Art, die vom
Übereinkommen selbst nicht vorentschieden waren. Es wurde ab-
gelöst vom AVAG vom 30. 5. 1988, das hier abgedruckt und erläutert ist. Es vereinheitlicht die Implementierung der „neueren" An-
erkennungs- und Vollstreckungsverträge, unter denen naturgemäß
aber das EuGVÜ die zentrale Rolle einnimmt. Bei späteren Verträgen, praktisch geworden vor allem im Zusammenhang mit dem
LÜ, brauchte und braucht es nur um deren Aufnahme in den Katalog der privilegierten Verträge ergänzt zu werden.

5. Die Vermehrung der Vertragsstaaten im Zuge der Erweite-
rung der EG

8   Bisher sind neue Mitgliedstaaten der dann zur EU gewordenen
EG in drei Schüben beigetreten, Dänemark, Irland und das Vereinigte Königreich im Jahre 1978, Griechenland im Jahre 1982 sowie
Portugal und Spanien im Jahre 1989. Die neuen Mitgliedstaaten
wurden aber nicht automatisch auch Vertragsstaaten des EuGVÜ.
Anscheinend befürchtete man, die Verhandlungen zum EG-Bei-
tritt wegen im Grunde lächerlicher Details in die Länge zu ziehen,
wenn man so verführe. Vielmehr mußten sich die neuen Mitgliedstaaten im jeweiligen Beitrittsübereinkommen verpflichten, u. a.
dem EuGVÜ und den dazu gehörenden Protokollen beizutreten
und „zu diesem Zweck mit den ursprünglichen Mitgliedstaaten
Verhandlungen im Hinblick auf die erforderlichen Anpassungen
aufzunehmen". Man setzte abermals Expertengruppen ein, denen
außer je einem Delegierten der jeweiligen alten und neuen Mitgliedstaaten ein Vertreter der Kommission angehörte. Sie tagten
im Rahmen der Aktivitäten des Rates. Über ihre Arbeit gibt es
jeweils einen veröffentlichten „Bericht", Rn 22. Ziel der Anpassungsverhandlungen war eigentlich und ursprünglich nur, die für
die technische Funktionsfähigkeit des Übereinkommens im Verhältnis zum Beitrittsland unentbehrlichen Ergänzungen zu erarbei-
ten, etwa im „Sündenregister" des Art. 3 Abs. 2 die bisherigen
exorbitanten Zuständigkeiten eines neuen Beitrittsstaates aus-

drücklich zu nennen, oder i. S. v. Art. 32 die sachliche und funktionelle Zuständigkeit für den Antrag festzulegen, eine aus einem
Vertragsstaat kommende Gerichtsentscheidung für vollstreckbar
zu erklären. Jedoch konnte dieses beschränkte Verhandlungsziel
nur im Falle des Beitritts von Griechenland durchgehalten werden.
Zu den intertemporalen Problemen Art. 54, s. Erl. Art. 54.

a) Das Übereinkommen über den Beitritt **Dänemarks, Irlands** 9
und des V. K. vom 9. Oktober 1978 (BGBl. 1983 II, S. 803; BGBl.
1986 II, S. 1020 – Dänemark seit 1. 11. 1986; BGBl. 1986 II, S. 1146
– V. K. in Kraft seit 1. 1. 1987; BGBl. 1988 II, S. 610 – Irland in
Kraft seit 1. 6. 1988) brachte – meist auf Wunsch des letzteren –
eine große Zahl weitreichender Änderungen. Sie hatten ihren
Grund manchmal in Unklarheiten des bisherigen Textes. Gelegentlich akzeptierten die alten Mitgliedstaaten aber auch die besondere Bedeutung, die bestimmte Materien für einen neuen Mitgliedsstaat hatten, etwa für das V. K. Selten, gelegentlich aber
doch, überzeugte man sich davon, daß das Übereinkommen neuen
Erfordernissen der Zeit angepaßt werden mußte. So kam es etwa
1978 zu einer Erweiterung des prozeßrechtlichen Verbraucherschutzes in Art. 13 ff. Einzelheiten: *Schlosser*-Bericht Rn 22.

b) Das Übereinkommen über den Beitritt **Griechenlands** vom 10
25. Oktober 1982 (BGBl. 1988 II, S. 453, BGBl. 1989 II, S. 214 – in
Kraft seit 1. 4. 1989) – brachte nur technische Anpassungen (Lit:
Milionis RIW 91, 100 ff).

c) Mit dem Beitritt der ehemaligen **DDR** zur Bundesrepublik 11
am 3. 10. 1990 ist das Übereinkommen, wie allseits akzeptiert,
auch in den neuen deutschen Ländern in Kraft getreten, ohne daß
die dort vorübergehend bestehende andersartige Gerichtsorganisa-
tion zu irgendwelchen Problemen geführt hätte (Lit: *Arnold* BB 91,
2240 ff).

d) Das sogenannte **„Donostia-SanSebastian Übereinkommen"** 12
vom 26. 5. 1989 (BGBl. II 1994 S. 518, 3707 in Kraft seit 1. 12.
1994) regelt den Beitritt von **Portugal und Spanien** (Lit: *Weigand*
RIW 91, 717 ff; *Niemeyer* IPRax 92, 265 ff; *Droz* Rev.crit. 90, 1 ff).
Aus diesem Anlaß änderte man einige Bestimmungen des EuG-
VÜ, ohne daß dies durch die Notwendigkeit technischer Anpassungen bedingt gewesen wäre. So wurde ein besonderer, nicht
ausschließlicher Gerichtsstand für Klagen aus individuellen Ar-
beitsverhältnissen geschaffen (Art. 5 Nr. 1) sowie eine Präzisierung
der handelsüblichen Form vorgenommen, in der Gerichtsstandsvereinbarungen geschlossen werden können (Art. 17 Abs. 1). Be-

dingt war diese Änderung durch den Umstand, daß parallel zu den Beitrittsbemühungen Verhandlungen über das Luganer Übereinkommen, Rn 13 ff, stattfanden und vorher abgeschlossen waren, in deren Rahmen es nicht möglich war, die nicht der EG angehörigen Staaten darauf festzulegen, nur einen solchen Text zu akzeptieren, der mit Ausnahme rechtstechnisch notwendiger Anpassungen vollständig der damaligen Fassung des EuGVÜ entsprach. Anläßlich des Beitritts von Spanien und Portugal zum EuGVÜ hat man daher dessen Text dem des LÜ bis auf wenige Ausnahmen angepaßt. Diese betreffen Art. 5 dort Rn 7, Art. 16 dort Rn 9, Art. 17 dort Rn 1, 30, Art. 28, s. Bem. zu Art. 54b und Art. 57 Rn 10. Daß es diese geringfügigen Unterschiede überhaupt gibt, ist allem Anschein nach auf unüberwindliche Imponderabilien bei den Vertragsverhandlungen zurückzuführen.

6. Das Übereinkommen von Lugano

13   **Literatur:** *Bajons* ZfRV 93, 45 ff; *Broggini* SJ 90, 481 ff; *Droz* Rev. crit. 89, 1 ff; *Robinson/Findlater* European Economic Space, Beitr. von *Hafner, Lando, Möller, Volken; Schwander* (Hsg) Das Lugano Übereinkommen (St. Gallen 1990) Beitr. von *Volken, Schwander, Broggini, Walder, Meier; Urlesberger* JBl 88, 223 – Besonderheiten der österreichischen Verhandlungsposition hervorhebend; *Volken* SZIER 89, 97 ff; Botschaft des schweizerischen Bundesrats BBl 90 II 265 ff.

a) Das Übereinkommen von Lugano vom 16. 9. 1988 hat zum Ziel, die sogenannten EFTA-Staaten (Finnland, Island, Norwegen, Österreich, Schweden, Schweiz) in das durch das EuGVÜ geschaffene „europäische Zivilprozeßrecht" einzubinden. Diese Staaten waren bereit, im Prinzip die Inhalte des EuGVÜ zu übernehmen (Ausnahmen Rn 12) und damit die verwirrende Vielfalt jeweiliger bilateraler Anerkennungs- und Vollstreckungsverträge abzulösen. Es mußte jedoch eine völkerrechtliche Form gefunden werden, dies in einer Weise zu bewerkstelligen, die dem Umstand Rechnung trug, daß diese Staaten nicht der EU angehörten und der rasche Beitritt einiger von ihnen noch nicht absehbar war. Deshalb ist das Übereinkommen als „Parallelübereinkommen" konzipiert. Als solches hat es keine andere Rechtsnatur als sonstige Übereinkommen über die wechselseitige Anerkennung und Vollstreckung von Gerichtsentscheidungen und als ein Übereinkommen zur Aufteilung der internationalen Zuständigkeit der Gerichte der Vertragsstaaten (letztere Art von Übereinkommen außerhalb von EuGVÜ/LÜ ohne deutsche Beteiligung). Wird ein Gericht eines

Nicht-EuGVÜ-Staates angerufen, so hat es seine Zuständigkeit nach dem Luganer Übereinkommen zu ermitteln. Auch eine Gerichtsentscheidung aus einem Nicht-EuGVÜ-Staat ist in den EuGVÜ-Staaten nach diesem Übereinkommen anzuerkennen. Wird ein Gericht in einem EuGVÜ-Staat angerufen, so richtet sich seine internationale Zuständigkeit nach dem Luganer Übereinkommen, wenn der Beklagte seinen Wohnsitz in einem Vertragsstaat hat, der nicht EuGVÜ-Staat ist. Näheres Art. 54b LÜ. Österreich hat das LÜ nicht in Kraft gesetzt und will mit der „Europäisierung" seiner Zivilprozeßrechte warten, bis es zum Beitrittsübereinkommen zum EuGVÜ gekommen ist. In Finnland, Island und Schweden gilt das LÜ vorerst weiter (BGBl 1994 II S. 2658, 3727 – für Deutschland in Kraft getreten zum 1. 3. 95); im Verhältnis zu Island gültig ab 1. 12. 95, BGBl 1996 II S. 223.

b) Dem Luganer Übereinkommen ist ein „Protokoll Nr. 1" 14 zum LÜ beigefügt, das dem Protokoll zum EuGVÜ, Rn 5, entspricht, aber noch einige Zusätze enthält, an deren Einfügung ein Nicht-EuGVÜ-Staat interessiert war, etwa die Schweiz bezüglich des Gerichtsstands des Erfüllungsortes (Art. Ia), der dort verfassungsrechtliche Probleme aufwarf (abgedruckt Anh. Art. 68).

c) Die Vertragsstaaten des LÜ, die der EU nicht angehörten, 15 konnten nicht die Zuständigkeit des EuGH zur Auslegung des LÜ akzeptieren (Lit: *Heerstmann* Die künftige Rolle von Präjudizien des EuGH im Verfahren des Luganer Übereinkommens, RIW 93, 179; *Danielle* Riv.dir.int.pr. 90, 917; *Schmidt-Parzefall* Die Auslegung des Parallelübereinkommens von Lugano [1995]). Die Einführung eines um Richter aus den Nicht-EU-Staaten erweiterten EuGH hätte zu viele Folgeprobleme für den gerichtlichen Umgang mit dem Vertragswerk über den Europäischen Wirtschaftsraum mit sich gebracht. Man hat jedoch das angesichts der Umstände Mögliche unternommen, um zu verhindern, daß die Gerichte der Nicht EuGVÜ-Staaten den Text des LÜ in unkorrigierbarer Weise anders auslegen als die Gerichte der EuGVÜ-Staaten unter Führung des EuGH entsprechende, gleichlautende Texte des EuGVÜ. Zu diesem Zweck ist dem LÜ ein „2. Protokoll" beigegeben, das dem Regelungsgegenstand nach dem Luxemburger Protokoll, Rn 6, entspricht, aber inhaltlich anders ausgefallen ist (abgedruckt Anh. Art. 68). Es beschränkt sich auf einen Appell an alle 18 Vertragsstaaten, „den Grundsätzen gebührend Rechnung zu tragen, die in maßgeblichen Entscheidungen von Gerichten der anderen Vertragsstaaten zu den Bestimmungen [des EuGVÜ] entwickelt worden sind". Der EuGH ist darin nicht genannt. In der Präambel steht jedoch, daß das Protokoll in voller Kenntnis der bis zur Unterzeichnung ergangenen Entscheidungen des EuGH über die Auslegung des EuGVÜ geschlossen worden ist. Im *Jenard/Möller*-Bericht, Rn 22, sind diese Entscheidungen im einzelnen aufgeführt.

Die Entscheidungen des EuGH binden freilich auch die Gerichte der EuGVÜ-Staaten nur im jeweiligen Ausgangsfall. Sind diese in einem späteren Fall anderer Ansicht, so müssen sie allerdings, sofern vorlageberechtigt, vorlegen. Diese Möglichkeit steht den Gerichten der Nicht-EuGVÜ-Staaten nicht offen. Irgendetwas juristisch Greifbares zum Umgang mit den Bestimmungen des LÜ enthält daher das 2. Protokoll nicht.

7. Die beiden Haager Übereinkommen

16 a) Die beiden Haager Übereinkommen, nämlich über die Zustellung gerichtlicher und außergerichtlicher Schriftstücke von 1965 und über die Beweisaufnahme im Ausland von 1970, sind neben dem Minderjährigenschutz-Übereinkommen die praktisch wichtigsten Schöpfungen der als ständige Einrichtung bestehenden Haager Konferenz für Internationales Privatrecht auf dem Gebiet des Zivilprozeßrechts. Sie sollten das Haager Übereinkommen über den Zivilprozeß von 1954 (BGBl. 1958 II, S. 577) ablösen. Diesem waren die Länder des common law sowie fast alle außereuropäischen Staaten ferngeblieben. Es erfaßte sowohl das Zustellungswesen wie die Beweisaufnahme. Um zu gewährleisten, daß das neue Regelungswerk von einzelnen Staaten nicht insgesamt abgelehnt wird, weil man Vorbehalte gegen einen seiner Teile (meist: die Rechtshilfe bei der Beweisaufnahme) hat, wurde es in zwei selbständige Staatsverträge zerlegt. Die zwischenzeitlich erreichte breite Annahme beider Vertragswerke umfaßt auch Länder des common law, vor allem die USA.

17 b) Gemessen am Verbreitungsgrad ist das **Haager Zustellungsübereinkommen** (BGBl. 1977 II, S. 1453) das erfolgreichere. Es gilt vor allen Dingen, mit Ausnahme von Irland, in allen Staaten, die Vertragsstaaten des EuGVÜ sind. Von den Vertragsstaaten des LÜ fehlt noch Österreich. Da im 1. Protokoll zum LÜ ebenso wie im Protokoll zum EuGVÜ hinsichtlich der Zustellung auf die „zwischen den Vertragsstaaten geltenden Übereinkommen oder Vereinbarungen" verwiesen ist, ist es eng mit den beiden genannten Übereinkommen verbunden. Das HZÜ beruht auf dem für die EU gänzlich antiquierten Postulat, daß die grenzüberschreitende

Übermittlung amtlicher Schriftstücke, die mehr als eine einfache Mitteilung enthalten, eine Verletzung der Souveränität des Staates ist, in dem es ausgehändigt werden soll, sofern dieser dem Vorgang nicht zustimmt. Für diese Zustimmung und die Veranlassung der weiteren Einzelheiten müssen die Empfangsstaaten zentrale Behörden einrichten. Für Deutschland sind dies unter Ausnutzung des im Übereinkommen gemachten Bundesstaatsvorbehalts die Justizverwaltungen, in Bremen der Präsident des LG, in Hamburg der Präsident des AG Hamburg, §§ 1, 7 AusfG. Für Prozeßbeteiligte vor ausländischen Gerichten hat das über das HZÜ abgewickelte Zustellungswesen viele Fallstricke, die wegen einer in diesem Bereich sehr formalistisch eingestellten Rechtssprechung bereits mehrmals dazu geführt haben, daß ausländischen Urteilen die Anerkennung versagt worden ist, wodurch der jeweilige Prozeßsieger im Ausland praktisch rechtlos gestellt wurde, Art. 27 EuGVÜ Rn 12 ff.

c) Das für Deutschland gleichzeitig mit dem HZÜ ratifizierte **18** und in Kraft getretene Haager **Beweisaufnahmeübereinkommen** (HBÜ) vom 18. 3. 1970 (BGBl. 1977 II, S. 1472) ist auf manches Mißtrauen gestoßen. Das liegt daran, daß Staaten gelegentlich die Sorge hatten, durch einen Beitritt zu ihm amtlich in Sachverhaltsermittlungsstrategien eingebunden zu werden, die in den USA entwickelt wurden und mit dem Schlagwort „pre-trial discovery" unter besonderer Betonung der grotesken Übertreibungen, die sie in den siebziger und frühen achtziger Jahren erfahren haben, dargestellt worden sind. Das löste außerhalb der USA tief sitzende Aversionen aus. Art. 23 HBÜ, s. dort Rn 2 ff, legt davon ein beredtes Zeugnis ab. Die frühe Ratifikation des HBÜ durch die USA nährte das Mißtrauen zusätzlich. Wohl dem HZÜ, nicht aber dem HBÜ beigetreten sind aus der EU Belgien, Griechenland, außerhalb der EU vor allem die Türkei, Japan, China, Kanada und Pakistan. Das HBÜ hat aus dem HZÜ das System der zentralen Behörden übernommen. Diese hat das Ersuchen, sofern seine Erledigung nicht abgelehnt wird, an das Amtsgericht weiterzuleiten, in dessen Bezirk die Amtshandlung vorzunehmen ist.

d) Letzteres bestimmt § 8 des deutschen Ausführungsgesetzes zu **19** den beiden Haager Übereinkommen vom 22. 12. 1977 (BGBl. I, S. 3105), das eine Reihe weiterer Einzelheiten festlegt.

II. Übergreifende dogmatische Grundsatzfragen

1. Die Rechtsnatur der einzelnen Akte des Regelungswerks

20   a) Das **EuGVÜ**, das dazugehörige Protokoll, das Luxemburger Auslegungsprotokoll und die verschiedenen Beitrittsübereinkommen haben eine spezifische Nähe zum Recht der EU. Sie sind in Artikel 220 EGV angelegt. Sie wurden im Rahmen des Rates verhandelt und unterzeichnet. Dort wurden die Ratifikationsurkunden hinterlegt. Die Vertragstexte werden im Amtsblatt der EG als Rechtsvorschriften veröffentlicht. Sie wurden daher auch schon als Teil des Primärrechts der Europäischen Gemeinschaft bezeichnet (*Zuleeg* Das Recht der Europäischen Gemeinschaft im innerstaatlichen Bereich (1969) 26 f; *Schlosser* NJW 1975, 2132 f; Stuttgart IPRat 92, 86). Der EuGH (1994 I 1717 „Hatrex" = NJW 94, 1271) hat im Zusammenhang mit der Frage, ob § 917 Abs. 2 ZPO innerhalb der EU noch anwendbar ist, gesagt: „*. . . stehen die Bestimmungen des [EuGVÜ] . . . sowie die nationalen Vorschriften, auf die das Übereinkommen verweist, im Zusammenhang mit dem EWG-Vertrag*". Er fügte hinzu, die Hoheitsgebiete der EU-Staaten könnten insoweit als „einheitliches Ganzes" angesehen werden. Gleichwohl leugnet man überwiegend, daß es sich um EG-Primärrecht handelt (statt aller und grundlegend *Schwartz* FS Grewe 1981, 551 ff mwN zum Streitstand). Für alle praktischen Bedürfnisse der Rechtsanwendung durch Rechtspflegeorgane innerhalb der EG ist jedoch das Übereinkommen wie deren Primärrecht zu behandeln. Vor allem kann auch eine später entstandene Norm des nationalen Rechts durch den EuGH für „unanwendbar" erklärt werden (*Kropholler* Einl. Rn 21). Der EuGH hat den Vorrang des EuGVÜ vor nationalem Recht in einer Weise festgehalten, die keine Zweifel daran läßt, daß früheres und späteres nationales Recht gleichermaßen betroffen ist (EuGHE 1983, 3663 = IPRax 85; 92 – *Stauder* 76). § 296 Abs. 3 ZPO etwa wird durch Art. 18 eingeschränkt (Köln RIW 88, 555). Der entsprechenden Heranziehung des Art. 3 Abs. 2 EGBGB bedarf es genauso wenig wie der Vermutung (in Bezug auf später entstandenes nationales Recht), daß der deutsche Gesetzgeber nicht gegen völkerrechtliche Verpflichtungen Deutschlands verstoßen will.

21   b) Das **Luganer Übereinkommen** mit seinen Nebenakten und die beiden Haager Übereinkommen haben demgegenüber keine völkerrechtliche Sonderstellung. Art. 3 Abs. 2 EGBGB läßt sich

analog anwenden, so daß alle bei dessen Inkrafttreten (1. 9. 1986)
bestehenden nationalen Regelungen Nachrang erhalten. Für späteres nationales Recht kann Art. 3 Abs. 2 EGBGB ohnehin nur als
Vermutung dahin wirken, daß es sich nicht in Konflikt mit staatsvertraglichen Bindungen Deutschlands setzen wollte.

2. Die Rechtsnatur der amtlichen Berichte zu den Überein-kommen

Zum EuGVÜ existiert ein im Amtsblatt der EG (vom 5. 3. 1979 **22**
C 59, 1 ff; wiedergegeben auch in Bülow/Böckstiegel) veröffent-
lichter „Bericht" von *P. Jenard*, dem belgische Delegierten im
Sachverständigenausschuß, der das Übereinkommen erarbeitet
hat, und ihn mit der Anfertigung des Berichts betraute. Entsprechende Berichte gibt es von *Schlosser* zum Beitrittsübereinkommen
mit Dänemark, Irland und dem V. K. (ABl. EG aaO 71 ff, wiedergegeben auch in Bülow/Böckstiegel), von *Evrigenis/Kerameus* zum
Beitrittsübereinkommen mit Griechenland (vom 24. 11. 1986 ABl.
EG C 296, 1 ff – wiedergegeben bei Bülow/Böckstiegel) und von
Almeida Cruz/Desantes Real/Jenard zum Beitrittsübereinkommen
mit Portugal und Spanien (vom 28. 7. 1990 ABl C 189, 35 ff). Die
Verfasser der Berichte waren meist nationale Delegierte im Sachverständigenausschuß, teils wurden sie aber auch als Experten speziell zu dem Zwecke zu den Verhandlungen herangezogen, um den
Bericht zu erstellen. Die Berichte haben keine förmlich niederge-
legte Autorität. Sie geben die Verhandlungsgeschichte zu wichtigen Fragen wieder, sind aber auf weiten Strecken im Stil eines
Kommentars geschrieben. Der Text ist mit den nationalen Delegierten in den jeweiligen Sachverständigenausschüssen in der Weise abgestimmt, daß auf keiner Seite mehr Widerspruch verblieben
ist. In diesem Rahmen sind sie aber die persönlichen Meinungen
der Berichterstatter. Die Berichte spielen in der Rechtsprechung
des EuGH, insbesondere in den Schlußanträgen der Generalanwälte, eine große Rolle.

In Analogie zu den genannten Berichten gibt es auch einen umfangreichen Bericht von *Jenard/Möller* (Letzterer der finnische Delegierte) zum Luganer Übereinkommen, der ebenfalls im Amtsblatt der EU abgedruckt ist (vom 28. 7. 1990 C 189, 57 ff).

Auch die Haager Konferenz pflegt Berichterstatter über die Verhandlungen einzusetzen, die zu einem Übereinkommensentwurf
führen sollen. Diese Berichte spielen jedoch für die Praxis der
Rechtsanwendung keine Rolle.

3. Interpretationsmethoden

Neuere Literatur: *Kohler* Europ. L. Rev. 82, 3, 103; *ders.* in Schwind (Hsg) Europarecht, IPR, Rechtsvergleichung (1988) 125 ff; *Krings* Cahiers der. eur. 81, 151 ff; *Martiny* RabelsZ 81, 427 ff; *Schlosser* GS Bruns (1980) 45 ff.

23 **a)** Die Auslegung des Übereinkommens ist dadurch geprägt, daß einschlägige Fragen dem **EuGH** vorgelegt werden können und durch die obersten Gerichte der Einzelstaaten vorgelegt werden müssen, Rn 6. Entscheidungen des EuGH genießen hohe Autorität, obwohl ihre Begründungen nicht im entferntesten so sorgfältig und ausführlich wie die deutscher (oder englischer) Gerichte sind. Hauptorientierungspunkt sind weder die Ausführungen der am Verfahren beteiligten Prozeßparteien, noch die Stellungnahmen der Regierungen der Mitgliedstaaten, sondern die Schlußanträge der Generalanwälte, die in der Amtlichen Sammlung mitveröffentlicht werden und sehr häufig hohes wissenschaftliches Niveau haben.

24 **b)** Die Experten, die das EuGVÜ erarbeiteten, kamen meist aus den nationalen Justizministerien. Sie waren auf das Prinzip eingestimmt, daß Begriffe, die in einer kollisionsrechtlichen Norm enthalten sind, zu **qualifizieren** seien, mit dem Ergebnis, daß nur eine nationale Rechtsordnung für die Ausfüllung des Begriffs in Betracht kommt. Sie sorgten sich nur um die störende Eventualität einer unterschiedlichen Qualifikation in verschiedenen Vertragsstaaten. So legten sie in Art. 52 f einheitliche Kollisionsregeln fest. Im übrigen blieb das Problem der „Qualifikation" bewußtermaßen ungelöst (*Jenard*-Bericht 3. Kap. III). Schon in seinem ersten Urteil hat der EuGH aber die gegenteilige Hypothese klar herausgearbeitet und Grundsätze aufgestellt, denen er bis zuletzt treu geblieben ist (EuGHE 1976, 1473 – „Tessili" = NJW 77, 491 *Geimer*):

„Das Übereinkommen verwendet häufig Ausdrücke und Rechtsbegriffe aus dem Bereich des Zivil-, Handels- und Verfahrensrechts, deren Bedeutung in den einzelnen Mitgliedsstaaten verschieden sein kann. Hieraus ergibt sich die Frage, ob diese Ausdrücke und Begriffe als autonom – und damit allen Mitgliedsstaaten gemeinsam – oder als Verweisung auf die Sachnormen des Rechts verstanden werden müssen, das nach den Kollisionsnormen des mit dem Rechtsstreit zuerst befaßten Gerichts anwendbar ist. Keiner dieser beiden Möglichkeiten gebührt unter Ausschluß der anderen der Vorrang, da eine sachgerechte Entscheidung nur für jede Bestimmung des Übereinkommens gesondert getroffen werden kann; hierbei ist

jedoch dessen volle Wirksamkeit unter dem Gesichtspunkt der Ziele des Art. 220 EWGV des Vertrags sicherzustellen. Hervorzuheben ist jedenfalls, daß die Auslegung jener Ausdrücke und Begriffe für die Zwecke des Übereinkommens der Frage der auf das streitige Rechtsverhältnis anwendbaren Sachnorm nicht vorgreift."

Die Bestimmung des vertraglichen Erfüllungsorts etwa überließ der EuGH in dieser Entscheidung mit folgender Begründung dem nationalen Recht:

„Es obliegt dem mit dem Rechtsstreit befaßten Gericht, nach dem Übereinkommen festzustellen, ob der Ort, an dem die Verpflichtung erfüllt worden ist oder zu erfüllen wäre, im Bereich seiner örtlichen Zuständigkeit liegt. Hierbei hat es das auf das betreffende Rechtsverhältnis anwendbare Recht nach seinen Kollisionsnormen zu ermitteln und alsdann den Erfüllungsort der streitigen vertraglichen Verpflichtung nach diesem Recht zu bestimmen. Angesichts der Unterschiede, die nach wie vor zwischen den einzelnen nationalen Rechten bei der Regelung von Verträgen bestehen, und in Ermangelung jeder Vereinheitlichung des anwendbaren materiellen Rechts beim gegenwärtigen Stand der Rechtsentwicklung, erweisen sich weitergehende Angaben über die Auslegung des in Art. 5 Nr. 1 EuGVÜ enthaltenen Hinweises auf den „Erfüllungsort" vertraglicher Verpflichtungen als unmöglich, umso mehr, als die Bestimmung des Erfüllungsorts vom Inhalt des Vertragsverhältnisses abhängt, aus dem sich die betroffenen Verpflichtungen ergeben. . ."

In der Folgezeit hat der EuGH jedoch meist eine vertragsautonome Qualifikation gewählt (etwa EuGHE 1976, 1735 – „Mines de Potasse d'Alsace"), vor allem in sämtlichen zum Anwendungsbereich des Übereinkommens ergangenen Entscheidungen, s. Art. 1 Rn 7 ff, meinend, nur so seiner integrationsfördernden Mission nachkommen und auf diese Weise die „volle Wirksamkeit" des Übereinkommens sicherstellen zu können. Eine große Rolle spielte dabei der Gesichtspunkt, daß nicht über verschiedene Begriffsinhalte Rechte und Pflichten der Vertragsstaaten unterschiedlich umfangreich sein dürften (EuGHE 1983, 987 – „Peters"; EuGHE 1988, 5565 – „Kalfelis"; EuGHE 1988, 1539 – „Arcado" alle s. Art. 5 Rn 3). Dabei ist jedoch nicht nur unzureichend gewürdigt worden, daß es noch immer große Unterschiede in den nationalen Rechten gibt, sondern vor allem, daß das Privatrecht im wesentlichen nationales Recht ist und auch das europäische Zivilprozeßrecht dessen Durchsetzung dienen muß. So hat etwa der EuGH entschieden, daß die Abgrenzung zwischen Ansprüchen aus Vertrag und unerlaubter Handlung vertragsautonom-einheitlich zu geschehen habe (aaO). Es macht aber keinen Sinn, die internationale

Zuständigkeit an die durch vertragsautonome Auslegung ermittelte Vertragsnatur eines Anspruchs zu knüpfen, wenn bei der materiellen Aufarbeitung des Streitgegenstandes dann doch nach deliktsrechtlichen Maßstäben entschieden werden muß und umgekehrt. Besonders anstößig ist die vertragsautonome Abgrenzung von Zivil- oder Handelssachen zu den verwaltungsrechtlichen Angelegenheiten. So kann es dazu kommen, daß bei einer zuständigkeitsrechtlich als Zivil- oder Handelssache eingestuften Angelegenheit ein Verwaltungsgericht eines Mitgliedsstaates unter Anwendung des Verwaltungsrechts eines anderen Mitgliedsstaates entscheiden muß, weil nach seinem (möglicherweise auch des anderen Staates) Recht die Sache verwaltungsrechtlichen Charakter hat. In der ersten „Eurocontrol"-Entscheidung, Art. 1 Rn 7, wurde die zivilrechtliche Natur der von einer internationalen Luftüberwachungsorganisation erhobenen Gebühr geleugnet, obwohl sowohl die deutschen Gerichte (am Sitz des Luftfahrtunternehmens) wie die belgischen (am Sitz der Organisation) einen zivilrechtlichen Streit angenommen hatten (dazu *Schlosser* NJW 77, 457, 460ff); hinterher wurde dann unter Billigung des EuGH (EuGHE 1977, 1517 – Eurocontrol II) die Sache doch als zivilrechtliche im Sinne des deutsch-belgischen bilateralen Anerkennungs- und Vollstreckungsabkommens gewertet. Das Interesse des europäischen Rechtsbürgers an einer konsistenten Interpretation der ineinandergreifenden Rechtsordnungen und an der Überschaubarkeit der Rechtslage muß aber Vorrang vor dem antiquierten Gesichtspunkt haben, daß die Staaten eines völkerrechtlichen Vertrages nicht unterschiedliche „Rechte und Pflichten" haben sollten. Kein Mitgliedsstaat des EuGVÜ sorgt sich darum, daß seine Gerichte in Randfragen von dessen Anwendungsbereich mehr in Anspruch genommen werden könnten als Gerichte eines anderen Vertragsstaates oder daß er mehr von seiner Gerichtsgewalt an andere Vertragsstaaten abgeben muß, als diese es umgekehrt tun. Nur wenn der Gesichtspunkt, daß das europäische Prozeßrecht der Durchsetzung von Rechten dient, die durch nationales Recht definiert sind, nicht greift, ist eine vertragsautonome Auslegung sinnvoll, etwa beim Begriff der Niederlassung im Sinne von Art. 5 Nr. 5.

Gleichwohl findet die Tendenz des EuGH überwiegend Billigung (statt aller *Schack* Rn 93ff; *Geimer* IZPR^2 Rn 318). Schließt man sich dem an, dann ist es jedenfalls sinnvoll, den Begriff Zivil- und Handelssachen möglichst weit zu fassen, um die leider noch weithin unvermeidliche, aber der EG nicht mehr angemessene transnationale Rechtsschutzverweigerung auf dem Gebiet des öffentlichen Rechts zurückzudrängen. Zur Frage der Bindung des Richters im Exequaturstaat an die vom Gericht des Ursprungsstaaes vorgenommene Einordnung s. Art. 26 Rn 1.

c) Bezüglich des **LÜ** gibt es institutionelle Sicherstellung einer   25
einheitlichen Interpretation kaum (*Möller* in EuGH Internationale
Zuständigkeit und Urteilsanerkennungen in Europa [1993] 198 ff;
Schmidt-Parzefall aaO). Das Auslegungsprotokoll, Rn 15, beschränkt sich nur auf einen unverbindlichen Appell und die Sicherstellung von Informationsaustausch. Will ein Gericht eines EuGVÜ-Staates eine Bestimmung des LÜ im Lichte dessen auslegen,
was der EuGH zur Parallelvorschrift sagen wird, so kann zu diesem Zweck vorgelegt werden (*Hill* aaO 55). Im übrigen gilt das zu
Rn 26 Gesagte.

d) Irgendwelche staatsvertraglichen Festlegungen zur Interpreta-   26
tion der beiden **Haager Übereinkommen** wie auch sonstiger Haager Übereinkommen gibt es nicht. Gleichwohl entspricht es guter
Tradition, bei der Auslegung multilateraler Verträge Rechtsprechung (und Literatur) aus anderen Vertragsstaaten nicht zu ignorieren. Darüberhinaus ist es ein legitimes Auslegungsziel, ein Geflecht
von multilateralen Verträgen, an denen im Kern sehr viele Staaten
gleichmäßig beteiligt sind, wenigstens in deren Verhältnis zueinander einheitlich auszulegen. Das gilt insbesondere für den immer
wiederkehrenden Zentralbegriff „Zivil- und/oder Handelssachen".
Bei der internationalen Rechtshilfe im Zustellungs- und Beweisaufnahmewesen schadet auch eine vom jeweiligen nationalen Recht
losgelöste Begriffsbildung nicht, wenn sie tendenziell auf einen
weiten Anwendungsbereich der Übereinkommen angelegt ist. Sie
kann nur zu einer Eröffnung der vertraglichen Wege für Verfahren
führen, die nach dem Recht eines der beteiligten Staaten keine
Zivil- oder Handelssachen sind, s. Art. 1 HZÜ Rn 1.
Das Oberste Gericht jenes Vertragsstaats, das sich zum ersten
Mal mit einer bestimmten Auslegungsfrage befaßt, erhält damit
eine gewisse Sonderautorität. Sie ist weit weniger bedenklich als
eine durchgehend disparate Handhabung der fraglichen Normen.
Es ist ein nobile officium der Gerichte, von Auslegungsentscheidungen der Gerichte anderer Vertragsstaaten – auch solcher mit
einer anderen Amtssprache als Deutsch! – Kenntnis zu nehmen und
es sich sehr gründlich zu überlegen, ob eine andere Auslegung oder
eine künstliche, in der Sache nicht begründete Differenzierung der
anstehenden Rechtsfrage nötig ist.

4. Die Europäische Menschenrechtskonvention

27 Alle Staaten der EU sind auch Vertragsstaaten der EMRK. Wenn auch die EU als solche nicht Vertragspartner ist, so ist das Europarecht dennoch im Geiste der gemeinsamen Prinzipien aller Mitgliedstaaten auszulegen, wozu auch die EMRK gehört. Dies hat der EuGH in einigen obiter dicta bestätigt (EuGHE 1974, 491 – „Nold"; EuGHE 1975, 1219, 1232 – „Rutili"; EuGHE 1984, 2689 – „Kent Kirk"). Besonders Art. 6 (faires Verfahren) kann die Auslegung des EuGVÜ und der Haager Übereinkommen beeinflussen, etwa bei Vermeidung einer Auslegung von Zuständigkeitsvorschriften, die zu exorbitanten Ergebnissen führen (dazu *Schlosser* Riv.dir.int. 91, 5,16) oder von formalistisch begründeten Zuständigkeitsmängeln, die zur Anerkennungsversagung und damit im Ergebnis häufig genug zu Rechtsschutzverweigerungen führen, Art. 27 Rn 8 ff. Für die Frage, ob dem EuGH vorzulegen ist, kann unter dem Gesichtspunkt von Art. 6 EMRK die damit heraufbeschworene Verfahrensverlängerung eine Rolle spielen, s. Luxemburger Protokoll Vorbem. Rn 3.

5. Nationales Zivilprozeßrecht und allgemeines EG-Recht

28 In mehreren Fällen hat der EuGH aus dem EGV, insbesondere seinem Diskriminierungsverbot, bedeutsame Konsequenzen für das nationale Zivilprozeßrecht gezogen (EuGHE 1980, 34 27 – Fremdwährungsschulden in Mahnverfahren; 1993, Rs C20/92. Ausländersicherheit 1994 I 1717 – „Hatrex" – Arrestgrund der Auslandsvollstreckung. Dazu krit. *Schack* ZZP 108 [1995] 45 ff mwN).

Kommentar

Titel I. Anwendungsbereich

Art. 1 [Anwendungsbereich]

(1) **Dieses Übereinkommen ist in Zivil- und Handelssachen anzuwenden, ohne daß es auf die Art der Gerichtsbarkeit ankommt. Es erfaßt insbesondere nicht Steuer- und Zollsachen sowie verwaltungsrechtliche Angelegenheiten.**

(2) **Es ist nicht anzuwenden auf**

1. **den Personenstand, die Rechts- und Handlungsfähigkeit sowie die gesetzliche Vertretung von natürlichen Personen, die ehelichen Güterstände, das Gebiet des Erbrechts einschließlich des Testamentsrechts;**
2. **Konkurs, Vergleiche und ähnliche Verfahren;**
3. **die soziale Sicherheit;**
4. **die Schiedsgerichtsbarkeit.**

Textgeschichte: Abs. 1 S. 2 eingefügt durch erstes Beitrittsübereinkommen, Einleitung Rn 9.

Literatur: *Kondring* Die Bestimmung des sachlichen Anwendungsbereichs des EuGVÜ im Urteils- und Vollstreckungsverfahren EWS 95, 217 ff.

I. Der grundsätzlich universelle Anwendungsbereich des Übereinkommens

Die Vorschrift sagt zwar, daß sich das EuGVÜ nur auf Zivil- **1** und Handelssachen bezieht; in ihrem Abs. 2 sind davon einige Rechtsgebiete ausgenommen, die durchaus Zivilsachen darstellen oder jedenfalls in der Grauzone zwischen Zivilrecht und öffentlichem Recht liegen. Davon abgesehen ist das Übereinkommen aber universell anwendbar und nicht nur unter Staatsangehörigen oder Eingesessenen von Mitgliedsstaaten. Art. 16 etwa ist auch anwendbar, wenn am Rechtsstreit nur EG-Ausländer mit Wohnsitz außerhalb der EG beteiligt sind. Art. 18 gilt ohne Rücksicht auf Staatsan-

gehörigkeit oder Wohnsitz des Beklagten. Auch für die Folgen der
Rechtshängigkeit und der Anhängigkeit konnexer Sachen, Art. 21,
22, kommt es nicht auf Staatsangehörigkeit oder Wohnsitz einer
der Parteien an.

2   Allerdings ist der Anwendungsbereich der meisten Vorschriften
vom Vorliegen zusätzlicher **Binnenbeziehungen** unter den Vertragsstaaten abhängig gemacht. Naturgemäß kann das Übereinkommen nur die **direkte Zuständigkeit von Gerichten der Mitgliedsstaaten** regeln. Die meisten Zuständigkeitsvorschriften sind
zudem nur anwendbar, wenn der Beklagte seinen Wohnsitz in einem Vertragsstaat hat, s. auch vor Art. 2 Rn 3. Daß gegenüber
Beklagten mit Wohnsitz außerhalb eines Vertragsstaats die nationalrechtlichen Zuständigkeitsvorschriften gelten, ergibt sich aber
nicht von selbst, sondern aufgrund der in Art. 4 stehenden Verweisung auf das nationale Recht. Die Vorschriften über Anerkennung
und Vollstreckung beziehen sich nur auf Entscheidungen eines Gerichts eines Vertragsstaates oder auf andere Vollstreckungstitel, die
nach dem Recht eines Vertragsstaats zustandegekommen sind.
Schließlich ist das Übereinkommen nur anwendbar, wenn der
Streit einen **Auslandsbezug** hat. Bei den meisten Vorschriften ist
die Art des nötigen Auslandsbezugs eigens genannt, z. B. in
Art. 16. Im übrigen muß er jeweils sinnbezogen in die fragliche
Norm hineingelesen werden. So ist etwa Art. 17 auf reine Inlands-
fälle nicht anwendbar, s. Art. 17 Rn 6.
Territorialer Anwendungsbereich: Art. 60.

II. Zivil- und Handelssachen

1. Sinn und begriffliche Erfassung der Einschränkung des An-
wendungsbereichs

3   a) Das Übereinkommen fußt noch auf dem im Grunde für die
EG antiquierten Prinzip, daß öffentliches Recht nicht extraterrito-
rial durchsetzbar ist. Das Recht der Gründungsstaaten der EWG
unterscheidet auch systematisch klar zwischen **Privatrecht und öffentlichem Recht**, wenngleich die sozialen Felder, die vom öffentlichen Recht geregelt werden, durchaus beachtliche Unterschiede
aufweisen. Des letzteren war man sich bei Ausarbeitung des Übereinkommens kaum bewußt. Man glaubte daher, auf irgendwelche
Regeln dazu verzichten zu können, wie privatrechtliche von öffentlichrechtlichen Streitigkeiten abzugrenzen sind. Die Rechtstradi-

tion des V. K. kennt den systematischen Unterschied zwischen Privatrecht und öffentlichem Recht nicht. Den Gegensatz zum Zivilrecht, zu dem viele für die kontinentalen Rechtsordnungen klassischen Gebiete des Verwaltungsrechts gehören, bildet dort das Strafrecht. Der Unterschied zwischen Privatrecht und öffentlichem Recht entwickelt sich in den Staaten des common law erst langsam. Daher wurde anläßlich des Beitritts des V. K. dem Abs. 1 der S. 2 eingefügt, um wenigstens eine grobe Orientierung zu geben (näher in *Schlosser*-Bericht Rn 23 f).

b) Allerdings war bei Ausarbeitung des Übereinkommens be- **4** kannt, daß es bei den Zivilgerichten der Gründungsstaaten der EWG öffentlichrechtliche Streitsachen kraft Zuweisung und, vor allem, das zivilrechtliche Adhäsionsverfahren im Strafprozeß gibt. Letzteres hat in den meisten Staaten ungleich größere praktische Bedeutung als in Deutschland (Beispiel: EuGH EuZW 93, 417 = IPRax 94, 37, *Heß* 10 – „Sonntag"). Es ist also der sachliche Anwendungsbereich des Übereinkommens grundsätzlich unabhängig davon geblieben, welche **Rechtswegzuständigkeit** in Deutschland oder in jenem Land besteht, dessen Recht in der Hauptsache Anwendung findet. Dies ist umso mehr geboten, wenn man dem Postulat des EuGH zur vertragsautonomen Qualifikation der in Art. 1 angesprochenen Rechtsgebiete folgt, Rn 4, 7 ff, Einl. Rn 23 f. Eine in der Mehrheit der Vertragsstaaten vorgefundene Zuweisung bestimmter Streitigkeiten an Verwaltungsgerichte kann aber durchaus ein Indiz für die verwaltungsrechtliche Einordnung der Materie sein.

Ganz unerheblich ist hingegen die Zuweisung von Streitigkeiten **5** an besondere Zivilgerichte wie Arbeits- oder Handelsgerichte oder in die Verfahren der Freiwilligen Gerichtsbarkeit. Für letztere kommt es, sofern sie nicht nach Abs. 2 Nr. 1 vom Anwendungsbereich des Übereinkommens ausgeschlossen sind, auch nicht darauf an, ob sie aus deutscher Perspektive als Streitverfahren oder als Fürsorgeverfahren der FG zu qualifizieren sind.

Ebensowenig wie der innerstaatliche Rechtsweg ist das **verfah-** **6** **rensrechtliche Gepräge einer Angelegenheit** maßgebend. Neben **Verbandsklagen** (BGHZ 109, 29 = NJW 90, 317) erfaßt das Übereinkommen auch Verfahren, die nicht mit einer „Klage" eingeleitet werden, z. B. das deutsche Mahnverfahren (*Busl* IPRax 86, 270 ff). Selbst Verfahren, die sich nicht gegen einen Antragsgegner richten oder sonst „streitig" sind, unterfallen dem EuGVÜ. Es kommt allein auf den Verfahrensgegenstand an. Verfahrensziel braucht keine Sachentscheidung zu sein. Auch ein **selbständiges Beweis-verfahren** unterfällt den Artt. 2ff, s. Art. 26 Rn 3, Art. 24 Rn 7, Art. 1 HBÜ Rn 4. **Vorfragen** aus dem Gebiet des öffentlichen Rechts kann ein Gericht immer beantworten. Wenn es nach seinem internen Recht diese Fragen einem anderen Gericht vorlegen oder bis zur Entscheidung eines anderen Gerichts das Verfahren ausset-zen muß, so berührt dies die Anwendbarkeit des EuGVÜ und vor allem die danach sich richtende Anerkennungspflicht der letztend-lich ergehenden Entscheidung nicht.

2. Die vertragsautonome Qualifikation in der Rechtsprechung des EuGH

a) Der EuGH hat bisher dreimal zur Abgrenzung von privat-rechtlichen und öffentlichrechtlichen Streitigkeiten Stellung ge-nommen.

7   In der ersten Entscheidung ging es um die Gebühr einer interna-tionalen Luftüberwachungsorganisation („Eurocontrol"), die diese von Flugunternehmen erheben durfte. Der EuGH (EuGHE 1976, 1551 = NJW 77, 490 – *Geimer* = RIW 42 – *Linke*) hielt den Ge-sichtspunkt, „daß sich für die Vertragsstaaten und die betreffenden Personen so weit wie möglich gleiche und einheitliche Rechte und Pflichten ergeben", für entscheidend, s. Einl Rn 24. Das Ergebnis seiner vertragsautonomen Auslegung faßte er dahin zusammen, *„daß für die Auslegung des Begriffs der Zivil- und Handelssachen, . . . nicht das Recht irgendeines der beteiligten Staaten maßgebend ist, sondern daß die Zielsetzung und die Systematik des Übereinkommens sowie die allgemeinen Rechtsgrundsätze, die sich aus der Gesamtheit der innerstaat-lichen Rechtsordnungen ergeben, herangezogen werden müssen. Bei Zu-grundelegung dieser Merkmale ist eine Entscheidung, die in einem Rechts-streit zwischen einer Behörde und einer Privatperson ergangen ist, den die Behörde im Zusammenhang mit der Ausübung hoheitlicher Befugnisse geführt hat, vom Anwendungsbereich des Übereinkommens ausgeschlos-sen".* S. auch Art 50 Rn 1.

8   Der zweiten Entscheidung lag eine Klage der Niederlande gegen den deutschen Eigner eines in niederländischen Binnengewässern verunglückten Schiffes auf Erstattung der Bergungskosten zugrun-de (EuGHE 1980, 3807 – „Rüffer" = IPRax 81, 169, krit. *Schlosser* 154). Nachdem der Generalanwalt festgestellt hatte, daß der An-spruch nach niederländischem Recht ein zivilrechtlicher ist, nach dem Recht aller anderen fünf damaligen Vertragsstaaten vergleich-bare Ansprüche aber öffentlichrechtlicher Natur sind, stellte der

EuGH darauf ab, daß das *Entstehen* der Bergungskosten im Zusammenhang mit der Bergung selbst steht, die auch nach *niederländischem* Recht öffentlichrechtlicher Natur war. Er merkte nicht, daß er damit von seiner Prämisse der vertragsautonomen Auslegung des Begriffs Zivil- und Handelssachen abgewichen war.

Der dritte Fall (Sache „Sonntag" aaO) wurde durch einen tödlichen Bergunfall ausgelöst, den ein deutscher Schüler auf einem Schulausflug in Südtirol erlitten hatte. Die gegen den (vermutlich beamteten) Lehrer einer öffentlichen Schule als Annex zum italienischen Strafverfahren geltend gemachten Haftpflichtansprüche qualifizierte der Gerichtshof als privatrechtlich. Die Aufsichtspflicht eines Lehrers bei einem Schulausflug unterschied sich für ihn nicht von der Aufsichtspflicht vergleichbarer Privatunternehmer. Der Zusammenhang mit einer hoheitlichen Aufgabe genügte ihm nicht mehr. Allerdings wies er auch darauf hin, daß nach seiner Rechtsprechung Lehrer im Sinne des Art. 48 EUV auch bei Benotungs- und Versetzungsentscheidungen nicht hoheitlich handelten (EuG-HE 1986, 2121). **9**

b) Eine griffige Aussage zur Abgrenzung des öffentlichen Rechts vom Privatrecht ist dem EuGH also bisher nicht gelungen. Hat man die in Deutschland entwickelten Theorien (Interessentheorie; Subjektionstheorie; Subjekttheorie; s. dazu *MünchKommZPO-Wolf* § 13 GVG Rn 6 ff) im Auge, so orientiert sich seine Rechtsprechung eher an der **Subjektionstheorie**. **10**

Zwiespältig ist die Rechtsprechung aber in Bezug auf das Postulat einer vertragsautonomen Begriffsbestimmung. In der Sache „Rüffer" bestimmte der EuGH die Natur der Streitsache aus der öffentlichrechtlichen Ausgestaltung der Bergung eines Schiffes nach niederländischem Recht; das autonom ermittelte Element beschränkte sich darauf, daß der Zusammenhang des Rechtsstreits mit einer solchen Tätigkeit für dessen öffentlichrechtliche Einordnung genügt. In der Sache „Sonntag" spielte es keine Rolle, daß die Grundbeziehung nach deutschem Recht öffentlichrechtlich (und möglicherweise nach italienischem IPR und Deliktsrecht privatrechtlich) einzuordnen war.

Dadurch, daß der Gerichtshof zunächst einen „Zusammenhang" des geltend gemachten Anspruchs mit hoheitlicher Tätigkeit für ausreichend erklärte, um eine öffentlichrechtliche Streitigkeit anzunehmen, hat er den vom Übereinkommen ausgeschlossenen Bereich sehr weit gezogen. Seit der Entscheidung in der Sache „Sonntag" scheint der Gerichtshof den Bereich des öffentlichen Rechts eher wieder eng bestimmen zu wollen. Dem ist zuzustimmen, um transnationale Rechtsschutzlücken möglichst auf das unvermeidliche Maß zu beschränken. Man sollte daher, wenn man am Postulat der vertragsautonomen Auslegung festhalten will, den Begriff „Zivil- und Handelssachen" weit auslegen (*Jenard*-Bericht 58; *Geimer/ Schütze* § 19 VII) und als öffentlichrechtliche Streitigkeit nur qualifizieren, was nach den Rechtsordnungen aller oder doch nahezu aller Vertragsstaaten eindeutig so eingeordnet wird. Die Tatsache allein, daß das Gericht des Urteilsstaats eine zivilrechtliche Sache angenommen hat, bindet das Gericht im Anerkennungsstaat nicht (**aA** *Mally/Layton* § 26.03).

11   c) Für eine Großzügigkeit, die man bei der Auslegung der Haager Übereinkommen obwalten läßt, Art. 1 HZÜ Rn 2 ff, ist kein Raum. Weder durch Einverständnis der Parteien über die zivil- oder verwaltungsrechtliche Natur einer Streitigkeit noch durch Qualifikation nach den Rechtsordnungen des Gerichtsstaats oder des Anerkennungsstaats kann die Anwendbarkeit des Übereinkommens erschlossen werden. Auch der Umstand, daß nur eine für den Prozeßausgang entscheidende Vorfrage zivilrechtlicher Art ist, macht das Übereinkommen nicht anwendbar.

3. Einzelheiten

12   Da, wo die Verwaltung im Rechtsverkehr mit dem Bürger sich des Instruments des Vertrags bedient, sollte man europarechtlich von Privatrecht ausgehen, wenn nicht vergleichbare Verträge in allen Vertragsstaaten öffentlichrechtlich eingeordnet werden. Das gilt vor allem für die französischen „marchés publics" (dazu *Schlosser* NJW 77, 460) und andere „verwaltungsrechtliche" Verträge, die die öffentliche Hand mit Unternehmen zur Realisierung öffentlicher Vorhaben wie Bau von Verkehrswegen zu schließen pflegt (*Berando* Jurisclasseur procédure civile Fasc. 52–1 Nr. 33; *Geimer/ Schütze* aaO. **AA** *Kropholler* Rn 8). Rechtsvergleichende Grundlagenarbeit kann hier nicht geleistet werden. Im Hinblick auf deutsches Recht, aber durch die EuGH-Entscheidung in Sachen „Sonntag" wohl überholt, wurde öffentlichrechtliche Natur reklamiert für: Amtshaftungssachen (*Geimer* NJW 77, 492; *Kropholler* Rn 7 mwN) und Gebührenforderungen von Notaren (*Kropholler* aaO mwN). Gebührenansprüche von Gerichtsvollziehern sind vielfach dem Privatrecht unterstellt (Frankreich: *Kamara* Jurisclasseur procédure civile Fasc. 2180 Rn 17f.). Ebenso einordnen muß man wohl auch Erstattungsansprüche aller Art für hoheitlich erbrachte

Leistungen. Grenzüberschreitender negatorischer Rechtsschutz ist nur dann verwaltungsrechtlich einzuordnen, wenn die zu unterbindende Tätigkeit in den Vertragsstaaten als hoheitliche angesehen wird. „Anti suite injunctions" wurden zivilrechtlich eingeordnet (Nw IPRax 95, 350), s. auch Art. 27 ff Rn 5. Außer allen arbeitsrechtlichen, seerechtlichen und kartellrechtlichen Streitigkeiten sind wohl auch Ansprüche von gerichtlich bestellten Strafverteidigern gegen den Beschuldigten Zivilrechtsansprüche.

Zur Abgrenzung von prozessualen Anordnungen und anerkennungspflichtigen Entscheidungen s. Art. 25 Rn 9.

III. Ausgeschlossene Rechtsgebiete

Die in Abs. 2 aufgezählten Ausnahmen sind leider in der Begrifflichkeit des materiellen Rechts ausgedrückt. Es ist daher manchmal schwierig, jene prozessualen Streitgegenstände zu bestimmen, die dem Übereinkommen nicht unterfallen. Der EuGH bestimmt die ausgeschlossenen Rechtsgebiete durchwegs **vertragsautonom**. Daß in einem Fall Vorfragen aus ausgeschlossenen Rechtsgebieten eine Rolle spielen, berührt den Anwendungsbereich des Übereinkommens nicht, allgM. Hat ein Verfahren mehrere Streitgegenstände, so ist jeder isoliert zu betrachten, auch wenn es sich um akzessorische Ansprüche handelt. Einstweilige Anordnungen auf Unterhaltszahlungen sind erfaßt, auch wenn die „Hauptsache" der Scheidungsantrag ist (EuGHE 1980, 731 -„de Cavel II"), s. Art. 24 Rn 5. Bei Auskunftsansprüchen kommt es auf die Rechtsmaterie an, innerhalb derer sie stehen (*Geimer* IPRax 92, 8). Bei Anerkennung und Vollstreckung ist auf den Anspruch abzustellen, der zuerkannt wurde (*Grunsky* JZ 73, 644); bei kumulativer Anspruchskonkurrenz ist das Übereinkommen anwendbar, wenn einer der Ansprüche ihm unterfällt. Bei Ermittlung der gerichtlichen Zuständigkeit muß man auf den tragenden Anspruch abstellen und den anderen ihm in einer Weise unterordnen, wie man auch im IPR akzessorische deliktische Ansprüche, die mit vertraglichen konkurrieren, nach dem Vertragsstatut einordnet (zu letztem *Palandt/Heldrich* Art. 38 EGBGB Rn 14). So prägen erbrechtliche, konkursrechtliche oder sonstige Ansprüche aus den ausgeschlossenen Rechtsgebieten im allgemeinen jene Ansprüche des allgemeinen Schuldrechts oder des Sachenrechts mit, die mit ihnen konkurrieren (ähnlich *Kropholler* Rn 18; *Basedow* IZPR II Rn 93; *Grunsky* aaO 643. **AA** *Geimer* RIW 76, 145).

1. Personenstands-, Familien- und Erbrechtssachen – Nr. 1

14   Die in Nr. 1 genannten Ausnahmen sind zum großen Teil heute nicht mehr gerechtfertigt. Zur Zeit der Ausarbeitung des Übereinkommens war man aber noch von der Sorge beseelt, daß als unerwünscht empfundene familienrechtliche Ideologien transnationalisiert werden könnten. Die Ausnahmevorschrift ist heute eng auszulegen. Der EuGH hat zwar in der Anfangszeit der Geltung des Übereinkommens auch „im Zusammenhang mit" den in Nr. 1 aufgeführten Angelegenheiten stehende Verfahren vom Anwendungsbereich des Übereinkommens ausnehmen wollen (EuGHE 1979, 1055 – „de Cavel I"). Jedoch sollte er ebenso, wie er es bei der Begriffsbestimmung der verwaltungsrechtlichen Angelegenheiten getan hat, Rn 10, diese Verengung des Anwendungsbereichs des Übereinkommens fallen lassen.

15   a) Mit „**Personenstand**" ist vor allen Dingen ein Verfahren gemeint, in dem es um den Bestand einer Ehe geht. Das schließt freilich noch nicht sämtliche im Verfahrensverbund des Scheidungsverfahrens bestehende Angelegenheiten mit ein. In erweiternder Auslegung zählt dazu aber auch die Entscheidung über die Zulässigkeit des Getrenntlebens, über das Sorgerecht oder die Betreuung, obwohl dies alles streng genommen keine Fragen des „Personenstandes" und nur höchst sektoral allenfalls Fragen der gesetzlichen Vertretung sind, allgM. Auch Verfahren über die Herausgabe eines Kindes unterstellt man der Ausnahmevorschrift (BGHZ 88, 13 = NJW 83, 2775). Will man Staatsangehörigkeitsfragen nicht als öffentlichrechtliche Streitsachen ansehen, was sie nach den Rechtsordnungen einiger Mitgliedsstaaten in der Tat nicht sind, so muß man auch insofern Nr. 1 analog anwenden. Verschollenheitsverfahren betreffen die Rechtsfähigkeit einer Person. Verfahren über Existenz und Fortbestand juristischer Personen oder anderer Personenverbindungen sind von der Ausnahme nicht betroffen, allgM.

16   b) Verfahren über „**eheliche Güterstände**" sind deshalb schwierig zu umschreiben, weil es in manchen Mitgliedsstaaten eine Entsprechung zu dem in den kontinentalen Rechtsordnungen unter diesem Namen bekannten Rechtsinstitut nicht gibt und weil sich in der Gestaltung der vermögensrechtlichen Beziehungen unter Ehegatten häufig güterstandsrechtliche und allgemein vertragsrechtliche Elemente vermengen (Lit: *Hausmann* FamRZ 80, 423).
Der EuGH (aaO – „de Cavel I") hat in diesem Zusammenhang ausgeführt, „*daß der Begriff der ehelichen Güterstände nicht nur die in*

einigen nationalen Rechtsordnungen besonders und ausschließlich für das Rechtsverhältnis der Ehe vorgesehenen Güterstände umfaßt, sondern ebenso alle vermögensrechtlichen Beziehungen, die sich unmittelbar aus der Ehe oder ihrer Auflösung ergeben". In den Anwendungsbereich des Übereinkommens sollen alle vermögensrechtlichen Beziehungen fallen, *„die zwischen den Ehegatten bestehen, jedoch keinen Zusammenhang mit der Ehe aufweisen"*. Ein solcher Zusammenhang wird jedoch so gut wie immer bestehen, ohne daß deshalb die Anwendung des Übereinkommens ausgeschlossen werden könnte. So ist das Übereinkommen auf einen Rechtsstreit unter Ehegatten über die Fragen der öffentlichen Versteigerung ihres Familienheims angewandt worden, dessen Miteigentümer sie waren (Hof Amsterdam N. J. 81 Nr. 555). Entscheidend ist für die Rechtsordnungen, welche „eheliche Güterstände" und Regelungen speziell über Vermögensbeziehungen unter Ehegatten kennen, gleich in welchem Güterstand sie leben, ob im Verfahren eine Rechtsbeziehung geltend gemacht wird, die allgemeinem bürgerlichen Vertrags-, Delikts- oder Eigentumsrecht unterfällt oder nicht. Auseinandersetzungen um Ehewohnung und Hausrat sind ebenso vom Anwendungsbereich des Übereinkommens ausgeschlossen (*Geimer* IPRax 92, 6 mwN; allgM) wie Verfahren um den Umfang der Schlüsselgewalt. Nicht aber gilt das gleiche für Verfahren mit Dritten, die aus Schlüsselgewaltsgeschäften Rechte herleiten oder haften sollen. Das Verlangen eines niederländischen Ehemanns, die Ehefrau solle ein Dokument herausgeben, das seiner Verwaltung unterliegt, hat der EuGH als güterrechtlich qualifiziert (EuGHE 1982, 1189), obwohl die fragliche Verwaltungsbefugnis nicht im „ehelichen Güterrecht" geregelt war, sondern aus einer allgemeinen Vorschrift hergeleitet wurde, die die Rechtsfolgen davon regelt, daß ein Ehegatte die Verwaltung seines Vermögens dem anderen überläßt. Ebenso muß man entscheiden, wenn im Wege richterlicher Rechtsfortbildung allgemein bürgerlichrechtliche Institute auf die Beziehungen unter Ehegatten zugeschnitten werden. Ansprüche aus einer Ehegatteninnengesellschaft sind daher vom Anwendungsbereich des Übereinkommens ausgeschlossen. Verfahren aufgrund normaler Gesellschafts- und Arbeitsverträge unterfallen ihm aber sehr wohl, allgM. Für die Länder, die keine ehelichen Güterstände kennen, kommt es darauf an, ob *„der Rechtsstreit Fragen zum Gegenstand hat, die während der Ehe oder nach deren Auflösung wegen solcher Rechte an oder auf Vermögen entstanden sind, die sich aus der ehelichen Beziehung ergeben"* (*Schlosser*-Bericht Nr. 50 m. ausf. rvergl. Erl.). Wenn es um einstweilige Anordnungen geht, ist danach zu unterscheiden, ob sie im Schwergewicht Rechte aus dem Güterstand oder aus dem allgemeinen bürgerlichen Recht schützen sollen (so wohl auch EuGH aaO – „de Cavel I").

17   **Unterhaltsansprüche** unter Ehegatten werden ausweislich Art. 5 Nr. 2 vom Übereinkommen erfaßt. Das gilt auch, wenn in einem Scheidungsverbundverfahren einstweilige Anordnungen bezüglich des Unterhalts anstehen (EuGHE 1980, 731 – „de Cavel II"). Globalabfindungen, die auch zur Sicherstellung des Unterhalts dienen, gehören nicht zu den ehelichen Güterständen (EuGH aaO; *Baumann* Die Anerkennung und Vollstreckung ausländischer Entscheidungen in Unterhaltssachen [1989] 10; *Schlosser*-Bericht Nr. 95). Prozeßkostenvorschußansprüche unterfallen als unterhaltsrechtlich dem Übereinkommen (*Geimer* aaO mN). Der Versorgungsausgleich fällt unter Nr. 3. Unterhaltsansprüche nichtehelicher Kinder werden erfaßt auch soweit über sie zusammen mit der statusrechtlichen Hauptentscheidung erkannt wurde (Cour de Cassation [Lux] ILPr 89, 137).

18   **c) Erbrechtliche Streitigkeiten** haben in der veröffentlichten Praxis der Gerichte noch keine Rolle gespielt. Erfaßt sind alle Ansprüche aus dem Nachlaß und an ihm, die eine erbrechtliche Anspruchsgrundlage haben, gleich ob sie dinglicher oder schuldrechtlicher Natur sind oder in einem nach common law aufgrund letztwilliger Verfügung entstandenen „trust" wurzeln (zu letzterem *Schlosser*-Bericht Nr. 52). Konkurrierende Ansprüche aus dinglichen Rechten machen das Übereinkommen nicht anwendbar, Rn 13. Ansprüche aus Schenkungen auf den Todesfall, in welcher juristischen Form auch immer, muß man sinnvollerweise der Nachnahmeregelung zuordnen (etwas enger *Jenard*-Bericht Art. 1 IV A; *Kropholler* Rn 27 – nur Schenkungen „von Todes wegen"). Eine erbrechtliche Streitigkeit ist auch eine solche unter zwei Prätendenten auf erbrechtliche Beteiligung an dem Nachlaß (hM. **AA** *Geimer* RIW 76, 145). Auch die in §§ 72 ff FGG geregelten „Nachlaßsachen" sind allesamt vom Anwendungsbereich des Übereinkommens ausgeschlossen. Das gleiche gilt für Ansprüche aus Erwerbsgeschäften über Erbteile oder den gesamten Nachlaß, soweit nationales Recht ein solches Institut in einer vom gewöhnlichen Veräußerungsgeschäft unterschiedenen Weise hervorgebracht hat.
    Der Ausnahmevorschrift unterfallen aber Ansprüche nicht, die ursprünglich gegen den Erblasser begründet waren. Auch sonst hindert das Auftreten erbrechtlicher Vorfragen die Anwendung des Übereinkommens nicht, Rn 6, 13.

2. Insolvenzrechtliche Verfahren

Der Ausschluß insolvenzrechtlicher Verfahren geschah im Hin- **19** blick auf das seinerzeit geplante und in der Vorbereitung auch schon sehr weit gediehene EWG-Insolvenzübereinkommen (*Schlosser*-Bericht Nr. 53 ff. Zu den einschlägigen Materialien siehe *Kegel/Thieme* Vorschläge und Gutachten zum Entwurf eines EG-Konkursübereinkommens, 1988). Das Ziel beider Verhandlungen war es, keine Lücke zwischen den Anwendungsbereichen beider Übereinkommen zu lassen. Solange das EG-Insolvenzübereinkommen aussteht, ist im Interesse des transnationalen Rechtsschutzes die Nr. 3 eng auszulegen.

Die insolvenzrechtlichen **Stammverfahren** wie etwa Konkurs- **20** oder Vergleichsverfahren nach bisherigem oder einheitliches Insolvenzverfahren nach künftigem deutschen Recht, sind leicht identifizierbar. Auch die in neuerer Zeit entstandenen Sonderverfahren für Verbraucherinsolvenzen fallen nicht unter das Übereinkommen, wenn ihr Ziel neben der Entschuldung des Verbrauchers die gleichmäßige Befriedigung der Gläubiger ist. Zum englischen *„winding up of companies"* s. Art. 16 Rn 17.

Der EuGH (1979, 733 – „Gourdain" = RIW 273; ebenso **21** Hamm RIW 94, 62), hat die Ausnahmebestimmung auch auf die Klage eines Insolvenzverwalters gegen den pflichtvergessenen Leiter des Schuldnerunternehmens auf Aufstockung der Insolvenzmasse angewandt, ein Institut, welches das französische Recht kennt. Er hat hierbei generalisierend gesagt: *„Einzelverfahren sind nur dann von der Anwendung des Übereinkommens ausgeschlossen, wenn sie unmittelbar aus diesem Verfahren hervorgehen und sich eng innerhalb des Rahmens eines Konkurses oder Vergleichsverfahrens halten"*. Diese Voraussetzungen sieht man allgemein für die konkursrechtliche **Anfechtungsklage** als gegeben an (BGH NJW 90, 990; Corte di Cassazione Riv. dir. int. pr. proc. 90, 396; 91, 975; *Honorati* Riv. dir. int. pr. proc. 89, 595 ff; *Flessner/Schulz* IPRax 91, 162; *H. Schmidt* EuZW 90, 219; allgM), obwohl diese in manchen Rechtsordnungen in der auch im allgemeinen bürgerlichen Recht existierenden actio pauliana durchaus ein außerkonkursrechtliches Gegenstück haben (dazu *Schlosser* aaO 410). Ähnlich wird man entscheiden müssen bezüglich: **Streitigkeiten aller Art zwischen Konkursverwalter und Gemeinschuldner**, die nicht auf Rechtsgeschäften beruhen, die der erstere mit dem letzteren wie mit anderen Personen abgeschlossen hat; Streitigkeiten, die aus der Entscheidung des Konkursverwalters herrühren, einen **schwebenden Vertrag** durchzuführen, nicht aber Streitigkeiten, bei denen ein durch das Insolvenzrecht gewährtes außerordentliches Kündigungsrecht des anderen Teils eine Rolle spielt; **Haftungsklagen** gegen den Konkursverwalter. Demgegenüber sind **Aussonderungs-** („nach den außerhalb des Konkursverfahrens geltenden Gesetzen", § 43 KO), und Absonderungsklagen mit dem Ziel der Eigenverwertung (*Schlosser* aaO 411) sowie Klagen, bei denen eine durch den Konkurs beeinflußte Aufrechnungsmöglichkeit eine Rolle spielt, von der Ausnahmevorschrift nicht erfaßt. Erst recht erfaßt das Übereinkommen nicht Klagen des Konkursverwalters aus **Masseansprüchen** aller Art wie gegen ihn gerichtete Ansprüche aus Rechtsgeschäften mit Dritten. Das gleiche muß auch für Klagen eines Gläubigers gegen den Konkursverwalter auf Feststellung seines Anspruchs zur **Konkurstabelle** gelten, weil die Klage weitgehend die Natur einer gewöhnlichen Feststellungsklage hat und in diese Situation die im EuGVÜ garantierten Gerichtsstände keinesfalls obsolet werden dürfen (Ansicht FS *Weber* aaO aufgegeben).

3. Soziale Sicherheit

22   „Die" soziale Sicherheit ist deshalb eigenständig erwähnt, weil sie in vielen Vertragsstaaten, auch nicht schwergewichtig, so eindeutig wie in Deutschland aus dem Bereich des Zivilrechts herausfällt. Der Akzent der Regelung liegt also auf der Aussage, daß die Materie vom Übereinkommen nicht immer so weit erfaßt wird, als sie nach anwendbarem Recht privatrechtlich einzuordnen ist. Zur Auslegung des Begriffs kann die Praxis zu Art. 51 EGV und der Verordnung des Rates Nr. 1408/71 herangezogen werden. Der *Jenard*-Bericht (3. Kap. C) weist außerdem auf das Übereinkommen Nr. 102 der IAO über die Mindestnormen der sozialen Sicherheit (BGBl. 57 II S. 1321) hin. Um überhaupt Strukturen in den verschwommenen Begriff der sozialen Sicherheit zu bringen, gibt es keinen anderen Weg, als darauf abzustellen, ob von einem vom Vertragspartner verschiedenen Träger Leistungen erbracht werden sollen, die der Absicherung gegen Ausfälle von Erwerbseinkommen dienen. Rechtsstreitigkeiten über **Betriebsrenten**, die der Arbeitgeber selbst schuldet, unterfallen dem Übereinkommen ebenso wie solche über Kranken- und Lebensversicherungsverträge. Daß privatrechtlicher Unterhalt nicht zur sozialen Sicherheit gehört, folgt aus Art. 5 Nr. 2. Der **Versorgungsausgleich**, einschließlich des schuldrechtlichen, unterfällt aber der Nr. 3.

In der **Rechtsprechung der Gerichte der Vertragsstaaten** wurden als Ansprüche aus „sozialer Sicherheit" angesehen: Ansprüche gegen den Arbeitgeber auf Beitragszahlung (Rechtsbank ‚s-Hertogenbosch NJ 82 Nr. 99, Anm. *Schultsz*; Corte di Cassazione Nschlwerk I-1.1.-B 6); Ansprüche von Versorgungsträgern auf Rückgewähr zu Unrecht bezogener Leistungen (BSGE 54, 250; Köln EuZW 91, 64).

Das Übereinkommen wurde demgegenüber für anwendbar gehalten für: Ansprüche gegen den Arbeitgeber auf Urlaubsgeld (Trib.trav. Lüttich JT 80 Nr. 174); Prätendentenstreitigkeiten bezüglich Sozialleistungen (Hoge Raad NJ 79 Nr. 399; *Basedow* Rn 114) wie Kindergeld; Ansprüche von Trägern der Sozialversicherung aus übergegangenem Recht gegen Dritte (Trib.gr.inst. Marseille Rev.dr.fr.comm. 79, 31; *Schlosser*-Bericht Nr. 60; allgM).

4. Schiedsgerichtsbarkeit

a) Der Ausschluß der Schiedsgerichtsbarkeit ist im Hinblick auf 23 die staatsvertragliche Sonderregelung der Anerkennung und Vollstreckung von Schiedssprüchen entstanden, Einl. Rn 2. Dabei wurde aber übersehen, daß mit diesen Staatsverträgen die Freizügigkeit von Entscheidungen staatlicher Gerichte, die sich auf Schiedsgerichtsbarkeit beziehen, nicht garantiert ist, daß für eine solche Freizügigkeit aber ein dringendes Bedürfnis deshalb besteht, weil Schiedsgerichtsbarkeit ein sehr verbreitetes Recht der verbindlichen Entscheidungen von Streitigkeiten aus dem transnationalen Wirtschaftsverkehr ist. Es geht um Entscheidungen staatlicher Gerichte, die **Schiedssprüche aufheben, Schiedsrichter ernennen oder abberufen, Feststellungen über die Zulässigkeit von Schiedsverfahren treffen oder sonst helfend in Schiedsverfahren eingreifen.** In einer viel Aufsehen erregenden Plenarentscheidung, die von ausnehmend umfangreich und fast leidenschaftlich begründeten Schlußanträgen des Generalanwalts *Darmon* vorbereitet war, hat der *EuGH* für einen Einzelaspekt folgendes festgehalten (1991 I 3855 – „Marc Rich" = NJW 93, 189 = IPRax 92, 312 – *Haas* 292. Zum sehr überraschenden und merkwürdigen Ende des Ausgangsverfahrens [1992] 1 Lloyd's Rep. 624 Q. B.): *„Art. 1 Abs. 2 Nr. 4 EuGVÜ ist dahin auszulegen, daß sich die in ihm enthaltene Ausschlußregelung auf einen bei einem staatlichen Gericht anhängigen Rechtsstreit erstreckt, der die Benennung eines Schiedsrichters zum Gegenstand hat, selbst wenn das Bestehen oder die Gültigkeit einer Schiedsvereinbarung eine Vorfrage in diesem Rechtsstreit darstellt."* Trotz der Verengung der Aussage auf diese Detailfrage wird die Entscheidung allgemein dahin verstanden, daß alle gerichtlichen Neben- und Anschlußverfahren zu Schiedsverfahren vom Anwendungsbereich des Übereinkommens ausgenommen sind (*Weigand* EuZW 92, 529 ff; *Haas* IPRax aaO; *Berti* FS Vogel [Freiburg/Schweiz 1991] 347. Nw aus der Zeit vor der Entscheidung „Marc Rich" in *Schlosser* Das Recht der internationalen privaten Schiedsgerichtsbarkeit[2] Rn 115). Überzeugend ist dies nicht (*Schlosser* Riv.dir.int.pr.proc. 89, 545 – Abweichung von der in *Schlosser*-Bericht Rn 63 f vertretenen Ansicht. Durch Generalanwalt *Darmon* nicht widerlegt, weil sich eine Zuständigkeit am Schiedsort über Art. 5 Nr. 1 durchaus hätte finden lassen, obwohl der Schiedsvertrag ein Prozeßvertrag ist, wenn man nur die Notwendigkeit anerkannt hätte, daß es auch einer staatsvertraglichen Absicherung von Gerichtsentscheidungen über Schiedsgerichtsbarkeit bedarf). Entscheidungen staatlicher Justizinstanzen über Kosten des schiedsrichterlichen Verfahrens unterfallen aber dem Übereinkommen (*Stein/Jonas/Schlosser*[21] § 1044 Rn 10 a).

24   **b)** Selbstverständlich ist durch Nr. 4 die Anerkennung und Vollstreckung von Schiedssprüchen erfaßt. Wie auch sonst im Zusammenhang mit Vorfragen aus ausgeschlossenen Rechtsgebieten ist es umgekehrt kein Anerkennungshindernis, wenn in einem Gerichtsurteil eine Vorfrage eine Rolle gespielt hat, die ein Schiedsgericht entschieden hat, an dessen Spruch sich das Gericht für gebunden hielt. Man sollte aber auch Gerichtsurteile, die einen Schiedsspruch in seinem Heimatstaat bestätigt haben, in gleicher Weise nach dem Übereinkommen für anerkennungspflichtig halten, wie der BGH (NJW 84, 2765 = RIW 557; NJW 84, 2763 = RIW 644) solche Urteile aus Nichtvertragsstaaten nach §§ 722 f ZPO anerkennt und vollstreckt (Hamburg NJW RR 92, 568 = RIW 939. **AA** LG Hamburg RIW 79, 493; Corte di Appello Mailand Riv.dir.int.pr.proc. 91, 1040; *Jayme/Kohler* IPRax 92, 354. Näher dazu *Stein/Jonas/Schlosser*[21] Rn 61 f vor 1044; *Schlosser* Das Recht der internationalen privaten Schiedsgerichtsbarkeit[2] Rn 908 f. Ansicht IPRax 85, 143 aufgegeben). Zu widersprechenden Urteilen und Schiedssprüchen s. Art. 27 Rn 22.

25   **c)** Der Umstand, daß ein staatliches Gericht unter Verkennung einer wirksamen **Schiedsklausel** entschieden hat, steht der Anwendung des Übereinkommens nicht im Weg. Zusätzlich läßt sich dafür der Rechtsgedanke des Art. 28 Abs. 1 heranziehen (Nahezu allgM, z. B. Celle RIW 79, 131; *The Heidberg"* [1994] 2 L. R. 287. Anders die britische Delegation bei den Anpassungsverhandlungen, s. *Schlosser*-Bericht Rn 61 f, sowie neuere Stimmen aus England, etwa *Hill* 63). In besonders anstößigen Fällen ist ein solches Urteil aber mit dem ordre public unvereinbar, zu dem auch die prinzipielle Achtung von Schiedsverträgen gehört, s. Art. 27 Rn 5.

Rechtskraftfähige Entscheidungen über die Wirksamkeit eines Schiedsvertrags hat ein englisches Gericht zu Recht als nicht unter Nr. 4 fallend gewertet (*„The Heidberg"* aaO **AA** Generalanwalt *Darmon* aaO 3876 – auch insoweit *Schlosser*-Bericht. Rn 64 persönlich aufgegeben).

5. Abschließender Charakter der Aufzählung

Die Aufzählung der ausgeschlossenen Rechtsgebiete ist abschließend. Eine vorsichtige Analogie ist aber denkbar. Das Übereinkommen ist etwa auch anwendbar, wenn um Rechte an Liegenschaften in Drittstaaten gestritten wird (**aA** *Bajons* ZfRvgl 93, 52). Allenfalls kann man einen Analogieschluß aus Art. 16 dahin ziehen, daß Gerichte der Vertragsstaaten nicht zuständig sind, wenn sich der fragliche Anknüpfungspunkt in einem Nicht-Vertragsstaat findet, Art. 16 Rn 14. Möglicherweise verstoßen Urteile von Gerichten von Vertragsstaaten, die sich auf Gegenstände der in Art. 16 genannten Art beziehen, die in einem Drittstaat gelegen sind, gegen dessen Souveränität und somit auch gegen den inländischen ordre public. Jedoch sind auch in einem solchen Fall Artt. 26–49 durchaus anwendbar. Das EuGVÜ ist auch auf „admiralty actions in rem" anwendbar (*„The Deichland"* 2 AllE. R. [1989] 1066), wenngleich in Deutschland eine Klage immer gegen ein Gebilde erhoben werden muß, das prozeßfähig ist. Der BGH hat zu Recht das EuGVÜ auch auf Klagen nach § 13 ff AGBG angewandt (NJW 90, 317 ff).

26

Titel II. Zuständigkeit

1. Abschnitt. Allgemeine Vorschriften

Vorbemerkungen zu Titel II

I. Natur und Leitidee der Zuständigkeitsordnung des Übereinkommens

1   Das EuGVÜ hat erstmals in einem multinationalen Übereinkommen ein selbständiges Zuständigkeitssystem geschaffen, das Vorrang vor nationalem Recht beansprucht, s. Einl. Rn 3, Art. 2 Rn 1. Es folgt dem in den sechs Gründungsstaaten der EWG für die örtliche Zuständigkeit der Gerichte geltenden Prinzip: der Wohnsitz (eventuell gewöhnlicher Aufenthalt) einer Person ist ihr allgemeiner Gerichtsstand; zur Wahl des Klägers stehen daneben besondere Gerichtsstände; die Parteien können außer in den Bereichen, in denen ein strukturelles wirtschaftliches Potenzgefälle zwischen ihnen existiert, den Gerichtsstand frei vereinbaren; in besonderen Materien gibt es ausschließliche Gerichtsstände, die zum Teil nicht nur die Möglichkeit der Gerichtsstandsvereinbarung begrenzen, sondern auch Vorrang vor den allgemeinen und besonderen Gerichtsständen haben.

2   Das Übereinkommen hat die Grundidee dieses Systems zum Modell der internationalen Zuständigkeit genommen. Es regelt in der Tat teilweise nur die internationale Zuständigkeit der Gerichte, etwa in Art. 16 oder, erstaunlicherweise, fast immer dann, wenn an den Wohnsitz einer Partei angeknüpft wird, etwa in Art. 2, 14. Häufig, vor allem in Art. 5, 6 regelt das Übereinkommen aber auch die örtliche Zuständigkeit. Rechtsweg und sachliche Zuständigkeit regelt das Übereinkommen fast nie, ausnahmsweise jedoch in Art. 6 die sachliche, s. dort Rn 10. Völkerrechtliche Immunitäten von Diplomaten und Staaten sind keine Frage der internationalen Zuständigkeit. Sie bleiben vom EuGVÜ unberührt.

3   Aus der Sicht der deutschen Systematik ist der 8. Abschnitt ein Fremdkörper im Titel II. Wegen des im Vergleich zum Zuständigkeits- und Anerkennungssystem beschränkten Regelungsbedarfs hat das Übereinkommen die Probleme der von der Rechtshängigkeit einer Sache ausgehenden Wirkung im Titel II mitgeregelt.

Aus dem Vorrang des Zuständigkeitssystems des EuGVÜ folgt, **4**
daß es keine zusätzlichen oder gar vorrangigen Gerichtsstände kraft
nationaler Sondervorschriften geben kann. § 3 Abs. 1 BinnSch-
VerfG (BGHZ 82, 110 = NJW 82, 1226). §§ 488, 738 HGB etwa
sind im Geltungsbereich des Titels II nicht anwendbar. Auch aus
ordre-public-Erwägungen, etwa unter dem Gesichtspunkt des So-
zialschutzes, können keine zusätzlichen Zuständigkeiten hergeleitet
werden (*Kropholler* Rn 19 mwN). Denkbar sind aber ungeschriebene Einschränkungen der durch das Übereinkommen begründeten
Zuständigkeiten der Gerichte, die aus übergeordneten Gesichts-
punkten folgen. Sie beruhen dann aber auf einer teleologischen
Reduktion von Zuständigkeitsvorschriften des Übereinkommens
selbst.

Einen **geographischen Anwendungsbereich** von Titel II gibt es **5**
nur insofern, als lediglich Gerichte von Mitgliedsstaaten an ihn
gebunden sind, s. Art. 1 Rn 2. Generell die Frage aufzuwerfen, ob
der Rechtsstreit einen **grenzüberschreitenden Bezug** haben muß,
damit das Zuständigkeitssystem des Übereinkommen anwendbar
sein soll, ist müßig. Wird der Bewohner eines Vertragsstaats vor
einem Gericht dieses Vertragsstaats verklagt, so bestimmt ohnehin
ausschließlich dieser Staat die örtliche Zuständigkeit, s. Art. 2
Rn 1, gleichgültig ob der Kläger im selben Vertragsstaat, in einem
anderen Vertragsstaat oder in einem dritten Staat Wohnsitz hat.
Wenn eine Person in einem anderen Vertragsstaat als ihrem Wohnsitzstaat verklagt werden soll, bestimmen ausschließlich die
Art. 5ff die internationale und fast ausnahmslos auch die örtliche
Zuständigkeit, ohne daß für die Frage eines in diesen Vorschriften
nicht angesprochenen internationalen Bezugs noch Raum wäre.
Die sich in den amtlichen Berichten gelegentlich findende Bemerkung, der Rechtsstreit müsse einen grenzüberschreitenden Bezug
haben, darf nicht als Postulierung einer zusätzlichen Anwendungsvoraussetzung mißverstanden werden (hM. z. B. *Kropholler* Rn 7,
8). Schon gar nicht ist der Bezug des Rechtsstreits zu einem Vertragsstaat erforderlich, str. Für die Anwendung mancher Vorschriften muß man allerdings einen internationalen Bezug fordern,
s. Art. 6 Rn 2, Art. 17 Rn 6, Art. 18 Rn 1.

Das Übereinkommen richtet sich keineswegs ausschließlich ge- **6**
gen einen Zuständigkeitsimperialismus der Vertragsstaaten, obwohl der Katalog von Art. 3 Abs. 2 einen solchen Anschein vermittelt. Vielmehr soll dem Bürger der EG auch eine Zuständig-
keitsgarantie gegeben werden. Die Vertragsstaaten müssen die ihnen zukommenden Zuständigkeiten auch wahrnehmen und Justiz

gewähren. Wo nur die internationale Zuständigkeit eines Staates festgelegt ist, muß er einen örtlichen Gerichtsstand zur Verfügung stellen. Seine ihm zukommende Zuständigkeit darf ein Gericht nicht nach Ermessensgesichtspunkten („forum non conveniens") ablehnen (*Schlosser*-Bericht Rn 78; *Kropholler* Rn 19; auch die ganz überwiegende englische Doktrin und Judikatur). Unter den ursprünglichen sechs Mitgliedsstaaten war es eine bare Selbstverständlichkeit, daß über die Zuständigkeit eines anzurufenden Gerichts nur dieses zu entscheiden hatte. Heute folgt dies aus Artt. 18, 19 (*Kurth* Inländischer Rechtsschutz gegen Verfahren vor ausländischen Gerichten [1989] 28f; *Peter Huber,* Die englische forum non conveniens Doktrin . . . [1994]; *Geimer* WM 86, 122). Englische „*anti-suit-injunctions*" binden ein Gericht in einem anderen Vertragsstaat nicht, s. Art. 27f Rn 5. Sinn des Übereinkommens ist es aber nicht, auch den Bewohnern von Drittstaaten feste Zuständigkeitsgarantien zu geben. Kommt als alternatives Gericht nur ein solches eines Drittstaats in Betracht und sind die Kläger weder Bewohner noch Angehörige eines Vertragsstaats, dann kann ein englisches Gericht seine Zuständigkeit aus forum-non-conveniens-Gesichtspunkten ablehnen. Das liegt aber nicht daran, daß Titel II nur anwendbar wäre, wenn ein Bezug des Rechtsstreits zu einem Vertragsstaat besteht (so aber Court of Appeal *In re Harrods* [1991] 4 All ER 334. **AA** etwa *Kohler* FS Matscher [1993] 254ff. Zum ganzen s. *Erwand* forum non conveniens und EuGVÜ [1996]). Es ist auch nicht völlig ausgeschlossen, daß die Inanspruchnahme einer Zuständigkeit **rechtsmißbräuchlich** ist (zu Unrecht allerdings für eine Sachverhaltsgruppe kraft EG-Rechts Mißbräuchlichkeit annehmend EuGHE 1985, 2267 = NJW 28 92 – „AS Autoteile"), etwa wenn der spätere Kläger den Eindruck vermittelt hat, daß er in einem Vertragsstaat nicht klagen werde, ohne daß den Formererfordernissen des Art. 17 Genüge getan wäre.

7   Recht stiefmütterlich ist das Übereinkommen gegenüber Personen mit Wohnsitz in einem Drittstaat, s. Art. 4.

8   Nicht geregelt hat das Übereinkommen den **Zeitpunkt**, zu dem die zuständigkeitsbegründenden Tatsachen, insbesondere der Wohnsitz vorliegen müssen. Deshalb ist insoweit nationales Recht maßgebend. So wie sich der Eintritt der Rechtshängigkeit nach nationalem Recht bemißt, Art. 21 Rn 6, so auch der zeitliche Anknüpfungspunkt für die zuständigkeitsbegründenden Tatsachen. Da eine dem Beklagten noch nicht zugestellte Klage keine Rechtswirkungen außer der provisorischen Gebührenpflichtigkeit auslöst, muß man den Zeitpunkt der Rechtshängigkeit wählen

(*MünchKommZPO-Gottwald* Art. 2 Rn 16). Für die Fortdauer der einmal begründeten Zuständigkeit gilt § 261 Abs. 3 Nr. 2 ZPO – **perpetuatio fori**. Auch beim Wohnsitzwechsel des Beklagten in einen Vertragsstaat entfällt die über Art. 4 nach nationalem Recht einmal begründete Zuständigkeit nicht, heute allgM (zur perpetuatio fori im internationalen Zivilprozeßrecht generell ausführlich *Geimer* IZPR[2] Rn 1830 ff).

In Ausnahmefällen verlangt Art. 6 EMRK, eine im EuGVÜ nicht **9** vorgesehene Notzuständigkeit zu eröffnen (näher *Kropholler* Hdb. I Kap. III Rn 192 2 f).

II. Prüfungsschritte im Einzelfall

Nach dem geglückten Vorschlag von *Gottwald* (*MünchKomm-ZPO* Art. 2 Rn 3 ff) ist im Einzelfall folgende Prüfungsreihenfolge zweckmäßig.

1. Die zu erhebende oder erhobene Klage muß in den sachlichen **10** Anwendungsbereich des EuGVÜ fallen, s. Erl. Art. 1.

2. Zur Zeit der Klageerhebung muß das Übereinkommen im **11** Gerichtsstaat in Kraft getreten sein, s. Erl. Art. 54.

3. Danach ist zu fragen, ob der Beklagte seinen Wohnsitz in einem **12** Vertragsstaat hat oder nicht. Ist dies nicht der Fall, so gilt nach Art. 4 grundsätzlich das nationale Zuständigkeitsrecht, gleichgültig, ob der Kläger Inländer bzw. Inlandsbewohner ist oder nicht. Einzelheiten s. Art. 4. Ausnahmen: Art. 16 Rn 1, Art. 17 Rn 6, Art. 18 Rn 1.

4. Hat der Beklagte Wohnsitz in einem Vertragsstaat, so ist da- **13** nach zu unterscheiden, ob der Wohnsitz in dem Staat liegt, dem das Gericht angehört oder nicht.

a) Die **internationale Zuständigkeit** ergibt sich im ersteren Fall grundsätzlich aus Art. 2. Die **örtliche Zuständigkeit** richtet sich dann allein nach nationalem Recht. Bsp: Ein Reeder mit Sitz in Rostock kann dann nach § 480 HGB sehr wohl in Hamburg verklagt werden, wenn das fragliche Schiff dort seinen Heimathafen hat; auch im Bereich des Versicherungsnehmer- und Verbraucherschutzes sind die Gerichte des Wohnsitzstaates der geschützten Person immer international zuständig. Jedoch kann die internationale Zuständigkeit der Gerichte des Wohnsitzstaates durch eine ausschließliche Zuständigkeit nach Art. 16 oder eine Gerichtstandsvereinbarung nach Art. 17 ausgeschlossen sein.

14 **b)** Soll jemand vor dem Gericht eines anderen Vertragsstaates als seines Wohnsitzstaates verklagt werden, so ist theoretisch ebenfalls zuerst zu prüfen, ob das Gericht international zuständig ist. So regelt etwa Art. 5 Nr. 6 nur die internationale Zuständigkeit. Welches Gericht im zuständigen Staat örtlich zuständig ist, bestimmt in letzterem Fall das nationale Recht. Meist regelt aber die Norm, die internationale Zuständigkeit außerhalb des Wohnsitzstaates des Beklagten begründet, gleichzeitig auch die örtliche Zuständigkeit, z. B. alle Teile von Art. 5 mit Ausnahme von Nr. 6. Dann braucht man auch methodisch nicht zwischen internationaler und örtlicher Zuständigkeit zu unterscheiden.

III. Die Prozeßaufrechnung

15 Der EuGH hatte zunächst der Zuständigkeitsordnung des EuG-VÜ auch eine gewisse Bedeutung für die Möglichkeit der Prozeßaufrechnung zuerkannt. In der Entscheidung „AS-Autoteile" (1985, 2267 = NJW 85, 2892 = IPRax 86, 232 – *Geimer* 208) meinte er, es sei mißbräuchlich, im Rahmen einer Vollstreckungsabwehrklage gegen einen Prozeßkostenerstattungsbeschluß mit der Forderung aufzurechnen, deren Abweisung wegen internationaler Unzuständigkeit der deutschen Gerichte zu dem Kostenerstattungsanspruch geführt hat. Er bildete dabei den Leitsatz, es könne im Rahmen der Vollstreckungsgegenklage nicht mit einer Forderung aufgerechnet werden, zu deren klageweiser Geltendmachung die Gerichte dieses Vertragsstaates nicht zuständig wären. Auf der anderen Seite meinte der EuGH, daß Art. 18 Vorrang vor Art. 17 habe und die Aufrechnung zulässig sei, wenn sich der Kläger rügelos auf sie eingelassen habe, auch wenn ihretwegen die ausschließliche Zuständigkeit eines ausländischen Gerichts vereinbart worden ist (1985, 787 – „Spitzley" = IPRax 86, 27 – *Gottwald*) und daß im vereinbarten Gerichtsstand auch mit einer konnexen Gegenforderung aufgerechnet werden könne, für die die Gerichtsstandsvereinbarung nicht gilt (1978, 2133 – „Glacetal" = RIW 814).
Durch die Plenarentscheidung in Sachen „Danevaern" (1995, 2053 – Rs. 341, 93 v 13. 7. 95 – sehr gründliche rechtsvergleichende Aufarbeitung der verschiedenen Systeme der Aufrechnung in den Schlußanträgen von Generalanwalt *Léger*) ist diese Rechtsprechung überholt (so auch die Einschätzung von *Jayme/Kohler* IPRax 95, 349). In ihr heißt es: *„Die Verteidigungsmittel [in casu Aufrechnung], die geltend gemacht werden können und die Voraussetzungen, unter denen*

dies geschehen kann, bestimmen sich nach nationalem Recht". Damit ist auch die gegenteilige Rechtsprechung des BGH (NJW 93, 2753 – zust. *Geimer* IPRax 94, 82, abl. *Leipold* ZZP 107 [1994] 216) insoweit obsolet, als sie auf die Auslegung des EuGVÜ gestützt ist.

Es gelten daher die gleichen Grundsätze, die maßgebend sind, wenn das Zuständigkeitssystem des EuGVÜ nicht anwendbar ist, weil der Beklagte in einem Drittstaat wohnt. Dann ist nach der genannten BGH-Entscheidung die Berücksichtigung der Aufrechnung möglich, wenn die Aufrechnungsforderung nach § 33 ZPO wegen Konnexität mit der eingeklagten Forderung widerklageweise geltend gemacht werden könnte. Da das EG-Recht ohne Einfluß auf die Aufrechenbarkeit ist, muß auch dann, wenn der Widerbeklagte Wohnsitz in einem anderen Vertragsstaat hat, nur geprüft werden, ob nach § 33 ZPO eine Zuständigkeit für die klageweise Geltendmachung der Forderung bestehen würde.

Art. 2 [Allgemeine Internationale Zuständigkeit]

(1) **Vorbehaltlich der Vorschriften dieses Übereinkommens sind Personen, die ihren Wohnsitz in dem Hoheitsgebiet eines Vertragsstaats haben, ohne Rücksicht auf ihre Staatsangehörigkeit vor den Gerichten dieses Staates zu verklagen.**

(2) **Auch Personen, die nicht dem Staat, in dem sie ihren Wohnsitz haben, angehören, sind die für Inländer maßgebenden Zuständigkeitsvorschriften anzuwenden.**

Textgeschichte: unverändert

Die Vorschrift legt die eine Seite des Zuständigkeitsgrundprinzips des Übereinkommens nieder. Von Ausnahmen abgesehen soll man jeden, der im Gebiet der EG wohnt, im Staat seines Wohnsitzes verklagen dürfen. Art. 2 formuliert die Kehrseite dieses Prinzips. Jeder, der seinen Wohnsitz in einem Vertragsstaat hat, soll nur ausnahmsweise aufgrund einer besonderen Vorschrift des EuGVÜ in einem anderen Vertragsstaat verklagt werden können. Beide Grundregeln müssen zwangsläufig Vorrang vor nationalem Recht haben.

Art. 2 regelt nur die **internationale Zuständigkeit.** Die örtliche Zuständigkeit ergibt sich in Deutschland aus §§ 12ff ZPO. Der Wohnsitzstaat ist allerdings frei, beliebige örtliche Zuständigkeiten festzulegen. Er kann für bestimmte Materien auch die örtliche Zuständigkeit des Gerichts, in dessen Bezirk der Beklagte seinen

Wohnsitz hat, ausschalten. In Gestalt von §§ 689, 703d ZPO hat
der deutsche Gesetzgeber dies für das Mahnverfahren so gehalten
(näher erläutert in *Stein/Jonas/Schlosser*[21] § 689 Rn 3). S. auch vor
Art. 2 Rn 10ff.

2   Wohnsitz und entsprechend Sitz einer Gesellschaft richten sich
nach Artt. 5ff, s. Bem. dort. Bei mehreren Wohnsitzen genügt
einer in einem Vertragsstaat, allgM. Zum Zeitpunkt der Wohnsitz-
begründung s. vor Art. 2 Rn 8. Im Umkehrschluß aus Art. 5
Nr. 6, der nur einen zusätzlichen Gerichtsstand begründet, ist zu
folgern, daß bei Treuhandverhältnissen und Parteien kraft Amtes
auf den persönlichen Wohnsitz des Verwalters abzustellen ist (*Kropholler* Rn 1; BGHZ 88, 331 = NJW 84, 739 – Für das nationale
Recht **aA** *MünchKommZPO-Gottwald* Rn 13).

3   Abs. 2 bezieht sich nur auf die örtliche Zuständigkeit: Sind nach
Art. 1 die Gerichte eines Staates international zuständig, so können
dessen Bewohner vor jedem Gericht verklagt werden, vor dem
auch ein Angehöriger dieses Staates verklagt werden könnte. Für
Deutschland gibt es aber keine Vorschriften über die örtliche Zuständigkeit, die an die Staatsangehörigkeit anknüpften. In den anderen Vertragsstaaten scheint es genauso zu liegen.

Art. 3 [Ächtung exorbitanter Zuständigkeiten

(1) **Personen, die ihren Wohnsitz in dem Hoheitsgebiet eines
Vertragsstaats haben, können vor den Gerichten eines anderen
Vertragsstaats nur gemäß den Vorschriften des zweiten bis sech-
sten Abschnitts verklagt werden.**

(2) **Insbesondere können gegen diese Personen nicht geltend
gemacht werden:**
- **In Belgien: Artikel 15 des Zivilgesetzbuches (Code civil-Buer-
  gerlijk Wetboek) sowie Artikel 638 der Zivilprozeßordnung
  (Code judiciaire – Gerechtelijk Wetboek);**
- **in Dänemark: Artikel 246 Absätze 2 und 3 der Zivilprozeßordnung (Lov on rettens pleje);**
- **in der Bundesrepublik Deutschland: § 23 der Zivilprozeßordnung;**
- **in Griechenland: Artikel 40 der Zivilprozeßordnung (Κώδικας
  Πολιτικῆς Δικονμιας);**
- **in Frankreich: Artikel 14 und 15 des Zivilgesetzbuches (Code
  Civil);**
- **in Irland: Vorschriften, nach denen die Zuständigkeit durch
  Zustellung eines das Verfahren einleitenden Schriftstücks an**

den Beklagten während dessen vorübergehender Anwesenheit in Irland begründet wird;
- in Island: Artikel 77 der Zivilprozeßordnung (lög um meðferð einkamála í héraðdi);
- in Italien: Artikel 2 der Zivilprozeßordnung (Codice di procedura civile);
- in Luxemburg: Artikel 14 und 15 des Zivilgesetzbuches (Code Civil);
- in den Niederlanden: Artikel 126 Absatz 3 und Artikel 127 der Zivilprozeßordnung (Wetboek van Burgerlijke Rechtsvordering);
- in Norwegen: § 32 der Zivilprozeßordnung (tvistemålsoven);
- in Österreich: § 99 der Jurisdiktionsnorm;
- in Portugal: Artikel 65 Absatz 1 Buchstabe c), Artikel 65 Absatz 2 und Artikel 65a Buchstabe c) der Zivilprozeßordnung (Código de Processo civil) und Artikel 11 der Arbeitsprozeßordnung (Código de Processo de Trbalho);
- in der Schweiz: Der Gerichtsstand des Arrestortes (for du lieu séquestre/foro tel luogo del sequestro gemäß Artikel 4 des Bundesgesetzes über das Internationale Privatrecht/loi fédérale sur le droit international privé/legge federale sul diritto internationale privato;
- in Finnland: Kapitel 10 § 1 Sätze 2, 3 und 4 der Prozeßordnung (oikeudenkäymiskaari/rättegångbalken);
- in Schweden: Kapitel 10 Artikel 3 Satz 1 der Prozeßordnung (Rättegångsbalken);
- im Vereinigten Königreich: Vorschriften nach denen die Zuständigkeit begründet wird durch
- a) die Zustellung eines das Verfahren einleitenden Schriftstücks an den Beklagten während dessen vorübergehender Anwesenheit im Vereinigten Königreich;
- b) das Vorhandensein von Vermögenswerten des Beklagten im Vereinigten Königreich oder
- c) die Beschlagnahme von Vermögen im Vereinigten Königreich durch den Kläger.

Textgeschichte: Ergänzungen nach jeweiligen Beitritten neuer Mitgliedstaaten

Zum grundsätzlichen Stellenwert der Vorschrift s. Art. 2 Rn 1. **1**
Aus ihr hat der deutsche Gesetzgeber für das **Mahnverfahren** die Konsequenz gezogen, von der Maßgeblichkeit des Gerichtsstands

des Antragstellers dann abzusehen, wenn der Antragsgegner Wohnsitz in einem anderen Vertragsstaat hat, § 703d ZPO. S. auch Art. 2 Rn 1. Zum Wohnsitzbegriff s. Artt. 52, 53, zum maßgeblichen Zeitpunkt vor Art. 2 Rn 8.

2   Die Aufzählung sog. exorbitanter Gerichtsstände in Art. 2 soll nur den plakativen Abschied von besonders gravierenden und in der EU deshalb besonders unpassenden Formen eines Zuständigkeitsimperialismus ausdrücken. Der Inhalt der Norm ergibt sich schon („insbesondere") aus Abs. 1. Eine selbständige Restbedeutung hat die Aufzählung nur im Rahmen von Art. 59 Abs. 1. Für Deutschland ist wichtig, daß § 23 ZPO auch dann nicht in Anspruch genommen werden kann, wenn der Rechtsstreit speziell um das Vermögensstück geht, das nach dieser Vorschrift zuständigkeitsbegründend wäre, allgM.

3   Zu den exorbitanten Zuständigkeiten gegenüber Bewohnern von Drittstaaten s. Art. 4. Zum Einstweiligen Rechtsschutz s. Art. 24.

Art. 4 [Beklagte ohne Wohnsitz im Hoheitsgebiet eines Vertragsstaates]

(1) **Hat der Beklagte keinen Wohnsitz in dem Hoheitsgebiet eines Vertragsstaats, so bestimmt sich, vorbehaltlich des Artikel 16, die Zuständigkeit der Gerichte eines jeden Vertragsstaats nach seinen eigenen Gesetzen.**

(2) **Gegenüber einem Beklagten, der keinen Wohnsitz in dem Hoheitsgebiet eines Vertragsstaats hat, kann sich jede Person, die ihren Wohnsitz in dem Hoheitsgebiet eines Vertragsstaats hat, in diesem Staat auf die dort geltenden Zuständigkeitsvorschriften, insbesondere auf die in Artikel 3 Absatz angeführten Vorschriften, wie ein Inländer berufen, ohne daß es auf ihre Staatsangehörigkeit ankommt.**

Textgeschichte: unverändert

1   In der Vorschrift kommt eine Sorglosigkeit bezüglich der Zuständigkeitsgerechtigkeit gegenüber Bewohnern von Drittstaaten zum Ausdruck. Ihnen gegenüber können alle vom nationalen Recht zur Verfügung gestellten Zustellungsvorschriften, einschließlich der in Art. 3 Abs. 2 genannten, in Anspruch genommen werden. Insoweit ist die Vorschrift durchaus konstitutiv. Ohne sie gäbe es keine Möglichkeit, einen Drittstaatsbewohner vor Gerichten eines Vertragsstaates zu verklagen. Denn keineswegs ist der

Anwendungsbereich des Übereinkommens als solchen auf Rechtstreitigkeiten beschränkt, an denen auf der beklagten Seite oder auch generell ein Bewohner eines Vertragsstaats beteiligt ist. Daher müssen auch die in einem von Art. 4 erlaubten Gerichtsstand ergangenen Entscheidungen in allen anderen Vertragsstaaten anerkannt und vollstreckt werden, s. Artt. 27 ff Rn 30. Das hat leidenschaftliche Proteste aus den USA ausgelöst (*Juenger* Mich. L. Rev. 82 [1983/84] 1211 ff; *v. Mehren* Rec. Cour 1980 II 99. Dazu *Schlosser* FS Kralik [1986] 287 ff). In der Praxis sind jedoch keine beschämenden Fälle bekannt geworden. Gegenüber Drittstaatsbewohnern kann die Zuständigkeit nicht etwa auf Artt. 5, 6 gegründet werden, wenn sie nach nationalem Recht nicht begründet ist.

Um innerhalb der EU nicht nach Staatsangehörigen zu diskriminieren, wurde in Abs. 2 die Diskriminierung von Auslandsbewohnern noch verstärkt. In Deutschland hat die Vorschrift keinen Anwendungsbereich. Auf die etwa Franzosen nach Art. 14 c. c. zustehenden Privilegien können sich aber auch alle Bewohner Frankreichs berufen. **2**

Zur Rechtshängigkeit und Konnexität s. Art. 21 Rn 1, zu Gerichtsstandsvereinbarungen Art. 17 Rn 5, zur rügelosen Einlassung Art. 18 Rn 1. Zu den ausschließlichen Zuständigkeiten bei Klagen gegen Drittstaatsbewohner s. vor Art. 16 Rn 4. **3**

2. Abschnitt. Besondere Zuständigkeiten

Die in Artt. 5 und 6 vorgesehenen Zuständigkeiten entsprechen den Wahlgerichtsständen des deutschen Rechts. In den für die Praxis besonders wichtigen Nrn 1, 3 und 5 folgt das Übereinkommen weitgehend dem deutschen Vorbild. Das Übereinkommen begründet aber auch Zuständigkeiten, die das autonome deutsche Recht nicht kennt (Beispiel aus dem Binnenschifffahrtsrecht: BGHZ 82, 110 = NJW 82, 1226), etwa den Gerichtsstand aufgrund des Wohnsitzes eines Streitgenossen, Art. 6 Nr. 1. Voraussetzung der Anwendbarkeit der Vorschrift ist die Klage vor einem Gericht eines Vertragsstaates, in dem der Beklagte keinen [Wohn-]Sitz hat. Hat der Beklagte [Wohn-]Sitz in einem Nichtvertragsstaat, so gilt Art. 4. Hat der Beklagte Wohnsitz im Gerichtsstaat, so kann nicht etwa die örtliche Zuständigkeit auf Art. 5 (etwa Wohnsitz des Unterhaltsgläubigers) und trotz des dort fehlenden Satzbestandteils „in einem anderen Vertragsstaat" auch nicht auf Art. 6, allgM, gestützt werden. Im übrigen aber bestimmt sich auch die örtliche **1**

Zuständigkeit nach dem Übereinkommen. Verklagt ein in Metz wohnender Unterhaltsgläubiger den in Saarbrücken wohnhaften Unterhaltsschuldner, so sind nicht nur die deutschen Gerichte international zuständig, sondern die Saarbrücker Gerichte auch örtlich.

2   Wie bei den besonderen Gerichtsständen des deutschen Rechts kann in einem Gerichtsstand des Art. 5 die Klage nur auf eine **Anspruchsgrundlage** gestützt werden, die dem fraglichen Rechtsgebiet (Vertrag, Delikt, Unterhalt usw.) zugehört. Der einheitliche deutsche prozessuale Anspruchsbegriff wird also dann aufgespalten. Rechtskraft entfaltet das Urteil nur, soweit die fragliche Anspruchsgrundlage zur Erkenntnis des Gerichts stand (EuGHE 1988, 5565 „Kalfelis" = RIW 88, 901, 987 – *Schlosser* – Für den Gerichtsstand des Delikts; teilweise krit. *Geimer* NJW 88, 3090 und *Gottwald* IPRax 89, 272 ff.). Es braucht aber nach dem Grundsatz iura novit curia nicht jede zum eingeengten prozessualen Anspruch gehörige Anspruchsgrundlage eigens geltend gemacht zu werden. Ist etwa eine Klage im Gerichtsstand des Delikts abgewiesen worden, so ist die Klage unter allen in Betracht kommenden deliktischen Anspruchsgrundlagen rechtskräftig abgewiesen, auch unter solchen, die der Kläger nicht eigens geltend gemacht und das Gericht gar nicht geprüft hat.

Es ist allerdings sinnvoll, für den **vertraglichen Gerichtsstand** eine Ausnahme zu machen. Durch vertragswidrige Handlungen ausgelöste Delikte sind meist so eng mit dem Vertrag verwoben, daß man sie im Prozeßrecht ebenso dem Vertragsrecht zurechnen sollte, wie es neuerdings vielfach im IPR geschieht (*Koblenz* RIW 90, 316 = IPRax 91, 241; *Kropholler* Art. 5 Rn 39. **AA** *MünchKomm-ZPO-Gottwald* Art. 5 Rn. 6).

3   Entgegen einer vom EuGH vielfach gebrauchten Wortfloskel (1989, 341 „Six Construction"; 1988, 5565 „Kalfelis") ist für eine „enge" Auslegung der Vorschriften nicht deshalb Raum, weil sie „Ausnahmen" vom allgemeinen Gerichtsstand darstellt (*Kropholler* vor Art. 5 Rn 2; *Schultsz* Lit. vor Rn 1 590 f).

4   Auch das in einem anderen Gerichtsstand angerufene Gericht ist nicht gehindert, nach § 256 Abs. 2 ZPO Zwischenfeststellungen über solche Rechtsverhältnisse zu treffen, deretwegen es unmittelbar in diesem Gerichtsstand gar nicht angerufen werden könnte. Es geht in der Sache nämlich um die Erweiterung der Rechtskraft auf Elemente der Urteilsbegründung, die in anderen Vertragsstaaten ohne besondere Ermächtigung anerkannt wird, wie etwa im Fall des „issue estoppel" in England und Irland.

Art. 5 [Besondere Gerichtsstände des Übereinkommens]

Eine Person, die ihren Wohnsitz in dem Hoheitsgebiet eines Vertragsstaats hat, kann in einem anderen Vertragsstaat verklagt werden:

1. wenn ein Vertrag oder Ansprüche aus einem Vertrag den Gegenstand des Verfahrens bilden, vor dem Gericht des Ortes, an dem die Verpflichtung erfüllt worden ist oder zu erfüllen wäre, wenn ein individueller Arbeitsvertrag oder Ansprüche aus einem individuellen Arbeitsvertrag den Gegenstand des Verfahrens bilden, vor dem Gericht des Ortes, an dem der Arbeitnehmer gewöhnlich seine Arbeit verrichtet; verrichtet der Arbeitnehmer seine Arbeit gewöhnlich nicht in ein und demselben Staat, [so kann der Arbeitgeber auch vor dem Gericht des Ortes verklagt werden in] *[vor dem Gericht des Ortes, an]* dem sich die Niederlassung, die den Arbeitnehmer eingestellt hat, befindet bzw. befand.

2. wenn es sich um eine Unterhaltssache handelt, vor dem Gericht des Ortes, an dem der Unterhaltsberechtigte seinen Wohnsitz oder seinen gewöhnlichen Aufenthalt hat, oder im Falle einer Unterhaltssache, über die im Zusammenhang mit einem Verfahren in bezug auf den Personenstand zu entscheiden ist, vor dem nach seinem Recht für diese Verfahren zuständigen Gericht, es sei denn, diese Zuständigkeit beruht lediglich auf der Staatsangehörigkeit einer der Parteien;

3. wenn eine unerlaubte Handlung oder eine Handlung, die einer unerlaubten Handlung gleichgestellt ist, oder wenn Ansprüche aus einer solchen Handlung den Gegenstand des Verfahrens bilden, vor dem Gericht des Ortes, an dem das schädigende Ereignis eingetreten ist;

4. wenn es sich um eine Klage auf Schadensersatz oder auf Wiederherstellung des früheren Zustandes handelt, die auf eine mit Strafe bedrohte Handlung gestützt wird, vor dem Strafgericht, bei dem die öffentliche Klage erhoben ist, soweit dieses Gericht nach seinem Recht über zivilrechtliche Ansprüche erkennen kann;

5. wenn es sich um Streitigkeiten aus dem Betrieb einer Zweigniederlassung, einer Agentur oder sonstigen Niederlassung handelt, vor dem Gericht des Ortes an dem sich diese befindet;

6. wenn sie in ihrer Eigenschaft als Begründer, trustee oder Begünstigter eines trust in Anspruch genommen wird, der auf Grund eines Gesetzes oder durch schriftlich vorgenommenes

oder schriftlich bestätigtes Rechtsgeschäft errichtet worden
ist, vor den Gerichten des Vertragsstaats, auf dessen Hoheitsgebiet der trust seinen Sitz hat;

7. wenn es sich um eine Streitigkeit wegen der Zahlung von
   Berge- und Hilfslohn handelt, der für Bergungs- oder Hilfeleistungsarbeiten gefordert wird, die zugunsten einer Ladung
   oder einer Frachtforderung erbracht worden sind, vor dem
   Gericht, in dessen Zuständigkeitsbereich diese Ladung oder
   die entsprechende Frachtforderung

   a) mit Arrest belegt worden ist, um die Zahlung zu gewähr-
      leisten, oder

   b) mit Arrest hätte belegt werden können, jedoch dafür eine
      Bürgschaft oder eine andere Sicherheit geleistet worden ist;

   diese Vorschrift ist nur anzuwenden, wenn behauptet wird, daß
   der Beklagte Rechte an der Ladung oder an der Frachtforderung
   hat oder zur Zeit der Bergungs- oder Hilfeleistungsarbeiten hatte.

Textgeschichte: 2. und 3. Halbsatz der Nr. 1 eingefügt durch das
3. Beitrittsübereinkommen. Die beiden eckigen Klammern markieren unterschiedliche Textbestandteile von EuGVÜ und LÜ (kursiv). In Nr. 2 der
Satz beginnend mit „oder im Falle . . .“ eingefügt durch 1. Beitrittsübereinkommen. Nrn 6 und 7 eingefügt durch 1. Beitrittsübereinkommen.

I. Die gerichtliche Zuständigkeit am Erfüllungsort

Literatur: *Jayme* Subunternehmervertrag und EuGVÜ FS *Pleyer* (1986)
371; *Lohse* Das Verhältnis von Vertrag und Delikt . . . (1991); *Schack* Der
Erfüllungsort im deutschen, ausländischen und internationalen Privat- und
Zivilprozeßrecht (1985); *Graf Wrangel* Der Gerichtsstand des Erfüllungsorts
im deutschen, italienischen und europäischen Recht (1988); *Kohler/Huet/
Jayme* Die besonderen Zuständigkeiten des Artikels 5, in EuGH (Hsg) Internationale Zuständigkeit und Urteilsanerkennung in Europa (1953) 41 ff.

1. Normstruktur und gesetzgeberische Grundentscheidung

1   Das Übereinkommen hat im wesentlichen den deutschen Gerichtsstand des Erfüllungsorts übernommen, den es in dieser aus-
gedehnten Form in den meisten anderen Vertragsstaaten gar nicht
gab. Der sich unter prozessualen Fairneßgesichtspunkten ergebenden Fragwürdigkeit dieses Gerichtsstands bei Geldleistungsansprü-
chen (dazu *Schlosser* Riv.dir.int. 91, 28 ff) war man sich leider gar

nicht bewußt geworden. Der Umstand, daß ein solcher Gerichtsstand, wenn überhaupt, nur sachlich gerechtfertigt ist, weil materiell-rechtlich an einem bestimmten Ort zu leisten ist (*Schlosser* GS Bruns [1980] 52 ff.), verhindert auch eine autonom-einheitliche Bestimmung dieses Orts, s. Rn 10. Immerhin ist insofern vom deutschen Vorbild abgewichen, als dann, wenn schon erfüllt worden ist, sei es auch schlecht, es nur noch auf den Ort ankommt, wo dies geschah. Der Kläger hat also **nicht etwa ein Wahlrecht** (heute wohl allgLitM). Allerdings spielt der vom rechtlichen abweichende tatsächliche Erfüllungsort in der veröffentlichten Judikatur noch keine Rolle. Maßgebend ist er dann nur, wenn der Gläubiger die Leistung dort als Erfüllung angenommen hat (*MünchKommZPO-Gottwald* Rn 14). Der Text unterscheidet ähnlich wie § 29 ZPO zwischen Ansprüchen aus einem Vertrag (2.) und einem Vertrag (3.) als Gegenstand des Verfahrens. Ein Erfüllungsort in einem Nicht-Vertragsstaat ist bedeutungslos (EuGH 1989, 341).

Unanwendbar ist die Vorschrift gegenüber Personen mit Wohn- 2 sitz in **Luxemburg**, Art. I Abs. 1 ProtEuGVÜ/LÜ. Für Versicherungs- und Verbraucherverträge gelten die Sonderregelungen der Artt. 7 ff, für Mietverträge über Immobilien s. Art. 16 Rn 6 ff, für Arbeitsverträge unten Rn 8.

2. Zuständigkeitsbegründung durch den Erfüllungsort eingeklagter Ansprüche vertraglicher Natur

In der bisher veröffentlichten Rechtsprechung ging es fast aus- 3 nahmslos um Ansprüche aus einem Vertrag.

a) Was in diesem Zusammenhang eine **„vertragliche" Anspruchsgrundlage** ist und was nicht, ist nach der Rechtsprechung des EuGH und weitaus h L (Beispiel: *Kropholler* Rn 5) vertragsautonom zu bestimmen (EuGHE 1988, 1539 „Arcado" = NJW 89, 1424; EuGHE 1992, 3990 „Handte"), so daß etwa auch Binnenbeziehungen in einem Verein (EuGHE 1983, 987 = IPRax 84, 85 – *Schlosser* 654) und einer Aktiengesellschaft (EuGHE 1992, 1769 = NJW 1671 = IPRax 93, 32 – *Koch* 19) vertragsrechtlich einzuordnen sind. Vor allem soll autonom zwischen vertraglichen und deliktischen Ansprüchen abzugrenzen sein, s. Rn 16. Gut geglückt und im Interesse der europäischen Rechtseinheit indiziert ist diese Rechtsprechung nicht (näher ausgeführt *Schlosser* RIW 89, 987 ff), weil bei der materiellrechtlichen Prüfung des Streitfalls doch wieder nach nationalem Recht entschieden werden muß und somit dem Kläger im Gerichtsstand des Delikts ein vertragsrechtlicher

Anspruch zuerkannt werden kann und umgekehrt, s. Einleitung Rn 24. Der EuGH hat seinen Ausgangspunkt auch nicht durchhalten können, denn er sieht durchaus die Möglichkeit (EuGHE 1988, 5584 „Kalfelis" s. Rn 16), daß nach nationalem Recht **Anspruchskonkurrenz** bestehen kann, und will dann (!) den vertraglichen und deliktischen Gerichtsstand nur für die Anspruchsgrundlage aus der jeweiligen Rechtsmaterie gewähren, s. vor Art. 5 Rn 2. Es kann jedoch unmöglich Aufgabe des europäischen Prozeßrechts sein, autonom zu entscheiden, wo für Zwecke der Zuständigkeitsbestimmung Anspruchskonkurrenz besteht und wo nicht.

4   **b)** Viele Einzelheiten sind noch ungeklärt. Werden Ansprüche aus einem Vertrag geltend gemacht, so kommt es für die Bestimmung der Zuständigkeit nicht darauf an, ob der **Vertrag zustandegekommen** oder sonst wirksam ist (EuGHE 1982, 825 „Effer" = IPRax 83, 31 – *MünchKommZPO-Gottwald* 13) s. Art. 20 Rn 1. In England verlangt man insoweit „*a good arguable case*" (*Texam Distribution Ltd. v. Schuh Mode Team GmbH a. a.* C. A. ILPr 90, 149). Für deutsche Augen selbstverständlich ist, daß **Schadenersatzansprüche** wegen Vertragsverletzung auch dann vertraglicher Natur sind, wenn die Vertragsverletzung zur Auflösung des Vertrags führt (EuGH aaO „Arcado"), was deshalb möglich ist, weil nach manchen Rechtsordnungen Rücktritt und Schadenersatz sich nicht ausschließen. Der EuGH (aaO) hat zur Bestimmung des Begriffs vertragliche Ansprüche auf Art. 10 des EG-Schuldrechtsübereinkommens = Art. 32 EGBGB) verwiesen, wonach Vertragsrecht auch **die Folgen der Nichtigkeit eines Vertrags** beherrscht.

5   Das bedingt, daß auch die **bereicherungsrechtliche** und **vindikationsrechtliche** Rückabwicklung eines Vertrags und Ansprüche aus **culpa in contrahendo** (für „letter of intent": Cour de Cassation Rev. crit. 93, 692) dazu gehören, letztere jedenfalls soweit sie darin bestehen, daß eine Prozeßpartei durch die andere schuldhaft zum Abschluß eines ihr ungünstigen Vertrags veranlaßt worden sein soll (nur dann: *Schack* IZPR Rn 313). Aber auch darüber hinaus sollte man c. i. c. vertragsrechtlich einordnen (nicht bei Verletzung von Verkehrs- und Schutzpflichten: *MünchKommZPO-Gottwald* Rn 4), und zwar in der Gestalt, wie solche Ansprüche im nationalen Recht ausgeprägt sind. Wollte man eine autonome Bestimmung dessen versuchen, was Ansprüche aus c. i. c. und was Ansprüche aus anderem Rechtsgrund sind, so käme man zu einer hochgradigen Zerfaserung der Abgrenzung durch punktuelle Rechtsprechung in den zahllosen Lebenssituationen, in denen die

Rechtsordnungen teils mit c. i. c., teils mit anderen Rechtsgedanken, vor allem mit deliktsrechtlicher Haftung, arbeiten. Die Anwendbarkeit von Nr. 1 bei Geschäftsführung ohne Auftrag ist strittig (Ja: *Schlosser* IPRax 84, 66. Nein: *MünchKommZPO-Gottwald* 5). Zu ausländischen Rechtsgebilden oder sonstigen Quasikontrakten *Rauscher*, Verpflichtung und Erfüllungsort in Art. 5 Nr. 1 EuGVÜ (1984) 5, 17.

Nr. 1 ist auch anwendbar im Fall der geltend gemachten Haftung **6** **Dritter für vertragliche Ansprüche**, etwa bei der OHG oder im Fall einer die selbständige juristische Person ignorierenden Durchgriffshaftung (*Möllers* Internationale Zuständigkeit bei der Durchgriffshaftung [1987] 86). Eine Haftung, die aus der Umlauffähigkeit eines **Wertpapiers** hergeleitet wird, ist keine vertragliche (LG Göttingen RIW 77, 235; LG Bayreuth IPRax 89, 230; LG Frankfurt v. 5. 10. 95 IPRax – im Erscheinen; *Schlosser* IPRax 84, 66 aufgegeben.

c) Für Deutschland ist es selbstverständlich, daß es allein auf **7** jenen Anspruch ankommt, der mit der Klage geltend gemacht wird, also für mehrere beiderseitige Verpflichtungen aus einem Vertrag verschiedene Erfüllungsorte unterschiedliche Gerichte zuständig machen können (EuGHE 1976, 1497 „De Bloos" = NJW 77, 490 – *Geimer*). Kraft Europarechts ist aber ein Erfüllungsort für den Hauptanspruch auch der Erfüllungsort für den sich nach der lex causae als solchen ergebenden **Sekundäranspruch**, vor allem einen Schadenersatzanspruch (EuGH „De Bloos"). Auch Rückabwicklungsansprüche, Rn 5, sind Sekundäransprüche, deren Erfüllungsort sich nach dem Hauptanspruch richtet (so mit Recht Düsseldorf IPRax 87, 236. Verkannt von BGHZ 78, 260f). Da zudem auch der Erfüllungsort für Nebenansprüche wie Zinsansprüche und Auskunftsansprüche, akzessorisch zum Erfüllungsort für den Hauptanspruch ist (EuGHE 1987, 239 „Shevanai" = NJW 1131 – *Geimer*), ist für nicht allzu komplexe Verträge garantiert, daß es praktisch für jede Vertragsseite einen einzigen Erfüllungsort gibt. Auch in einem Transportvertrag ist die Verpflichtung, ein Schiff zu benennen, keine neben der Verschiffungspflicht stehende zweite Hauptleistungspflicht (**aA** House of Lords *Union Transport Group Plc v. Continental Lines S. A.* [1992] AllE. R. 161, abl. *Rüßmann* IPRax 93, 40). Jedoch ist die Hypothese mehrerer Hauptleistungspflichten einer Partei mit verschiedenen Erfüllungsorten durchaus denkbar (*Hill aaO 112*. **AA** Koblenz RIW 86, 459).

8   **d)** Methodisch nicht begründbar hat der EuGH (nur) bei **Arbeits-**
verträgen auf den Erfüllungsort für die (vertragscharakteristische)
Arbeitsleistung abgestellt (EuGHE 1982, 1981 „Ivenel" = RIW 908;
„Shevanai" aaO; 1989, 341 „Six Constructions" = IPRax 90, 173 –
Rauscher 152 – Arbeitsleistung in mehreren Staaten). Diese Rechtsprechung ist im jetzigen zweiten und dritten Hs. der Nr. 1 aufge-
gangen und als solche obsolet geworden. Die Bevorzugung der
Arbeitnehmer im EuGVÜ, 3. Hs., aber nicht im LÜ, ist darauf
zurückzuführen, daß in das LÜ die Entscheidung „Six Constructions" nicht mehr eingearbeitet werden konnte, die den bisher nicht
gesehenen Fall betraf, daß der Arbeitnehmer seine Arbeitsleistung
nicht in ein und demselben Vertragsstaat erbringt.

Was ein **Arbeitsvertrag** ist, kann in Grenzbereichen nicht autonom
bestimmt werden (EuGH „Shevanai" – Einordnung als Arbeitsvertrag durch das nationale Gericht kommentarlos hingenommen). Es
kommt darauf an, ob nach dem auf den Beschäftigungsvertrag
anwendbaren Recht der für Arbeitnehmer typische Sozialschutz
anwendbar ist. Der Arbeitnehmerschutz im EuGVÜ begründet
aber, anders als der Verbraucherschutz, keinen Ausschluß anderer
besonderer Zuständigkeiten. Erfüllungsortvereinbarungen können
allerdings keine zuständigkeitsbegründende Wirkung haben (*Trunk*
36 ff). Zu Zuständigkeitsvereinbarungen s. Art. 17 Rn 30. Eine
Übertragung der zu Artt. 13 ff ergangenen Rechtsprechung des
(EuGHE 1993, 181 „Shearson" = NJW 1251) führt dazu, daß im
Falle der **Rechtsnachfolge** auf der Arbeitnehmerseite die besonderen Schutzvorschriften nicht mehr gelten (**aA** *Trunk* 101).

3. Zuständigkeitsbegründung durch Erfüllungsort bei einem Vertrag als Gegenstand eines Rechtsstreits.

9   Der zuständigkeitsbegründende Erfüllungsort läßt sich sehr viel
schwieriger finden, wenn „ein Vertrag" Gegenstand eines Rechtsstreits ist. Gemeint können damit nur Gestaltungs- und Feststel-
lungsklagen sein, die den Vertrag als ganzen und nicht einzelne aus
ihm entspringende Ansprüche zum Gegenstand haben. Aus der
Erwähnung von „ein Vertrag" neben Ansprüchen aus einem solchen, ergibt sich trotz des unergiebigen französischen („en matière
contractuelle") und englischen („in matters relating to a contract")
Textes, daß auch solche Klagen erfaßt sein sollen (allgM in Deutschland. Aus Frankreich etwa *Gaudemet-Tallon* Rn 159. S. auch die
nachf. Fn). Das gilt im Licht der Entscheidung des EuGH „Effer",
Rn 4, auch für die negative Feststellungsklage.

Darüber, für welche Verpflichtung der Erfüllungsort dann maßgebend ist, gehen die Ansichten auseinander. Einige stellen auf die Verpflichtung ab, die der jeweilige Beklagte zu erfüllen haben würde (Cour de Cassation Rev.crit. 83, 516). Jedoch sind die besonderen Zuständigkeiten unabhängig von der Kläger- oder Beklagtenrolle. Andere halten die vertragscharakteristische Leistung für ausschlaggebend (*Gaudemet-Tallon* aaO und Rev.crit. 83, 520). Dies aber würde die die charakteristische Vertragsleistung erbringende Partei ungerechtfertigter Weise bevorzugen, da sie meist an ihrem Wohnsitz zu erfüllen hat. Eine dritte Ansicht will dem jeweiligen Kläger eine Option geben, an jedem Ort zu klagen, wo irgendeine Vertragsleistung zu erbringen ist (*Geimer* IZPR^2 Rn 1486; *Grunsky* RIW 77, 5), was aber eine mißliche Vervielfältigung von Gerichtsständen zur Folge hätte. Man könnte im Falle von negativen Feststellungs- und Auflösungsklagen auch an die Verpflichtung denken, von der der Kläger loskommen will, bzw., bei positiven Festellungsklagen, die ihn treffen. Es gibt aber keinen inneren Grund, gerade diese Pflicht als „die Verpflichtung" (engl.: obligation in question; fr.: obligation qui sert de base à la demande) zu nehmen. Sofern dem Begehren eine behauptete Pflichtverletzung zugrunde liegt, die zur Unwirksamkeit bzw. Aufhebbarkeit des Vertrages geführt haben soll, geht es der Sache nach um diese Pflicht. Sie muß gerichtsstandsbestimmend sein (Frankfurt RIW 80, 585; Corte di Cassazione 1986/Nr. 1971 Riv.dir.priv.proc. 86, 681), auch wenn es sich um eine vorvertragliche Verpflichtung handelt. Wenn dem Streit über den Fortbestand eines Vertrages keine behauptete Pflichtverletzung zugrunde liegt, ist Nr. 1 nur anwendbar, wenn alle vertraglichen Pflichten am selben Ort zu erfüllen sind. Sonst fehlt der innere Grund für eine besondere Zuständigkeit (**aA** *Kropholler* aaO).

4. Die Bestimmung des Erfüllungsorts.

Der Ort, an dem die fragliche Verpflichtung zu erfüllen ist, be- **10** stimmt sich im Lichte des zu Rn 1 Ausgeführten nach dem kollisionsrechtlich ermittelten anwendbaren materiellen Recht (EuGHE 1976, 1473 „Tessili" = NJW 77, 491, teilw. wörtl. Wiedergabe Einl. Rn 24, st. Rsp.) auch dann, wenn das Haager (EuGHE 1994 I 2913, „Custom Wade" = IPRax 95, 31 – krit. *Jayme* 13) oder UNCITRAL Kaufrecht gilt (krit., einen autonomen Zwecken des Zivilprozeßrechts dienenden Erfüllungsort postulierend, *Schack* der Erfüllungsort [1985] 163 ff; *Gaudemet-Tallon* Rn 176 – Gläubigerwohnsitz bei Geldschulden, sonst Schuldnerwohnsitz). Beispiele: „Häcker" (Art. 17 Rn 42a) – Vertragsgebiet für Vertragshändler-vertrag; BHG NJW 85, 561 – Unterlassung der Inanspruchnahme von Bankgarantien; LG Saarbrücken ILPr 91, 127 – Ansprüche aus Werksgarantie; *Royal Bank of Scotland v. Cassa di Risparmio* QB ILPr 91, 411 – Bankrückgarantien.

11 **Erfüllungsortvereinbarungen** sind im Gegensatz zur Regelung des § 29 Abs. 2 ZPO gerichtsstandsbegründend. Die Einhaltung der Form des Art. 17 ist nicht nötig (EuGHE 1980, 89 „Zelger" = RIW 726). Ob die Vereinbarung Vertragsinhalt geworden ist (etwa bei Verwendung von AGB), richtet sich nach anwendbarem natio-nalen Recht (Beispiel: Karlsruhe RIW 94, 1046 – deutschsprachige AGB bei englischsprachigem Hinweis in kaufmännische Bestäti-gungsschreiben wirksam einbezogen). Die Vereinbarung muß aber materiellrechtlich ernsthaft gewollt sein. Steht sie mit der vorgese-henen Vertragsabwicklungspraxis im Widerspruch, so kommt ihr keine Gerichtsstandsbestimmung zu (hM, etwa LG Hamburg IPRspr 84 Nr. 130), auch nicht, wenn sie in der Form des Art. 17 zustandegekommen ist (**aA** insoweit *MünchKommZPO-Gottwald* Rn 14; *Kropholler* Rn 17). Eine Entscheidung des EuGH steht an (Vorlagebeschluß BGH RIW 95, 412).

II. Zuständigkeit für Unterhaltssachen (Nr. 2)

1. Der sachliche Anwendungsbereich der Regelung

12 Die Vorschrift ist auf eine Begünstigung des typischerweise so-zial schwächeren Unterhaltsberechtigten zugeschnitten, die im au-tonomen deutschen Recht kein glattes Gegenstück hat, weil § 23a ZPO auch für Klagen des Unterhaltsverpflichteten gilt. Der sachli-che Anwendungsbereich der Regelung betrifft Unterhaltssachen aller Art. Wie alle rechtsgebietsspezifischen Begriffe des Art. 5 ist auch dieser Begriff **vertragsautonom** auszulegen (allgM, Rechtspr. fehlt). Es kommt auf die Funktion des Anspruchs an, dem Begün-stigten das Bestreiten seines Lebensunterhalts zu ermöglichen. Daß verschiedene Rechtsordnungen für verschiedene Arten von Unter-haltsansprüchen verschiedene Bezeichnungen ausgebildet haben, ist ebenso unwesentlich (*Schlosser*-Bericht Rn 91 ff) wie der Um-stand, ob eine Rente oder eine Pauschale geschuldet wird (EuGHE 1980, 731 „de Cavel II" = IPRax 81, 19 – *Hausmann*), s. auch Art. 1 Rn 17. Einen **Prozeßkostenvorschuß**anspruch wird man vertrags-

autonom auch dann kaum als unterhaltsrechtlich einstufen können, wenn er nicht der Führung eines Unterhaltsprozesses dient
(*Jayme* FamRZ 88, 793; **aA** hM, etwa *MünchKommZPO-Gottwald*
Rn 18). Der **Rechtsgrund** muß freilich ein **familienrechtlicher**
sein (*Schlosser*-Bericht Rn 92ff), auch wenn ein solcher vertraglich
konkretisiert worden ist. Bei gemischten Verträgen, etwa Vermö-
gensübertragungen zur gleichzeitigen Regelung von Unterhaltsverpflichtungen, muß man nach dem überwiegenden Zweck entscheiden. Die hM will demgegenüber auch deliktisch und vertraglich begründete (*Schütze/Geimer* I 444f; *Bülow/Böckstiegel/Linke* II
2b) Ansprüche erfaßt wissen. Zum **schuldrechtlichen Versorgungsausgleich** s. Art. 1 Rn 22. Zu dänischen und isländischen
Verwaltungsbehörden s. Art. V a ProtEuGVÜ/LÜ. S. auch Art. 1
Rn 17.

2. Begünstigte Personen

Die Vorschrift soll vor allem den **Unterhaltsberechtigten be-** 13
günstigen, wenn er vor den Gerichten seines Wohnsitzes klagen
will. Es ist aber nicht einzusehen, warum der **Unterhaltsverpflichtete**, etwa bei einer negativen Feststellungsklage, nicht auch
an dem den Unterhaltsberechtigten begünstigenden Gerichtsstand
soll klagen können, also auch an dessen gewöhnlichem Aufenthalt
und nicht nur nach Art. 2 an dessen Wohnsitz (*MünchKommZPO-
Gottwald* Rn 21 **aA** *Kropholler* Rn 26 mwN). Daher läßt sich die
Vorschrift ohne weiteres auch auf alle **Abänderungsklagen** anwenden (allgM, etwa Hamm IPRax 88, 307; Frankfurt IPRax 81,
136 – *Schlosser* 120). Für sie behält nicht etwa der Staat, dessen
Gerichte die Ausgangsentscheidung erlassen haben, eine Zuständigkeit (*Schlosser*-Bericht Rn 106f; *Jenard*-Bericht zu Art. 5 Nr. 2).
Auch der Unterhaltsverpflichtete kann die Abänderungsklage im
Gerichtsstand der Nr. 2 erheben (**aA** *Kropholler* Rn 31; *Stein/Jonas/
Schumann*[21] § 23a Rn 3. *Schlosser*-Bericht Rn 7 persönlich aufgegeben). In Verfahren der Urteilsanerkennung kann eine Anpassung
nicht begehrt werden, allgM.

Im Lichte der zum Verbraucherbegriff ergangenen Entscheidung „Shearson", Rn 7, ist Nr. 2 nicht anwendbar, wenn eine
Unterhaltsforderung auf einen anderen Rechtsträger **übergegan-
gen** ist oder jemandem wegen freiwilliger Unterhaltsleistungen
Ersatzansprüche gegen den Unterhaltsverpflichteten zustehen
(*Kropholler* Rn 27; *MünchKommZPO-Gottwald* Rn 21; *Schlosser*-Be-
richt Rn 27; heute wohl allgM), obgleich solche Ansprüche auch

dann in den Anwendungsbereich des Übereinkommens fallen, wenn sie öffentlichrechtlich organisierten Trägern zustehen.

3. Das zuständige Gericht

14   Zuständig ist einmal das Gericht am Wohnsitz des Unterhaltsberechtigten. Zum Wohnsitzbegriff siehe Art. 2 Rn 3.

Zur Option des Klägers ist auch das Gericht am gewöhnlichen Aufenthalt des Unterhaltsberechtigten zuständig, was vorgesehen wurde, um die Regelung besser in Übereinstimmung mit Art. 3 des Haager Übereinkommens über die Anerkennung von Unterhaltsentscheidungen von 1958 (BGBl 1961 II S. 1006) zu bringen. Der gewöhnliche Aufenthalt ist ein rein faktischer Begriff und wie in den anderen diesen Begriff verwendenden Übereinkommen auszulegen (Bsp.: BGH NJW 75, 1068).

Die Sonderregelung über den **Verbund** des Unterhaltsverfahrens mit einem Statusprozeß wurde anläßlich des ersten Beitrittsübereinkommens eingeführt, weil sich erst seit der Ausarbeitung des ursprünglichen EuGVÜ überall in Europa das scheidungsrechtliche Verbundverfahren entwickelt hatte. In Deutschland ist der Ehescheidungsverbund nach § 623 ZPO und der Verbund des Regelunterhaltsverfahrens mit dem Vaterschaftsfeststellungsprozeß nach § 643 ZPO betroffen. Das nationale Recht ist weitgehend frei, für den Statusprozeß und damit auch für den damit verbundenen Unterhaltsprozeß die Zuständigkeit selbst festzulegen. Nur dann, wenn allein die Staatsangehörigkeit einer der Parteien zuständigkeitsbegründend ist, wie nach § 606 Abs. 3 ZPO i. Vdg. m. § 606a Abs. 1 Nr. 1 ZPO, nicht aber wenn beide Parteien die deutsche Staatsangehörigkeit haben (allgM), steht die Nr. 2 der Begründung der internationalen Verbundzuständigkeit der deutschen Gerichte entgegen. Dann muß das Unterhaltsverfahren vom Statusprozeß abgetrennt werden. Zu Einzelheiten siehe *Stein/Jonas/Schlosser* § 621 Rn 56, 60, § 623 Rn 20, § 6411 Rn 12, § 642a Rn 3, § 643a Rn 7.

III. Der Gerichtsstand der unerlaubten Handlung

Literatur: *Heinrichs* Die Bestimmung der gerichtlichen Zuständigkeit nach dem Begehungsort im nationalen und internationalen Zivilprozeßrecht (Diss Freiburg 1984); *M. Schwarz* Der Gerichtsstand der unerlaubten Handlung nach deutschem und europäischem Zivilprozeßrecht (1991); *Tebbens/*

Schultsz/Pocard Die besonderen Zuständigkeiten bei Streitigkeiten aus unerlaubter Handlung und aus dem Betrieb einer Sekundärniederlassung, in
EuGH (Hsg) Internationale Zuständigkeit und Urteilsanerkennung in Europa (1993) 772 ff; *Kiethe* Die internationale Tatortzuständigkeit bei unerlaubter Handlung NJW 94, 222.

1. Normstruktur und gesetzgeberische Grundentscheidung

Die Vorschrift ist im Licht der Vorbilder entstanden, die sich in **15**
den Rechten der meisten ursprünglichen Vertragsstaaten fanden.
Ihre Problematik im Fall von reinen Vermögensschäden war damals noch nicht erkannt. Die Vorschrift scheint auch sonst für
unproblematisch empfunden worden zu sein (s. die kurzen Erläuterungen im *Jenard*-Bericht). Daß nicht nur Ansprüche aus unerlaubten Handlungen, sondern auch „unerlaubte Handlungen" als solche
erwähnt sind, ist bedeutungslos. Der Begriff „Handlung, die einer
unerlaubten Handlung gleichsteht", ist eine Übersetzung des französischen Begriffs „quasi-delict", der nicht schuldhaft begangene
unerlaubte Handlungen meint und im deutschen Text überflüssig
ist. Auf die **Parteirolle** kommt es nicht an. Auch die negative
Feststellungsklage ist in diesem Gerichtsstand möglich. Rechtsnachfolger und kraft Gesetzes Dritthaftende können in diesem Gerichtsstand klagen und verklagt werden, allgM. Selbst die Regreß-
ansprüche eines Deliktsschuldners gegen einen anderen sind erfaßt
(Celle VersR 91, 234). Prozessuale Prüfung s. Art. 19 Rn 1.

2. Der Begriff unerlaubte Handlung

a) Der EuGH legt den Begriff unerlaubte Handlung autonom **16**
und sehr weit aus. Es sollen alle Klagen in diesem Gerichtsstand
zulässig sein, „mit denen eine Schadenshaftung des Beklagten geltend gemacht wird und die nicht an einen Vertrag iSv Art. 5 Nr. 1
anknüpfen" (EuGH 1988, 5589 „Kalfelis" = RIW 88, 901 – *Schlosser* = IPRax 90, 288 – *Gottwald*; bestätigt durch EuGH I 1992 I 2175
„Reichert II" = IPRax 93, 28 – *Schlosser* 17). Es kann sich sinnvollerweise nur darum handeln, Anspruchsgrundlagen des nationalen
Rechts an Nr. 3 zu messen (*Schwarz* aaO 132 ff). Die vom EuGH
verwandte Formel ist aber recht sorglos. Abgesehen davon, daß es
auf die Parteirolle nicht ankommt, Rn 1, sind auch Abwehr- und
Unterlassungsklagen erfaßt (*Schlosser*-Bericht Rn 134; *Kropholler*
Rn 37; *MünchKommZPO-Gottwald* Rn 31; *Behr* GRURInt 92, 607.
AA Bremen RIW 92, 233; Corte di Cassazione 1989 Nr. 3657 Riv.
dir.int.priv.proc. 90, 685). Jedoch sind in der Tat kaum Schadener-

satzansprüche nicht-vertraglicher Art denkbar, die zuständigkeitsrechtlich sinnvollerweise anders als deliktisch eingeordnet werden könnten. Mit dem Kriterium, das Näheverhältnis unter den Parteien dürfe erst durch das Delikt entstehen (*Schwarz* aaO 152), läßt sich schwer arbeiten. Dem Begriff unerlaubte Handlung unterfallen außer der klassischen Verschuldenshaftung, einschließlich etwaiger in vertraglichen Beziehungen (Garantenstellung) begründeter **Vorfragen** (BGH NJW 88, 1466 = IPRax 89, 98 – *Mansel* 84), Ansprüche aus § 818 Abs. 4, §§ 987, 989 BGB (neben denen aber nicht auch der ursprüngliche Bereicherungs- oder Vindikationsanspruch im Deliktsgerichtsstand geltend gemacht werden kann, Rn 17), alle **Gefährdungshaftungs**ansprüche, **(Quasi-)negatorische** Ansprüche (*Kropholler* Rn 36, heute wohl allgM), vor allem auch im Wettbewerbsrecht (München NJW RR 94, 190), Ansprüche nach §§ 717 Abs. 2, 945 ZPO (allgM), Gesamtschuldnerregreß (Celle IPRsp 90, 343) sowie Nebenansprüche aller Art wie etwa auf Auskunft (*Mansel* aaO 84).

Beispiele EuGH: EuGHE 1976, 1734 „ Mines de Potasse d'Alsace" = NJW 77, 493 – Umweltverschmutzung; EuGH 1995, allgemeines Persönlichkeitsrecht und Presseveröffentlichungen.

Beispiele aus deutscher Rechtssprechung: BGHZ 98, 263 = NJW 87, 592 – § 823 Abs. 2 BGB i. Vdg. m. mit weinrechtlichen Vorschriften; BGH NJW 88, 1466 = IPRax 89, 98 – *Mansel* 84 – UWG; München RIW 88, 647 – allgemeines Persönlichkeitsrecht; AG Hamburg RIW 90, 319 – widerrechtliche Veröffentlichung legal aufgenommener Fotos. Culpa in contrahendo s. Rn 5.

Nicht erfaßt sind Klagen über Ansprüche auf Wertersatz etwa im Rahmen von § 818 II BGB, Eingriffs- und Leistungskondiktion, auch wenn der Bereicherte das Geleistete böswillig zurückbehält (*W. Lorenz* IPRax 93, 44 zu Recht gegen Corte di Cassazzione 1990 Nr. 6320) und Gläubigeranfechtungsklagen (EuGH „Reichert II"). Aus den Ausführungen des EuGH zu letzteren läßt sich nicht entnehmen, daß deliktische Ansprüche, die auf Naturalrestitution gehen, ausgeschlossen sein sollen (**aA** *Gaudemet-Tallon* aaO Rn 181).

17   **b)** Auch die **Abgrenzung zu den vertraglichen Anspruchsgrundlagen** bestimmt der EuGH vertragsautonom. So hat er die Warenherstellerhaftung des Zulieferers gegenüber dem Endabnehmer entgegen der das damalige französische Recht beherrschenden vertraglichen Qualifikation der Warenherstellerhaftung als nichtvertraglicher Art und damit implizit als deliktsrechtlich qualifiziert (aaO „Handte" s. Rn 3). Anspruchskonkurrenz s. Rn 3.

3. Das zuständige Gericht

Entsprechend der Auslegungstradition zu § 32 ZPO ist gerichts- **18** standsbestimmend wahlweise sowohl der Ort *„an dem der Schaden eingetreten ist, wie auch [der Ort] des dem Schaden zugrundeliegenden ursächlichen Ereignisses"* (EuGHE „Mines de Potasse d'Alsace" s. Rn 16 – niederländische Gärtner konnten elsässische Kaliwerke in den Niederlanden wegen umweltverschmutzender Einleitungen in den Rhein verklagen). Nur einer der beiden Orte braucht in einem Vertragsstaat zu liegen (*Radio Monte Carlo v. SNEP,* Cour d'Appel Paris ILPr 91, 265). Die Aufnahme von Fotos ist nicht das ursächliche Ereignis für den in der Veröffentlichung liegenden Schaden (AG Hamburg ILPr 91, 469). Englische Gerichte verlangen auch hier a „seriously arguable case", s. Rn 4. Zu doppelt relevanten Tatbestandsmerkmalen s. Art. 20 Rn 1.

a) **„Der Ort an dem der Schaden eingetreten ist"**, meint dann, **19** wenn Ausgangspunkt die Verletzung einer Person oder die Beschädigung einer Sache ist, den Ort der ursprünglichen Rechtsgutsverletzung, nicht den Ort, an dem man die nachfolgenden Verschlimmerungen und Vermögenseinbußen erlitten hat. Dabei muß man Leben, körperliche Integrität und Sacheigentum trennen, aber als in sich nicht weiter auffächerbare Rechtsgüter betrachten. Eine spätere Verschlimmerung der körperlichen Beeinträchtigung nach Rückkehr aus dem Ausland begründet ebensowenig einen neuen Schadensort wie die Folgebeschädigung einer Sache. Vor allen Dingen ist der Vermögensschaden, der als Folge eines in einem anderen Staat erlittenen Schadens entstanden ist, nicht gerichtsstandsbegründend, auch wenn der ursprüngliche Schaden schon ein Vermögensschaden war (EuGHE 1995, 2719 „Lloyds Bank" = JZ 1107 – Krit. *Geimer*). Wohl aber begründet der Tod einer Person einen Gerichtsstand an ihrem Sterbeort auch dann, wenn er auf eine Verletzung im Ausland zurückgeht. **Dritte**, in ihrem Vermögen Geschädigte (§ 844 BGB) können nur am Unfallort klagen, allgM.

b) Ist der Schaden schon **ursprünglich ein Vermögensschaden,** so hat der EuGH einen Schaden für belanglos erklärt, den die Muttergesellschaft erlitten hat, weil das Vermögen ihrer ausländischen Tochtergesellschaft Einbußen erfuhr (1990 I 49 „Dumez" = NJW 91, 631). Man muß aber bezüglich des Ortes aller Folgevermögensschäden so entscheiden, heute allgM. Auch dann ist Erfolgsort nur jener, an dem sich das letzte Tatbestandsmerkmal der unerlaubten Handlung verwirklicht hat. So ist etwa auf den Ort abzustellen, an dem unter Verstoß gegen ein Schutzgesetz iSv § 823 Abs. 2 BGB Waren in den Verkehr gebracht worden sind (BGHZ 98, 263 = RIW 87, 594 = IPRax 88, 159 – *Hausmann*). Wenn sich irgendein besonderer Ort für primäre Vermögensschäden ausmachen läßt, wie es etwa bei mißbräuchlicher Inanspruchnahme einer Bankgarantie (BGH NJW 85, 561 – Sitz der Garantiebank) oder bei Wettbewerbsverstößen auf einem lokalisierten Markt, aber auch sonst durchaus der Fall sein kann, ist der Schadensort nicht der Ort der Vermögensverwaltung, sonst aber doch, etwa bei Ansprüchen aus § 826 BGB (*Kithe* NJW 94, 226 ; BGH NJW 95, 1226f – zu § 32 ZPO» oder Boykotthandlungen (Cour de cassation Clunet 92, 195 – „refus de vente"). Gelegentlich, insbesondere in Italien, leugnet man demgegenüber bei unerlaubten Handlungen, die nur das Vermögen beeinträchtigen, grundsätzlich einen gerichtsstandsbegründenden Schadensort (Trib. Rom Riv.dir.priv.proc. 79, 96; Trib. Monza, Riv.dir.priv.proc. 80, 429 – insoweit offengelassen durch EuGH aaO „Lloyds Bank"; *Kitechnology a.o.v. Unicor Plastmaschinen C. A.* ILPr 94, 568; *Schwarz* aaO 159ff.).

Erfolgsorte, mit denen der in Anspruch Genommene nicht rechnen mußte (etwa nicht vorgesehener Weiterverkauf gelieferter Waren) können freilich nicht gerichtsstandsbestimmend sein (München NJW RR 94, 190; näher *Schlosser* Riv.dir.int. 91, 31ff).

20   c) Der EuGH versucht, die Zuständigkeit der Gerichte am Erfolgsort einzuschränken und läßt dort nur die Geltendmachung solcher Schäden zu, die sich gerade in dem Gerichtsstaat (nicht Gerichtsbezirk!) eingestellt haben (EuGHE aaO „Fiona Shevill"), was bei Presseveröffentlichungen in einem Staat mit geringem Verbreitungsgrad des fraglichen Publikationsorgans zu lächerlich geringen Schadensbeträgen führen kann. In Deutschland hatte man bis dahin eine solche Sicht der Dinge abgelehnt. Sie muß aber, folgt man dem Gerichtshof, auf Verletzungen von Rechten des gewerblichen Rechtsschutzes übertragen werden. Jedoch geschieht jede weitere Verletzung (Vertrieb nach Produktion) an einem neuen Handlungsort. Die Verletzung mehrerer Patente, auch gebündelter „Münchner" Patente, sind mehrere Handlungen. Die „Fiona-Shevill"-Doktrin muß logischerweise auf Unterlassungs- und Beseitigungsklagen (**aA** Hesteret (Na) ILPr 45, 437) und Anträge auf entsprechende einstweilige Verfügungen ausgedehnt werden.

IV. Die Zuständigkeit der Strafgerichte

Das in der deutschen strafgerichtlichen Praxis fast bedeutungslo- **21** se Adhäsionsverfahren ist in anderen Staaten sehr gebräuchlich. Die Vorschrift ist für Ausländer, die in ein Strafverfahren verwickelt werden, sehr gefährlich, weil sie eine Zuständigkeit rein nach nationalem Strafprozeßrecht begründet, aber doch zu einem Urteil führt, das in seinem zivilrechtlichen Teil grenzüberschreitend anerkannt werden muß, s. Art. 1 Rn 4. Sind die Zuständigkeiten nach dem nationalen Strafverfahrensrecht exorbitant, was bei Unfällen im Zusammenhang mit dem Betrieb von Hochseeschiffen der Fall sein kann, so kann Art. 6 MRK verletzt sein (dazu *Schlosser* IPRax 92, 142; – *ders.* Riv.dir.int. 91, 24f; s. auch Artt. 27ff Rn 30). Der EuGH tendiert auch in diesem Bereich zu einer **vertragsautonomen** Auslegung der in Nr. 4 verwandten Begriffe, Rn 22. Daher muß man auch den Begriff „Straftat" vertragsautonom bestimmen. Da die Unterscheidung zwischen Straftat und Ordnungswidrigkeit in anderen Staaten teils nicht, teils völlig anders als in Deutschland gemacht wird, muß man unter dem Begriff jedes Verfahren verstehen, das die Verhängung einer repressiven staatlichen Sanktion wegen eines rechtlich verbotenen Tuns zum Gegenstand hat. Der Begriff „öffentliche" [Klage] erscheint in den meisten Vertragssprachen nicht. Es kommt nur darauf an, daß die bestrafte Handlung und die zu Schadenersatz- oder Restitutionsansprüchen führende Handlung identisch sind. Die rechtliche Anspruchsgrundlage ist gleichgültig, sie kann bei Unterschlagungen, Untreue, Verletzung von Vertragspartnern und ähnlichen Handlungen auch vertraglicher Art sein (**aA** *Geimer/Schütze* I, 828).

Art. II ProtEuGVÜ/LÜ garantiert den wegen einer **fahrlässigen 22 Straftat** Angeklagten die Möglichkeit, nicht deshalb sich der fremden Justiz stellen zu müssen, um sich gegen annexweise zu befürchtende zivilrechtliche Verurteilungen verteidigen zu können. Er kann einen Anwalt mit der Vertretung seiner Interessen beauftragen. Wird dieser nicht zugelassen oder wegen des Ausbleibens des Angeklagten in seiner Verteidigung behindert, so braucht das Urteil nicht anerkannt zu werden. Man sieht darin aber allgemein nur eine Ermessensvorschrift, von der der Richter im Anerkennungsstaat nicht Gebrauch machen soll, wenn der seinerzeit Angeklagte nicht glaubhaft macht, daß er durch eine nicht behinderte Verteidigung das Urteil zu seinen Gunsten hätte beeinflussen können (etwa *Kropholler* Rn 50). Den Begriff „fahrlässige Straftat" hat der EuGH vertragsautonom bestimmt (1981, 1391 = IPRax 82, 195 – *Hab-scheid*, 173), ohne daß sich für den deutschen Betrachter daraus etwas Lehrreiches ergeben hätte.

V. Zuständigkeit am Sitz einer sekundären Niederlassung

1. Die betroffenen Sekundäreinheiten

23   Die Vorschrift verfolgt den Sinn, jenem, der es nur mit einer Niederlassung eines ausländischen Unternehmens zu tun gehabt hat, den Gang zu den ausländischen Gerichten am Sitz der Haupt-niederlassung zu ersparen. Die in allen Sprachen erscheinende Ver-dreifachung des zentralen Begriffes ist eine Verlegenheitslösung. Eine scharfe Abgrenzung ist weder gewollt noch möglich. Die Vorschrift gilt nicht nur für erwerbswirtschaftliche Unternehmen, sondern auch für freie Berufe und Verbände aller Art (*Kropholler* Rn 59, allgM). Der EuGH hat in einigen Entscheidungen die drei Begriffe als Sammelbegriff genommen und in folgender Weise ver-tragsautonom ausgelegt: „[die genannten Einrichtungen] sind we-sentlich dadurch charakterisiert, daß sie der Aufsicht und Leitung eines Stammhauses unterliegen" (1976, 1497 „De Bloos" = NJW 77, 490). Er spricht vom *„Mittelpunkt geschäftlicher Tätigkeit, der auf Dauer als Außenstelle eines Stammhauses hervortritt, eine Geschäftsfüh-rung hat und sachlich so ausgestattet ist, daß er in der Weise Geschäfte mit Dritten betreiben kann, daß diese, obgleich sie wissen, daß möglicherweise ein Rechtsverhältnis mit dem im Ausland ansässigen Stammhaus begrün-det wird, sich nicht unmittelbar an dieses zu wenden brauchen, sondern Geschäfte an dem Mittelpunkt geschäftlicher Tätigkeit abschließen kön-nen, der dessen Außenstelle ist"* (1978, 2183 „Somafar" = RIW 79, 56). Es kommt auf den **Rechtsschein** und nicht auf die für Außen-stehende schlecht durchschaubaren Binnenbeziehungen an (EuG-HE 1987, 4905 „Parfums Rothschild" = NJW 88, 625). So konnte der Sitz einer selbständigen juristischen **Tochtergesellschaft**, die für ihre Muttergesellschaft tätig geworden ist, ja sogar der Sitz der Muttergesellschaft, die für ihre Tochtergesellschaft gehandelt hat, für Klagen gegen Mutter bzw. Tochter (EuGH aaO) gerichts-standsbegründend werden. Eine selbständige juristische Person, die im eigenen Namen auftritt, kann als solche an ihrem Sitz ver-klagt werden. Eine prozessuale Durchgriffshaftung begründet Nr. 5 allenfalls in den seltenen Fällen, in denen auch materiellrecht-lich der Durchgriff durch die juristische Person zulässig ist. Das gilt sicherlich, wenn die Tochtergesellschaft in ihrem täglichen Geschäft selbständig arbeitet (allgM, etwa *MünchKommZPO-Gottwald* Rn 47). Aber auch darüber hinaus hat der Vertragspartner der Tochtergesellschaft keine schützenswerte Vertrauensposition darauf, sich prozessual an die Muttergesellschaft halten zu können, zumal ihm ja auch materiell kaum je ein Anspruch gegen sie zusteht. Dies alles gilt auch, wenn eine **deliktische Tätigkeit** der Tochtergesellschaft Anspruchsgrundlage ist. Deshalb können internationale Sportverbände nicht im Gerichtsstand des ihnen eingegliederten nationalen Sportverbands verklagt werden, wenn es um disziplinarische Maßnahmen geht, bei deren Verhängung internationaler und nationaler Verband zusammen wirkten. Eine Geschäfte mit der Mutter vermittelnde Tochter ist genausowenig wie ein persönlicher Handelsvertreter deren Außenstelle (**aA** Düsseldorf RIW 95, 769), s. auch Art. 13 Rn 8.

Entgegen der ursprünglichen Rechtsprechung des EuGH („Somafar") muß der Erfüllungsort nicht im Staat der Niederlassung liegen (EuGHE 1995, 961 „Lloyd's Register" = RIW 585).

Für unanwendbar wurde Nr. 5 zu Recht in folgenden Situationen gehalten: Alleinvertriebshändler (EuGH „De Bloos"), Handelsvertreter (EuGHE 1981, 119 „Blanckaert" = IPRax 82, 64 – *Linke,* 46), Handelsmakler (LG Hamburg IPRspr 74 Nr. 154), bloße Kontakt- oder Anlaufstelle (LG Wuppertal NJW RR 94, 191), bloße Kundenvermittlungs-GmbH (München NJW RR 93, 701). Auch ein Reisebüro, das für viele Reiseunternehmen Verträge vermittelt, ist nicht Zweigstelle eines von ihnen. S. auch Art. 14 Rn 9.

2. Die betroffenen Klagen

Betroffen sind einmal Klagen eines **Kunden**, Arbeitnehmers 24 oder sonstigen Geschäftspartners aus einem **Vertrag**, der durch die Zweigniederlassung namens des Rechtsträgers oder der Muttergesellschaft abgeschlossen worden ist und Klagen auf **deliktischer Anspruchsgrundlage** (EuGH „Somafar"), die durch betriebsbezogene Handlungen von Personen begangen worden sind, die in der Niederlassung arbeiten, was vor allem bei Wettbewerbsverstößen praktisch wird. Auch die bloße Vertragsverletzung durch die Niederlassung oder von deren Bediensteten gegen sie (**aA** *Hill* aaO 121 für „agent") ist ein Streit aus dem Betrieb der Niederlassung (*Geimer/Schütze* I 550). Allgemeine Anwendungsvoraussetzung ist, daß der Beklagte seinen Sitz in einem anderen

Vertragsstaat hat. Ist das der Fall, kann konkurrierend durchaus auch ein anderer Gerichtsstand bestehen.

Aus dem Sinn der Vorschrift, Rn 23, folgt, daß nicht, umgekehrt, der Rechtsträger der Niederlassung an deren Sitz klagen kann. Einen solchen kleinen Klägergerichtsstand wollte das Übereinkommen nicht einführen (*Linke* IPRax 82, 46 f; *Kropholler* Rn 52). In zwei Ausgangsfällen zu Interpretationsentscheidungen des EuGH („De Bloos", „Somafar") ging es zwar um Klagen „der Niederlassung", jedoch waren die Vorlagefragen nicht darauf gerichtet, ob sich Art. 5 Nr. 5 auch auf solche Klagen bezieht.

Klagen nach **Auflösung der Niederlassung** sind im Gerichtsstand der Nr. 5 nicht mehr zulässig. Schwer vorstellbar ist, daß der Streit aus der Tätigkeit der Niederlassung hervorgegangen sein kann, wenn diese zur Zeit der klagebegründenden Handlung noch gar nicht als solche existierte. Die Aussage, es komme für die Einordnung von Gegebenheiten als Niederlassung auf die letzte mündliche Verhandlung vor Gericht an (Saarbrücken RIW 80, 799), ist also jedenfalls nicht richtig.

VI. Trustangelegenheiten

25   Die Nr. 6 kann für deutsche Gerichte kaum Bedeutung erlangen. Es müßte schon nach englischem (oder irischem) Recht ein „trust" begründet werden, der in Deutschland seinen Sitz hat. Man dachte vor allem, Vorkehrungen für den Fall treffen zu müssen, daß der „trustee" nach Begründung eines „trust" am Sitz in England seinen Wohnsitz ins Ausland verlegt (*Schlosser*-Bericht Rn 113). Ganz sicher kann der Begriff „trust" nicht autonom bestimmt werden, was schon dadurch zum Ausdruck kommt, daß er in andere Sprachen der Gemeinschaft nicht übersetzt worden ist. Betroffen sind nur Rechtsstreitigkeiten aus dem Innenverhältnis des „trust". S. auch Art. 16, Rn 11, Art. 17 Rn 2, Art. 53 Rn 6.

VII. Sonderzuständigkeiten in seerechtlichen Sachen

26   Der Notwendigkeit, für seerechtliche Streitigkeiten etwas andere gerichtliche Zuständigkeiten zur Verfügung zu halten, als im EuGVÜ vorgesehen sind, ist dadurch Rechnung getragen, daß die Vertragsstaaten meist auch Vertragsstaaten von besonderen seerechtlichen Übereinkommen sind und die übrigen aufgefordert

wurden, den Spezialübereinkommen beizutreten (*Schlosser*-Bericht Rn 121). In Gestalt von Art. 54a wurde für sie eine Übergangsvorschrift geschaffen. Art. 57 verbürgt, daß Zuständigkeiten, die durch Spezialübereinkommen begründet sind, in privilegierter Weise in das EuGVÜ integriert wurden, s. dort Rn 6 ff. Für die seerechtliche Haftungsbeschränkung ist ein eigener Art. 6a geschaffen worden. Einer dänischen Besonderheit wurde in Art. IVb des ProtEuGVÜ/LÜ Rechnung getragen.

Nr. 7 betrifft einen sehr speziellen Fall, der in den seerechtlichen **27** Übereinkommen, insbesondere in dem Brüsseler Übereinkommen 1952 über den Arrest in Seeschiffe, übersehen wurde. Normalerweise begründet der Umstand, daß in einem Staat auf Grund nationaler Zuständigkeitsvorschriften, s. Art. 24 Rn 2, ein Arrest oder eine sonstige Beschlagnahme erreicht wurde, nicht die internationale Zuständigkeit der Gerichte dieses Staates für die Hauptsache. Bei der Beschlagnahme von Seeschiffen zugunsten einer seerechtlichen Forderung macht das Brüsseler Übereinkommen aber eine berechtigte Ausnahme davon. Übersehen hat das Brüsseler Übereinkommen, daß nicht nur ein Schiff, sondern auch die Ladung oder auch die Frachtforderung mit Arrest für eine seerechtliche Forderung belegt werden können, deretwegen ein Haftungsvorrecht besteht. Dieses Haftungsvorrecht ist wirtschaftlich wichtig, wenn das Schiff selbst nicht gerettet werden konnte. Wenn die seerechtliche Forderung eine solche wegen Bergungs- oder Hilfeleistungsarbeiten ist, dann wäre es für den Hilfeleistenden unzumutbar, in der Hauptsache den irgendwo ansässigen Eigentümer oder Anspruchsberechtigten verklagen zu müssen. Daher ist der nach dem Brüsseler Übereinkommen von 1952 auf Arrest gegründete Gerichtsstand in der Hauptsache auf diesen Fall erweitert worden (weitere Einzelheiten im *Schlosser*-Bericht Rn 122 f). Es geht freilich nur um Ansprüche gegen die sonstigen Berechtigten an der Ladung oder der Fracht, die nach common law Klagen „in rem" sind. (Bsp: „*The Deichland*" [1989] 3 WLR 478 Court of Appeal). Ansprüche gegen den Reeder, etwa auch auf Grund eines Vertrags über die Hilfeleistung auch zu Gunsten der Ladung, fallen nicht unter die Vorschrift. Etwaige Forderungen gegen den Bergungsunternehmer sind nicht die Arrestforderungen und können daher im Gerichtsstand der Nr. 7 nicht geltend gemacht werden.

Art. 6 [Gerichtsstand des Sachzusammenhangs]

Eine Person, die ihren Wohnsitz in dem Hoheitsgebiet eines Vertragsstaats hat, kann auch verklagt werden:

1. **Wenn mehrere Personen zusammen verklagt werden, vor dem Gericht, in dessen Bezirk einer der Beklagten seinen Wohnsitz hat;**
2. **wenn es sich um eine Klage auf Gewährleistung oder um eine Interventionsklage handelt, vor dem Gericht des Hauptprozesses, es sei denn, daß diese Klage nur erhoben worden ist, um diese Person dem für sie zuständigen Gericht zu entziehen;**
3. **wenn es sich um eine Widerklage handelt, die auf denselben Vertrag oder Sachverhalt wie die Klage selbst gestützt wird, vor dem Gericht, bei dem die Klage selbst anhängig ist;**
4. **wenn ein Vertrag oder Ansprüche aus einem Vertrag den Gegenstand des Verfahrens bilden und die Klage mit einer Klage wegen dinglicher Rechte an unbeweglicher Sachen gegen denselben Beklagten verbunden werden kann, vor dem Gericht des Vertragsstaats, in dem die unbewegliche Sache belegen ist.**

Textgeschichte: Nr. 4 eingefügt durch 3. Beitrittsübereikommmen.

Literatur: *Eickhoff* Internationale Gerichtsbarkeit und Internationale Zuständigkeit für Aufrechnung und Widerklage (1985); *Mansel* Streitverkündung und Interventionsklagen, in Hommelhoff u. a. (Hsg) Europäischer Binnenmarkt (1005) 161 ff mit viel rvergl. Information.

1   Der Gerichtsstand des Sachzusammenhangs ist in der ZPO nur in unzureichender Weise anerkannt. In Art. 6 Nrn. 1 und 2 sieht das EuGVÜ einen internationalen Gerichtsstand des Sachzusammenhangs in erheblich weiterem Maße vor. Es handelt sich aber nicht um ausschließliche Zuständigkeiten. **Zuständigkeitsvereinbarungen** haben Vorrang und sind im allgemeinen auch so auszulegen, daß sie Gerichtsstände nach Art. 6 mit ausschließen wollen, den Widerklagegerichtsstand (insoweit str.) selbst dann, wenn für die Hauptklage die Zuständigkeit nach Art. 18 begründet worden ist (BGH NJW 81, 2644). Der Einleitungssatz ist so zu verstehen: „. . . kann *in einem anderen Vertragsstaat* auch verklagt werden". Mit dem Wörtchen „auch" ist die Rückbindung der Vorschrift an Art. 5 hergestellt, der **internationale Wohnsitzverschiedenheit von Kläger und Beklagtem** voraussetzt. Wie § 33 ZPO regelt

Art. 6 auch die Geschäftsverteilung. Wird von Art. 6 zu einem Zeitpunkt Gebrauch gemacht, zu dem beim fraglichen Gericht bereits die zuständigkeitsbestimmende Erstklage anhängig ist, so ist der für diese zuständige Spruchkörper entscheidungsbefugt.

I. Gerichtsstand bei Klagen gegen mehrere Personen, Nr. 1

Sollen mehrere als Streitgenossen verklagt werden, und fehlt es **2** an einem gemeinsamen allgemeinen Gerichtsstand, muß nach deutschem Recht das gemeinsame übergeordnete Gericht ein zuständiges Gericht festlegen, § 36 Nr. 3 ZPO. Nicht einmal wenn nur mehrere deutsche Gerichte in Frage kommen, wollte der Gesetzgeber dem Kläger ein Wahlrecht geben. Demgegenüber überläßt es das EuGVÜ der **Willkür des Klägers**, sich einen unter mehreren in Betracht kommenden internationalen und örtlichen allgemeinen Gerichtsstände auszusuchen oder nachträglich die Klage auf einen Streitgenossen ohne Wohnsitz im Gerichtsbezirk zu erstrecken. Auch in diesem Zusammenhang gelten Artt. 52, 53. Der von der Vorschrift vor allem ins Auge gefaßte Fall ist jener eines Klägers (der Sitz oder Wohnsitz nicht in einem Vertragsstaat zu haben braucht), der Streitgenossen mit Wohnsitz in verschiedenen (fremden) Vertragsstaaten verklagen will. Art. 6 Nr. 1 legt zwar – anders als Art. 2, s. dort Rn 1, auch die örtliche Zuständigkeit fest. Entscheidend in der Praxis ist aber, daß sich der Kläger über die Auswahl unter den in verschiedenen Staaten örtlich zuständigen Gerichten den ihm genehmen Urteilsstaat wählen kann. Für die Annahme eines internationalen Bezugs, Rn 1, reicht es aus, daß einer der Beklagten einen Wohnsitz in einem Staat hat, der vom Wohnsitzstaat des Klägers verschieden ist. Die Vorschrift ist auch anwendbar, wenn mehrere Beklagte ihren Wohnsitz im selben Staat haben. Im Falle der Streitgenossenschaft auf der Aktivseite liegt ein hinreichender internationaler Bezug vor, wenn der Wohnsitz eines der Beklagten in einem Vertragsstaat vom Wohnsitzstaat eines der Kläger verschieden ist. Gegenüber zu verklagenden Personen mit Wohnsitz in Drittstaaten wird eine analoge Anwendung der Vorschrift erwogen (s. *Kropholler* Rn 4; *Geimer* WM 79, 357).

Die **Einschränkung** von Nr. 2 („es sei denn...") gilt auch für die **3** Nr. 1, allgM (etwa Corte di Cassazione 89/3657 Riv.dir.int.priv. proc. 90, 685). Die Klage gegen alle Streitgenossen ist unzulässig, wenn die Zuständigkeit des Gerichts mit dem Wohnsitz jenes Streitgenossen begründet ist, dem gegenüber offensichtlich kein

Anspruch besteht (*The REWIA* C. A. ILPr 91, 507; *Cannon v. BQI Steam Packet Comp. a. o.* ILPr 94, 405). Zum Teil verlangt man, daß bei Verfahren vor Gerichten verschiedener Vertragsstaaten die Gefahr von Entscheidungen besteht, die sich in entscheidenden Begründungselementen widersprechen (*Gascoine v. Pyrah* ILPr 94, 82). Darüber hinaus gilt aber der Grundsatz der **perpetuatio fori**. Wird durch Teilurteil die Klage gegen den Streitgenossen sachlich abgewiesen, dessen Wohnsitz gerichtsstandsbegründend war, so bleibt das Gericht gegenüber den übrigen Streitgenossen zuständig. Ob Streitgenossenschaft als Verfahrenseinheit zulässig ist, bestimmt zwar das nationale Recht, in Deutschland ist sie aber nach §§ 59 ZPO in allen Fällen zulässig, in denen Nr. 1 eine internationale Zuständigkeit vorsieht.

4 Um Manipulationsgefahren entgegenzuwirken, muß nach allgM zwischen den Klagen ein ähnlicher **Zusammenhang** bestehen, wie er in Art. 22 Abs. 2 angesprochen ist (EuGHE 1988, 5565 – „Kalfelis" = NJW 3088 – *Geimer* = RIW 901, 987 – *Schlosser*). Das vom EuGH im letzteren Zusammenhang, s. Art. 22 Rn 3, herausgestellte Anliegen, sich widersprechende Entscheidungen zu vermeiden, würde freilich im Falle der Streitgenossenschaft nur bei der notwendigen Streitgenossenschaft aus prozessualen Gründen (§ 62 Abs. 1, 1. alt. ZPO) inmitten stehen, wenn man auf Widersprüche im Sinne der deutschen Rechtskraftlehre abstellte. Und auch hier sind Widersprüche in tragenden Urteilsgründen gemeint. Hauptfall ist die Gesamtschuld. Alle Fälle des § 60 ZPO dürften erfaßt sein. Anwendbar ist Nr. 1 im Fall ineinandergreifender Verträge (Cour de Cassation. ch.comm. v. 31. 1. 1995 – Bull.civil).

5 Außerhalb des Anwendungsbereichs der Nr. 1 kann es zur internationalen Zuständigkeit gegenüber mehreren Beklagten nur kommen, wenn die Zuständigkeitsanknüpfungsgründe gegenüber allen zutreffen, etwa sie wegen einer gemeinsam begangenen unerlaubten Handlung belangt werden.

II. Gerichtsstand für Regreß und Intervention, Nr. 2

6 Eine **Gewährleistungsklage** ist jede Form der Regreßklage. Zu ihr gehört auch die klageweise Geltendmachung des Gesamtschuldnerausgleichs (*Kinnear a.o. v. Falconfilms N V a.o.* QB [1994] All ER 42). In nationalen Rechtsordnungen sind freilich häufig noch zusätzliche Voraussetzungen für die Zulässigkeit einer Gewährleistungsklage im anhängigen Rechtsstreit aufgestellt. Das

ist zulässig, soweit der Wohnsitz des Beklagten im Gerichtsstaat nicht dazu gehört (EuGHE 1990, 1845 – „Kongreß Agentur Hagen" = NJW 91, 2621; *Schlosser*-Bericht Rn 135). Der Gewährleistungsbeklagte kann Widerklage erheben und sich dazu auf Nr. 1 (Cour d'Appel Paris Rev.crit. 95, 369 ff) oder Nr. 3 (*Gaudemet-Tallon* ebenda 373 ff) stützen. „**Interventionsklage**" ist ein Begriff, der in den nationalen Rechtsordnungen des romanischen Rechtskreises vielfach als Oberbegriff für jede direkte Einbeziehung Dritter in ein Verfahren verwandt wird. Mit der Interventionsklage wird erstrebt, daß über die Rechte des Dritten durch Leistungs-Feststellungs- oder Gestaltungsklage entschieden wird (*Mansel* aaO 253). Neben der Gewährleistungsklage hat die Erwähnung der Interventionsklage vor allen Dingen praktische Bedeutung für einen Dritten, der aktiv intervenieren möchte (Rechtsvergleichung: *Mansel* aaO 173 ff. Bsp. z. LÜ mit einem Interventionsbeklagten, der seinerseits Widerklage erhebt: Cour D'Appel Paris Clunet 95, 158). Ob die Primärzuständigkeit des Gerichts auf Art. 5 oder eine andere Norm des EuGVÜ gestützt wird, ist gleichgültig (EuGH aaO).

Die Sonderzuständigkeiten für Regreß- und Interventionsklagen **7** spielen in Deutschland fast keine Rolle, weil Art. 5 V ProtEuGVÜ sie für Verfahren vor deutschen, ProtILÜ zusätzlich für solche vor österreichischen, schweizerischen und spanischen Gerichten ausgeschlossen hat. Nebenintervention und **Streitverkündung** bleiben danach in Deutschland ohne Modifikation durch Übereinkommen oder Protokolle so zulässig, wie es das nationale Prozeßrecht vorsieht (*Mansel* aaO 190 ff, mit Erörterung vieler seltener Sondervarianten). Die Interventionswirkung muß in allen Vertragsstaaten anerkannt werden, wenn Artt. 27 ff nicht entgegenstehen (*Mansel* aaO 216 ff). Entsprechend muß man die Vorschrift auf die freiwillige Nebenintervention anwenden (*Mansel* aaO 199 ff). Personen mit Wohnsitz in Deutschland können aber sehr wohl im Ausland im Gerichtsstand der Nr. 2 belangt werden, selbst dann, wenn der dortige Beklagte selbst Wohnsitz in Deutschland hat (Beispiel: Hamm IPRax 95, 362). Daß in Deutschland Urteile anerkennungs- und vollstreckungspflichtig sind, die im Gerichtsstand der Regreß- oder Interventionsklage ergangen sind, steht ausdrücklich in Art. V Abs. 2 Protokoll, folgt aber schon aus Art. 28 Abs. 3 und ist daher unabhängig davon, ob das ausländische Gericht für die Primärklage zuständig war (str., s. *Kropholler* Rn 11) oder Nr. 2 zutreffend angewandt hat, und gilt auch für die Interventionswirkung von Urteilen aus anderen als den in Art. V Protokoll genannten Staaten.

8   Art. V ProtEuGVÜ/LÜ hat den Sinn, den dort genannten Staaten nicht prozessuale Institute aufzudrängen, die ihrer Rechtsordnung fremd sind. Daher ist die Vorschrift nicht anzuwenden, soweit diese Rechtsordnungen ausnahmsweise Gewährleistungs- oder Interventionsklagen kennen (*Mansel* aaO 246). Das ist in einigen schweizerischen Kantonen der Fall. In Deutschland bleibt neben der Hauptintervention nach § 64 ZPO (aA *Mansel* aaO 240 – Fall der Nr. 1) die Drittwiderklage, s. Rn 9, aufgrund von Nr. 2 zulässig. Denn die parteierweiternde Widerklage ist funktional ein Fall der Gewährleistungsklage.

III. Gerichtsstand der Widerklage – Nr. 3

9   Der Begriff Widerklage ist **vertragsautonom** auszulegen, allgM. Sie ist nur eine vom Beklagten gegen den Kläger gerichtete Klage. Auch Wider-Widerklagen sind zulässig (*MünchKommZPO-Gottwald* Rn 13), so daß etwa auf diesem Weg die im Deliktsgerichtsstand erhobene Klage auf nichtdeliktische Anspruchsgrundlagen erweitert werden kann. Eine Zuständigkeit für Klagen eines Beklagten gegen einen anderen oder einen Dritten allein begründet das Übereinkommen nicht (Cour de Cassation Rev. crit. 87, 578). Auch parteierweiternde „Widerklagen" sind von der Vorschrift nicht gedeckt, allgM, s. aber Rn 8. Entgegen dem Wortlaut der Vorschrift(„anhängig ist") darf über die Widerklage sachlich erst entschieden werden, wenn sich das Gericht von seiner Zuständigkeit für die Hauptklage überzeugt hat (*Kropholler* Rn 19. AA *Stein/Jonas/Schumann*[21] § 33 Rn 43 – beide zu Unrecht FamRZ 73, 630 als Stellungnahme zur Streitfrage in Anspruch nehmend). Fällt die Hauptklage nicht in den Anwendungsbereich des EuGVÜ und ergibt sich die Zuständigkeit für sie daher nur nach nationalem Recht, so ist gleichwohl Nr. 3 anwendbar, wenn die Widerklage in den Anwendungsbereich des EuGVÜ fällt. Hat der Kläger und Widerbeklagte seinen Wohnsitz nicht in einem Vertragsstaat, so gilt ausschließlich § 33 ZPO (BGH NJW 81, 2644. **AA** *Geimer,* NJW 86, 2943: Nr. 3 immer und nur, wenn die Zuständigkeit für die Hauptklage nach EuGVÜ begründet ist). Im Anerkennungsstadium ist weder die Zuständigkeit für die Hauptklage noch jene für die Widerklage zu überprüfen, Art. 28 Abs. 3.

10   **Nr. 3** regelt nicht alle Fragen der Zulässigkeit einer Widerklage. Sie betrifft nur die internationale und örtliche Zuständigkeit nicht die Frage, ob die Widerklage beim selben Spruchkörper erhoben werden kann, der mit der Hauptklage befaßt ist. Wenn daher der Hauptanspruch in einer Klageart erhoben wird, für die nach deutschem Prozeßrecht die Statthaftigkeit der Widerklage beschränkt ist (z. B. Urkundenprozeß), so ist nicht etwa Nr. 3 unanwendbar (**aA** *Stein/Jonas/Schumann* aaO Rn 44). Das nationale Recht kann auch nicht zuständigkeitsmäßig zusätzliche „Widerklagehindernisse" aufstellen (**aA** *MünchKommZPO-Gottwald* Rn 15). Das Gericht der Hauptklage bleibt in solchen Fällen sehr wohl zuständig; die Widerklage muß nur abgetrennt werden.

Das im EuGVÜ begründete **ausschließliche Zuständigkeiten** Vorrang haben (*Eichhoff* aaO 149) folgt aus deren Sinn und im Gegenschluß aus Art. 11 Abs. 2, Art. 14 Abs. 2. Nr. 3 bestimmt aber auch die sachliche Zuständigkeit – „Gericht, bei dem die Klage selbst anhängig ist", so daß bei einem ordentlichen Gericht etwa auch eine arbeitsrechtliche Widerklage erhoben werden kann (**aA** *Stein/Jonas/Schumann* aaO; *MünchKommZPO-Gottwald* Rn 15).

Die **Konnexitätserfordernisse** der Nr. 3 sind vertragsautonom **11** zu bestimmen und enger als jene von § 33 ZPO auszulegen (*MünchKommZPO-Gottwald* Rn 13; *Eichhoff* aaO 146. **AA** *Geimer* IPRax 86, 212, weil Aufrechnungsbefugnis an die Widerklagezuständigkeit knüpfend, s. vor Art. 2 Rn 15 ff). Vor allem genügt es nicht, wenn die Widerklage mit den gegen die Klage vorgebrachten Verteidigungsmitteln im Zusammenhang steht. Zwar können auch mehrere Verträge auf denselben Sachverhalt gestützt sein, im allgemeinen sind sie es aber nicht. Liegen die Voraussetzungen von § 33 ZPO vor, nicht aber jene von Nr. 2, so kann gleichwohl das Gericht für die Hauptklage über die Widerklage befinden, wenn sich für sie eine örtliche Zuständigkeit aus anderen Normen des EuGVÜ ergibt, allgM. Auch Art. 18 ist auf die Widerklage anwendbar.

Zur **Aufrechnung** s. vor Art. 2 Rn 15 ff. **12**

IV. Gerichtsstand für dinglich gesicherte Ansprüche, Nr. 4

Nr. 4 ist eine Ergänzung zu Art. 16 Nr. 1a, der im Falle einer **13** grundpfandrechtlich abgesicherten Forderung nur einen Gerichtsstand für die dingliche Klage bereit hält. Nr. 4 stellt diesen Gerichtsstand auch für die persönliche Klage zur Verfügung, macht dies aber anders als Nr. 3, s. Rn 10, davon abhängig, daß nach dem nationalen Prozeßrecht eine solche Klagenverbindung zulässig ist.

Art. 6a [Besonderer Gerichtsstand in Seehaftpflichtsachen]

Ist ein Gericht eines Vertragsstaats nach diesem Übereinkommen zur Entscheidung in Verfahren wegen einer Haftpflicht auf Grund der Verwendung oder des Betriebs eines Schiffes zuständig, so entscheidet dieses oder ein anderes, an seiner Stelle durch das Recht dieses Staates bestimmtes Gericht auch über Klagen auf Beschränkung dieser Haftung

Textgeschichte: Eingefügt durch 1. Beitrittsübereinkommen.

Die Vorschrift gilt nicht für das verteidigungsweise Vorbringen der Haftungsbeschränkung oder die Errichtung der Haftungsbegrenzungsfonds. Sie gilt nur für die die Haftungsbegrenzung betreffende aktive Feststellungsklage des Haftpflichtigen. Sind mehrere Gerichte für die gegen den Reeder gerichtete Haftpflichtklage zuständig, so kann sich der Haftpflichtige eines davon auswählen. Nach dem Sinn der Vorschrift sind Artt. 21, 22 nicht anwendbar, wenn der Reeder bereits anderwärts verklagt worden ist. Von der Konzentrationsermächtigung hat Deutschland nicht Gebrauch gemacht. Die Konzentration beim AG Hamburg Mitte nach § 2 Abs. 3 Seerechtliche VerteilungsO (BGBl 1986 I S. 1130) iVm dem Abkommen v. 3. 11. 72 der alten Bundesländer (Hamburger GVBl. 73, 280 s. *Rüßmann/Rabe* Seehandelsrecht[3] [1992] Anh. § 487c § 2 Anm 2) gilt nur für das Verfahren zur Errichtung des Haftungsfonds. Nähere Erläuterung der Vorschrift im Schlosser-Bericht Rn 124 bis 130.

3. Abschnitt: Zuständigkeit für Versicherungssachen

Literatur: *Kaye* Business Insurance and Reinsurance under the European Judgments Convention: Application of Protective Provisions, JBL 90, 517; *Richter* Das EWG Übereinkommen über die gerichtliche Zuständigkeit und die Vollstreckung in Zivil- und Handelssachen aus versicherungsrechtlicher Sicht, VersR 78, 801.

Art. 7 [Bestimmung des Gerichtsstands in Versicherungssachen]

Für Klagen in Versicherungssachen bestimmt sich die Zuständigkeit vorbehaltlich des Artikels 4 und des Artikels 5 Nummer 5 nach diesem Abschnitt.

Textgeschichte: unverändert

Für die Regelung des 3. (und 4.) Abschnitts war die sozialpoliti- 1
sche Erwägung maßgebend, daß Verbraucher und Versicherungsnehmer als wirtschaftlich schwächere und/oder rechtlich weniger
versierte Parteien besonderen prozessualen Schutzes bedürfen. Die
Regelungen im 3. Abschnitt sind selbständige und erschöpfende
Sonderregelungen der Zuständigkeit. Bis auf Art. 8 Abs. 1 und
Art. 11 bestimmen die Artt. 7ff auch die **örtliche Zuständigkeit.**

Die **Anwendbarkeit** der Artt. 7–12a setzt voraus, daß der Be- 2
klagte seinen Wohnsitz in einem Vertragsstaat hat (Art. 7 iVm
Art. 4). Ausnahme: Art. 8 Abs. 2. Ansonsten bestimmt sich die
internationale Zuständigkeit nach Art. 4 durch das autonome nationale Recht des angerufenen Gerichts. Aufgrund des Vorbehalts
in Art. 7 (und Art. 13 für Verbrauchersachen) zugunsten von Art. 5
Nr. 5 können Klagen gegen einen Beklagten mit Wohnsitz in einem Vertragsstaat auch vor dem Gericht am Ort der **Zweigniederlassung,** Agentur oder sonstigen Niederlassung erhoben werden,
wenn es sich um Streitigkeiten aus ihrem Betrieb handelt, was vor
allem relevant für Klagen gegen Versicherer und Vertragspartner
von Verbrauchern ist.

Der Versicherungsnehmer hat im Gegensatz zum Versicherer, 3
der nur am Wohnsitz des Versicherungsnehmers klagen kann
(Ausnahme Art. 7 iVm Art. 5 Nr. 5), ein Wahlrecht zwischen verschiedenen Gerichtsständen. Die Zulässigkeit von Gerichtsstandsvereinbarungen ist eingeschränkt (Art. 12). Widerklagen: Art. 11
Rn 3.

Die Vorschriften des 3. und 4. Abschnitts müssen **von Amts** 4
wegen berücksichtigt werden. Eine Rüge der Unzuständigkeit
durch den Beklagten ist aber notwendig, damit keine zuständigkeitsbegründende **Einlassung** nach Art. 18 (dort Rn 1) zustande-
kommt.

Zum Anerkennungshindernis des Fehlumgangs mit Artt. 7ff 5
durch das Gericht im Ursprungsstaat s. Artt. 27ff Rn 30f.

Der Begriff **Versicherungssachen** ist vertragsautonom auszule- 6
gen (*Kropholler* vor Art. 7 Rn 5). Artt. 7ff gelten in Bezug auf alle
Streitgegenstände, die ihren Grund im Versicherungsverhältnis haben (*MünchKommZPO-Gottwald* Rn 3). Von der Regelung sind nur
private Versicherungen betroffen, s. Art. 1 Rn 22.

Mangels Schutzbedürftigkeit des „Versicherungsnehmers" sind 7
die Vorschriften nicht auf **Rückversicherungsverträge** anwendbar
(*New Hampshire Insurance Co a.o. v. Strabau AG* ILPr 91, 478;

nahezu allgM; **aA** *Gaudemet-Tallon* Rn 243), auf Großversicherungen und auf Transportversicherungen aller Art aber durchaus (*Schlosser*-Bericht Rn 140).

8 Keine Versicherungssache ist der **Rückgriff** des Versicherers gegen den Schädiger, der nicht als Verfahrensbeteiligter aufgeführt ist; hierfür gelten die allgemeinen Vorschriften der Artt. 2ff.

9 Artt. 11 I, Art. 12 Nr. 2, 10 II erwähnen als mögliche **Verfahrensbeteiligte** neben dem Versicherer den Versicherungsnehmer, den Versicherten, den Begünstigten und den Verletzten. Mögliche Beteiligte sind zudem alle Personen, für die der Versicherungsvertrag Rechte und Pflichten begründet. Wie im Verbraucherrecht werden **Einzelrechtsnachfolger** geschützter Personen nicht geschützt.

Art. 8 [Gerichtsstände für Klagen gegen den Versicherer]

(1) **Der Versicherer, der seinen Wohnsitz in dem Hoheitsgebiet eines Vertragsstaats hat, kann verklagt werden:**

1. Vor den Gerichten des Staates, in dem er seinen Wohnsitz hat,

2. in einem anderen Vertragsstaat vor dem Gericht des Bezirks, in dem der Versicherungsnehmer seinen Wohnsitz hat, oder

3. falls es sich um einen Mitversicherer handelt, vor dem Gericht eines Vertragsstaats, bei dem der federführende Versicherer verklagt wird.

(2) **Hat ein Versicherer in dem Hoheitsgebiet eines Vertragsstaats keinen Wohnsitz, besitzt er aber in einem Vertragsstaat eine Zweigniederlassung, Agentur oder sonstige Niederlassung, so wird er für Streitigkeiten aus ihrem Betrieb so behandelt, wie wenn er seinen Wohnsitz in dem Hoheitsgebiet dieses Staates hätte.**

Textgeschichte: idFd 1. Beitrittsübereinkommen

1 Art. 8 stellt für Klagen gegen den Versicherer drei Wahlgerichtsstände zur Verfügung. Forum-non-conveniens-Erwägungen sind unzulässig (*SLW Berisford Plc v. New Hampshire Insurance Co* [1990] 2 All ER 321). Vorschrift unanwendbar bei einem Versicherungsnehmer mit Wohnsitz in einem Nichtvertragsstaat (*Cour d'Appel Paars* ILPr 95, 17).

Nr. 1: Entsprechend Art. 2 Abs. 1.

Nr. 2: Maßgeblicher Zeitpunkt: Klageerhebung. Auch sonstige mögliche Beteiligte wie der Begünstigte oder der Verletzte können am Wohnsitz des Versicherungsnehmers, nicht aber an ihrem eigenen Wohnsitz klagen.

Nr. 3: Konzentration der Verfahren gegen alle Mitversicherer in diesem Gerichtsstand. S. Art. 14 EGVVG.

Die Fiktion von Abs. 2 bewirkt, daß auch ein Versicherer mit **2** Hauptsitz in einem Drittstaat nicht nach den Zuständigkeitsbestimmungen des nationalen Rechts verklagt werden kann. Auch er wird durch Art. 3 geschützt. Partei bleibt ebenso wie bei Art. 5 Nr. 5 mangels besonderer Parteifähigkeit der Niederlassung grundsätzlich das Versicherungsunternehmen selbst, auch wenn Zustellungen am Sitz der Niederlassung zulässig sind. S. aber auch Art. 5 Rn 23 f.

Art. 9 [Besonderer Gerichtsstand am Ort des schädigenden Ereignisses]

Bei der Haftpflichtversicherung oder bei der Versicherung von unbeweglichen Sachen kann der Versicherer außerdem vor dem Gericht des Ortes, an dem das schädigende Ereignis eingetreten ist, verklagt werden. Das gleiche gilt, wenn sowohl bewegliche als auch unbewegliche Sachen in ein und demselben Versicherungsvertrag versichert und von demselben Schadensfall betroffen sind.

Textgeschichte: unverändert

Ort des schädigenden Ereignisses: s. Art. 5 Rn 19 f. Die hier eröffnete Zuständigkeit ist fakultativ neben der von Art. 8 und kann von den Parteien unter den Voraussetzungen des Art. 12 Nr. 3 abbedungen werden.

Art. 10 [Besonderer Gerichtsstand der Interventionsklage]

(1) Bei der Haftpflichtversicherung kann der Versicherer auch vor das Gericht, bei dem die Klage des Geschädigten gegen den Versicherten anhängig ist, geladen werden, sofern dies nach dem Recht des angerufenen Gerichts zulässig ist.

(2) Auf eine Klage, die der Verletzte unmittelbar gegen den Versicherer erhebt, sind die Artikel sieben bis neun anzuwenden, sofern eine solche unmittelbare Klage zulässig ist.

(3) Sieht das für die unmittelbare Klage maßgebliche Recht die Streitverkündung gegen den Versicherungsnehmer oder den Versicherten vor, so ist dasselbe Gericht auch für diese Person zuständig.

Textgeschichte: unverändert

1   Art. 10 sieht ergänzend zu Artt. 8 und 9 zulasten des Versicherers
für die Haftpflichtversicherung Sonderzuständigkeiten vor.

In Art. 10 Abs. 1 ist wie in Art. 6 Nr. 2 ein **Gerichtsstand der
Interventionsklage** geregelt, in dem der Versicherer vor das Gericht, bei dem die Klage des Geschädigten gegen den Versicherten
anhängig ist und das (uU nach nationalem Recht) zuständig ist
(vgl. *Geimer/Schütze* I 1 423), „geladen" werden kann. Für
Deutschland schließt es Art. V Protokoll EuGVÜ/LÜ Nr. 1 aus,
aus dieser Norm einen Gerichtsstand abzuleiten. Insoweit bleibt
nur der Weg, dem Versicherer nach §§ 72ff ZPO den Streit zu
verkünden. Die Vorschrift ist auf deutsche Versicherer aber dann
anwendbar, wenn Klage vor den Gerichten eines Vertragsstaates
erhoben wurde, dessen Recht die Interventionsklage vorsieht. Entscheidungen über solche Klagen müssen auch in Deutschland anerkannt werden (*Jenard*-Bericht zu Art. 10). Vereinbarungen nach
Art. 12 Nr. 3 gehen vor.

2   Art. 10 Abs. 2 erklärt für die **Direktklage des Verletzten** gegen
den Versicherer alle Gerichtsstände der Artt. 8 u. 9 für anwendbar,
soweit eine derartige Klage nach nationalem Recht zulässig ist.
Dazu gehört aber nicht das Wohnsitzgericht des Verletzten (LG
Saarbrücken VersR 77, 1164). Der Direktanspruch ist nach deutscher Rechtsprechung als deliktischer zu qualifizieren. Demnach
bestimmt sich seine Existenz nach dem Tatortrecht (BGH NJW 77,
496, hM). In Deutschland sieht neben § 6 I AuslandspflichtversG
nur § 3 Nr. 1 PflVG eine derartige Klagemöglichkeit vor. Der Geschädigte ist durch nach Art. 12 zulässige Gerichtsstandsvereinbarungen nicht gebunden (*Schlosser*-Bericht Rn 148).

3   Abs. 3 erlaubt in Deutschland Streitverkündung wie sonst auch.

**Art. 11 [Gerichtsstand für Klagen des Versicherers; Wider-
klage]**

(1) **Vorbehaltlich der Bestimmungen des Artikels zehn Absatz
drei kann der Versicherer nur vor den Gerichten des Vertragsstaats klagen, in dessen Hoheitsgebiet der Beklagte seinen Wohnsitz hat, ohne Rücksicht darauf, ob dieser Versicherungsnehmer,
Versicherter oder Begünstigter ist.**

(2) **Die Vorschriften dieses Abschnitts lassen das Recht unberührt, eine Widerklage vor dem Gericht zu erheben, bei dem die
Klage selbst gemäß den Bestimmungen dieses Abschnitts anhängig ist.**

Textgeschichte: unverändert

Abs. 1 nennt als allgemeinen Gerichtsstand für Klagen des Versi- **1**
cherers die Gerichte des Vertragsstaats, in dessen Hoheitsgebiet der
Beklagte zum Zeitpunkt der Klageerhebung seinen Wohnsitz hat.
Die örtliche Zuständigkeit wird durch das autonome Recht be-
stimmt, in Deutschland nach § 12 ZPO iVm § 36 VVG. Für
Zweigniederlassungen s. Art. 7 Rn 1.

Art. 11 Abs. 1 iVm Art. 10 Abs. 3 eröffnet dem Versicherer die **2**
Möglichkeit der „Streitverkündung" gegen den Versicherten oder
Versicherungsnehmer in dem Verfahren, das der Verletzte gegen
den Versicherer betreibt. Zur „Streitverkündung" s. Art. 10 Rn 3.
Weitere mögliche Gerichtsstände können durch die nach Art. 12
Nrn. 1 und 3 zulässigen Gerichtsstandsvereinbarungen bestimmt
werden.

Die Regelung des Gerichtsstands der **Widerklage** in Abs. 2 ist **3**
systematisch mißglückt. Sie gilt allgemein und nicht nur für die in
Art. 11 geregelten Klagen gegen den Versicherer.

Art. 12 [Zulässige Gerichtsstandsvereinbarungen]

**Von den Vorschriften dieses Abschnitts kann im Wege der
Vereinbarung nur abgewichen werden:**

1. **Wenn die Vereinbarung nach der Entstehung der Streitigkeit
getroffen wird,**

2. **wenn sie dem Versicherungsnehmer, Versicherten oder Begünstigten die Befugnis einräumt, andere als die in diesem
Abschnitt angeführten Gerichte anzurufen,**

3. **wenn sie zwischen einem Versicherungsnehmer und einen
Versicherer, die zum Zeitpunkt des Vertragsabschlusses ihren
Wohnsitz oder gewöhnlichen Aufenthalt in demselben Vertragsstaat haben, getroffen ist, um die Zuständigkeit der Gerichte dieses Staates auch für den Fall zu begründen, daß das
schädigende Ereignis im Ausland eingetreten ist, es sei denn,
daß eine solche Vereinbarung nach dem Recht dieses Staates
nicht zulässig ist,**

4. **wenn sie von einem Versicherungsnehmer abgeschlossen ist,
der seinen Wohnsitz nicht in einem Vertragsstaat hat, ausgenommen soweit sie eine Versicherung, zu deren Abschluß eine gesetzliche Verpflichtung besteht, oder die Versicherung
von unbeweglichen Sachen in einem Vertragsstaat betrifft,
oder**

5. wenn sie einen Versicherungsvertrag betrifft, soweit dieser eines oder mehrere der in Artikel 12a aufgeführten Risiken deckt.

Textgeschichte: idFd 1. Beitrittsübereinkommen.

1   Die Regelung des Art. 12 war notwendig, damit der durch die Artt. 7–11 bezweckte Schutz nicht durch Gerichtsstandsklauseln in den bei Versicherungen typischerweise verwendeten Formularverträgen umgangen werden kann. Die Form einer Gerichtsstandsvereinbarung bestimmt sich nach Art. 17 Abs. 1 S. 2. Art. 17 Abs. 3 stellt klar, daß Gerichtsstandsvereinbarungen, die Art. 12 zuwiderlaufen, keine rechtliche Wirkung haben.

1. Vereinbarung nach Entstehung der Streitigkeit

Eine Streitigkeit entsteht, „sobald die Parteien über einen bestimmten Punkt uneins sind und ein gerichtliches Verfahren ins Auge fassen" (*Geimer/Schütze* I 1 96). Die Vereinbarung kann sich nicht aus einer Klausel im Versicherungsvertrag ergeben.

2. Vereinbarung zugunsten des Versicherungsnehmers

2   Eine Beteiligung des in Nr. 2 aufgeführten Drittbegünstigten am Abschluß der Gerichtsstandsvereinbarung ist nicht notwendig (EuGHE 1983, 2503 = IPRax 84, 259, 261; *Geimer* NJW 85, 533).

3. Vereinbarung der Zuständigkeit der Gerichte des gemeinsamen Wohnsitz- oder Aufenthaltsstaates

3   Die Regelung ist vor allem für deutsche Versicherer bedeutsam, die sich durch eine derartige Vereinbarung vor Interventionsklagen im Ausland schützen können (vgl. Art. 10 Rn 1). Da die Vereinbarung im Verhältnis zu Dritten keine Wirkung hat, können nur die Zuständigkeiten der Artt. 9 und 10 Abs. 1, nicht hingegen die des Art. 10 Abs. 2 und Abs. 3 ausgeschlossen werden (*Schlosser*-Bericht Rn 148). Die Vereinbarung muß nach dem Recht des betroffenen Staates wirksam sein. In Deutschland sind §§ 38, 40 ZPO maßgebend. Nur Kaufleute können eine solche Vereinbarung wirksam schließen. Der Agenturgerichtsstand nach § 48 Abs. 2 VVG kann aber nicht ausgeschlossen werden.

4. Vereinbarung mit Versicherungsnehmern aus Nichtvertragsstaaten

Anläßlich des ersten Beitrittsübereinkommens wurde auf briti- **4**
schen Wunsch diese (und die unter Nr. 5 aufgeführte) weitere Prorogationsmöglichkeit eingefügt (vgl. *Schlosser*-Bericht Rn 48). Soweit die ausschließliche Zuständigkeit der Gerichte eines Nichtvertragsstaates vereinbart wird, ist für die Wirksamkeit der Vereinbarung Art. 17 Abs. 1 nicht anwendbar.

5. See- und Luftfahrtversicherungen

Die Ausnahme beruht auf dem Gedanken, daß in diesem Bereich **5**
die Versicherungsnehmer nicht schutzbedürftig sind (*Schlosser*-Bericht Rn 140). Die betroffenen Versicherungsverträge ergeben sich aus der Aufzählung in Art. 12 a.

Art. 12a [Risiken im Sinne von Art. 12 Nr. 5]

Die in Artikel 12 Nummer 5 erwähnten Risiken sind die folgenden:

1. **sämtliche Schäden**
   a) **an Seeschiffen, Anlagen vor der Küste und auf hoher See oder Luftfahrzeugen aus Gefahren, die mit ihrer Verwendung zu gewerblichen Zweken verbunden sind,**
   b) **an Transportgütern, ausgenommen Reisegepäck der Passagiere, wenn diese Güter ausschließlich oder zum Teil mit diesen Schiffen oder Luftfahrzeugen befördert werden;**
2. **Haftpflicht aller Art, mit Ausnahme der Haftung für Personenschäden an Passagieren oder Schäden an deren Reisegepäck,**
   a) **aus der Verwendung oder dem Betrieb von Seeschiffen, Anlagen oder Luftfahrzeugen gemäß Nummer 1 Buchstabe a), es sei denn, daß nach den Rechtsvorschriften des Vertragsstaats, in dem das Luftfahrzeug eingetragen ist, Gerichtsstandsvereinbarungen für die Versicherung solche Risiken untersagt sind,**
   b) **für Schäden, die durch Transportgüter während einer Beförderung im Sinne der Nummer 1 Buchstabe b) verursacht werden;**
3. **finanzielle Verluste im Zusammenhang mit der Verwendung oder dem Betrieb von Seeschiffen, Anlagen oder Luftfahrzeugen gemäß Nummer 1 Buchstabe a), insbesondere Fracht- oder Charterverlust;**

4. irgendein zusätzliches Risiko, das mit einem der unter Nummern 1 bis 3 genannten Risiken im Zusammenhang steht.

Textgeschichte: idFd 2. Beitrittsübereinkommens

Art. 12a zählt abschließend die See- und Luftfahrtversicherungen auf, bezüglich derer Gerichtsstandsvereinbarungen unbeschränkt zulässig sind. Annexzuständigkeiten in Fällen von Gesamtversicherungen maritimer und nichtmaritimer Risiken gibt es nicht (*Charman v. W.O.C. Offshore BV* ILPr 92, 229).

1   **Nr. 1: Kaskoversicherungen** von Seeschiffen, Luftfahrzeugen und die **Wertversicherungen** von Transportgütern, wenn sie zumindest zum Teil per Schiff oder per Flugzeug transportiert werden. Ausgenommen davon sind nur Reisegepäckversicherungen, da insoweit Schutzbedürftigkeit der Passagiere besteht (*Schlosser*-Bericht Rn 143).

Nr. 2: Haftpflichtversicherungen für Schäden aller Art, die durch die in Nr. 1 aufgezählten Transportmittel und -güter entstehen, soweit nicht von dem Staat, in dem das Luftfahrzeug registriert ist, Gerichtsstandsvereinbarungen verboten werden. Eine Prorogation ist aus dem schon erwähnten Grund nicht möglich für die Haftung von Personenschäden der Passagiere oder Schäden an deren Reisegepäck.

2   **Nr. 3:** Alle kommerziellen oder nicht kommerziellen Verluste, die im Zusammenhang mit den in Nr. 1a erwähnten Transportmitteln entstehen.

Nr. 4: Zusatzversicherungen z. B. für zusätzliche Hafengebühren oder außerplanmäßige Betriebskosten (*Schlosser*-Bericht Rn 147). Es ist dabei nicht notwendig, daß das Zusatzrisiko mit der gleichen Police versichert ist wie das Hauptrisiko, es reicht aus, wenn das Risiko mit den zuvor aufgeführten Hauptrisiken in Zusammenhang steht.

4. Abschnitt: Zuständigkeit für Verbrauchersachen

Art. 13 [Begriff der Verbrauchersache]

(1) **Für Klagen aus einem Vertrag, den eine Person zu einem Zweck abgeschlossen hat, der nicht der beruflichen oder gewerblichen Tätigkeit dieser Person (Verbraucher) zugerechnet werden kann, bestimmt sich die Zuständigkeit, unbeschadet des Artikels 4 und des Artikels 5 Nummer 5 nach diesem Abschnitt, 1. wenn es sich um den Kauf beweglicher Sachen auf Teilzahlung handelt,**

2. wenn es sich um ein in Raten zurückzuzahlendes Darlehen oder um ein anderes Kreditgeschäft handelt, das zur Finanzierung eines Kaufs derartiger Sachen bestimmt ist, oder

3. für andere Verträge, wenn sie die Erbringung einer Dienstleistung oder die Lieferung beweglicher Sachen zum Gegenstand haben, sofern

   a) dem Vertragsschluß in dem Staat des Wohnsitzes des Verbrauchers ein ausdrückliches Angebot oder eine Werbung vorausgegangen ist und

   b) der Verbraucher in diesem Staat die zum Abschluß des Vertrages erforderlichen Rechtshandlungen vorgenommen hat.

(2) Hat der Vertragspartner des Verbrauchers in dem Hoheitsgebiet eines Vertragsstaats keinen Wohnsitz, besitzt er aber in einem Vertragsstaat eine Zweigniederlassung, Agentur oder sonstige Niederlassung, so wird er für Streitigkeiten aus ihrem Betrieb so behandelt, wie wenn er seinen Wohnsitz in dem Hoheitsgebiet dieses Staates hätte.

(3) Dieser Abschnitt ist nicht auf Beförderungsverträge anzuwenden.

Textgeschichte: idFd 1. Beitrittsübereinkommens (Erweiterung des Schutzes der Abzahlungskäufer auf alle Verbraucher)

Literatur: *de Bra* Verbraucherschutz durch Gerichtsstandsregelungen im deutschen und europäischen Zivilprozeßrecht (1991); *Micklitz* Cross-Border Consumer Conflicts, Journal of Consumer Policy 93, 411

1. Grundaussagen der Artt. 13–15

Die Regelung der Artt. 13–15 gilt für die im grenzüberschreitenden Rechtsverkehr wichtigsten Verbrauchersachen (*Schlosser*-Bericht Nr. 153) und ist überwiegend parallel zur Regelung des 3. Abschnitts ausgestaltet. Insbesondere ist die Regelung für die in Art. 13 genannten Verbrauchersachen abschließend. Dem Verbraucher stehen für seine Klagen mehrere Gerichtsstände wahlweise zur Verfügung, seinem Vertragspartner idR nur der Gerichtsstand des Wohnsitzstaates des Verbrauchers. **Gerichtsstandsvereinbarungen** sind durch Art. 15 nur eingeschränkt zulässig. Gemäß Art. 18 kann die **rügelose Einlassung** des Beklagten die Zuständigkeit des angerufenen Gerichts begründen (*Bülow/Böckstiegel/Linke* Art. 13 Anm I 2b), s. Art. 18 Rn 1. Aus Art. 13 Abs. 1 iVm Art. 4 ergibt sich, daß die Artt. 13ff grundsätzlich nur Anwendung finden, wenn der **Beklagte seinen Wohnsitz in einem Vertragsstaat hat.** Davon macht jedoch Art. 13 Abs. 2 die gleiche Ausnahme wie Art. 8 Abs. 2 für Versicherungssachen, s. Art. 8 Rn 1. Art. 13 macht auch zugunsten von Art. 4 und Art. 5 Nr. 5 die gleichen Ausnahmen wie in Art. 7, s. Art. 7 Rn 2. Außer in den Fällen der Art. 13 Abs. 1 iVm Art. 5 Nr. 5 und Art. 14 Abs. 3 wird im 4. Abschnitt nur die **internationale,** nicht die örtliche Zuständigkeit festgelegt. Das Gericht im Anerkennungsstaat kann die Einhaltung der Zuständigkeitsvorschriften durch das Gericht des Ursprungsstaates überprüfen, Artt. 27ff Rn 31. Die einzelnen Begriffe sind vertragsautonom auszulegen (EuGHE 1978, 1431, 1445; EuGH RIW 93, 421).

2   Ansprüche „aus Vertrag" sind im Prinzip so wie im Rahmen von Art. 5 Nr. 1 zu bestimmen, s. Art. 5 Rn 3ff. Wegen des Schutzzwecks des 4. Abschnitts ist aber bei deliktischen Ansprüchen, die mit Schadenersatzansprüchen aus Verletzung vertraglicher oder vorvertraglicher Pflichten konkurrieren, eine Annexzuständigkeit kraft Sachzusammenhang anzunehmen (*Geimer* EuZW 93, 564ff, 566. **AA** *Lüderitz* FS Riesenfeld [1983] 147ff, 160). Das gleiche gilt für Ansprüche aus **Schecks** oder **Wechseln,** solange nicht ein Zessionar oder Indossator Ansprüche aus ihnen geltend macht. Artt. 13ff sind auch im Rahmen von § 703d ZPO zu beachten.

2. Begriff der Verbrauchersachen

3   Art. 13 definiert Verbrauchersachen als Streitigkeiten aus den unter Nrn. 1–3 aufgeführten Verträgen, die Personen zu einem **Zweck** abgeschlossen haben, der nicht ihrer (frei-) beruflichen oder gewerblichen Tätigkeit zugerechnet werden kann. Der Begriff, der mit dem des Art. 5 Abs. 1 des EG-Schuldvertragsübereinkommens = Art. 29 EGBGB abgestimmt ist, muß **vertragsautonom** ausgelegt werden. Zu vielen Einzelheiten können Rechtsprechung und Schrifttum zu Art. 29 EGBGB herangezogen werden. Artt. 14 und 15 als Ausnahme zum Grundsatz des Art. 2 sind nur auf die schutzbedürftigen Personen, also die **Endverbraucher** (EuGH NJW 93, 1251), anzuwenden. Daraus ergibt sich, daß die Regelung des 4. Abschnitts nur anwendbar ist, wenn der Verbraucher **selbst** Kläger oder Beklagter in einem Verfahren ist (EuGHE 1993, 181-„Shearson" = NJW 93, 1251). Daher ist die Anwendbarkeit zu verneinen bei Verbandsklagen iSv Art. 13 AGBG (*Tonner* VuR 93, 49) oder wenn ein **Zessionar** eine Forde-

rung aus einem Verbrauchervertrag einklagt, sofern er in Ausübung seiner beruflichen oder gewerblichen Tätigkeit handelt (EuGH aaO).

Maßgeblich für den Ausschluß des Verbraucherschutzes ist, ob der Vertrag auch einem **selbständigen** gewerblichen oder beruflichen Zweck dient (*de Bra* aaO 145ff). Entscheidend sind für die Bestimmung des Zweckes die Umstände, die aus Sicht des Vertragspartners des Verbrauchers objektiv erkennbar sind. Arbeitnehmer, die im Hinblick auf ihren Beruf Verträge abschließen, sind Verbraucher. Der Sinn der Vorschrift verbietet seine Anwendung, wenn auch der andere Teil nicht in (frei-) beruflicher oder gewerblicher Funktion gehandelt hat (*E. Lorenz* RIW 87, 576 zu Art. 29 EGBGB, str.), denn zugunsten beider „Verbraucher" lassen sich Artt. 14 und 15 nicht anwenden.

Zum Ende der Verbrauchereigenschaft s. SchwBG 121 III 336.

3. Die drei privilegierten Verbraucherverträge

Die Zuständigkeitsordnung des 4. Abschnitts erfaßt nicht alle **4** Verträge, an denen ein Verbraucher beteiligt ist, sondern nur die in Abs. 1 genannten, die allerdings die Praxis beherrschen. In den Nrn. 1 und 2 sind die Gegenstände der Verträge allein maßgebend. In Nr. 3 muß noch eine besondere Abschlußmodalität zum fraglichen Vertragsgegenstand hinzukommen. Die Regelungsinhalte stimmen mit jenen von Art. 5 Abs. 1 Nrn. 1–3 RömSchRÜ nicht überein. In den Schlußberatungen zu diesem hat man auf eine Harmonisierung mit dem EuGVÜ keinen Wert mehr gelegt, obwohl letzteres absichtlich den als definitiv gewerteten Verhandlungsgegenstand zum RömSchRÜ übernahm. Nicht immer, wenn der „deutsche" Verbraucher durch Art. 29 EGBGB geschützt wird, steht also ein deutscher Gerichtsstand zu Verfügung.

Nr. 1 betrifft den **Kauf beweglicher Sachen auf Teilzahlung. 5** Der Begriff ist autonom auszulegen. Darunter ist ein „Kaufgeschäft zu verstehen, bei dem der Kaufpreis in mehreren Teilzahlungen geleistet wird" (EuGHE 1978, 1446). Auch der Mietkauf, „hire purchase", (*Schlosser*-Bericht Nr. 157), sowie andere Umsatzgeschäfte mit gleicher wirtschaftlicher Zielrichtung, wie zB Leasingverträge, wenn sie auf die Verschaffung des wirtschaftlichen Eigentums an den Leasingnehmer gerichtet sind, fallen darunter. Das Erfordernis der Teilzahlung kann durch jenes der Verbindung mit einem Finanzierungsvertrag ersetzt werden (EuGH aaO). Wertpapiere stellen keine beweglichen Sachen in diesem Sinne dar (LG

Darmstadt Art. 13 EuGVÜ WuB VII B1. 94 Anm *Nasall*). Termingeschäfte an der Börse und der Devisenhandel werden nicht erfaßt, da insoweit der Spekulationscharakter der Geschäfte im Vordergrund steht (*Schlosser* FS Steindorff [1990] 1382f), s. aber Rn 7. Bedeutung gewinnt dies für die dazugehörigen Finanzierungsgeschäfte, da insoweit Ziff 2 auf Ziff 1 verweist (LG Darmstadt IPRax 95, 318). Für eine Teilzahlung genügt eine Anzahlung bei vereinbarter Restzahlung nach Lieferung nicht (Oldenburg NJW 76, 1043). Drei Teilleistungen reichen jedenfalls aus.

6   Unter **Nr. 2** fallen alle Kreditgeschäfte, die **zur Finanzierung** eines Kaufes beweglicher Sachen abgeschlossen wurden. Entscheidend ist, daß der Kreditnehmer nicht frei über die Darlehnsvaluta verfügen kann. Soweit die Sache selbst auf einmal gezahlt worden ist, ist die Regelung des 4. Abschnitts nur auf die Klage aus dem Kreditgeschäft gemäß Nr. 2 anwendbar, wenn der Kaufvertrag nicht unter Ziff. 3 fällt, da insoweit kein Teilzahlungskauf nach Nr. 1 vorliegt (*Kropholler* Art. 13 Rn. 8).

7   **Nr. 3** ist anwendbar auf sonstige **Dienstleistungs- und Lieferungsverträge** über bewegliche Sachen, soweit der in Nr. 3 lit. a und b erforderliche Bezug der Vertragsabschlußmodalität zum Wohnsitz des Verbrauchers gegeben ist. Der Begriff der Dienstleistung ist autonom (BGH NJW 94, 262, 263; *Schlosser* aaO 1383) in demselben Sinn wie in Art. 5 RömSchRÜ = Art. 29 EGBGB zu bestimmen (BGH aaO. **AA** Düsseldorf RIW 94, 420). Dazu gehören auch Werkleistungen (LG Berlin IPRax 92, 243). Reine **Darlehensverträge** versprechen keine Dienstleistung iSv Art. 13 Nr. 3 (*Schlosser*-Bericht Rn 157). Wenn eine Bank aber in Verbindung mit Kreditverträgen Geschäftsbesorgungen für den Kunden übernimmt, sind die Verträge wegen des Schutzzweckes der Norm insgesamt Dienstleistungsverträge, sofern die Zusatzverpflichtungen nicht von untergeordneter Bedeutung sind. Das gleiche gilt für Kommissionsgeschäfte und Geschäfte, die auf den Börsenhandel oder sonst auf Geldanlage mit und ohne spekulative Absicht zielen (BGH aaO; *Schlosser* aaO 1383; str. Nw *Geimer* RIW 94, 60), und für Ferienhausvermittlungsverträge (*Jayme* IPRax 93, 19; *Kartzke* NJW 94, 823ff mwN). Für Versicherungsverträge geht die Regelung des 3. Abschnitts als die speziellere Regelung vor.

8   Unter **Werbung** iSv lit. a fällt grundsätzlich jede absatzfördernde Tätigkeit, die auch im Blick auf den Wohnsitzstaat des Verbrauchers betrieben worden ist (*Schlosser*-Bericht Rn 15. Krit. *Lüderitz* FS Riesenfeld [1983] 158), etwa auch Einsatz eines Handelsvertreters (Köln IPRax 84, 418) oder Telephonmarketing. Der bloße

Vertrieb von Zeitungen mit Werbeanzeigen auch ins Ausland reicht dazu aber nicht aus. Die Werbung muß nicht für den Geschäftsabschluß kausal geworden sein (*Gaudemet-Tallon* Rev. crit. 93, 329). Wegen des Schutzzweckes der Regelung des 4. Abschnitts sollte die Regelung auch anwendbar sein, wenn auf Initiative des Verbrauchers ein Angebot gemacht oder Werbematerial zur Verfügung gestellt wurde (*Schlosser* aaO 1385; *MünchKomm ZPO-Gottwald* Rn 4).

Abs. 2 enthält die entsprechende Regelung zu Art. 8 Abs. 2. **9** Finden sich Zweigniederlassung und Wohnsitz des Verbrauchers im selben Vertragsstaat, bleibt der 4. Abschnitt durchaus anwendbar (**aA** München RIW 94, 59; krit. *Geimer*). Aus Art. 3 kann nicht geschlossen werden, die Abschnitte 3–6 gälten nur, wenn ein Rechtsstreit unter zwei Parteien mit Wohnsitz in verschiedenen Vertragsstaaten geführt werde, vor Art. 2 Rn 5. Eine Streitigkeit rührt nicht schon dann aus dem Betrieb einer Niederlassung etc. eines Vertragspartners ohne Wohnsitz in einem Vertragsstaat her, wenn die Niederlassung vor Abschluß des der Streitigkeit zugrundeliegenden Vertrages in dem Staat des Wohnsitzes des Verbrauchers ein ausdrückliches Angebot abgeben oder geworben hat und der Verbraucher in diesem Staat die Handlung nach Art. 13 Abs. 1 Nr. 3 lit. b vorgenommen hat. Die Niederlassung muß auch am Vertragsabschluß beteiligt gewesen sein (**aA** *Nasall* WM 93, 1954). Eine selbständig im eigenen Namen auftretende Tochtergesellschaft oder gar ein nur werbend oder vermittelnd tätig werdendes Unternehmen (München aaO) sind einer Niederlassung nicht gleichzuerachten.

Abs. 3 sieht vor, daß der 4. Abschnitt nicht auf **Beförderungs-** **10** **verträge** anwendbar ist. Insoweit gelten die allgemeinen Regelungen der Art. 2ff bzw. staatsvertragliche Sonderregelungen i. S. v. Art. 57 Abs. 1. Für Pauschalreisen sind die Artt. 13ff hingegen anwendbar (LG Konstanz NJW RR 93, 638 = IPRax 94, 448 *Thorn* 426).

Art. 14 [Gerichtsstände für Klagen des Verbrauchers]

(1) **Die Klage eines Verbrauchers gegen den anderen Vertragspartner kann entweder vor den Gerichten des Vertragsstaats erhoben werden, in dessen Hoheitsgebiet dieser Vertragspartner seinen Wohnsitz hat, oder vor den Gerichten des Vertragsstaats, in dessen Hoheitsgebiet der Verbraucher seinen Wohnsitz hat.**

(2) **Die Klage des anderen Vertragspartners gegen den Verbraucher kann nur vor den Gerichten des Vertragsstaats erhoben werden, in dessen Hoheitsgebiet der Verbraucher seinen Wohnsitz hat.**

(3) **Diese Vorschriften lassen das Recht unberührt, eine Widerklage vor dem Gericht zu erheben, bei dem die Klage selbst gemäß den Bestimmungen dieses Abschnitts anhängig ist.**

Textgeschichte: sachlich unverändert, redaktionell angepaßt durch 3. Beitrittsübereinkommen

1   Für **Klagen des Verbrauchers** sind zwei Gerichtsstände zu dessen Wahl vorgesehen: Die Gerichte des Vertragsstaats, in dem der Vertragspartner seinen Wohnsitz hat, sowie die Gerichte des Staates, in dem der **Verbraucher seinen Wohnsitz** hat.

2   Während jeder Staat für den beklagten Vertragspartner auch einen örtlichen Gerichtsstand an dessen Wohnsitz vorsieht, fehlt es meist an der Regelung des örtlichen Gerichtsstands für den klagenden Verbraucher. Der Sinn von Art. 14 spricht dann auch für eine örtliche Zuständigkeit am Wohnsitz des Verbrauchers (LG Konstanz aaO; *de Bra* aaO 182) und gegen das Gericht der Hauptstadt (so *Geimer* RIW 94, 61).

3   Grundsätzlich ist zwar der Wohnsitz zur Zeit der Klageerhebung maßgebend. Dem Vertragspartner des Verbrauchers ist aber dessen Klägergerichtsstand nicht zuzumuten, wenn er keinerlei Anhaltspunkte dafür hatte, daß der Verbraucher auslandsansässig ist oder ins Ausland verzieht wird. Das gilt vor allen Dingen, wenn in dem neuen Wohnsitzstaat des Verbrauchers keinerlei Werbung oder Vertragsschlußinitiativen i. S. v. Art. 13 Abs. 1 Nr. 3 unternommen wurden. Dann würde der neue Wohnsitzgerichtsstand i. S. v. Art. 6 MRK nicht mehr fair sein (*Schlosser*-Bericht Rn 161; *de Bra* aaO 168f. **AA** *Kropholler* Rn 2 u. a.).

4   **Klagen gegen Verbraucher** können nach Abs. 2 nur vor den Gerichten von deren Wohnsitzstaat erhoben werden. Maßgeblich ist der Wohnsitz zum Zeitpunkt der Klageerhebung.

Mehrere Verbraucher: s. *de Bra* aaO 172

Art. 15 [Zulässige Gerichtsstandsvereinbarungen]

Von den Vorschriften dieses Abschnitts kann im Wege der Vereinbarung nur abgewichen werden:
1. wenn die Vereinbarung nach der Entstehung der Streitigkeit getroffen wird,

2. **wenn sie dem Verbraucher die Befugnis einräumt, andere als die in diesem Abschnitt angeführten Gerichte anzurufen, oder**
3. **wenn sie zwischen einem Verbraucher und seinem Vertragspartner getroffen ist, die zum Zeitpunkt des Vertragsabschlusses ihren Wohnsitz oder gewöhnlichen Aufenthalt in denselben Vertragsstaat haben, und die Zuständigkeit der Gerichte dieses Staates begründet, es sei denn, daß eine solche Vereinbarung nach dem Recht dieses Staates nicht zulässig ist.**

Textgeschichte: sachlich unverändert, redaktionell angepaßt durch 3. Beitrittsübereinkommen

Soweit Art. 15 keine eigene speziellere Regelung zu Gerichtsstandsvereinbarungen trifft, gilt nach Art. 17 Abs. 3, der auf Art. 15 verweist, Art. 17, z. B. bezüglich der **Form** der Gerichtsstandsvereinbarungen (*de Bra* aaO 202). Nr. 1 und Nr. 2 dienen wie Art. 12 Nrn. 1 und 2 dem **Verbraucherschutz. Der Vertragspartner** des Verbrauchers wird durch Art. 15 Nr. 3 geschützt, aber nur wenn der Staat des gemeinsamen Wohnsitzes oder Aufenthalts derartige Gerichtsstandsvereinbarungen nach seinem autonomen Recht zuläßt. In Deutschland bestimmt sich dies nach § 38 Abs. 3 Nr. 2 ZPO und §§ 7 HausTWG , 26 FernUSG. Verlegt der Verbraucher seinen Wohnsitz in einen Nichtvertragsstaat, so begründet das EuGVÜ dort keinen Gerichtsstand. Er kann gemäß Art. 4 in jedem Vertragsstaat klagen oder verklagt werden, dessen autonomes Recht hierfür einen Gerichtsstand vorsieht.

5. Abschnitt. Ausschließliche Zuständigkeiten

Vorbemerkungen

Das Übereinkommen regelt in Art. 16 ausschließliche Zuständigkeiten. Sie schließen die allgemeinen und besonderen Zuständigkeiten aus (*Kropholler* Rn 3). Im Bereich der ausschließlichen Zuständigkeiten sind Gerichtsstandsvereinbarungen nach Art. 17 und die rügelose Einlassung nach Art. 18 ohne Wirkung. Das Gericht prüft die ausschließliche Zuständigkeit von Amts wegen nach Art. 19. Ist ein Urteil unter Verletzung des Art. 16 ergangen, wird die Anerkennung und Vollstreckung versagt. Ist eine ausschließliche Zuständigkeit für zwei Vertragsstaaten gegeben, so muß sich das zuletzt angerufene Gericht zugunsten des zuerst angerufenen Gerichts nach Art. 23 für unzuständig erklären. 1

2   Die **örtliche Zuständigkeit** wird von Art. 16 nicht berührt.
Liegt die internationale Zuständigkeit bei einem Vertragsstaat,
richtet sich die örtliche Zuständigkeit nach seinem autonomen
Recht (*Schlosser*-Bericht Rn 81; *MünchKommZPO-Gottwald* Rn 1).
Soweit das autonome Recht keinen örtlichen Gerichtsstand kennt,
sollen die Gerichte der Hauptstadt zuständig sein *(MünchKomm-
ZPO-Gottwald* Rn 1, 2). Vorzuziehen ist jedoch, die Zuständigkeitsordnung des EuGVÜ in das autonome Recht einfließen zu
lassen, so daß innerhalb des Vertragsstaats das Forum zuständig ist,
das in den ausschließlichen Zuständigkeitsvorschriften bezeichnet
ist. Denn es besteht mit diesen Gerichten eine engere Verbindung
als mit denjenigen der Hauptstadt, so daß den Wertungen des EuG-
VÜ mehr Rechnung getragen wird (*Bülow/Böckstiegel/Müller*
Anm. II).

3   Eine umstrittene Frage ist, ob von der ausschließlichen Zuständigkeit nach Art. 16 aus **forum non conveniens**-Gründen abgewichen werden kann (eine diesbezügliche Vorlage des House of
Lords, IPRax 92, 373, ist durch Prozeßbeendigung obsolet geworden).

4   Die **Auslegung** des Art. 16 wird wegen seines Sondercharakters
eng am Zweck der Vorschrift vorgenommen. Denn den Parteien
wird dadurch die Möglichkeit einer Gerichtsstandsvereinbarung
entzogen. Zudem kann sie die Zuständigkeit der Gerichte eines
Vertragsstaates zur Folge haben, der weder der Wohnsitzgerichtsstand des Klägers noch der des Beklagten ist (st. Rechtspr. EuGH,
s. insb. EuGHE 1994, 2535). Daher müssen die in Art. 16 bezeichneten Streitigkeiten Hauptgegenstand des Verfahrens sein (*Jenard*-
Bericht zu Art. 16).

**Art. 16 [Ausschließlicher Gerichtsstand der Belegenheit
oder der Registrierung]**

**Ohne Rücksicht auf den Wohnsitz sind ausschließlich zustän-
dig:**

**1. a) für Klagen, welche dingliche Rechte an unbeweglichen Sa-
chen sowie die Miete oder Pacht von unbeweglichen Sachen zum Gegenstand haben, die Gerichte des Vertragsstaats, in dem die unbewegliche Sache belegen ist;**

**b) für Klagen betreffend die Miete oder Pacht unbeweglicher
Sachen zum vorübergehenden privaten Gebrauch für höch-
stens sechs aufeinanderfolgende Monate sind jedoch auch
die Gerichte des Vertragsstaats zuständig, in dem der Be-**

klagte seinen Wohnsitz hat, sofern [der Eigentümer und der Mieter oder Pächter natürliche Personen sind und ihren Wohnsitz in demselben Vertragsstaat haben] [*es sich bei dem Mieter oder Pächter um eine natürliche Person handelt und weder die eine noch die andere Partei ihren Wohnsitz in dem Vertragsstaat hat, in dem die unbewegliche Sache belegen ist*];

2. für Klagen, welche die Gültigkeit, die Nichtigkeit oder die Auflösung einer Gesellschaft oder juristischen Person oder der Beschlüsse ihrer Organe zum Gegenstand haben, die Gerichte des Vertragsstaats, in dessen Hoheitsgebiet die Gesellschaft oder juristische Person ihren Sitz hat;

3. für Klagen, welche die Gültigkeit von Eintragungen in öffentliche Register zum Gegenstand haben, die Gerichte des Vertragsstaats, in dessen Hoheitsgebiet die Register geführt werden;

4. für Klagen, welche die Eintragung oder die Gültigkeit von Patenten, Warenzeichen, Mustern und Modellen sowie ähnlicher Rechte, die einer Hinterlegung oder Registrierung bedürfen, zum Gegenstand haben, die Gerichte des Vertragsstaats, in dessen Hoheitsgebiet die Hinterlegung oder Registrierung beantragt oder vorgenommen worden ist oder auf Grund eines zwischenstaatlichen Übereinkommens als vorgenommen gilt;

5. für Verfahren, welche die Zwangsvollstreckung aus Entscheidungen zum Gegenstand haben, die Gerichte des Vertragsstaats, in dessen Hoheitsgebiet die Zwangsvollstreckung durchgeführt werden soll oder durchgeführt worden ist.

Textgeschichte: Nr. 1 Buchst. b eingefügt durch 3. Beitrittsübereinkommen. Die beiden eckigen Klammern markieren unterschiedliche Textbestandteile von EuGVÜ und LÜ (kursiv).

I. Die gerichtliche Zuständigkeit der Belegenheit unbeweglicher Sachen

Literatur: *Coester-Waltjen/Ziegler* Der Gerichtsstand der Belegenheit nach Art. 16 Nr. 1 EuGVÜ, Jura 92, 609 ff; *Grundmann* Zur internationalen Zuständigkeit der Gerichte von Drittstaaten nach Art. 16 EuGVÜ, IPRax 85, 249 ff; *Kartzke* Verträge mit gewerblichen Ferienhausanbietern, NJW 94, 823 ff.

1. Normstruktur und gesetzgeberische Grundentscheidung

1   Die ausschließliche Zuständigkeit am Ort der Belegenheit hat einen dreifachen **Zweck**: Zunächst soll das Verfahren an dem Ort lokalisiert werden, dessen Recht in der Regel auf den Rechtsstreit in der Sache anzuwenden ist. Weiter soll derjenige Richter über den Rechtsstreit urteilen, der am sachnächsten den Beweis erheben kann (EuGHE 1977, 2383 „Sanders"). Zudem erfordert die Durchsetzung des Urteils in der Regel auch eine Eintragung in öffentlichen Registern am Ort der Belegenheit der Sache (*Jenard*-Bericht zu Art. 16 Nr. 1).

Die ausschließliche Zuständigkeit am Ort der Belegenheit der Sache für Miet- und Pachtverträge hat einen ganz ähnlichen Grund: Miete und Pacht sind eng verknüpft mit dem Recht des Eigentums an unbeweglichen Sachen. Außerdem unterliegen sie meist zwingenden Vorschriften über die Kontrolle von Miet- und Pachtzins und Schutzvorschriften für Mieter und Pächter. Deren Rechtskenntnis kann am ehesten den Gerichten des Belegenheitsstaats zugetraut werden, in denen sie in Kraft sind. Im übrigen gilt auch hier, daß das Gericht des Belegenheitsstaates am besten Beweis über das Grundstück erheben kann (EuGHE aaO „Sanders"; EuGHE 1988, 3791 „Scherrens" = IPRax 91, 44). Für Maßnahmen des einstweiligen Rechtsschutzes gilt der Ausschließlichkeitsanspruch von Art. 16 nicht (Hamm IPRsp 85, 504), s. Art. 24 Rn 1.

2. Zuständigkeit für Klagen über dingliche Rechte an unbeweglichen Sachen

2   **a)** Der Begriff der **unbeweglichen Sache** wird nach dem Recht des Belegenheitsstaates qualifiziert, hM. Denn Zweck der Vorschrift ist es gerade, den Zusammenhang der Zuständigkeit der Gerichte mit der auf die Sache anwendbaren lex rei sitae zu gewährleisten (*Schlosser* GS Bruns [1980] 60 f; *MünchKommZPO-Gottwald* Rn 7). Handelt es sich also um eine in Deutschland belegene Sache, ist die Unterscheidung zwischen beweglichen und unbeweglichen Sachen nach deutschem Recht zu treffen. Sachen, die mit einem Grundstück zusammenhängen und die nach dem Recht eines Vertragsstaats als unbeweglich, nach dem Recht eines anderen Vertragsstaats als beweglich gelten, sollten dem Recht ihres Belegenheitsortes unterstehen (*Schlosser* aaO 58 f. **AA** Cour de Cassation (plén). Rev.crit. 89, 100 – *Droz; Kropholler* Rn 12).

b) Entsprechend der gebotenen engen Auslegung der Vorschrift 3
soll Art. 16 Nr. 1 nicht alle **Klagen, die dingliche Rechte an unbeweglichen Sachen zum Gegenstand** haben, erfassen, sondern nur
solche, „die darauf gerichtet sind, Umfang oder Bestand einer unbeweglichen Sache, das Eigentum, den Besitz oder das Bestehen
anderer dinglicher Rechte hieran zu bestimmen, um den Inhabern
dieser Rechte den Schutz der mit ihrer Rechtsstellung verbundenen
Vorrechte zu sichern" (EuGHE 1990, 27 – „Reichert I" = IPRax
91, 45 – *Schlosser* 29). Jedoch ist diesen sibyllinischen Worten ein
greifbarer Sinn nicht abzugewinnen.

Der Begriff der **dinglichen Rechte** an unbeweglichen Sachen ist 4
jedenfalls autonom zu bestimmen (EuGH aaO). Allerdings hätte
der EuGH die Abhängigkeit des dinglichen Rechts von seiner Ausgestaltung durch das nationale Recht vermehrt herausstellen können (*Schlosser* IPRax 91, 29). Der Begriff wird zwar vertragsautonom interpretiert, jedoch entscheidet die Ausgestaltung durch das
nationale Recht darüber, ob das betreffende Recht den vertragsautonomen Kriterien entspricht (*MünchKommZPO-Gottwald* Rn 8).
Der EuGH folgt in der Unterscheidung zwischen **dinglichen und
persönlichen Rechten** dem uns geläufigen Kriterium (1994, 2535 –
„Lieber" = IPRax 95, 99 – *Michael Ulmer* 72). Dingliche Rechte an
einer Sache wirken zu Lasten von jedermann, während persönliche
Ansprüche nur gegen die Schuldner geltend gemacht werden können. Ausfluß des Eigentumsrechts ist vor allem die Befugnis, Dritte von der Sache fernzuhalten. Der Beseitigungs- und Unterlas-
sungsanspruch nach § 1004 BGB ist daher dinglich einzuordnen,
ebenso die nachbarrechtlichen Ansprüche nach §§ 905 ff (aA *Kropholler* Rn 19). Auch der Eigentumsherausgabeanspruch nach § 985
BGB und der Grundbuchberichtigungsanspruch nach § 894 BGB
unterfallen der Vorschrift.

Demgegenüber können **Ansprüche auf Schadenersatz** wegen 5
Eigentumsverletzung oder auf Entschädigung für die Nutzung einer Sache nur gegen den Schuldner geltend gemacht werden. Steht
das Eigentum nicht gleichzeitig in Streit, liegt ein persönlicher Anspruch vor (EuGH aaO). Auch ein schuldrechtlicher Anspruch auf
Bewilligung einer **Bauhandwerkersicherungshypothek** ist kein
dingliches Recht an einer unbeweglichen Sache (Köln IPRax 85,
161 – *Schröder* 145). Ebensowenig stellt eine Klage auf Zahlung von
Schadenersatz für Aufwendungen, um eine Baugenehmigung zu
erhalten, eine Klage über ein dingliches Recht dar (Frankfurt NJW
RR 93, 183). Im deutschen Recht kann der Anspruch auf Übereig-
nung, der mit einer Vormerkung abgesichert ist, nicht im dingli-

chen Gerichtsstand erhoben werden. Wird hingegen das Recht aus der Vormerkung gegenüber Dritten gelten gemacht, ist dies eine im dinglichen Gerichtsstand zu erhebende Klage (*Schlosser*-Bericht Rn 170). Die Klage auf Feststellung, jemand halte das Eigentum an einem Grundstück im Rahmen eines „**trust**" als „trustee", ist keine Klage über ein dingliches Recht an einer unbeweglichen Sache (EuGHE 1994, 1717 – „Webb" = EuZW 634), da der Dritte sich nur auf ein Recht, das gegenüber dem „trustee" besteht, berufen kann. Die (französische) **Gläubigeranfechtungsklage**, „action paulienne", ist erst recht kein Fall von Nr. 1 (EuGHE 1990, 27 – „Reichert I" = IPRax 91, 45 – *Schlosser* 29). Mangels Geltung des Abstraktionsprinzips hat die Unwirksamkeit eines Kaufvertrages oder seine Auflösung in vielen Rechtsordnungen der Gemeinschaft auch unmittelbare Rückwirkung auf die Eigentumslage. In Frankreich spricht man dann von „matière mixte". Eine Klage auf Feststellung der Unwirksamkeit des Vertrags oder auf seine Auslegung wird nicht deshalb zu einer solchen, die Nr. 1a meint.

3. Zuständigkeit betreffend Klagen über Miete oder Pacht unbeweglicher Sachen

6   **a)** Ob eine Miete eine unbewegliche Sache betrifft, bestimmt sich ebenfalls nach dem Recht des Belegenheitsorts (zu einem Gesamtgrundstück auf dem Territorium zweier Staaten: EuGHE 1988, 3791 – „Scherrens" = IPRax 91, 44 – *Kreuzer* 25).

7   **b)** Der Begriff des „**Miet- und Pachtverhältnisses**" (über eine unbewegliche Sache) ist vertragsautonom zu bestimmen (EuGHE 1977, 2383 – „Sanders" = RIW 78, 336). So wurde beispielsweise die Verpachtung eines Ladengeschäfts, das in Räumen betrieben wurde, die der Verpächter von einem Dritten angemietet hatte, zu Recht nicht als Mietverhältnis i. S. dieser Vorschrift angesehen (EuGH aaO „Sanders").

8   **c)** Sehr komplex ist die Rechtslage bezüglich der kurzfristigen Vermietung von **Ferienquartieren**. Vor Schaffung der jetzigen **Nr. 1b** sah der EuGH keine Möglichkeit, von der in Nr. 1 begründeten ausschließlichen Zuständigkeit wenigstens unter den jetzt in Nr. 1b aufgestellten Voraussetzungen loszukommen (1985, 99 – „Rösler" = NJW 905 – *Rauscher* 892 st. Rspr.). Dabei entwickelte er die Prämisse, die Vorschrift gelte für alle Miet- und Pachtverträge (über unbewegliche Sachen) „unabhängig von ihren besonderen Merkmalen". Um aber die Vorschrift nicht auch noch auf Verträge mit gewerblich tätigen Reiseveranstaltern anwenden zu müssen,

sagte der EuGH weiter, der „Hauptgegenstand" des Vertrags müsse die Vermietung sein. Sehr großzügig Beratung, „Reservierung" und den Abschluß von Versicherungen mit der Überlassung der Wohnung gleichsetzend und das fehlende Eigentum des Reiseveranstalters an dieser betonend, hat der EuGH die übliche Besorgung einer Ferienwohnung durch einen gewerblichen Reiseveranstalter nicht der Nr. 1 unterworfen (EuGHE 1992, 1111 – „Euro Relais" = NJW 1029 = IPRax 93, 31 – *Jayme* 18). All diese gekünstelten Konstruktionen sind heute nach Schaffung von Nr. 1b unnötig geworden.

Voraussetzung für ihre Anwendbarkeit ist, daß einerseits Mieter **9** oder Pächter und andererseits Eigentümer oder sonstiger Vermieter oder Verpächter natürliche Personen sind, die im selben Vertragsstaat ansässig sind. Daß dies nicht der Belegenheitsstaat der unbeweglichen Sache sein kann, ist selbstverständlich. Diese Lösung ist restriktiver als diejenige des LÜ, wonach bereits ausreicht, daß Mieter oder Pächter natürliche Personen sind, und keine der Streitparteien ihren Wohnsitz im Belegenheitsstaat hat (*De Almeida Cruz/Desantes Real/Jenard*-Bericht Rn 25). Die Streitparteien müssen daher nicht im selben Vertragsstaat ansässig sein (*Trunk* aaO 108). Das Erfordernis der Beteiligung natürlicher Personen erklärt sich dadurch, daß juristische Personen, insbesondere Gesellschaften, meist geschäftlicher Tätigkeit nachgehen (*Trunk* aaO 106, 158). Keine natürlichen Personen sind auch kommerziell auftretende Personenzusammenschlüsse ohne eigene Rechtspersönlichkeit (*Gaudemet-Tallon* Rn 91), wie beispielsweise Gesellschaften des bürgerlichen Rechts.

Die Ausdehnung der Zuständigkeit durch Art. 16 Nr. 1b erstreckt sich auch auf den Ausschließlichkeitscharakter und seine Folgen (*Kropholler* Rn 26; *Gaudemet-Tallon* aaO).

Schon am Begriff des Mietvertrags fehlt es, wenn ein Reiseveranstalter Ferienwohnungen Dritter lediglich **vermittelt** (LG Berlin IPRax 92, 243; LG Hamburg NJW RR 87, 370; ähnlich LG Frankfurt NJW 82, 1949) oder wenn der Eigentümer und ein Reiseveranstalter einen Vertrag schließen, wonach letzterer dem ersteren unentgeltlich Mieter für sein Ferienhaus zuführt (Frankfurt OLG-Report 92, 102). **Untermietverträge** können der Vorschrift dagegen unterfallen (*Trunk* aaO 104f).

d) Timesharing-Verträge können schuldrechtlicher, gesell- **10** schaftsrechtlicher oder dinglicher Natur sein. Sind sie als Mietverträge einzuordnen, wie in dem Fall eines bestimmten Appartments, das für eine bestimmte Woche im Jahr ohne dingliche Absicherung für die Dauer von Jahrzehnten gegen eine Einmalzahlung überlassen wurde, so unterfallen sie der Nr. 1b (LG Darmstadt IPRax 96, 121 – abl. für Einordnung als Mietvertrag *Jayme* 87; für Mietvertrag auch LG Gießen NJW 95, 406). Sind sie dinglich ausgestaltet, unterfallen sie der Nr. 1a (*Gralka* Time-Sharing bei Ferienhäusern und Ferienwohnungen [1986] 148). Entsprechend den allgemeinen Grundsätzen wird die Frage, ob es sich um ein dingliches Recht handelt, nach dem Recht des Belegenheitsstaats bestimmt (*Gralka* aaO). Ist der Time-Sharing-Vertrag gesellschaftsrechtlich ausgestaltet, kann Art. 16 Nr. 2 anzuwenden sein (*Gralka* aaO 154f). Handelt es sich dagegen um einen Kaufvertrag über ein schuldrechtliches Wohnrecht (LG Düsseldorf RIW 95, 415 – *Mankowski* 364), ist der Anwendungsbereich des Art. 16 Nr. 1 nicht eröffnet. Ebensowenig ist der Anwendungsbereich des Art. 16 Nr. 1 für einen Kaufvertrag über ein dingliches Dauerwohnrecht nach § 31 WEG gegeben (zur Vertragseinordnung BGH NJW 95, 2637, aber auch NJW 94, 1344 – Miteigentumsanteil u. zeitlich beschränktes Nutzungsrecht). Eine Tendenz, solche Verträge als Kaufverträge über ein dingliches oder schuldrechtliches Wohnrecht zu qualifizieren und sich damit vom Mietvertrag zu lösen, ist auch auf europäischer Ebene festzustellen (Time-Sharing-Richtlinie 94/47/EG, ABl. EG Nr. L 280/83 v. 29. 10. 94, dort Einleitung Nr. 5 und Art. 2).

11   **e)** Ist das **Grundstück Teil eines Trustvermögens** und vermietet der „formelle" Eigentümer es an einen Dritten, so unterfällt dieser Vertrag dem dinglichen Gerichtsstand. Es kann keinen Unterschied machen, ob der Eigentümer des Grundstücks in einem Trustverhältnis steht oder nicht. Art. 16 Nr. 1 hat daher Vorrang vor Art. 5 Nr. 6 (*Schlosser*-Bericht Rn 110, 120). Hingegen ist Art. 16 Nr. 1 nicht anwendbar, wenn es um Rechte oder Pflichten innerhalb der aus dem Trust begründeten Beziehungen geht, selbst wenn das betroffene Vermögen ein Grundstück sein sollte. Wieder anders ist die Rechtslage allerdings, wenn in Streit steht, wer der richtige „trustee", d. h. der formelle Eigentümer des unter Trust stehenden Grundstücks ist (*Schlosser*-Bericht Rn 120).

12   **f)** Ob der **geltend gemachte Anspruch** einen von Art. 16 Nr. 1b gemeinten Gegenstand hat, ist ebenfalls vertragsautonom zu ermitteln. Dem Art. 16 Nr. 1b unterfallen neben den Streitigkeiten über den Bestand des Miet- oder Pachtvertrags alle Klagen, mit denen Rechte aus dem Vertrag geltend gemacht werden, vor allem Mietzinsklagen (EuGHE 1985, 99 – „Rösler") und Schadenersatzklagen wegen Vertragsverletzung (EuGHE 1977, 2383 – „Sanders" = RIW 78, 336).

Der EuGH macht allerdings eine Einschränkung. Es darf sich nicht um Ansprüche handeln, die sich nur mittelbar auf die Nutzung der Miet- oder Pachtsache beziehen. Ansprüche dieser Art sind in erster Linie solche wegen entgangener Urlaubsfreude und unnütz aufgewandter Reisekosten zum Urlaubsort (EuGH aaO – „Rösler"; BGH IPRspr 85 Nr. 140 = WM 1246). Klagen, die die Miete oder Pacht zum Gegenstand haben, brauchen sich nicht notwendigerweise (nur) auf eine vertragliche Anspruchsgrundlage zu stützen (Hamm OLG-RP 95, 69). Ansprüche auf Rückzahlung des Mietzinses, die aufgrund **unerlaubter Handlung** wegen arglistiger Täuschung über das Mietobjekt geltend gemacht werden, unterfallen dem Art. 16 Nr. 1 b. Da in der arglistigen Täuschung auch ein Anfechtungsgrund liegt, der bestritten wird, geht es zugleich auch um das Bestehen eines Mietvertrags (LG Bochum IPRspr 85, Nr. 114 = RIW 86, 135 – *Geimer*).

g) Ebensowenig unterfällt eine Verbandsklage nach §§ 13 ff **13** AGBG der Vorschrift, wenn es um AGB als Bestandteil eines Reiseveranstaltungsvertrags geht, der in Deutschland abgeschlossen wurde und auf das deutsches Recht anzuwenden ist (BGHZ 119, 152 = NJW 92, 3158 = IPRax 93, 244 – *Lindacher* 228; BGHZ 109, 29 = NJW 90, 317 = IPRax 90, 318 – *Werner Lorenz* 292).

4. „Drittwirkung"

Ob Art. 16 Nr. 1 Drittwirkung besitzt, ist umstritten. Unter **14** dem Begriff der „Drittwirkung" werden im wesentlichen zwei Situationen diskutiert:

a) Zum einen geht es um den Fall, in dem das **Grundstück in einem Drittstaat** belegen ist. Art. 16 Nr. 1 a ist dann unanwendbar, weil er von den Gerichten des „Vertragsstaats" spricht, in dem die unbewegliche Sache belegen ist (*Jenard/Möller*-Bericht Rn 54). Denn es steht nicht in der Macht des Übereinkommens, eine ausschließliche Zuständigkeit von Gerichten eines Nicht-Vertragsstaats zu begründen (München IPRax 91, 46). Jedoch liegt es im Sinne des EuGVÜ, eine von einem Drittstaat beanspruchte ausschließliche Zuständigkeit zu respektieren, wenn sie sich im Rahmen der Nr. 1 hält.

15   **b)** Hat der **Beklagte seinen Wohnsitz außerhalb des Vertrags-
gebiets**, so ist nach Art. 4 Abs. 1, Art. 16 dennoch anwendbar,
allgM.

II. Die gerichtliche Zuständigkeit des Sitzstaates von
Gesellschaften und juristischen Personen

1. Normstruktur und gesetzgeberische Grundentscheidung

16   Mit der Vorschrift sollen mehrere Zwecke verfolgt werden. Den
Gleichlauf zwischen dem Gesellschaftsstatut und der Zuständigkeit
der Gerichte herzustellen, ist einer davon. Mit komplizierten Fragen des ausländischen Gesellschaftsrechtes wären die Gerichte
meist überfordert, zumal allein im Sitzstaat die förmlichen Voraussetzungen für Gründung und Fortbestand der Gesellschaft erfüllt
sein müssen. Auch ohne die Nr. 2 würde sich jedoch ein anderer
internationaler Gerichtsstand kaum finden lassen. Zur Bestimmung des Sitzes der Gesellschaft s. Art. 53.

2. Gültigkeit, Nichtigkeit oder Auflösung von Gesellschaften
oder juristischen Personen

17   Beispiele für Klagen, die unter die Vorschrift fallen, sind die
Nichtigkeitsklagen nach § 75 GmbHG und § 275 AktG sowie die
Auflösungsklagen nach § 61 GmbHG und §§ 131, 133 HGB. Der
Begriff der Auflösung wird weit interpretiert. Er umfaßt auch die
Liquidation einer Gesellschaft nach ihrer Auflösung, etwa Abfin-
dungsansprüche, die Gesellschafter nach Gesellschaftsauflösung an
das Gesellschaftsvermögen stellen (*Schlosser*-Bericht Rn 58 f; *Kropholler* Rn 30). Ein **„winding-up"** einer englischen „company" fällt
meist schon gar nicht in den Anwendungsbereich des Übereinkommens (Art. 1 Abs. 2 Nr. 2 im englischen Text: *„bankruptcy pro-
ceedings relating to the winding-up of insolvent companies or other legal
persons".* Zu dieser Besonderheit des englischen Rechts ausführlich
Schlosser-Bericht Rn 55 ff).

3. Gültigkeit oder Nichtigkeit von Organbeschlüssen

18   Die zweite Alternative der Norm meint einmal spezielle Rechtsbehelfe gegen Entscheidungen von Vorstand, Aufsichtsrat, Gesell-
schafterversammlung oder sonstigem Organ, soweit das nationale
Recht eine solche Klage zuläßt, wie beispielsweise das deutsche

Recht nach §§ 246, 249 AktG. Zum anderen ist aber auch die allgemeine Feststellungsklage nach § 256 ZPO betroffen, sofern das nationale Recht spezifische Rechtsschutzformen nicht hervorgebracht hat.

4. Sonstige Rechtsschutzgesuche

Andere als in Nr. 2 genannte Rechtsschutzgesuche unterfallen **19** sehr wohl den allgemeinen Zuständigkeitsregeln, auch wenn sie eng mit den Binnenbeziehungen in einer Gesellschaft zusammenhängen, allgM; z. B. Klage auf **Einzahlung der Stammeinlage** oder auf **Auszahlung des Gewinnanteils** oder auf **Feststellung der Gesellschafterstellung**, sofern damit nicht die ausschließliche Zuständigkeit für Klagen bezüglich der Wirksamkeit von Organbeschlüssen umgangen werden soll.

III. Die gerichtliche Zuständigkeit am Ort der Registerführung

Grund der Vorschrift ist, daß die Führung öffentlicher Register **20** zur hoheitlichen Tätigkeit gehört. Die Gerichte desjenigen Staates, der den Hoheitsakt vornimmt, sollen allein zuständig sein, um seine Gültigkeit zu beurteilen. Der Begriff des öffentlichen Registers muß nach dem autonomen Recht jedes Vertragsstaats ausgelegt werden. Nach deutschem Recht fallen hierunter insbesondere das Handelsregister, das Vereinsregister und das Grundbuch.

IV. Die gerichtliche Zuständigkeit am Ort der Hinterlegung oder Registrierung im gewerblichen Rechtsschutz

Literatur: *Bertrams* Das grenzüberschreitende Verletzungsverbot im niederländischen Patentrecht GRUR Int. 95, 193 ff; *Kohler* Kollisionsrechtliche Anmerkungen zur Verordnung über die Gemeinschaftsmarke, FS Everling (1995), 651 ff; *Scordamaglia* Die Gerichtsstandsregelung im Gemeinschaftspatentübereinkommen und das Vollstreckungsübereinkommen von Lugano GRUR Int. 90, 777 ff; *Stauder* Die Anwendung des EWG-Gerichtsstands- und Vollstreckungsübereinkommens auf Klagen im gewerblichen Rechtsschutz und Urheberrecht GRUR Int. 76, 465, 510 ff; *ders.* Die ausschließliche internationale gerichtliche Zuständigkeit in Patentstreitsachen nach dem Brüsseler Übereinkommen Art. 16 Nr. 4 EuGVÜ,

Art. 19 EuGVÜ IPRax 85, 76 ff; *Vivant* Das europäische Gerichtsstands-
und Vollstreckungsübereinkommen und die gewerblichen Schutzrechte
RIW 91, 26 ff.

1. Normstruktur und gesetzgeberische Grundentscheidung

21   Die Erteilung eines Patents ist ein Hoheitsakt. Nach deutschem
Recht ist daher eine Streitigkeit über Erteilung und Wirksamkeit
eines Patents gar keine Zivil- oder Handelssache. Nach den meisten
anderen Rechtsordnungen ist dem aber nicht so. Daher hat das
Übereinkommen die Materie zwar zur Zivilsache erklärt, aber
gleichzeitig die ausschließliche Zuständigkeit der Gerichte des Er-
teilungsstaates begründet.

2. Eintragung und Gültigkeit gewerblicher Schutzrechte

22   Der Begriff der Rechtsstreitigkeit, die „die Eintragung oder Gültigkeit von Patenten. . . zum Gegenstand hat", ist vertragsautonom
zu bestimmen (EuGHE 1983, 3663 – „Duijnstee" = IPRax 85, 92 –
Stauder 76). Der EuGH hat, eine abschließende Begriffsbestimmung vermeidend, folgende Formel gebraucht: *„Rechtsstreitigkeiten . . . bei denen die Zuweisung einer ausschließlichen Zuständigkeit an
die Gerichte des Ortes, an dem das Patent erteilt wurde. . . gerechtfertigt
ist, wie z. B. Rechtsstreitigkeiten über die Gültigkeit, das Bestehen oder
das Erlöschen des Patents oder über die Geltendmachung eines Prioritäts-
rechts aufgrund einer früheren Hinterlegung".*
    Die Vorschrift ist etwa auf Auseinandersetzungen über das Aus-
laufen eines Markenrechts anzuwenden (Cour d'Appel Paris Rev.
crit. 82, 135). Auch die gerichtliche Durchsetzung des Erteilungs-
anspruchs fällt darunter.
    Alle übrigen Klagen, insbesondere die Patentverletzungsklage
und die entsprechende Unterlassungsklage, unterfallen der allgemeinen Zuständigkeitsordnung des Übereinkommens. Da das
Münchner Übereinkommen über die Erteilung Europäischer Patente vom 5. 10. 1973 sowie das Luxemburger Übereinkommen
über das Europäische Patent für den Gemeinsamen Markt vom
15. 12. 1975 eine Unterscheidung zwischen Fragen der Inhaberschaft an dem Patent und Fragen seiner Eintragung und Gültigkeit
treffen, hat der EuGH (aaO „Duijnstee") Streitigkeiten um die
Inhaberschaft an einem Patent nicht als von Nr. 4 erfaßt angesehen.
Erst recht gilt die Vorschrift nicht für lizenzrechtliche Streitigkeiten, einschließlich solcher auf Erteilung einer Zwangslizenz (*Kropholler* Rn 41).

3. Hinterlegung oder Registrierung nach zwischenstaatlichen Abkommen

Als zwischenstaatliches Abkommen, das die Hinterlegung oder 23
Registrierung in Vertragsstaaten fingiert, sind zunächst das Madrider Abkommen über die Internationale Registrierung von Fabrikoder Handelsmarken vom 14. 4. 1891 idFv 14. 7. 1967 (BGBl. 70 II S. 418) und das Haager Abkommen über die Internationale Hinterlegung Gewerblicher Muster oder Modelle vom 6.11. 1925 idFv 28. 4. 1960 (BGBl. 1962 II S. 775, 1984 II S. 798) zu nennen. Die einmalige Hinterlegung nach diesen Übereinkommen wirkt für jeden Vertragsstaat. Es handelt sich mithin um ein jeweils national wirkendes Recht (*Jenard*-Bericht zu Art. 16 Nr. 4), für das der Anwendungsbereich des Art. 16 Nr. 4 eröffnet ist.

Auch das **Münchner Übereinkommen** über die Erteilung Europäischer Patente läßt den nationalen Charakter von Patenten unberührt und vereinheitlicht lediglich das Patenterteilungsverfahren. Art. V Protokolle EuGVÜ/LÜ stellen jetzt endgültig klar, daß Klage vor den Gerichten jeden Vertragsstaats erhoben werden kann, für den das Patent gilt. Zu den Patentübereinkommen im übrigen s. Art. 57 Rn 9.

V. Die gerichtliche Zuständigkeit am Vollstreckungsort

1. Normstruktur und gesetzgeberische Grundentscheidung

Grund für die ausschließliche Zuständigkeit der Gerichte des 24
Vollstreckungsortes ist, daß die Zwangsvollstreckung Ausübung von Staatsgewalt ist und daher allein die Gerichte des Staates die Vorschriften über die Tätigkeit der Vollstreckungsbehörden anwenden und kontrollieren sollen, der die Zwangsvollstreckung verantwortet (EuGHE 1992, 2149 – „Reichert II" = IPRax 93, 28 – *Schlosser 17*). Daher läßt sich die Abgrenzung dessen, was „Zwangsvollstreckung" ist und was zum Erkenntnisverfahren gehört, nicht vertragsautonom bewerkstelligen. Die Rechtsordnungen mancher Staaten sorgen schon im Erkenntnisverfahren für eine Steuerung der späteren Zwangsvollstreckung, etwa wenn sie eine „astreinte" kennen, s. Art. 43. Die für eine effektive Zwangsvollstreckung notwendige Informationsbeschaffung ist bald in das Zwangsvollstreckungsrecht integriert, bald in ein besonderes Verfahren (etwa des einstweiligen Rechtsschutzes) verwiesen. Man würde die jeweilig zusammengehörigen und aufeinander abge-

stimmten Regelungsmaterien sprengen, wenn man in diesem Bereich den Begriff „Zwangsvollstreckung" vertragsautonom qualifizieren wollte. In Zusammenhang mit der Gläubigeranfechtung, s. Rn 26, hat der EuGH zwar auch wieder das Postulat der vertragsautonomen Auslegung plakativ herausgestellt (aaO „Reichert II"). In Wahrheit hat er aber eine zweistufige Qualifikation vorgenommen und geprüft, ob die „Gläubigeranfechtungsklage des französischen Rechts" Zwangsvollstreckung ist oder nicht. Damit behält er sich im Grunde nur vor zu berücksichtigen, daß schon nach nationalem Recht manche Dinge aus praktischen Gründen an systemwidriger Stelle geregelt sind. So sind etwa auch Ansprüche aus § 717 Abs. 2, § 945 ZPO keine zwangsvollstreckungsrechtlichen i. S. der Nr. 5, allgM. Nur so läßt sich der Sinnzusammenhang der nach nationalem Recht zum Regelungsbereich Zwangsvollstreckung gehörenden Rechtsnormen wahren.

2. Rechtsschutzgesuche mit zwangsvollstreckungsrechtlichem Gehalt

25   Zwangsvollstreckungsrechtliche Verfahren im Sinne der Vorschrift sind die klassischen Rechtsbehelfe des deutschen Zwangsvollstreckungsrechts. Für die Vollstreckungsgegenklage hat dies der EuGH bestätigt (1985, 2267 – „AS Autoteile" = NJW 2892 = IPRax 86, 232 – *Geimer* 208). Der Grund liegt darin, daß das anstehende Sachurteil keine rechtskräftigen Aussagen zum Fortbestand des vollstreckbaren Anspruchs macht (BGH NJW RR 90, 49). Zu Problemen der Aufrechnung, die in Zusammenhang mit der Vollstreckungsgegenklage stehen, s. vor Art. 2 Rn 15 ff. Da auch das auf eine Drittwiderspruchsklage ergehende Urteil keine rechtskräftigen Aussagen über das Recht des Dritten macht, allgM, ist Nr. 5 auch auf diese Klage anzuwenden. Zwangsvollstreckungsrechtliche Gesuche sind auch die in §§ 807, 899 ZPO vorgesehenen. Von Nr. 5 sind nicht nur klageähnliche Streitverfahren über die Wirksamkeit von Zwangsvollstreckungsmaßnahmen erfaßt. (**aA** *Heß* Rpfleger 96, 89, 81).

3. Rechtsschutzgesuche ohne zwangsvollstreckungsrechtlichen Gehalt – primäre Anordnungszuständigkeit

26   „Reichert II" (aaO) ist das einzige Urteil des EuGH, in dem klar gesagt ist, daß eine Klageart nicht zwangsvollstreckungsrechtlicher Natur ist. Die dort entwickelte Ansicht paßt auch auf die Gläubigeranfechtungsklage des deutschen Rechts sowie auf alle Klagen,

mit denen ein im deutschen Recht begründeter Anspruch auf Duldung der Zwangsvollstreckung geltend gemacht wird (*Schlosser* IPRax 91, 31). Das gleiche gilt auch, wenn aus materiellrechtlichen Gründen, etwa gestützt auf § 826 BGB, die Unzulässigkeit der Zwangsvollstreckung und/oder die Herausgabe der vollstreckbaren Ausfertigung des Titels oder die Rückgabe von Vermögenswerten geltend gemacht wird, die zur Vermeidung von Zwangsvollstreckung hingegeben worden waren (als selbstverständlich vorausgesetzt in BAG RIW 87, 467). S. auch Rn 24 a. E. „Disclosure"-Bestandteile englischer *„mareva-injunctions"*, welche die Preisgabe von Information über die Belegenheit von Vermögensgegenständen erzwingen sollen, auf welche sich der Hauptteil dieser einstweiligen Verfügung bezieht, sind noch nicht Zwangsvollstreckung (*Babanaft v. Bassatne* [1989] 2 W. L. R. 232, 248 [C. A.]). Aus Art. 43 läßt sich generell die Wertung entnehmen, daß die nach nationalem Recht dem Richter des Erkenntnisverfahrens vorbehaltene Anordnung von Sanktionen für den Fall der Nichtbeachtung seiner Entscheidung, die ihrerseits erst noch der Vollstreckung bedürfen, wie nach deutschem Recht etwa Anordnungen aufgrund §§ 888, 890 ZPO, noch keine Zwangsvollstreckung sind (Einzelheiten str., s. *Schack* IZPR Rn 972 ff). Das gleiche gilt für Anordnungen nach § 887 ZPO, soweit die materielle Duldungspflicht und die Kostentragung des Schuldners tituliert wird (**aA** Nürnberg IPRspr 1974 Nr. 188). Die primäre Anordnungszuständigkeit für die Verhängung von Sanktionen bleibt also beim Gericht des Ausgangsverfahrens (*Gaudemet-Tallon* aaO Rn 101) wenn dessen Rechtsordnung eine solche Annexkompetenz begründet. Jedoch kann auch der Vollstreckungsstaat seinen Behörden Anordnungskompetenzen gewähren. Nach dem Recht mancher Vertragsstaaten gibt es keinen generell wirkenden **dinglichen Arrest**, sondern die von Gerichten im Wege des einstweiligen Rechtsschutzes verfügte Beschlagnahme einzelner Vermögensgegenstände. Dann ist die erstmalige Anordnung noch keine Zwangsvollstreckung „aus" einer Entscheidung. Die Maßnahme muß ihrerseits grenzüberschreitend anerkannt und vollstreckt werden.

4. Inlandsvollstreckung oder Auslandsvollstreckung?

In die Souveränität der Vertragsstaaten wollte das EuGVÜ nämlich nur insoweit eingreifen, als es zur Anerkennung und Vollstreckung von Entscheidungen verpflichtet. Wann eine Inlandsvollstreckung vorgenommen werden darf und wann eine Auslands- **27** vollstreckung nötig ist, entscheidet jeder Staat für sich, solange er keine Tätigkeit seiner Vollstreckungsorgane auf fremden Territorium beansprucht (*Schack* IZPR Rn 960). Wird in einem Vertragsstaat die Pfändung einer Forderung des Schuldners gegen einen in einem anderen Vertragsstaat wohnhaften Drittschuldner begehrt, so „soll" aus deutscher Sicht die Zwangsvollstreckung im Wohnsitzstaat des Drittschuldners stattfinden. Andere Staaten können eine solche Pfändung aber wegen des inländischen Schuldnerwohnsitzes als Inlandsvollstreckung begreifen.

5. Besonderheiten des schweizerischen Rechts

28   Das schweizerische Schuldbetreibungsverfahren ist in Art. 31 Rn 8 beschrieben. Der Erlaß des Zahlungsbefehls und die Arrestprosequierung durch Zahlungsbefehl sind noch keine Zwangsvollstreckung (BGE 120 III 92). Da von einer Behörde und nicht einem Gericht ausgehend, unterfallen sie aber auch nicht dem Zuständigkeitssystem des LÜ und wären, wenn dies anders zu sehen wäre, eine Maßnahme des einstweiligen Rechtsschutzes (so mit Recht *Kaufmann-Kohler* SJ 95, 550). Das Verfahren der definitiven Rechtsöffnung ist ein zwangsvollstreckungsrechtliches, s. Art. 31 Rn 9. Für das Verfahren der provisorischen Rechtsöffnung ist die Rechtslage streitig. Die besseren Gründe sprechen dafür, es nicht als zwangsvollstreckungsrechtlich anzusehen, sondern als ein solches, für das das Zuständigkeitssystem des LÜ beachtet werden muß (Cour de Justice Genf SZIER 94, 395 ff – 3 Entscheidungen; Trib. cant. Valais SZIER 95, 23; Bezirksgericht Arlesheim SZIER 95, 42. *Kaufmann-Kohler* aaO 551 ff; *Walter* ZZP 107 [1994] 312 ff mwN). Die (Schuld-) aberkennungsklage kann in dem Gerichtsstand erhoben werden, in dem um die provisorische Rechtsöffnung nachgesucht worden war (*Kaufmann-Kohler* aaO). Es handelt sich funktional um ein ähnliches Rechtsinstrument wie das Nachverfahren im deutschen Wechselprozeß mit dem instrumentalen Unterschied, daß der provisorisch Unterlegene sich mit einer „Klage" wehren muß.

6. Abschnitt. Vereinbarung über die Zuständigkeit

Art. 17 [Zulässigkeit und Form von Gerichtsstandsvereinbarungen]

(1) **Haben die Parteien, von denen mindestens eine ihren Wohnsitz in dem Hoheitsgebiet eines Vertragsstaats hat, verein-**

bart, daß ein Gericht oder die Gerichte eines Vertragsstaats über eine bereits entstandene Rechtsstreitigkeit oder über eine künftige aus einem bestimmten Rechtsverhältnis entspringende Rechtsstreitigkeit entscheiden sollen, so sind dieses Gericht oder die Gerichte dieses Staates ausschließlich zuständig.

Eine solche Gerichtstandsvereinbarung muß geschlossen werden

a) schriftlich oder mündlich mit schriftlicher Bestätigung,

b) in einer Form, welche den Gepflogenheiten entspricht, die zwischen den Parteien entstanden sind oder

c) im internationalen Handel in einer Form, die einem Handelsbrauch entspricht, den die Parteien kannten oder kennen mußten und den Parteien von Verträgen dieser Art in dem betreffenden Geschäftszweig allgemein kennen und regelmäßig beachten.

Wenn eine solche Vereinbarung von Parteien geschlossen wurde, die beide ihren Wohnsitz nicht im Hoheitsgebiet eines Vertragsstaats haben, so können die Gerichte der anderen Vertragsstaaten nicht entscheiden, es sei denn, das vereinbarte Gericht oder die vereinbarten Gerichte haben sich rechtskräftig für unzuständig erklärt.

(2) Ist in schriftlich niedergelegten „trust"-Bedingungen bestimmt, daß über Klagen gegen einen Begründer, „trustee" oder Begünstigten eines „trust" ein Gericht oder die Gerichte eines Vertragsstaats entscheiden sollen, so ist dieses Gericht oder sind diese Gerichte ausschließlich zuständig, wenn es sich um Beziehungen zwischen diesen Personen oder ihre Rechte oder Pflichten im Rahmen des „trust" handelt.

(3) Gerichtsstandsvereinbarungen und entsprechende Bestimmungen in „trust"-Bedingungen haben keine rechtliche Wirkung, wenn sie den Vorschriften der Artikel 12 oder 15 zuwiderlaufen oder wenn die Gerichte, deren Zuständigkeit abbedungen wird, aufgrund des Artikel 16 ausschließlich zuständig sind.

(4) Ist eine Gerichtsstandsvereinbarung nur zugunsten einer der Parteien getroffen worden, so behält diese das Recht, jedes andere Gericht anzurufen, das aufgrund dieses Übereinkommens zuständig ist.

(5) Bei individuellen Arbeitsverträgen haben Gerichtsstandsvereinbarungen nur dann rechtliche Wirkung, wenn sie nach der Entstehung der Streitigkeit getroffen werden [idF des 3. Bei-

trittsübereinkommens für das EuGVÜ zusätzlich:] **oder wenn der Arbeitnehmer sie geltend macht, um ein anderes Gericht als das am Wohnsitz des Beklagten oder das in Artikel 5 Nummer 1 bezeichnete anzurufen.**

Textgeschichte: Geändert durch 1. Beitrittsübereinkommen (Aufnahme internationaler Handelsbräuche in Abs. 1, Einbeziehung von trusts) in Abs. 2, 3, Aufnahme von Abs. 1 S. 3 und 3. Beitrittsübereinkommen (Abs. 5 eingefügt).

Literatur: *Aull* Der Geltungsanspruch des EuGVÜ: „Binnensachverhalte" und Internationales Zivilverfahrensrecht in der Europäischen Union (1996); *Basedow* Das forum non conveniens der Reeder im EuGVÜ, IPRax 85, 133; *Geimer* EuGVÜ und Aufrechnung, IPRax 86, 208; *Gottwald* Grenzen internationaler Gerichtsstandsvereinbarungen, FS Firsching (1985) 89; *ders.* Die einseitig bindende Prorogation nach Art. 17 Abs. 3 EuGVÜ, IPRax 87, 81; *ders.* Die Prozeßaufrechnung im europäischen Zivilprozeß, IPRax 86, 10; *Haymann* Contract Drafting Problems in the Light of the Lugano Convention, in: *Carpenter-Haymann* The Lugano and San Sebastian Conventions (1990) 33; *Jung* Vereinbarung über die internationale Zuständigkeit nach dem EuGVÜ und § 38 Abs. 2 ZPO (1980); *Kohler* Internationale Gerichtsstandsvereinbarungen: Liberalität und Rigorismus im EuGVÜ, IPRax 83, 265; *ders.* Pathologisches im EuGVÜ: Hinkende Gerichtsstandsvereinbarungen nach Art. 17 Abs. 3, IPRax 86, 340; *Kropholler-Pfeifer* Das neue europäische Recht der Zuständigkeitsvereinbarung FS Nagel (1987) 187; *Reithmann-Hausmann* Internationales Vertragsrecht[4] (1988) Rn 1172ff; *G. Roth* International-rechtliche Probleme bei Prorogation und Derogation ZZP 93 (1980), 156; *Schockweiler* in EuGH (Hsg) Internationale Zuständigkeit und Urteilsanerkennung in Europa (1993) 107ff; *Reiser* Gerichtsstandsvereinbarungen nach IPR-Gesetz und Lugano-Übereinkommen (Zürich 1995); *L. Killias* Die Gerichtsstandsvereinbarungen nach dem Lugano-Übereinkommen (Zürich 1993); *E. Stöve* Gerichtsstandsvereinbarungen nach Handelsbrauch (1993); *Samtleben* Europäische Gerichtsstandsvereinbarungen und Drittstaaten – viel Lärm um nichts? RabelsZ 59 (1995) 670ff.

Übersicht

I. Regelungsziel der Norm

Die Vorschrift verfolgte von Anfang an zwei Ziele, über deren **1** antagonistischen Charakter man sich nicht recht im klaren war. Erst im Laufe der verschiedenen Anpassungsverhandlungen hat man es unternommen, die gegenläufigen Interessen besser zum Ausgleich zu bringen, was aber zur textlichen Aufblähung der Vorschrift geführt hat. Es sollte den Handelsgebräuchlichkeiten Rechnung getragen, aber gleichzeitig vermieden werden, daß Gerichtsstandsklauseln „unbemerkt" in das Vertragsverhältnis eingeführt werden (*Jenard*-Bericht zu Art. 17). Die Vorschrift ist in ihrer ursprünglichen Form aber entstanden, bevor das in Europa aufkommende Verbraucherschutzdenken zur praktischen Abschaffung von Gerichtsstandsvereinbarungen bei Beteiligung von Verbrauchern geführt hat. Der EuGH wollte Pionierarbeit leisten, ohne zwischen Verbrauchern und Gewerbetreibenden zu unterscheiden. In einer seiner ersten Entscheidungen zu Art. 17 (EuGHE 1976, 1851 „Segoura" = NJW 77, 495) betonte er in einer für den Wirtschaftsverkehr nicht tragbaren Weise den Schutz vor Überrumpelung eines Vertragspartners. Für die Formvariante Mündlichkeit mit schriftlicher Bestätigung reichte ihm ein mündlich, unter Bezugnahme auf die der anderen Seite nicht vorliegende AGB geschlossener und vom Verkäufer schriftlich unter Beifügung der AGB bestätigter Vertrag nicht aus, um eine in den AGB stehende Gerichtsstandsklausel wirksam zu machen. Daraufhin hat das 1. Beitrittsübereinkommen folgende Formvariante neu eingeführt:

„Form. . ., die den internationalen Handelsbräuchen entspricht, die den Parteien bekannt waren oder als ihnen bekannt angesehen werden müssen".

Gleichzeitig wurden die ausschließlichen Zuständigkeiten in Verbrauchersachen erweitert. Das 3. Beitrittsübereinkommen und das

LÜ haben dann aus dem bisherigen durchlaufenden und deshalb schwer verständlichen Text drei durch Buchstaben gekennzeichnete Formvarianten gemacht, in der Formvariante der Handelsgebräuchlichkeit eine Umstellung von der Kenntnisfiktion auf übliche Kenntnis vorgenommen und (im Anschluß an EuGH aaO) eine Privilegierung laufender Geschäftsbeziehungen hinzugefügt.

II. Der Anwendungsbereich

1. Der sachliche Anwendungsbereich

2   Die Vorschrift gilt lediglich für die privatautonom in der Form einer **Vereinbarung** begründeten Zuständigkeit. Was eine Vereinbarung von anderen Rechtsakten unterscheidet, ist vertragsautonom auszulegen. Der EuGH wertet auch Satzungen juristischer Personen als solche (EuGHE 1992 I 1756 „Petereit" = IPRax 93, 22 – *Koch* 19; zum Erfordernis hinreichender Bestimmtheit einer Satzungsbestimmung Koblenz ZIP 92, 1234). Zur vertragsautonomen Bestimmung des Vertragsbegriffs im allgemeinen s. auch 5 Rn 3ff. Eine Ausnahme von dem Vereinbarungserfordernis macht nur Abs. 2 für „trust" – Bestimmungen. Das sich dort findende Schriftlichkeitserfordernis soll „resulting" und „constructive" trusts ausschließen. Verhältnis zu Artt. 21, 22 s. Art. 21 Rn 12.

3   Der **sachliche Anwendungsbereich** der Norm bezieht sich in diesem Rahmen außer auf die grundsätzliche Garantie der Prorogations- und Derogationsfreiheit und die (selbstverständlichen) Wirkungen der Abrede, s. Rn 33f nur auf die **Form** einer Gerichtsstandsvereinbarung, s. Rn 12ff. Sie gilt, solange es an einem einheitlichen europäischen Vertragsabschlußrecht fehlt, nicht für die übrigen Voraussetzungen des Zustandekommens und Wirksambleibens einer Gerichtsstandsvereinbarung, wie Zugang einer und Gebundenheit an eine Willenserklärung, Willensmängel, Bevollmächtigung, Auslegung, Inhaltskontrolle (s. unten Rn 31), Widerspruch zwischen den AGB beider Seiten (Einbeziehung geleugnet durch Corte di Cassazione 1991 n° 7473 Riv.dir.int.priv.proc. 92, 1005) u.ä. (hM z.B. *MünchKommZPO-Gottwald* Rn 14 mwN; *Reiser* aaO 38; *Gaudemet-Tallon* Rn 131. **AA** insb. *Jayme* IPRax 89, 362 *Kohler* IPRax 91, 300; *Stöve* 20ff; LG Essen RIW 92, 227). Diese Annahme liegt auch der Rechtsprechung des EuGH zu Vereinssatzungen zugrunde (*Jayme/Kohler* IPRax 92, 351), Rn 2 (wie hier EuGHE 1986, 3337 – „Iveco" = NJW 87, 2155; *Schockweiler* 113 –

die Richtigkeit des hier eingenommenen Standpunktes auch aus EuGHE 1981, 1671 – „Elefanten Schuh" herleitend; *Jenard/Möller*-Bericht Rn 55). Es wäre absonderlich, auch noch außerhalb der Formfrage einerseits das Zustandekommen eines Vertrags im allgemeinen und der darin enthaltenen Gerichtsstandsvereinbarung andererseits unterschiedlichen rechtlichen Regelungen zu unterwerfen. Daß faktisch die Einhaltung der vorgeschriebenen Form eine „indizielle" Bedeutung für das Vorliegen einer Vereinbarung hat (so mit Recht *Rauscher* IPRax 92, 144), weil sie gerade auch der erleichterten Feststellbarkeit einer solchen Einigung dienen soll, ändert darin ebensowenig etwas wie die Unabhängigkeit der Gerichtsstandsklausel vom Hauptvertrag, s. Rn 39. Im Falle unterschiedlicher **Sprachen** von Vertrag und einbezogenen AGB ist wohl das Formerfordernis des Art. 17 erfüllt; ob eine Willensübereinstimmung zustandegekommen ist, richtet sich nach nationalem Recht (**aA** BGH IPRax 91, 326 – in englischer Sprache gehaltener Hinweis auf deutschsprachige AGB gerichtsstandsbegründend). Für andere als Formfragen kann auch ein kollisionsrechtlich vermitteltes fremdes Recht gelten (Düsseldorf RIW 90, 579; München IPRax 91, 46; Saarbrücken NJW 92, 987), welches das auf den Hauptvertrag anwendbare Recht ist (*Gottwald* FS Henckel [1995] 300 ff mwN z. Strstd.). Das vielfältig herausgestellte, aus dem EuGVÜ selbst abgeleitete Postulat, es müsse vermieden werden, daß in AGB enthaltene Gerichtsstandsklauseln unbemerkt in den Vertrag gerieten, läßt sich nach den Beitrittsübereinkommen nur für den Fall des jetzigen Buchst. a) aufrechterhalten.

Schließlich muß die Vereinbarung das **Gericht eines Vertrags-** **4** **staats** als zuständig bezeichnen, auch als örtlich zuständig, wenn die Gerichte dieses Vertragsstaats international ohnehin zuständig sind (*Gaudemet-Tallon* 113). Es genügt aber, wenn schlicht die internationale Zuständigkeit der Gerichte eines Vertragsstaats vorgesehen oder ausgeschlossen wird, allgM. Wird die internationale Zuständigkeit der Gerichte dritter Staaten vereinbart, so richtet sich die Derogationsgeeignetheit der Abmachung ebenso nach dem nationalen Recht des angerufenen Gerichts (hM etwa Cour de Cassation Dalloz. Informationn rapides 79, 341. **AA** Cour d'Appel Versailles Rev. crit. 92, 333; *Geimer* NJW 86, 1439 f) wie der Prorogationseffekt einer Vereinbarung, mit der zwei Parteien ohne Wohnsitz in einem Vertragsstaat ein Gericht in einem solchen für zuständig erklären, s. aber auch Rn 5 a. E.

2. Der persönliche Anwendungsbereich

5 Mindestens eine Partei muß zur Zeit des Vertragsschlusses (*Hill* aaO 96) Wohnsitz in einem Vertragsstaat haben. Auch bei Verträgen unter mehr als zwei Personen genügt der im Vertragsstaat gelegene Wohnsitz von einer Partei. Für die Bestimmung des Wohnsitzes (bzw. des Sitzes einer Gesellschaft) gelten Artt. 52, 53. Darauf, welche Partei später welche dialektische Rolle im Prozeß spielt, kommt es nicht an. Nach Abs. 1 S. 3 soll eine solche Derogationswirkung und die Prorogationswirkung zugunsten des als zuständig vorgesehenen Gerichts in den Vertragsstaaten einheitlich nur bei Wahrung der in Art. 17 vorgesehenen Form anerkannt werden.

3. Internationaler Anwendungsbereich

6 Trotz des weiten Wortlauts der Vorschrift gilt sie für reine Inlandsfälle nicht, heute wohl allgM. Einen Bezug der Sache selbst zum Gerichtsstaat ist aber nicht erforderlich. Man kann auch die Zuständigkeit eines national neutralen Gerichts vereinbaren. Darüberhinaus ist der internationale Anwendungsbereich der Vorschrift kontrovers. Jeden internationalen Bezug unabhängig vom Wohnsitz der Parteien für ausreichend sein zu lassen (*Hill* aaO 96), verbietet sich deshalb, weil **Abs. 1 S. 3** einer solchen Annahme entgegensteht. Haben beide Parteien ihren Wohnsitz nicht in einem Vertragsstaat, vereinbaren sie aber die Zuständigkeit eines Gerichts in einem Vertragsstaat, so ist der Prorogationseffekt einer solchen Vereinbarung durch das Übereinkommen nicht garantiert, sondern allenfalls nach nationalem Recht eingetreten (*Schlosser*-Bericht Rn 177). Abs. 1 S. 3 sagt nur, daß dann die Gerichte in Vertragsstaaten, deren u. U. bestehende besondere Zuständigkeiten durch eine solche Vereinbarung abbedungen worden sein könnten (sollte sie nach dem nationalem Recht des prorogierten Staates wirksam sein), die Wirksamkeit der Derogation ihrer Zuständigkeit nicht leugnen dürfen, solange das prorogierte Gericht über seine Zuständigkeit nicht entschieden hat.

Da Abs. 1 S. 3 speziell für den Fall geschaffen worden ist, daß keine Partei Wohnsitz in einem Vertragsstaat hat, muß man der Vorschrift im übrigen entnehmen, daß sie jeder in einem Vertragsstaat ansässigen Partei die Möglichkeit einräumen wollte, mit einem Partner aus einem Nichtvertragsstaat die Zuständigkeit der Gerichte eines Vertragsstaats, sei es eines fremden (Köln IPRspr 1991 Nr. 165; Karlsruhe NJW 82, 150), sei es des eigenen zu vereinbaren, ganz hM Art. 17 ist also nicht nur als Durchbrechung der Grundregel von Art. 2 zu sehen (**aA** *Samtleben* aaO 692).

Daher ist Art. 17 auch anwendbar, wenn bei Wohnsitz beider Parteien im selben Staat der Vertrag auf Verbringung von Leistungen in einen anderen Vertragsstaat gerichtet ist (Arrondissementsrechtbank Rotterdam ILPr 91, 285 – Konnessement; *Kropholler* Rn 4). Das gleiche gilt, wenn der Leistungsgegenstand mit einem anderen Vertragsstaat eng verbunden ist, wie bei Verkauf von Anteilen an einer in einem anderen Vertragsstaat registrierten und ansässigen Gesellschaft (München IPRspr. 1985 Nr. 133 A. **AA** Corte di Cassazione Nschlwerk I-1.1.-B22). Der internationale Bezug braucht **nicht zu einem Vertragsstaat** zu bestehen. Art. 17 gilt auch, wenn in einem Vertrag mit einem außereuropäischen Partner die Zuständigkeit eines Gerichts in einem Vertragsstaat vereinbart wird (München RIW 89, 901 ganz hLitM. **AA** BGH RIW 92, 143 = IPRax 377 – krit. *Heß* 358; München IPRax 91, 47 – krit. *Geimer* 31; Karlsruhe NJW RR 93, 568), und zwar unabhängig davon, ob eine nach dem Übereinkommen begründete Zuständigkeit in einem anderen Vertragsstaat ausgeschlossen (nur dann: etwa *Kohler* IPRax 83, 266; *Schack* Rn 464) oder eine Zuständigkeit außerhalb des Wohnsitzstaats begründet wird (nur dann: *Stein/Jonas/Bork*[21] § 38 Rn 22; *Samtleben* aaO 693).

Soweit das Übereinkommen anwendbar ist, verdrängt es §§ 38, **7** 40 ZPO. § 38 war ursprünglich (1974 und 1976), mit Ausnahme der Regelung zu beiderseitigen Handelsgeschäften, genau auf das EuGVÜ abgestimmt, wurde dessen Änderungen in den Beitrittsübereinkommen aber nicht angepaßt. Im Anwendungsbereich von Art. 17 sind also Gewerbetreibende nur im Rahmen von Buchst. c) privilegiert. Eine Beschränkung auf den örtlichen Gerichtsstand des Wohnsitzes der inlandsansässigen Partei, wie in § 38 Abs. 2 S. 3, gibt es nicht (LG München I NJW 75, 1606 mwN z Strstd). Auch nationalrechtliche Formvorschriften für die Einbeziehung von **AGB** sind verdrängt (hM etwa *Stein/Jonas/Bork* aaO Rn 28 mwN. Verkannt von Düsseldorf RIW 90, 579; Koblenz IPRax 87, 310 – den Charakter als Formvorschriften der Artt. 1341 f it. codice civile verkennend. Zutr.: Corte di Cassazione 1987 n° 9210). Das gleiche gilt für nationalrechtliche Vorschriften über die Verwendung bestimmter **Sprachen** (EuGHE 1981, 1671 = IPRax 82, 234 – *Leipold* 222). Zur Inhaltskontrolle s. Rn 31, zur Anwendung des nationalen Rechts außerhalb des Regelungsbereichs von Art. 17 Rn 3, zu schärferen nationalrechtlichen Formvorschriften für das gesamte Geschäft, zu dem die Gerichtsstandsklausel gehört, Rn 17.

4. Der intertemporale Anwendungsbereich

8 Den allgemeinen intertemporalrechtlichen Grundsatz von der sofortigen Einwirkung neuen Prozeßrechts auf anhängige und anzustrengende Verfahren sowie Art. 54 wörtlich anwendend, hat der EuGH entschieden, eine zurzeit ihres Abschlusses unwirksame, aber bei Anwendbarkeit von Art. 17 wirksame Gerichtsstandsvereinbarung mache eine Klage zulässig, die nach Inkrafttreten des Übereinkommens erhoben worden ist (1979, 3429 f – „Sanicentral" = RIW 80, 285). Das gilt entsprechend für das Wirksamwerden einer Gerichtsstandsvereinbarung durch Inkrafttreten eines Beitrittsübereinkommens (Köln RIW 88, 557; Koblenz RIW 87, 146).

9 Im übrigen sind die Ansichten sehr unterschiedlich. Manche wollen Art. 54 ohne Rücksicht auf irgendwelche Vertrauensschutzerwägungen anwenden (*Schack* Rn 465). Andere stellen ganz generell auf den Zeitpunkt des Abschlusses der Gerichtsstandsvereinbarung ab (*MünchKommZPO-Gottwald* Rn 13). Auf gar keinen Fall darf eine ursprünglich wirksame Gerichtsstandsvereinbarung durch Änderung der tatsächlichen Verhältnisse (Wohnsitzverlegung) nachträglich unwirksam werden, allgM. Aber auch sonst darf die Zulässigkeit einer Gerichtsstandsvereinbarung zurzeit ihres Abschlusses durch nachfolgende Rechtsänderung nicht entkräftet werden (trotz BVerfGE 31, 222 und der gegenteiligen Regelung, die für die die Prorogationsfreiheit weitgehend aufhebende Gerichtsstandsnovelle 1974 getroffen worden ist, s. Art. 3 G. v. 21. 3. 1974 BGBl I S 753). Die Gerichtsstandsregelungen stehen in funktionalem Zusammenhang mit anderen Vertragsbestandteilen und Regelungen, die im Hinblick auf den vereinbarten Gerichtsstand unterlassen worden sind. Daher ist ein im Zeitpunkt des Vertragsabschlusses bestehendes Vertrauen in die Zulässigkeit einer Gerichtsstandsvereinbarung jedenfalls im internationalen Bereich immer schutzwürdig.

10 Vertrauen in die Unwirksamkeit einer Regelung ist weniger schutzwürdig. Daher kann man bei ursprünglich unwirksamen Gerichtsstandsvereinbarungen nach dem **favor negotii** entscheiden (dies als allgemeines Rechtsprinzip des intertemporalen Privatrechts herausstellend *Heß* Intertemporales Privatrecht, im Erscheinen).

11 Alles gilt nicht nur für die Zulässigkeit bzw. Unzulässigkeit, sondern auch für die Formgültigkeit bzw. Formungültigkeit einer Vereinbarung (für nachträgliche Heilung: Koblenz RIW 87, 146; Köln NJW 88, 2182).

III. Die verschiedenen Formtatbestände

1. Das Spezifikationserfordernis

Daß eine Vereinbarung hinreichend bestimmt sein muß, ist ein **12**
allgemeines Erfordernis des Vertragsschlusses. Auch sehr globale
Regelungen können hinreichend bestimmt sein. Daß „alle" aus einem Vertrag und „im Zusammenhang mit seinem Abschluß, den
vorausgegangenen Vertragsverhandlungen und seiner Abwicklung
oder Rückabwicklung" entstehende Streitigkeiten erfaßt sein sollen, macht den Vertragsinhalt nicht unbestimmt. Hinsichtlich des
für zuständig erklärten Gerichts genügt dessen Bestimmbarkeit
nach objektiven Kriterien, etwa bei Verwendung der Form „Gericht am Erfüllungsort" (München RIW 89, 902). Es braucht nicht
für jede Partei als potentiellen Kläger dasselbe Gericht vorgesehen
zu sein (EuGHE 1978, 2141 – „Glacetal" = RIW 78, 814). Auch der
jeweilige Klägergerichtsstand kann vereinbart werden (LG Frankfurt RIW 86, 593; Cour de Cassation Rev. crit. 81, 134). Es können
einer oder beiden Parteien auch mehrere Gerichte zur Wahl gestellt
werden, s. Rn 33. Die Einräumung eines freien Bestimmungs-
rechts einer Vertragspartei als jeweiligem Kläger ist demgegenüber
keine hinreichend bestimmte Abmachung (LG Braunschweig
AnwBl 74, 376).

Jedoch sind spezifische Bestimmtheitserfordernisse Formerfor- **13**
dernisse. Eine Gerichtsstandsvereinbarung muß insofern spezifisch
sein als „eine bereits entstandene Rechtsstreitigkeit" oder ein bestimmtes Rechtsverhältnis zu kennzeichnen ist, „aus" dem (s. Rn
39), die Rechtsstreitigkeit entspringen kann. Damit ist aber keine
Einengung auf Rechtsstreitigkeiten gemeint, die ihren Ursprung in
dem Rechtsverhältnis haben, anläßlich dessen Begründung die Gerichtsstandsvereinbarung geschlossen wurde (so als Regelungsziel
fälschlich ausgegeben von EuGHE aaO – „Petereit"). Auch künftige laufende Geschäftsbeziehungen einer bestimmten Gattung (so
herausgestellt von hM) können erfaßt werden. Der Abschluß eines
materiellrechtlichen Rahmenvertrags ist nicht Voraussetzung. Einen intendierten Unterschied zum Inhalt von § 40 Abs. 2 ZPO gibt
es nicht. Ausgeschlossen sind nur Gerichtsstandsvereinbarungen
über alle Rechtsbeziehungen zwischen den Vertragsparteien
(EuGH aaO) oder über eine unüberschaubar große Zahl von
Rechtsbeziehungen aus verschiedenartigen Vertragsverhältnissen.

Ist nur die internationale Zuständigkeit vereinbart, so bestimmt **14**
sich die örtliche nach nationalem Recht, heute allgM.

2. Grundsätzliches zur Schriftform und ihren Surrogaten

15   Die in der Vorschrift aufgestellten Formerfordernisse sind vertragsautonom auszulegen, s. Einl. Rn 24 (allgM, vor allem EuGHE 1976, 1841 – „RÜWA" = NJW 77, 494; EuGHE aaO – „Segoura"). § 38 ZPO und die zu ihm ergangene Rechtsprechung kann auch insoweit nur als Hilfsmittel für eine autonome Auslegung dienen. Die Einhaltung einer der von Art. 17 vorgesehenen Formen ist Wirsamkeitsvoraussetzung der Vereinbarung (EuGH aaO, allgM). Zur Formgültigkeit von **Erfüllungsortsvereinbarungen** s. Art. 5 Rn 11.

16   Die Redaktion der Vorschriften wie die vieler anderer Rechtsnormen über Gerichtsstands- und Schiedsvereinbarungen leidet unter dem Umstand, daß in diesem Zusammenhang aus einer ganz unrealistischen Perspektive gedacht wird. Die Gesetze behandeln solche Vereinbarungen, wie wenn sie als isolierte Verträge oder jedenfalls als zentrale Elemente von Verträgen zustande kämen. In Wirklichkeit spielen sie bei den Vertragsverhandlungen meist eine untergeordnete Rolle. Niemand will den Eindruck vermitteln, als denke er in diesem Zeitpunkt schon an mögliche künftige Rechtsstreitigkeiten. Daher erscheinen Gerichtsstandsvereinbarungen fast durchweg als Schlußbestandteile des Vertragstextes und allgemeiner Geschäftsbedingungen. Meist werden sie anläßlich des Vertragsschlusses auch gar nicht zur Kenntnis genommen. Das beruht durchaus nicht typischerweise auf Nachlässigkeit. Es ist fast immer unzumutbar, AGB durchzuarbeiten, bevor man sich auf den Vertragsschluß einläßt. Es geht daher an der Realität vorbei, durch Auslegung sicherstellen zu wollen, daß der den Text der Vereinbarung nicht formulierende Vertragsteil aktuell Kenntnis von der Gerichtsstandsklausel erhält. Internationale Gerichtsstandsvereinbarungen begünstigen allerdings fast immer die Vertragsseite, die den vereinbarten Text formuliert hat. Denn von seltenen Ausnahmefällen abgesehen, pocht sie auf den Gerichtsstand ihres Sitzes. Dies ist jedoch in den Bereichen, in denen heute noch Gerichtsstandsvereinbarungen zulässig sind, Rn 30 ff, keine so unangemessene Regelung, daß sie einer Inhaltskontrolle verfallen müßte (s. Kommentare zum AGBG, etwa *Palandt/Heinrichs*[54] § 9 Rn 87). Die Regelung kann daher nur sicherstellen, daß die einer fremdformulierten Gerichtsstandsvereinbarung ausgesetzte Partei von deren Existenz hätte erfahren können, wenn sie vor Vertragsschluß ihr Augenmerk darauf gerichtet hätte. Deshalb kann bei Verweisung auf außerhalb der Vertragsurkunde oder des Angebots liegende Texte ein ausdrücklicher Hinweis gerade auf die Gerichtsstandsklausel nicht verlangt werden (Koblenz RIW 87, 146 = IPRax 308 – *Schwarz* 291; Hamm IPRax 91, 325; *Schockweiler* aaO 111; heute allgM)

Art. 17 gilt nicht, wenn für das **Hauptgeschäft eine schärfere** **17** **Form** eingehalten werden muß. Die Argumente, die der BGH für die Formeigenständigkeit der Schiedsklausel entwickelt hat (BGHZ 69, 260 = NJW 78, 212), lassen sich angesichts der im Vergleich zu § 1027 Abs. 1 ZPO sehr viel schwächeren Formbedürftigkeit nach Art. 17 in die Auslegung dieser Vorschrift nicht übertragen. Das Problem wurde bei Ausarbeitung des EuGVÜ/ LÜ nicht gesehen. Eine teleologische Reduktion ist daher statthaft.

Ganz schief ist es, privatautonom gesetzte Regelungen als „Ausnahmen" von den Vorschriften des dispositiven Rechts hinzustellen, und deshalb die Formerfordernisse des Art. 17 „eng" auslegen zu wollen (**aA** aber EuGHE 1984, 2432 – „Russ" = RIW 84, 909, Anm. *Schlosser*; zuletzt EuGHE 1992 I 1769 – „Petereit" = IPRax 93, 32 – *Koch* 19). Vielmehr ist nur zu berücksichtigen, daß die Formvorschriften der Sicherstellung einer überlegten Willenseinigung dienen sollen, soweit dies mit den Bedürfnissen der Praxis nach Zügigkeit gewährleistenden Vertragsabschlußtechniken vereinbar ist.

3. Schriftlichkeit einer Vereinbarung (Buchst. a) 1. Altern.)

a) Bei Vertragstexten, die nicht auf andere Vertragstexte Bezug **19** nehmen, sei es auch nach Ergänzung durch Aufkleber (Düsseldorf RIW 90, 577, s. zu dieser Entscheidung aber auch Rn 31) verlangt Art. 17 keine einheitliche Vertragsurkunde. Es kann sich auch um einen Briefwechsel handeln, allgM. Wieweit es zu einer bindenden Willenseinigung kommt, richtet sich nach nationalem Recht, Rn 3, bei schriftlichen Vertragsverhandlungen etwa nach § 150 BGB oder Art. 19 UNKaufR. Art. 17 verlangt nicht, daß in der Annahme eines Vertrags ausdrücklich auf die Gerichtsstandsklausel Bezug genommen wird. Das nationale Recht kann ein solches zusätzliches Formerfordernis auch nicht aufstellen. Bei einseitig verpflichtenden Geschäften, wie etwa einem abstrakten Schuldanerkenntnis, kann man sich mit der schriftlichen Erklärung des sich verpflichtenden Teils begnügen. Das Erfordernis einer (eigenhändigen) **Unterschrift** eines jeden Vertragsteils wird kaum erörtert, ist aber anzunehmen, soweit nicht besondere Kommunikationstechniken einen Verzicht darauf erfordern und weitgehend üblich gemacht haben (als selbstverständlich vorausgesetzt bei *Schockweiler* 111). Unterschreibt nur ein Teil, so kann darin eine mündliche Vereinbarung mit sofortiger nachfolgender schriftlicher Bestätigung liegen (Beispiel: München ZZP 103 [1990] 84). Der nicht unterschreibende Teil kann sich auf die Gerichtsstandsvereinbarung berufen (*Hill* aaO 98, aber unter fälschlicher Berufung auf EuGH). Weder der Zweck des Schutzes vor Überrumpelung noch das Anliegen der Rechtssicherheit stehen dem entgegen.

20   **b)** Ist eine Gerichtsstandsklausel in einem Text enthalten, der kein äußerlich integrierter Bestandteil der Vertragsurkunde oder des Vertragsangebots ist, vor allem also bei **AGB**, dann wird sie nur wirksam, wenn sich auch im Vertrag (nicht auf Rechnungen: EuGHE aaO „Segoura"; allgM) ein deutlicher Hinweis auf sie findet. Die Unterschrift muß aber nicht unter dem Verweisungstext stehen (Trib. Livorno ILPr 90, 263). Der bloße Abdruck auf der Rückseite des Vertragsformulars genügt demgegenüber ebensowenig (EuGHE 1976, 1841 = NJW 77, 494 „Estasis Salotti"; allgM) wie der Abdruck auf der Rückseite des **Konossement**formulars (EuGHE 1984, 2417 – „Russ", s. zu letzterem aber auch Rn 28) oder eine trotz Hinweis auf AGB unauffällig versteckt stehende Klausel (Stuttgart IPRax 89, 174). Weitere Beispiele aus der deutschen Rechtsprechung: BGH EuZW 92, 516; Hamm RIW 80, 662; Celle RIW 85, 572 = IPRax 284 – *Tebbens*; Köln NJW 88, 2188; München RIW 89, 902 = ZZP 103 (1990) 84 – krit. *H. Schmidt*; Hamm NJW 90, 652; LG Siegen RIW 80, 287. S. auch Rn 16. Faxen nur der Vorderseite eines Bestellformulars bezieht die auf der Rückseite des Formulars enthaltene Gerichtsstandsklausel niemals ein (Trib. cantanal Neuchâtel SZEIR 94, 418), es sei denn das Formular stamme von der Gegenseite.

Bei schriftlichen Vertragsverhandlungen, die durch mehrfachen Briefwechsel gekennzeichnet sind, genügt eine ausdrückliche Verweisungskette, allgM. Entgegen einer in der Literatur vielfach vertretenen Ansicht (*Geimer/Schütze* I 1 484, 876; *Reithmann/Martiny/Hausmann* Internationales Vertragsrecht[5] Rn 1194; *MünchKomm ZPO-Gottwald* Rn 19) bedarf es im Lichte des zu Rn 16 Ausgeführten keiner Überlassung des Textes, der die Gerichtsstandsklausel enthaltenen AGB, wenn der andere Vertragsteil sich den Text durch Rückfragen unschwer und prompt verschaffen kann (München RIW 87, 998 = IPRax 507 – *Rehbinder* 289). In allen Fällen ist aber Wirksamkeit nach Rn 24f denkbar.

4. Schriftlich bestätigte Vereinbarung (Buchst. a) 2. Altern.)

a) Die Form der schriftlich bestätigten mündlichen Vereinba- 21
rung ist sachwidrig. Verlangt man, daß das Zustandekommen einer der späteren schriftlichen Bestätigung entsprechenden mündlichen Vereinbarung zugestanden oder bewiesen wird (Köln NJW
88, 2182; Frankfurt RIW 76, 107; hM, etwa *Kropholler* Rn 37), so ist
das Erfordernis einer schriftlichen Bestätigung sinnlos, s. Rn 1, 16.
Die im Handelsverkehr typischen Problemfälle, schriftliche Auftragsbestätigung, kaufmännisches Bestätigungsschreiben, die die
Formvariante nicht erfüllen (EuGH s. Rn 1; BGH NJW 94, 2700 –
für Auftragsbestätigung unter Beifügung eigener AGB), sind heute
über Buchst. b) und c) gelöst. Fast alle zu der Formvariante der
schriftlich bestätigten mündlichen Vereinbarung entschiedenen
Fälle kamen entweder auch zur Formunwirksamkeit nach Buchst.
c) (Köln aaO) – die Form der schriftlich bestätigten mündlichen
Vereinbarung soll aber sicherlich nicht die Formwirksamkeit von
Gerichtsstandsklauseln retten, die nicht einmal handelsgebräuchli-
chen oder intersubjektiv gebräuchlichen Formen entsprechen; oder
aber sie behandelten Situationen, auf die die Sonderregelungen für
handelsgebräuchliche Vereinbarungsformen noch nicht, oder zwar
diese, aber noch nicht Buchst. b) anwendbar waren (so EuGH in
sämtlichen bisher zu dieser Formvariante ergangenen Entscheidungen; Hamm NJW 90, 652; LG Essen IPRax 92, 229 – heute eindeutig Buchst. b) anwendbar).

b) Wichtige **Einzelheiten**, vor allem aus der Rechtsprechung: 22
Die mündliche Vereinbarung muß sich **speziell** auf die **Gerichtsstandsklausel** beziehen, allgM, wenn dem Bestätigungsadressaten
der Text der sie enthaltenen AGB nicht verfügbar ist, Rn 16. Die
schriftliche Bestätigung braucht aber auf eine Gerichtsstandsbestimmung in beigefügten AGB nicht ausdrücklich hinzuweisen
(BGH EuZW 92, 125, allgM). Welcher Vertragsteil schriftlich bestätigt, ist gleichgültig (EuGHE 1985, 2703 – „Berghöfer = RIW
736; 1986, 3356 – „Iveco" = NJW 87, 2155). Ein etwaiger Widerspruch begründet lediglich Zweifel am Zustandekommen einer
mündlichen Einigung, allgM. Zur formlosen Vertragsverlänge-
rung trotz vereinbarter Schriftform: EuGHE aaO „Iveco" – insoweit krit. *Jayme* IPRax 87, 361. Wenn durch die „Bestätigung,"
weil eine mündliche Vereinbarung fehlt, erstmals Gerichtsstandsklauseln in den Vertrag eingeführt werden sollen, bedarf es schon
nach allgemeinem Vertragsrecht eine Annahme dieser Vertragsän-

derung. Da eine nicht schriftlich abgegebene Annahme noch nicht zu einer schriftlichen Vereinbarung führt, muß die Annahme ebenfalls schriftlich sein (EuGHE 1976, 1851 = NJW 77, 495, wohl allgM). Im Handelsverkehr wird die Klausel aber meist nach Buchst. c) wirksam sein. Zu ständigen Geschäftsverbindungen s. Rn 23. Beweislast s. Rn 21. Zur Beifügungsobliegenheit gilt das zu Rn 20 a. E. Gesagte (**aA** Köln IPRspr 91, 320).

5. Dauernde Geschäftsbeziehungen (Buchst. b)

23   In seiner um das Zustandekommen einer Willenseinigung überbesorgten Ausgangsentscheidung, s. Rn 1, hat der EuGH eine aus dem Übereinkommenstext nicht ableitbare Ausnahme für laufende Geschäftsbeziehungen gemacht, die zwischen den Parteien auf der Grundlage der eine Gerichtsstandsklausel enthaltenden AGB bestehen. Dann soll das die AGB einbeziehende kaufmännische Bestätigungsschreiben genügen, wenn der mündliche Vertragsschluß unter Bezugnahme auf nicht vorliegende AGB zustande kam. Anläßlich der Ausarbeitung des LÜ und des 3. Beitrittsübereinkommens wollte man diese Ausnahme festschreiben (*Jenard/Möller*-Bericht Rn 57f). Ausdrücklich ist aber auch festgehalten, man wolle vermeiden, daß der Abdruck auf Rechnungen und kaufmännischen Bestätigungsschreiben blindlings zu einer Gerichtsstandsvereinbarung führt. Daher ist bei Anwendung von Buchst. b) besonders darauf zu achten, daß sich die Vorschrift nur auf die Form der Abmachung bezieht. Das Zustandekommen der Willensübereinstimmung ist gesondert festzustellen. Es fehlt daran, wenn sich nichts weiter ergibt, als ein Abdruck auf ständig verschickten Rechnungen. Eine Einigung ist aber zustande gekommen, wenn die Parteien laufend Geschäfte nach bestimmten AGB abgewickelt haben, die in Auftragsbestätigungen oder kaufmännischen Bestätigungsschreiben in Bezug genommen sind oder ohne Bezugnahme auf der Rückseite der Vertragsurkunde abgedruckt waren (auf den Fall BGH NJW 94, 2700 wäre heute Buchst. b) anwendbar). Verbrauchergeschäfte sind im Anwendungsbereich des Buchst. b) nicht ausgeschlossen (*Trunk* 47). Bei einem zweiten Vertrag unter den Parteien ist noch nichts üblich (Cour d'Appel Paris Rev. crit. 92, 793).

6. Die handelsgebräuchliche Form (Buchst. c)

24   Seine heutige textliche Form hat Buchst. c) durch das LÜ und das 3. Beitrittsübereinkommen erhalten, nachdem diese Form der

Sache nach bereits das 1. Beitrittsübereinkommen eingeführt hatte, Rn 1. Man wollte die Formulierungen des Übereinkommens mit der entsprechenden in Art. 9 Abs. 2 UN Kaufrecht in Übereinstimmung bringen. Grundvoraussetzung für das Eingreifen der Regelung ist, daß sich in einem bestimmten Geschäftszweig eine Form herausgebildet hat, die dort gebräuchlich geworden ist. Ist dies der Fall, dann gilt die Formerleichterung aber auch für zu diesem Geschäftszweig gehörende Verträge unter Parteien, die selbst nicht ständig in diesem Geschäftszweig tätig sind, vorausgesetzt sie mußten die Gebräuchlichkeit dieser Form kennen. Es muß sich nicht um „Handelsbräuche" in dem in Deutschland mit diesem Wort verbundenen rechtstechnischen Sinn handeln, auch wenn im englischen Text seit dem 3. Beitrittsübereinkommen der Begriff „practices in that trade or commerce" nicht mehr erscheint (heutiger englischer Text: „usage"; franz.: „un usage"; niederländ.: „gewoonte waarvan"). Vielmehr genügt eine faktische Gebräuchlichkeit, die auch ortsbezogen sein oder ganz generell den rechtsgeschäftlichen gewerblichen Verkehr beherrschen kann. Für seerechtliche Stückguttransportverträge ist sogar beiderseits telefonischer Vertragsschluß als handelsüblich gewertet worden (Hamburg IPRspr 92 Nr. 194, s. auch Rn 28). Selbst mehrere Formen können in einem Geschäftszweig gebräuchlich sein.

Der Anwendungsbereich der Formerleichterung läßt sich folgendermaßen definieren (*Stöve* 38 ff, der insoweit im wesentlichen gefolgt wird): Der Vertrag muß in beruflicher oder gewerblicher Tätigkeit, s. Art. 13, abgeschlossen und i. S. v. Rn 6 f international sein. Auf die formelle Kaufmannseigenschaft kommt es nicht an, allgM. **25**

Wie die übrigen Bestandteile der Vorschrift bezieht sich auch Buchst. c) **nur** auf die **Form** der Vereinbarung, s. Rn 3 (**aA** LG Essen RIW 92, 228; *Basedow* IPRax 85, 137; *Rauscher* ZZP 104 [1991] 288 ff; weitaus h M). Aufdrucke auf Rechnungen sind zwar eine im (internationalen) Handelsverkehr übliche Form. Ob sie darin enthaltene Gerichtsstandsklauseln verbindlich machen, richtet sich nach dem kollisionsrechtlichen Statut für das Zustandekommen einer Willensübereinkunft. Auf der Grundlage der Gegenansicht wird für die Wirksamkeit von Rechnungsaufdrucken Handelsüblichkeit behauptet (*Stöve* aaO 172 ff. **AA** *Alusuisse v. Rodwer* C. A. ILPr 90, 103). Es genügt, wenn die Handelsgebräuchlichkeit am Sitz jener Vertragspartei besteht, die den Vertragstext formuliert hat. Die subjektiven Erfordernisse vom Buchst. c) bringen den notwendigen Ausgleich, allgM.

26 Für die in der **Praxis wichtigsten Vertragsgestaltungen** folgt hieraus: Eine **schriftliche Auftragsbestätigung** ist zwar eine weltweit übliche Form. Im Lichte von Art. 19 Abs. 3 UN-Kaufrecht fehlt es aber an einem universellen Handelsbrauch, der eine darin enthaltene Gerichtsstandsklausel schon vor Beginn der Vertragsdurchführung wirksam machte (BGH NJW 94, 2700; textlich weiter, im konkreten Fall aber Beginn der Vertragsdurchführung Cour d'Appel Paris ILPr 90, 364). Die auf Auftragsbestätigungen bezogene Bemerkung im *Schlosser*-Bericht (Rn 179) kann nicht in einem darüber hinaus verallgemeinernden Sinn verstanden werden. Für spezifische, vor allem börsenartige, Marktverhältnisse kann sich aber ein solcher Handelsbrauch durchaus gebildet haben.

27 Auch ein **kaufmännisches Bestätigungsschreiben** ohne Vorliegen der Voraussetzungen von Rn 21f entspricht einer weltweit im gewerblichen Verkehr üblichen Form. Materiell kommt es aber auf seiner Grundlage nur zu einer Bindung, wenn dies auch vom Vertragsabschlußstatut so gesehen wird (*Kropholler* Rn 42; wohl auch *MünchKommZPO-Gottwald* Rn 30. **AA** LG Essen RIW 92, 228 mwN; LG Münster RIW 92, 230; hLitM etwa *Stöve* aaO 146. Aus dem Ausland: *Collins* The Civil Jurisdiction and Judgement Act [1983] 86; *Kaye* 1062 – allesamt Verbindlichkeit kraft Handelsüblichkeit auch insoweit). Die Gegenansicht verschiebt freilich die Problematik ins Subjektive und leugnet eine Bindung, wenn der andere Vertragsteil nach seinem Wohnsitz mit der Bindungswirkung nicht rechnen mußte (etwa Köln NJW 88, 2182; *Kropholler* aaO).

28 Bei einbezogenen, Rn 20, Aufdrucken auf der Rückseite eines dem Befrachter ausgehändigten **Konnossements** (Lit.: *Mankowski* Seerechtliche Vertragsverhältnisse im IPR [1995] 233–299 – überreichhaltig dokumentiert) ist weltweit Bindung anerkannt (Tribunale Genua Riv.dir.int.pr.proc. 90, 120; *Stöve* aaO 170; *Cour d'Appel Rennes* Rev. crit. 94, 803 – für den Fall der Unterzeichnung durch den Befrachter; *Basedow* IPRax 85, 133, 137). Zur Bindung des Empfängers des Konnossements s. Rn 43. Anders liegen die Dinge aber dann, wenn im Konnossement nur auf die Bedingungen der **charter party** verwiesen wird und in ihr eine Gerichtsstandsklausel steht. So wird zwar vielfach verfahren. In manchen Staaten wird aber die Wirksamkeit einer solchen Einbeziehung geleugnet. Ein Handelsbrauch, der die Bindung anerkennt, kann sich dann allenfalls lokal feststellen lassen.

Kommt es nach Abschluß des Transportvertrags nicht mehr zur Begebung eines Konnossements, weil das Transportgut nicht angeliefert wird, so sollen die üblichen Konnossementbedingungen des Verfrachters kraft Handelsbrauchs gleichwohl gelten (Hamburg IPRspr 92 Nr. 194). Da dies aber keine Frage der Form ist, kann es nur so sein, wenn kraft eines echten Handelsbrauchs i. S. dispositiven Gewohnheitsrechts die zugrundeliegenden telefonischen Verträge die Konnossementbedingungen des Verfrachters einbeziehen. Zu Aufdrucken auf Rechnungen s. Rn 25. Zum intertemporalen Anwendungsbereich s. Rn 8 ff.

7. Sonderregelung für Luxemburg

Art. I Abs. 2 Protokoll Nr. I begünstigt in Luxemburg wohn- **29** hafte Vertragsparteien (s. EuGHE 1980, 1537).

IV. Ausnahmen von der Zulässigkeit einer Gerichtsstandsvereinbarung

Absätze 3 und 5 haben die Zulässigkeit aller Gerichtsstandsver- **30** einbarungen ausgeschlossen, die Rechtsstreitigkeiten betreffen, die dem Art. 16 unterfallen. Für Rechtsstreitigkeiten, die von den Artt. 7 und 13 erfaßt werden, richtet sich die Prorogationsmöglichkeit nach Artt. 12 und 15, s. jeweils dort. Beispiel für eine unwirksame Gerichtsstandsklausel (in einem Ferienhaus-Vermittlungsvertrag): LG Berlin IPRax 92, 243. Unter den genannten Voraussetzungen ist auch eine das Gericht eines Nicht-Vertragsstaats bezeichnende Vereinbarung ohne Derogationswirkung, str. Zum Begriff Arbeitsvertrag s. Art. 5 Rn 8.

Es besteht Einigkeit darin, daß Gerichtsstandsvereinbarungen **31** auch wegen **Rechtsmißbräuchlichkeit** unwirksam sein können. Da eine Mißbrauchsverhinderungsregelung eine Beschränkung der vom EuGVÜ grundsätzlich garantierten Prorogationsfreiheit ist, muß sie als Aufgabe der Fortbildung des europäischen autonomen Rechts angesehen und kann nicht durch Rückgriff auf nationales Recht gewonnen werden (*Kropholler* Rn 72; *H. Roth* IPRax 92, 68 f; *MünchKommZPO-Gottwald* Rn 23. **AA,** nämlich § 9 AGBG anwendend Karlsruhe NJW 82, 1950; § 3 AGBG anwendend Düsseldorf RIW 90, 580; *Wolf/Horn/Lindacher* AGBG[3] § 9 G 135).

Nationales Recht wie etwa § 7 HausTWG oder ähnliche Vor- **32** schriften in ausländischen Gesetzen sind durch Art. 17 Abs. 3 und 5 verdrängt, s. Rn 7. Aus international **zwingend** anwendbaren **materiellrechtlichen Vorschriften** kann kein Derogationsverbot mehr hergeleitet werden, allgM (zB Stuttgart RIW 91, 333 – Kartellrecht). Die Rechtsprechung des BGH zum Derogationsverbot bei Börsentermingeschäften (IPRax 85, 216 – *G. Roth* 198) gilt bei Bezeichnung eines Gerichts in einem Vertragsstaat nicht (LG Darmstadt NJW RR 94, 686; näher *Schlosser* FS Steindorff [1990] 1389; nahezu allgM. **AA** *Kohler* IPRax 83, 271 f). Für Ansprüche, die sich aus dem deutschen Kartellrecht ergeben, kann die Zuständigkeit eines ausländischen Gerichts vereinbart werden (Stuttgart EuZW 91, 125). Die Einhaltung der Haftungsgarantie in den sog. Visby-Regeln kann nicht durch Ignorierung einer Gerichtsstandsklausel sichergestellt werden (*Kropholler* Rn 82 ff).

V. Die Wirkungen einer Gerichtsstandsvereinbarung

1. Die instrumentellen Wirkungen

33　　Obwohl nach dem Wortlaut der Vorschrift eine Gerichtsstandsvereinbarung eine **ausschließliche Zuständigkeit** begründet, die auch alle besonderen Gerichtsstände ausschließt, allgM, ist es den Parteien unbenommen, mehrere zur Wahl stehende Gerichte oder zusätzlich zu den gesetzlich vorgesehenen ein weiteres Gericht für zuständig zu erklären (*Kurz v. Stella Musical GmbH* [1992] Ch. 196; allgM). Abs. 4 ist nur ein Sonderfall davon und stellt keineswegs darauf ab, ob das vereinbarte Gericht einer Partei günstiger ist als der anderen (EuGHE 1986, 1951). Jedoch kann die Vereinbarung des Gerichts am Sitz einer Partei als Vereinbarung nur zugunsten dieser Partei gemeint sein (*Coignet S!A. v. BCI,* Cour de Cassation ILPr 92, 450; LG Gießen IPRax 84, 160). Abs. 4 zeigt, daß es nicht mißbräuchlich ist, wenn nur einer Partei mehrere Gerichtsstände zur Wahl gestellt werden (Beispiel: LG Darmstadt NJW RR 92, 684). Ob dies geschehen ist, ist Auslegungsfrage (*S & W Berisford a.a. s. New Hampshire Insurance,* QB ILPr 90, 118: „subject to English jurisdiction" begründet keine Ausschließlichkeit; Cour d'Appel Paris ILPr 90, 377: Gerichtsstand für Klage gegen alle Bürgen zum Vorteil des Bürgschaftsgläubigers; München RIW 82, 281 f; Frankfurt IPRax 84, 160).

34　　Das für zuständig erklärte Gericht ist wie jedes andere zur Beurteilung aller auftauchenden Rechtsfragen und Verteidigungsmittel befugt. Die vereinbarte Zuständigkeit begründet auch die

Zuständigkeit für eine **Widerklage** und eine im Gerichtsstand des Sachzusammenhangs erhobene Klage. Zur Widerklage mit einem von der Gerichtsstandsvereinbarung erfaßten Anspruchs s. Rn 40.

Das Zuständigkeitssystem des EuGVÜ setzt der **Aufrechenbar-** 35 **keit** von Forderungen keine Grenzen, s. vor Art. 2 Rn 15. Das gilt auch dann, wenn mit einer Forderung aufgerechnet wird, die aus einem Vertrag stammt, der eine Gerichtsstandsklausel enthält (durch EuGH bisher nicht entschieden). Der BGH will einer Gerichtsstandsvereinbarung im Wege der Auslegung entnehmen, daß die von ihr erfaßten Forderungen vor dem Gericht eines anderen Staates auch nicht aufrechnungsweise verwendet werden können (BGHZ 60, 85; BGH NJW 81, 2645; hLitM, z. B. *Stein/Jonas/ Bork*[21] § 38 Rn 19a). Wie eine Gerichtsstandsklausel auszulegen ist, ist allerdings keine Frage des europäischen Rechts und daher nicht vorlagefähig.

Zur **Prüfung von amtswegen** s. Art. 20. Für die Beachtung der 36 Derogationswirkung einer Gerichtsstandsvereinbarung ist jedoch Voraussetzung, daß diese im Rahmen der Verhandlungsmaxime vorgetragen wird. **Streitverkündung** soll nach allgM von Art. 17 unberührt bleiben, dann muß gleiches auch für eine nach ausländischem Prozeßrecht für diesen Zweck vorgesehene Widerklage ("action reconventionnelle au fin de rendre le jugement opposable") gelten.

2. Die objektiven Wirkungen

Welche Schritte zu einem Gericht von einer Gerichtsstandsver- 37 einbarung betroffen sind, richtet sich nach der Auslegung der Vereinbarung. Jedoch haben sich insoweit typische naheliegende Annahmen herausgebildet.

Die Klausel erfaßt nach deutschen Auslegungsgrundsätzen auch 38 konkurrierende, insbesondere **deliktische Anspruchsgrundlagen** (allgM. Beispiel: Stuttgart RIW 91, 333 = IPRax 92, 86 – *H. Roth* 67). Entscheidend sind die Auslegungsgrundsätze des nationalen Rechts.

Eine Gerichtsstandsklausel ist nach deutschem Verständnis im 39 allgemeinen auch dann für einen aus der Rückabwicklung fehlgeschlagener Vertragsschlüsse hergeleiteten Anspruch und für die Feststellung der Wirksamkeit oder Unwirksamkeit eines Vertrags bindend, wenn es heißt, für Streitigkeiten "aus" einem Vertrag soll sie gelten. Denn sinnvoll ist es (so mit Recht *Gottwald* FS Henkel

117

[1995] 303), eine internationale Gerichtsstandsvereinbarung ebenso für **unabhängig von der Wirksamkeit des Hauptvertrags** zu erklären wie einen Schiedsvertrag (zu letzterem BGHZ 53, 315 = NJW 70, 2567 = JZ 730 – *Schlosser*; zur internationalen Anerkennung dieses Grundsatzes *Schlosser* Das Recht der Internationalen Privaten Schiedsgerichtsbarkeit[2] [1989] Rn 392). In einem Fall einer nur die örtliche Zuständigkeit betreffenden Gerichtsstandsklausel ist auch schon so entschieden worden (KG BB 83, 213). Daher gilt eine Gerichtsstandsklausel auch für eine Klage auf Feststellung der Nichtigkeit des Hauptvertrags (**aA** Cour de cassation Rev. crit. 83, 516; *Kropholler* 86), wenn der geltend gemachte Nichtigkeitsgrund nicht auch die Gerichtsstandsvereinbarung betrifft wie etwa dann, wenn das Fehlen der Vertretungsmacht einer als Bevollmächtigter auftretender Person geltend gemacht wird. **Vertragsverlängerungen** und ihre Auswirkungen auf die Fortgeltung der Gerichtsstandsklausel bemessen sich nach nationalem Recht (EuGHE 1986, 3355 – „Iveco").

40   Normalerweise ist der Parteiwille dahin auszulegen, daß ein von einer Gerichtsstandsklausel erfaßter Anspruch auch nicht **widerklageweise** vor einem anderen Gericht geltend gemacht werden kann (*Kropholler* Rn 93; anders hM, etwa *Gottwald* IPRax 86 10ff). Das gleiche gilt für die sonstigen Gerichtsstände des Art. 6 (Cour de cassation Rev. crit. 93, 794). Bei objektiver Anspruchshäufung ist für jeden Anspruch gesondert zu prüfen, ob er von der Gerichtsstandsklausel erfaßt ist.

41   Die Gerichtsstandsklausel erfaßt alle in Betracht kommenden **Rechtsschutzformen.** Das Wort „Ansprüche" in einer Vereinbarung deckt auch Feststellungs- und Gestaltungsklagen, nicht aber die vollstreckungsrechtlichen Klagen des deutschen Rechts (§§ 767, 771 ZPO), für die Art. 16 Nr. 5 gilt.

42   Auf Maßnahme des **Einstweiligen Rechtsschutzes** bezieht sich eine Gerichtsstandsklausel im allgemeinen nicht (Bsp. AG Leverkusen IPRax 83, 45, str. **AA** *Kropholler* Rn 97 mwN). Anders muß man jedoch für Leistungsverfügungen urteilen, die auf mehr als nur eine Unterlassung gerichtet sind, wie etwa eine französische „referé-provision".

42a   Weitere Auslegungsbeispiele: *Häcker Küchen GmbH v. Bonna Huygen Moubelimpex B.V.,* Hoge Raad ILPr 92, 379 – Gerichtsstandsklausel in Einzelkaufverträgen bedeutungslos für Vertragshändlervertrag.

3. Die subjektiven Wirkungen

Gerichtsstandsvereinbarungen wirken nicht anders zu Lasten **43** oder zu Gunsten **Dritter** wie Verträge generell. Die Frage richtet sich nach nationalem Recht (*Gaudemet-Tallon* Rn 140). Im Falle der **Einzelrechtsnachfolge** gelten §§ 401, 404 BGB und entsprechende Vorschriften in anderen Rechtsordnungen, im Ergebnis allgM (denknotwendigerweise vorausgesetzt in EuGH aaO „Russ"). Das gilt auch beim gesetzlichen Forderungsübergang (Cour d'Appel Rouen Rev.crit. 94, 803 – seerechtliche Transportversicherung). Bei einem **Vertrag zu Gunsten Dritter** ist letzterer an die Gerichtsstandsklausel gebunden und kann von ihr Gebrauch machen (*Hill* aaO 98). Das gleiche gilt für einen aus einem Versicherungsvertrag Begünstigten, der nicht dessen Vertragspartner ist, soweit das EuGVÜ insoweit Gerichtsstandsvereinbarungen zuläßt (EuGHE 1993, 2517 = NJW 84, 2760). Für Empfänger eines **Konnossements** hat der EuGH im gleichen Sinne entschieden, soweit nach nationalem Recht der Erwerber des Konnossements in die Rechte und Pflichten des Befrachters eintritt. (EuGHE 1984, 2435 – „Russ" = IPRax 85, 152 -*Basedow* 133). Wenn nicht schon geschriebenes nationales Recht den Empfänger an die Konnossementbedingungen bindet, liegt wohl eine überall anerkannte Handelsgebräuchlichkeit vor, die, da nicht die Form betreffend, zwar nicht von Buchst. c) erfaßt wird, aber doch zu respektieren ist. Soweit schon der Befrachter nicht gebunden ist, s. Rn 28, ist es auch der Empfänger nicht. Auch die Bindung eines **Konkursverwalters** richtet sich nach nationalem Recht. Die Frage, ob jemand an eine Gerichtsstandsvereinbarung gebunden ist, der aus Rechtsschein, etwa als Vertreter ohne Vertretungsmacht, haftet, richtet sich ebenfalls nach nationalem Recht, nach deutschem Recht etwa ist es nicht der Fall (Saarbrücken NJW 92, 987).

Art. 18 [Zuständigkeit infolge rügeloser Einlassung]

Sofern das Gericht eines Vertragsstaats nicht bereits nach anderen Vorschriften dieses Übereinkommens zuständig ist, wird es zuständig, wenn sich der Beklagte vor ihm auf das Verfahren einläßt. Dies gilt nicht, wenn der Beklagte sich nur einläßt, um den Mangel der Zuständigkeit geltend zu machen, oder wenn ein anderes Gericht aufgrund des Artikels 16 ausschließlich zuständig ist.

I. Die Bedeutung der rügelosen Einlassung

1   Die Vorschrift begründet die Zuständigkeit des angegangenen
Gerichts, ohne daß ein rechtsgeschäftlicher Wille zur Unterwerfung unter dessen Entscheidungsgewalt vorliegen müßte. Sie
macht nicht etwa nur eine Ausnahme von dem sonst nach Art. 17
geltenden Schriftlichkeitserfordernis. Die Vorschrift gilt, abgesehen von der in Satz 2 ausdrücklich gemachten Ausnahme, auch
dann, wenn die Zuständigkeit des angegangenen Gerichts nicht
durch Vereinbarung hätte begründet werden können. Sie ist außer
auf eine Widerklage auch auf eine Aufrechnung anzuwenden (EuG-
HE 1985, 787 = NJW 2893 = IPRax 86, 27 – *Gottwald* 10), sofern
aus dem Zuständigkeitssystem des EuGVÜ überhaupt Aufrech-
nungsbeschränkungen ableitbar sind, s. vor Art. 2 Rn 15. Rügelose
Einlassung begründet Zuständigkeit auch dann, wenn die Zuständigkeit des angegangenen Gerichtes vorher derogiert war (EuGHE
1981, 1671 – „Elefanten Schuh"). Wegen des Sachzusammenhangs
der Norm mit Art. 17 ist sie immer anwendbar, wenn eine der
Verfahrensparteien ihren Wohnsitz in einem Vertragsstaat hat
(hM, etwa *MünchKommZPO-Gottwald* Rn 4. **AA** *Jenard*-Bericht zu
Art. 18 – Wohnsitz des Beklagten; *Hill* 92 – ohne Rücksicht auf
Wohnsitz), s. Art. 17 Rn 6. In all diesen Fällen wird das Amtsgericht daher durch rügelose Einlassung auch zuständig, wenn nicht
nach § 39 S. 2, § 504 ZPO belehrt worden war. Denn Art. 18 hat
Vorrang vor nationalem Recht, auch vor § 282 Abs. 3 ZPO. (**AA**
LG Frankfurt RIW 93, 933). Zum einstweiligen Rechtsschutz s.
Art. 24 Rn 1. Zu § 296 Abs. 3 s. Einl. Rn 20.

II. Anforderungen an eine wirksame Einlassung

2   **1.** Durch das EuGVÜ selbst sind zwei Festlegungen zur Wirksamkeit einer Einlassung getroffen. Eine Einlassung setzt nicht eine
Stellungnahme zur Hauptsache voraus. Auch verfahrensmäßige
Ausführungen schriftlicher Art oder in mündlicher Verhandlung
sind eine Einlassung, allgM. Das in manchen Vertragssprachen
fehlende Wörtchen „nur" in S. 2 muß in praktisch sinnvoller Weise
ausgelegt werden. Ist die internationale Zuständigkeit des angan-
genen Gerichts gerügt, dann ist eine gleichzeitige hilfsweise Einlassung zu irgendwelchen anderen Aspekten des Verfahrens oder eine
hilfsweise erhobene Widerklage (str.) unschädlich (EuGHE 1981,

1671 – „Elefanten Schuh" u. 1981, 2431 – „Rohr" = (beide) IPRax 82, 234 – *Leipold* 223; EuGHE 1982, 1189 = IPRax 83, 77; EuGHE 1983, 2503 = NJW 84, 2760 = IPRax 259 – *Hübner* 237). Allerdings ist noch offen, ob in der mündlichen Verhandlung die Zuständigkeitsrüge auch dann rechtzeitig ist, wenn sie nach einer sonstigen Einlassung vorgebracht wird. Die Frage ist nach nationalem Recht zu entscheiden und für das deutsche Recht zu verneinen. Art. 20 Abs. 1 ist Sondervorschrift zu § 296 Abs. 3 (Köln NJW 82, 2182, str.), s. Artt. 19, 20 Rn. 2.

S. 2 spricht von einer Einlassung, „um den Mangel der Zustän- **3** digkeit geltend zu machen". Es wäre ein überspitzter Formalismus, wenn man dem Beklagten abverlangen wollte, das Fehlen der Zuständigkeit gerade nach dem EuGVÜ dartun zu müssen. Da aber das EuGVÜ teilweise auch die örtliche Zuständigkeit regelt, läßt sich die von S. 2 gemeinte Unzuständigkeitsrüge auch nicht auf die internationale Unzuständigkeit einengen. Aus praktischen Gründen muß daher jede Unzuständigkeitsrüge die Begründung der Zuständigkeit nach Art. 18 ausschließen. Die Rüge braucht nicht ausdrücklich zu sein. Auch die Einrede des Schiedsvertrags ist eine solche, hM.

7. Abschnitt: Prüfung der Zuständigkeit und der Zulässigkeit des Verfahrens

Art. 19 [Erklärung der Unzuständigkeit in Fällen des Art. 16]

Das Gericht eines Vertragsstaats hat sich von Amts wegen für unzuständig zu erklären, wenn es wegen einer Streitigkeit angerufen wird, für die das Gericht eines anderen Vertragsstaats aufgrund des Artikel 16 ausschließlich zuständig ist.

Art. 20 [Erklärung der Unzuständigkeit von Amts wegen in sonstigen Fällen]

(1) Läßt sich der Beklagte, der seinen Wohnsitz in dem Hoheitsgebiet eines Vertragsstaats hat und der vor den Gerichten eines anderen Vertragsstaats verklagt wird, auf das Verfahren nicht ein, so hat sich das Gericht von Amts wegen für unzuständig zu erklären, wenn seine Zuständigkeit nicht aufgrund der Bestimmungen dieses Übereinkommens begründet ist.

(2) **Das Gericht hat die Entscheidung solange auszusetzen, bis festgestellt ist, daß es dem Beklagten möglich war, das den Rechtsstreit einleitende Schriftstück oder ein gleichwertiges Schriftstück so rechtzeitig zu empfangen, daß er sich verteidigen konnte, oder daß alle hierzu erforderlichen Maßnahmen getroffen worden sind.**

(3) **An die Stelle des vorstehenden Absatzes tritt Artikel 15 des Haager Übereinkommens vom 15. November 1965 über die Zustellung gerichtlicher und außergerichtlicher Schriftstücke im Ausland für Zivil- oder Handelssachen, wenn das den Rechtsstreit einleitende Schriftstück gemäß dem erwähnten Übereinkommen zu übermitteln war.**

Textgeschichte: idF des 3. Beitrittsübereinkommens und des LÜ

I. Zuständigkeitsprüfung von Amts wegen

1   Sinn von Art. 20 Abs. 1 ist es sicherzustellen, daß sich niemand um eine Klage zu kümmern braucht, die in einem anderen Vertragsstaat als seinem Wohnsitzstaat gegen ihn erhoben wird, wenn dort keine Zuständigkeit nach dem EuGVÜ besteht. Es ist also nicht nur ein förmlicher Antrag des Beklagten, die Klage als unzulässig abzuweisen, entbehrlich. Vielmehr muß das Gericht auch von sich aus nachprüfen, ob es zuständig ist. Die unnötige Belästigung des Beklagten wird allerdings auch durch eine bloße Berücksichtigung von Amts wegen gewahrt, so daß es für deutsche Gerichte nicht nötig ist, bei der Zuständigkeitsprüfung den Amtsermittlungsgrundsatz anzuwenden. Das Gericht muß nur den Kläger auf Bedenken gegen seine internationale Zuständigkeit aufmerksam machen. Anders als im Geltungsbereich von § 331 Abs. 1 ZPO muß es einen Nachweis der zuständigkeitsbegründenden Tatsachen durch den Kläger aber auch verlangen, wenn die Zuständigkeit nicht auf eine angebliche Vereinbarung der Parteien gegründet wird. Eine Unzuständigkeit durch Derogation muß freilich der Beklagte geltend machen und im Falle des Bestreitens beweisen.

Im Falle von **doppelrelevanten Tatsachen** genügt für die Begründung der Zuständigkeit die Behauptung, etwa daß der Beklagte eine vom Gericht als deliktisch zu qualifizierende Handlung begangen habe oder daß ein Vertrag geschlossen worden sei, s. Art. 5 Rn 4, um die Zuständigkeit zu begründen. Ist gerade der Ort einer angeblichen unerlaubten Handlung oder der Erfüllungsort

streitig, so muß aber das zuständigkeitsbegründende Sachverhalts-
element feststehen, um ein Sachurteil zu ermöglichen.

Die Regelungsgehalte von Artt. 19 und 20 unterscheiden sich nur **2**
in einer Nuance. Wenn das Gericht eines Vertragsstaats auch durch
rügelose Einlassung nicht zuständig werden kann, nämlich im Bereich des Art. 16, so braucht das angegangene Gericht gar nicht erst
abzuwarten, ob sich der Beklagte auf das Verfahren einläßt. Art. 19
macht es aber nicht unzulässig, abzuwarten, ob sich der Beklagte
auf das Verfahren einläßt, und erst dann, wenn er es tut, zu prüfen,
ob das ausländische Gericht dennoch nach Art. 16 ausschließlich
zuständig ist. Nach deutschem Verfahrensrecht muß ohnehin eine
mündliche Verhandlung anberaumt werden, bevor eine Klage
mangels internationaler Zuständigkeit der deutschen Gerichte ver-
worfen werden kann. Am Verhandlungsende steht fest, ob sich der
Beklagte auf das Verfahren eingelassen hat oder nicht.

Im Gegensatz zu einem Verstoß gegen Art. 19 (Art. 28 Abs. 1) **3**
führt eine Mißachtung von Art. 20 nicht zur Anerkennungsunfähigkeit des Urteils in einem anderen Staat (Cour de Cassation 1ère
ch. civ. v. 11. 4. 95 Bull. civ.). Daher ist es für den Beklagten
riskant, im Verfahrensstaat darauf zu vertrauen, daß das Gericht
die Zuständigkeitsfrage zuverlässig klären wird. Zur Bindung an
negative Zuständigkeitsentscheidungen ausländischer Gerichte s.
Art. 26 Rn. 3.

Zur Sonderregelung für Streitigkeiten zwischen Seeleuten und **4**
Kapitän s. Art. Vb Protokoll.

II. Aussetzungspflicht bei Fehlen eines Zustellungsnachweises (Art. 20 Abs. 1, 2)

Abs. 2 ist nur noch im Verhältnis zu Irland und Island anwend- **5**
bar, die dem HZÜ nicht angehören. Im übrigen s. Bem. zu Art. 15
HZÜ.

8. Abschnitt: Rechtshängigkeit und im Zusammenhang stehende Verfahren

Art. 21 [Konkurrierende Rechtshängigkeit]

(1) **Werden bei Gerichten verschiedener Vertragsstaaten Klagen wegen desselben Anspruchs zwischen denselben Parteien anhängig gemacht, so setzt das später angerufene Gericht das Ver-**

fahren von Amts wegen aus, bis die Zuständigkeit des zuerst angerufenen Gerichts feststeht.

(2) Sobald die Zuständigkeit des zuerst angerufenen Gerichts feststeht, erklärt sich das später angerufene Gericht zugunsten dieses Gerichts für unzuständig.

Textgeschichte: idFd 3. Beitrittsübereinkommens und des LÜ. Vordem: Verpflichtung für das später angerufene Gericht, sich sofort für unzuständig zu erklären mit der Ermessensbefugnis einer Aussetzung, wenn der Mangel der Zuständigkeit jenes Gerichts geltend gemacht wurde.

Zit.: *Sabine Isenburg-Epple,* Die Berücksichtigung ausländischer Rechtshängigkeit nach dem Europäischen Gerichtsstands- und Vollstreckungsübereinkommen (1992); *Hau,* Positive Kompetenzkonflikte im internationalen Zivilprozeßrecht (1996).

I. Stellenwert der Vorschrift im Übereinkommen

1   Der 8. Abschnitt ist ein Fremdkörper in Titel II, s. vor Art. 2 Rn 3. Art. 21 regelt den Fall der doppelten Rechtshängigkeit ein und desselben Streitgegenstands. Art. 22 betrifft den Fall verschiedener Streitgegenstände, die bei Gerichten verschiedener Staaten rechtshängig sind, aber im Zusammenhang miteinander stehen, s. dort Rn 1. Der Fall der Identität von Streitgegenständen wird vom EuGH aber viel weiter gezogen, als es in Deutschland geschieht, s. Rn 2. Daher geht die Funktion der Vorschrift über das vom EuGH herausgestellte Anliegen (EuGHE 1987, 4861 – „Gubisch" = NJW 89, 665), widersprechende Urteile zu verhindern, hinaus, wenn man den befürchteten Widerspruch nur in den Kategorien der deutschen Lehre von Streitgegenstand und materieller Rechtskraft messen wollte. Der Begriff „Anhängigkeit" meint **„Rechtshängigkeit"** (EuGHE 1964, 2397 – „Zelger" = RIW 737 Anm. *Linke*). Der Begriff „Klage" bezeichnet **jedes Rechtsschutzgesuch,** das vom Übereinkommen erfaßt wird. Anwendbar sind Artt. 21, 22 immer, wenn Gerichte verschiedener Vertragsstaaten angerufen werden, auch wenn dafür gem. Art. 4 Zuständigkeitsvorschriften des nationalen Rechts in Anspruch genommen werden (EuGHE 1991 I 3317 „Overseas Union" = NJW 92, 3221 = IPRax 93, 34 – *Rauscher* 21). Zu „anti suit injunctions" s. Art. 27–29 Rn 5. Ist das früher angerufene Gericht kein solches eines Vertragsstaats, ist Art. 21 unanwendbar. Das später angerufene zuständige Gericht muß zur Sa-

che entscheiden (*Arkwright Mutual Insurance C. v. Bryanston Insurance* Co [1990] 2 All ER 321).

II. Die Identität des Streitgegenstandes

1. Nach ständiger Rechtsprechung des EuGH (aaO – „Gubisch"; 2 EuGHE 1994 I 5439 – „The Tatry" = JZ 95, 616) ist der Begriff „derselbe Anspruch" (franz.: le même object et la même cause; engl.: the same cause of action) nicht nach dem jeweiligen nationalen Prozeßrecht, sondern vertragsautonom auszulegen. Im Vordergrund steht der Wille, es zu der in Art. 27 Nr. 3 angesprochenen Situation gar nicht erst kommen zu lassen (s. auch Bremen RIW 92, 231). Der Gerichtshof hat hierbei ganz andere Kriterien zugrunde gelegt, als für die deutsche Streitgegenstandslehre entwickelt wurden. Im Grunde müßte danach eine eigene EuGVÜ-Streitgegenstandslehre aufgestellt werden. Das hat zusammenhängend noch niemand versucht. Daher kann auch hier nur ein Überblick über die Rechtsprechung und Aussagen aus dem Schrifttum gegeben werden, der fallgruppenbezogen ist.

2. Bezüglich der **Identität der Parteien** gibt es nur eine deutsche 3 Entscheidung, nämlich jene des BGH (NJW 86, 662 = IPRax 87, 314 – *Jayme* 295), wonach es an der Anspruchsidentität fehlt, wenn das Kind seinen Unterhalt als eigenen Anspruch einklagt, die Mutter aber vor einem Gericht eines anderen Staats darauf klagt, daß der Mann ihr Beiträge für die Unterhaltung des Kindes zahle. Im Falle nur teilweise identischer Parteien in jeweiligen Mehrparteien-Prozessen gilt Art. 21 nur soweit die Parteien der Verfahren identisch sind (EuGH aaO – „The Tatry"). Englische Klagen „in rem" und „in personam" sind erst identisch, wenn die Eigentümer der verklagten Sache den Prozeß aufnehmen (*The KHERSON* ILPr 92, 358). Auf die jeweilige dialektische Stellung der Parteien kommt es nicht an. Ob der Rechtsstreit auch bei **Rechtsnachfolge** rechtshängig bleibt, richtet sich aber nach nationalem Recht. Streitverkündung im früheren Prozeß begründet keine Parteienidentität (**aA** Frankfurt IPRspr 89, 473).

3. Der EuGH hat die **objektive Tragweite der Rechtshängig-** 4 **keit** extrem weit gezogen. Die Klage auf **Erfüllung eines Kaufvertrags** in einem Staat und die Klage auf **Feststellung der Unwirksamkeit dieses Kaufvertrags** oder auf seine Auflösung sind ein und derselbe Streitgegenstand (aaO – „Gubisch"). Konsequent zu Ende gedacht, muß man in all den Fällen, in denen nach Art. 27 Nr. 3

miteinander unvereinbare Entscheidungen ergehen könnten, s. Artt. 27 ff Rn 22 f, Streitgegenstandsidentität annehmen. Aus dieser weiten Prämisse hat man geschlossen, daß auch **Restkaufpreisklage** und Klage auf **Rückzahlung einer Anzahlung** identisch sind (*Linke* RIW 88, 824; *Rauscher* IPRax 85, 319). Erst recht sind dann mehrere **Teilklagen** oder sonst nur quantitativ verschiedene Klagen miteinander identisch. Selbst **negative Feststellungsklage** hat Vorrang vor der im Ausland später erhobenen Leistungsklage; es muß dann bei dem zuerst angegangenen Gericht Leistungswiderklage erhoben werden (EuGH aaO – „The Tatry"). Jedoch sollte man dann, wenn hinter der negativen Feststellungsklage raffinierte Methoden des forum shopping stehen, etwa eine kurz vor der Leistungsklage erhobene negative Feststellungsklage in einem Gerichtsstand des Art. 5, der mit dem Wohnsitz des Klägers zusammenfällt, an das Vorliegen eines Rechtsschutzbedürfnisses strengere Anforderungen als sonst stellen. Auch englische Klagen „**in rem**" sind solchen „in personam" gleichzuerachten (EuGH aaO – „The Tatry"). Im Lichte des vor Art. 2 Rn 15 ff Ausgeführten begründet aber die **Aufrechnung** vor dem Gericht eines Vertragsstaates keine Rechtshängigkeit gegenüber der klageweise Geltendmachung derselben Forderung vor dem Gericht eines anderen Staats (**aA** Koblenz EuZW 91, 158). Die deutsche Streitverkündung und die Regreßklage bzw. die negative Feststellungsklage des präsumtiv Regreßpflichtigen) begründen wechselseitig keine Rechtshängigkeit.

Krit. zur weiten Auslegung des Rechtshängigkeitsbegriffs durch den EuGH: *Linke* RIW 88, 822; *Wolf* FS Schwab (1991) 561 ff; *Lenenbach* EWS 95, 361 mwN z Strstd; *Isenburg-Epple* aaO 143 ff; *MünchKommZPO-Gottwald* Rn 4).

5 **4.** Anträge auf Gewährung **Einstweiligen Rechtsschutzes** in verschiedenen Staaten sind sicherlich dann nicht identisch, wenn unterschiedliche Maßnahmen beantragt werden. Solange sie nicht aufgrund und nach Gewährung rechtlichen Gehörs ergehen sollen, können sie wegen der Anerkennungsunfähigkeit der Entscheidung unmöglich eine Rechtshängigkeitssperre auslösen, s. Art. 25 Rn 6. Wegen der Gebrechlichkeit des transnationalen Einstweiligen Rechtsschutzes sollte man aber auch generell Art. 21 nicht auf Maßnahmen des Einstweiligen Rechtsschutzes anwenden. Ist die Hauptsacheklage im Ausland erhoben, so kann das Verfahren des einstweiligen Rechtsschutzes nach Art. 22 ausgesetzt werden, wenn das ausländische Gericht hierfür als besser geeignet erscheint,

s. Art. 24 Rn 1. Daß Verfahren des Einstweiligen Rechtsschutzes und selbständige Beweisverfahren keine Rechtshängigkeitssperre für das Hauptverfahren auslösen, versteht sich, allgM.

III. Zeitpunkt des Eintritts der Rechtshängigkeit

Welches Gericht „zuerst" angerufen worden ist, bestimmt sich **6** nach den **nationalrechtlichen Vorschriften über den Eintritt der Rechtshängigkeit** (EuGH aaO – „Zelger" und „Gubisch"). Es bestimmt also jede Rechtsordnung selbst, ob bereits die Einreichung der Klage bei Gericht oder erst bzw nur die Zustellung des das Verfahren einleitenden Schriftstücks an den Beklagten die Rechtshängigkeit eintreten läßt. Es kann auch sein, daß Staaten die Frage nicht für alle Verfahren einheitlich beantworten und etwa nur für bestimmte vereinfachte Verfahren die Einreichung des Rechtsschutzgesuchs bei Gericht ausreichend sein lassen. Die damit verbundenen Möglichkeiten eines forum shopping, insbesondere auch im Hinblick auf die ganz unterschiedlichen Zeitläufe bei Zustellung von Schriftstücken im Ausland, sind hinzunehmen. In Deutschland gelten § 253 Abs. 1, § 496 Abs. 3 ZPO. Nach langer Kontroverse ist für England nunmehr klargestellt, daß nicht der „issuance of the writ", sondern erst deren Zustellung (unter Umständen im Ausland) die Rechtshängigkeit begründet (*Dresser U. K. Ltd. v. Falcongate Ltd.* [1992] 2 AllE. R. 450 [C. A.]; „*The Sargasso*" [1994] 3 AllE. R. 180, dazu *Huber* IPRax 95, 332).

Weitere Rechtsprechungsbeispiele: Koblenz EuZW 91, 158 – **7** Belgien (bei Rechtshilfeverkehr mit Deutschland); BGH IPRax 94, 40 – Frankreich (Scheidungsverfahren); EuGH aaO „Zelger" – Italien; BGH in Rn 3 – Italien (Rechtshängigkeit von Ehetrennungsbegehren und von Getrenntlebensunterhaltsansprüchen); LG Frankfurt IPRax 90, 234 – *Mansel* 214 – Italien (Rechtshängigkeit durch gerichtliche Anordnung der Einbeziehung eines Dritten); Hamm OLG-Rp 94, 192 – Frankreich.

Für strafrechtliche **Adhäsionsverfahren** gelten besondere Vor- **8** schriften, in Deutschland etwa § 404 Abs. 1 und 2 StPO. An einer rechtsvergleichenden Aufarbeitung der Rechtshängigkeitsprobleme im Verhältnis zu ausländischen Adhäsionsverfahren fehlt es. Die Dinge sind deshalb kompliziert, weil zum Teil dem Strafverfahren absoluter Vorrang eingeräumt wird und die Geltendmachung zivilrechtlicher Ansprüche gehindert wird, solange Ansprüche noch nicht in das Adhäsionsverfahren einbezogen werden kön-

nen. Dies alles hat schon für das entsprechende Ausland eine Refle-
xion über den Eintritt der Rechtshängigkeit vielfach nicht aufkommen lassen.

9   **Fiktive Rückwirkungen** wie etwa nach § 270 Abs. 3 ZPO haben
für die Anwendung des EuGVÜ keine Bedeutung. Rechtshängigkeit am gleichen Tag löst für keines der Gerichte eine Sperre aus
(Koblenz aaO).

IV. Rechtsfolgen früherer Rechtshängigkeit in einem anderen Vertragsstaat

10   **1.** Seit Inkrafttreten des 3. Beitrittsübereinkommens führt die
ausländische Rechtshängigkeit nicht mehr zur Abweisung der Klage als unzulässig. Zunächst ist vielmehr das später rechtshängig
gewordene Verfahren nur mit den Wirkungen des § 249 ZPO oder
entsprechenden Wirkungen ausländischer Gesetze auszusetzen,
auch dann, wenn die Zuständigkeit des später angerufenen Gerichts auf Art. 16 gestützt wird (insoweit str.). Es soll nicht mehr
das Risiko bestehen, im Inland ein zweites Mal klagen zu müssen,
weil sich das ausländische Gericht für unzuständig erklärt. Denn
eine Prüfung, ob das zuerst angegangene Gericht zuständig ist,
steht dem später angegangenen Gericht nicht zu, auch nicht im
Bereich der Artt. 7–16 (EuGHE 1991, 3187 = NJW 92, 3221 =
IPRax 93, 34 – „Overseas Union" – die Frage einer Ausnahme im
Hinblick auf Art. 16 offenlassend).

11   **2.** Zur Prozeßabweisung kommt es erst unter den Voraussetzungen von Abs. 2. Die Zuständigkeit des zuerst angegangenen Gerichts kann nur durch dessen eigene rechtskräftige Entscheidung
oder die Entscheidung eines ihm übergeordneten Gerichts „feststehen". Wenn sich die ausländische Entscheidung über ein nach
Art. 6 EMRK nicht mehr erträgliches Maß hinaus verzögert, folgt
aus dieser Norm die Verpflichtung des inländischen Gerichts zur
Justizgewährung (skeptisch *Isenburg-Epple* aaO 99). Zur Bindung
an die Unzuständigkeitsentscheidung s. Art. 26 Rn 3. Eine Aner-
kennungsprognose bezüglich des zu erwartenden ausländischen
Urteils ist unzulässig (*Isenburg-Epple* aaO 87ff, 252ff – Ausnahmen
anerkennend). Klageabweisung wegen Unzuständigkeit ist immer
möglich (Bremen RIW 92, 231).

12   **3.** Ist das später angegangene Gericht aufgrund einer Gerichtsstandsvereinbarung zuständig, gegen deren Wirksamkeit keine

vertretbaren Einwände erhoben werden, so kann die frühere ausländische Rechtshängigkeit ignoriert werden (*Klöckner LW AG v.
Gatoil Overseas Inc.* QB ILPr 90, 53. **AA** wohl Frankfurt IPRsp 89,
473). Es läßt sich aber nicht generell sagen, Art. 17 habe Vorrang
von Artt. 21, 22 (**aA** *Continental Bank v. Aeakos 1* WLR [1994] 588,
594). Einer Derogation ist Art. 21 nicht zugänglich.

4. Zu „anti-suit-injunctions" s. vor Art. 2 Rn 6   **13**

Art. 22 [Aussetzung bei Sachzusammenhang]

(1) **Werden bei Gerichten verschiedener Vertragsstaaten Klagen, die im Zusammenhang stehen, erhoben, so kann das später
angerufene Gericht das Verfahren aussetzen, solange beide Klagen im ersten Rechtszug anhängig sind.**

(2) **Das später angerufene Gericht kann sich auf Antrag einer
Partei auch für unzuständig erklären, wenn die Verbindung im
Zusammenhang stehender Verfahren nach seinem Recht zulässig ist und das zuerst angerufene Gericht für beide Klagen zuständig ist.**

(3) **Klagen stehen im Sinne dieses Artikels im Zusammenhang,
wenn zwischen ihnen eine so enge Beziehung gegeben ist, daß
eine gemeinsame Verhandlung und Entscheidung geboten erscheint, um zu vermeiden, daß in getrennten Verfahren widersprechende Entscheidungen ergehen könnten.**

Textgeschichte: Sachlich unverändert, redaktionell angepaßt durch 3.
Beitrittsübereinkommen

Abs. 1 soll ermöglichen, daß konnexe Verfahren in einer aufein-   **1**
ander abgestimmten Weise entschieden werden können. Er geht
weit über das hinaus, was § 148 ZPO ermöglicht. Die Vorschrift
ist in dem Glauben geschaffen worden, daß sich zwischen Verfahren, die i. S. der Rechtshängigkeit miteinander identisch sind, und
solchen, bei denen dies nicht der Fall ist, eine klare Grenze ziehen
lasse. Angesichts der weiten Auslegung des Begriffs der Streitgegenstandsidentität durch den EuGH, s. Art. 21 Rn 4, sind aber
große Abgrenzungsschwierigkeiten entstanden. Ihnen kann man
nach der neuen Fassung von Art. 21 teilweise dadurch entgehen,
daß man das Verfahren aussetzt und dabei offenläßt, ob Art. 21
oder 22 die Rechtsgrundlage hierfür waren, s. auch Art. 21 Rn 1.
Nur wenn das später angerufene Gericht dahin tendiert, das Ver-

fahren nicht auszusetzen, oder wenn eines der beiden Verfahren sich bereits in 2. Instanz befindet, muß das nicht aussetzungswillige Gericht sich klar darüber werden, ob Rechtshängigkeit oder nur Konnexität besteht; denn nur in letzterem Fall kommt ihm eine Ermessensbefugnis zu. Die Aussetzungsunmöglichkeit, wenn sich eines der beiden Verfahren in höherer Instanz befindet, soll gewährleisten, daß die Parteien weder eine Instanz verlieren, noch um die Früchte ihres Siegs in erster Instanz gebracht werden. Daher kann mit Zustimmung beider Parteien bzw. der in erster Instanz obsiegenden Partei auch ohne das Vorliegen dieser Voraussetzung ausgesetzt werden. Das Übersehen von Art. 22 ist kein wesentlicher Verfahrensmangel (*MünchKommZPO-Gottwald* Rn 3. **AA** *Geimer* IPRax 86, 216). Bei Ausübung des Ermessens soll vor allem berücksichtigt werden, wieweit ein mögliches Ergebnis des früher angestrengten Verfahrens von Einfluß auf die Entscheidung oder auf die Aussicht einer vergleichsweisen Erledigung der Sache ist, ohne daß es auf eine bindende Feststellung von Urteilselementen ankäme.

2   Die Redaktion von **Abs. 2** ist insoweit mißglückt, als auf die Möglichkeit der Prozeßverbindung vor dem später angerufenen Gericht abgestellt wird. Damit wollte man auf die Besonderheit des deutschen Rechts Rücksicht nehmen, das eine Prozeßverbindung nur gestattet, wenn beide Klagen vor demselben Gericht anhängig sind (*Jenard*-Bericht zu Art. 22). Es ist nicht ersichtlich, wie diese Besonderheit des deutschen Rechts sich auf die Befugnis eines deutschen Gerichts auswirken soll, sich für unzuständig zu erklären. Uneinsichtigerweise will die hM Abs. 2 für deutsche Gerichte unanwendbar sein lassen. Vielmehr wird dem deutschen Recht durch das Erfordernis Rechnung getragen, daß das zuerst angerufene Gericht für beide Klagen zuständig sein muß. Denn dann kann vor dem als erstes angerufenen deutschen Gericht die Klage, die im Ausland nach Abs. 2 als unzulässig abgewiesen worden ist, erhoben und sodann nach § 147 ZPO mit dem dort rechtshängigen Verfahren verbunden werden, wenn die Voraussetzungen dieser Vorschrift vorliegen. Da das, was nach der Vorschrift erreicht werden soll, durch ihren Wortlaut gerade verfehlt wird, muß sie in berichtigender Gesetzesauslegung folgendermaßen gelesen werden; *„Das später angerufene Gericht kann sich auf Antrag einer Partei auch für unzuständig erklären, wenn das zuerst angerufene Gericht für beide Klagen zuständig ist und nach dessen Recht eine Verbindung der als unzulässig abzuweisenden und dort neu zu erhebenden Klage mit dem dort anhängigen Rechtsstreit möglich ist"* (so als eigentlich sinnvoll auch

von *MünchKommZPO-Gottwald* Rn 5 hingestellt). Letzteres muß die Partei, die den Antrag stellt, zur Überzeugung des Gerichts dartun. Ob das früher angerufene Gericht für beide Klagen zuständig ist, hat das später angerufene Gericht hingegen von sich aus zu prüfen. Einen Gerichtsstand des Sachzusammenhangs über Art. 6 hinaus begründet die Vorschrift nicht (EuGHE 1981, 1671 – „Elefanten Schuh" = NJW 82, 507). Das später angerufene Gericht kann natürlich die Klage immer als unzulässig abweisen, wenn es ohnehin nicht zuständig ist.

Die Art, wie der **sachliche Zusammenhang** in **Abs. 3** definiert **3** wird, ist im Licht der Rechtsprechung des EuGH zur Streitgegenstandsidentität, Art. 21 Rn 4, ebenfalls nicht sehr glücklich. In den wichtigsten Fällen, in denen die Rechtskraft des in einem Verfahren erstrebten Urteils präjudizielle Bedeutung für den Ausgang des anderen Verfahrens hat (ohne daß nach deutschen Vorstellungen Streitgegenstandsidentität bestünde), ist Art. 21 anwendbar. Die Gefahr widersprechender Entscheidungen braucht daher nicht in dem engen Sinne wie zu Artt. 27 ff Rn 22 entwickelt, verstanden zu werden.

Da Art. 22 das Erfordernis der Parteienidentität nicht aufstellt, läßt sich die Vorschrift auch zur Organisierung eines **transnationalen Musterprozesses** einsetzen. Wenn vor dem zuerst angegangenen Gericht Rechts- oder Tatsachenfragen zur Debatte stehen, die auch im späteren Verfahren vermutlich eine zentrale Rolle spielen werden, und wenn es sinnvoll erscheint, daß das zuerst angestrengte Verfahren den Charakter eines Musterprozesses annimmt, kann das später rechtshängig gewordene Verfahren ausgesetzt werden (EuGH 1994, 5439 – „The Tatry" = JZ 95, 616 – Für das Verhältnis von Schadenersatzklagen verschiedener Gruppen von Schiffsladungseigentümer gegen denselben Schiffseigentümer, aber aufgrund jeweils individuell geschlossener, wenn auch im wesentlichen inhaltsgleicher Verträge). Leider ist es aufgrund der Vorschrift unmöglich, dem später rechtshängig gewordenen Verfahren den Charakter eines Musterprozesses zu geben.

Der von Abs. 3 geforderte Zusammenhang kann sich auch aus **Einwendungen des Beklagten** ergeben, etwa wenn dieser Zurückbehaltungsrechte oder Aufrechnung geltend macht. Wenn allerdings eine Einwendung unzulässig ist, wie etwa eine vertraglich ausgeschlossene Aufrechnung, entfällt der Zusammenhang (Hamm NJW 83, 523).

Rechtsprechungsbeispiele soweit nicht durch Art. 21 Rn 4 über- **4** holt:

LG Frankfurt IPRax 92, 389 – Bericht: Provisionsansprüche eines italienischen Handelsvertreters und Kaufpreisklage (wieso bei
Handelsvertretern?) aufgrund desselben Vertrags mit einer Gerichtsstandsklausel, von der die Zuständigkeit des später angerufenen deutschen Gerichts abhing – ja; Cour Supérieur Luxembourg
Nschlwerk I 22 B 1 (1977) – Interessenverflechtung der an den
Rechtsstreitigkeiten beteiligten Gesellschaften – nein; Rechtsbank
s'Hertogenbosch Nschlwerk I 21 B 2 (1978) – Antrag auf Gewährung Einstweiligen Rechtsschutzes – nein.

5   Art. 22 ist bezüglich der möglichen Aussetzungsgründe keineswegs erschöpfend. So kann etwa nach § 148 der früher begonnene
Patentverletzungsprozeß ausgesetzt werden, wenn später Patent-
nichtigkeitsklage erhoben worden ist.

6   Zu anti suit in junctions Art. 27–29 Rn 5.

7   Ist ausgesetzt worden, so entfaltet das Urteil des zuerst angegangenen Gerichts für das aufzunehmende Verfahren nur nach allgemeinen Grundsätzen Bindungswirkung, auch wenn wegen der Mu-
sternatur des im Ausland laufenden Verfahrens ausgesetzt wurde.

Art. 23 [Rangfolge ausschließlicher Zuständigkeiten]

**Ist für die Klagen die ausschließliche Zuständigkeit mehrerer
Gerichte gegeben, so hat sich das zuletzt angerufene Gericht zugunsten des zuerst angerufenen Gerichts für unzuständig zu erklären.**

Die Vorschrift meint wirklich das logische Monstrum von dem
sie spricht: Es kann in höchst seltenen Ausnahmefällen dazu kommen, daß zwei Gerichte verschiedener Vertragsstaaten sich aufgrund von Zuständigkeitsvorschriften für kompetent halten müssen, die sich als ausschließliche Zuständigkeiten verstehen. Das ist
aber nur möglich, wenn Tatbestandsmerkmale der genannten
Normen nicht autonom, sondern im Sinne des jeweils nationalen
Rechts ausgelegt werden, wie es etwa Artt. 52, 53 für die Begriffe
Wohnsitz und Sitz vorschreiben. Eine ausschließliche Zuständigkeit liegt nicht schon dann vor, wenn die Möglichkeiten von Gerichtsstandsvereinbarungen beschränkt oder ausgeschlossen sind,
sondern nur wenn der jeweilige Kläger auf einen einzigen Gerichtsstand verwiesen ist. Art. 14 Abs. 2, nicht aber auch Abs. 1 begründet einen ausschließlichen Gerichtsstand. Die Vorschrift ist nicht
anwendbar, wenn gegen ein Bündel nach dem Münchner PatÜ
erteilte Patente in den verschiedenen Vertragsstaaten Nichtigkeits-

klage erhoben wird. Die Vorschrift ist Sonderbestimmung nur im Verhältnis zu Art. 21, nicht auch im Verhältnis zu Art. 22 (hM. **AA** *Jenard*-Bericht zu Art. 23).

9. Abschnitt: Einstweilige Maßnahmen einschließlich solcher, die auf eine Sicherung gerichtet sind

Art. 24 [Zuständigkeit für Maßnahmen des einstweiligen Rechtsschutzes]

Die in dem Recht eines Vertragsstaats vorgesehenen einstweiligen Maßnahmen einschließlich solcher, die auf eine Sicherung gerichtet sind, können bei den Gerichten dieses Staates auch dann beantragt werden, wenn für die Entscheidung in der Hauptsache das Gericht eines anderen Vertragsstaats aufgrund dieses Übereinkommens zuständig ist.

Literatur: *Heiss* Einstweiliger Rechtsschutz im Europäischen Zivilrechtsverkehr (1987); *Sandrock* Prejudgment Attachments: Securing international loans or other clains for money, intern. Lawyer 21 (1987) 1; *Albrecht* Das EuGVÜ und der einstweilige Rechtsschutz in England und in der Bundesrepublik Deutschland (1991); *Eilers* Maßnahmen des einstweiligen Rechtsschutzes im Europäischen Zivilrechtsverkehr (1991); *Strickler* Das Zusammenwirken von Art. 24 EuGVÜ und §§ 916 ff ZPO (1992); *Merkt* Les mesures provisoires en droit international privé (1993) 104 ff; *Koch* Neuere Probleme der internationalen Zwangsvollstreckung einschließlich des einstweiligen Rechtsschutzes in Schlosser (Hsg) Materielles Recht und Prozeßrecht (1993) 171 ff; *Gronstedt* Grenzüberschreitender einstweiliger Rechtsschutz (1994).

I. Die Grundsatzentscheidung zur internationalen Zuständigkeit für einstweiligen Rechtsschutz

Der unmittelbare Aussagegehalt der Norm ist recht beschränkt. **1** Es soll nur sichergestellt werden, daß nicht kraft des Übereinkommens die Zuständigkeit für den Erlaß einstweiliger Maßnahmen an die von ihm begründeten Zuständigkeiten für die Hauptsache gekoppelt ist. Für Deutschland hat dies vor allem im Hinblick auf den weiter anwendbar bleibenden **§ 919 2. Alt. ZPO** (Arrestzuständigkeit des Amtsgerichts der Belegenheit der zu verarrestierenden Werte) Bedeutung. Irgendeinen Bezug zu Deutschland braucht die Hauptsache nicht zu haben. Die aus rechtsstaatlichen Gründen notwendige Einschränkung des Vermögensgerichtsstands (BGHZ 115, 90) ist im Rahmen des § 919 2. Alt. ZPO nicht gerechtfertigt (**aA** *Gronstedt* aaO 140 ff). Keinesfalls ist aber schon kraft des EuGVÜ das Gericht, das für die Hauptsache zuständig ist, auch für den Erlaß einstweiliger Maßnahmen zuständig; Art. 24 sagt nur, daß die nach dem Übereinkommen für die Hauptsache begründete Zuständigkeit keine Begrenzung für die Zuständigkeit zum Erlaß einstweiliger Maßnahmen ist (**aA** hM, etwa *MünchKommZPO-Gottwald* Rn. 3; *Kropholler* Rn. 6; Die Nennung von EuGHE 1979, 1055 – „de Cavel I" führt in diesem Zusammenhang in die Irre, weil dort die Gleichstellung von Hauptsache- und einstweiligem Rechtsschutzverfahren nur für die Bestimmung des Anwendungsbereichs des EuGVÜ herausgestellt wurde). Die außerhalb des Anwendungsbereichs des Übereinkommens für die Hauptsache bestehenden Zuständigkeiten bleiben auch nicht etwa beschränkt auf den einstweiligen Rechtsschutz aufrechterhalten. Schon gar nicht ist Art. 24 darauf beschränkt, den Vertragsstaaten bei der Gewährung von Formen dem einstweiligen Rechtsschutz freie Hand zu geben, denn das Übereinkommen regelt die möglichen Rechtsschutzformen generell nicht. Das nationale Recht kann daher für den einstweiligen Rechtsschutz die internationale Zuständigkeit anders als nach Artt. 2–18 bestimmen (**aA** *Merkt* aaO 110 ff). So richtet sich die Zuständigkeit für einstweilige Unterhaltsregelung während eines Scheidungsverfahrens allein nach §§ 606, 620 Abs. 4 ZPO und nicht nach Art. 5 Nr. 2. In der Schweiz ist für den Arrest nur das Gericht zuständig, in dessen Bezirk sich die zu beschlagnahmende Sache befindet, Art 272 SchKG. In Frankreich ist der Richter am Wohnsitz des Schuldners ausschließlich zuständig, Art. 211 Decr. v. 31. 7. 92, soweit es sich nicht um eine référé-Verfahren handelt. Jedoch kann das nationale Recht die Zuständigkeit für den Erlaß einstweiliger Maßnahmen den Gerichten übertragen, die nach dem EuGVÜ für die Hauptsache zuständig sind, s. Rn 2. Die Zuständigkeit für Maßnahmen des einstweiligen Rechtsschutzes kann sich deshalb nicht aufgrund von Art. 18 ergeben, solange nicht die Zuständigkeit in der Hauptsache aus dieser Norm folgt, sondern nur aus § 39 ZPO (**aA** Düsseldorf WM 78, 359). Die Rechtshängigkeit der Hauptsache im Ausland nimmt den inländischen Gerichten nicht die internationale Zuständigkeit für einstweiligen Rechtsschutz (**aA** *Gronstedt* aaO 140 ff), s. Art. 21 Rn 5). Die **internationale Zuständigkeit** für Maßnahmen des einstweiligen Rechtsschutzes sieht daher **in Deutschland** auch dann, wenn der Beklagte seinen Wohnsitz in einem anderen Vertragsstaat hat, folgendermaßen aus:

1. Für einen **Arrest** ist nach § 919 1. Alt. ZPO das Gericht „der   2
Hauptsache" zuständig

a) Ist diese **noch nicht anhängig,** so ist dies das Gericht, das für
die Hauptsache zuständig wäre. Nach hM ist die Vorschrift in
diesem Zusammenhang so zu lesen: Das Gericht, das Zuständigkeit hätte, wenn das EuGVÜ nicht anwendbar wäre (statt aller
MünchKommZPO-Gottwald Rn 5), nach manchen sogar kumulativ
zu den nach Art. 2ff zuständigen Gerichten (*Spellenberg* in Gilles
(Hsg) Transnationales Prozeßrecht [1995] 313). So soll also etwa
auch das in § 23 ZPO genannte Gericht unabhängig davon zuständig sein, ob der zuständigkeitsbegründende Gegenstand mit Arrest
belegt werden soll (Düsseldorf NJW 77, 2034; LG Bremen RIW 80,
366; *Kropholler* Rn 8; *Strickler* aaO 29ff). Diese Lehre sieht sich
allerdings verantwortlicherweise im Ernstfall gezwungen, für exorbitante Gerichtsstände des nationalen Rechts wieder Ausnahmen
zu konzedieren. Sinnvoll ist es demgegenüber, mit der Gegenmei-
nung (Koblenz NJW 76, 2081; aaO; Frankfurt RIW 80, 799) anzunehmen, daß es zwar Sache des nationalen Rechts eines Staates ist
zu bestimmen, wann dessen Gerichte für einstweiligen Rechtsschutz international zuständig sind, aber die Zuständigkeitsordnung des EuGVÜ als gemeint anzusehen, wenn das nationale
Recht die Zuständigkeit für einstweiligen Rechtsschutz an die Zuständigkeit für die Hauptsache bindet. Tut es dies, so geschieht es
gerade deshalb, weil es das Gericht für geeignet hält, das nicht nur
fiktiv, sondern tatsächlich für die Hauptsache zuständig ist. Zu
§ 919 2. Alt. ZPO s. Rn 1, zu **Gerichtsstandsvereinbarungen**
Art. 17 Rn 42, zur Parteienhäufung s. Rn 4.

b) Ist die **Hauptsache schon anhängig,** so soll für das Verhältnis   3
der deutschen Gerichte zueinander nach allgemeiner Ansicht eine
Zuständigkeit zum Erlaß einstweiliger Maßnahmen ohne Rücksicht darauf bestehen, ob das angegangene Gericht für die Hauptsache auch wirklich zuständig ist (s. Kommentare zu § 919 ZPO).
International kann diese Regel wegen der naheliegenden Manipulationsgefahr aber nicht angewandt werden (Koblenz RIW 90, 316.
aA LG Frankfurt NJW 90, 652 = IPRax 177, krit. *H. Roth* 161).
Das Sonderübereinkommen über den Arrest in Seeschiffe geht vor,
s. Art. 57 Rn 3.

2. Für **einstweilige Verfügungen** bleibt es dagegen bei der Zu-   4
ständigkeit der Gerichte, die nach dem EuGVÜ für die Hauptsache
zuständig sind. Gegenüber den nach der ZPO bestehenden Zuständigkeiten führt dies zu einer Erweiterung insoweit, als auch im

Falle einer einstweiligen Verfügung Art. 6, insbesondere sein Abs. 1, anwendbar ist. § 942 ZPO ist dann, wenn das Gericht der Hauptsache nur ein ausländisches Gericht sein kann, nicht anwendbar, weil der ausländische Staat durch deutsche Gesetze nicht verpflichtet werden kann, ein in Deutschland begonnenes Gerichtsverfahren fortzusetzen. Meist wird das Gericht der Hauptsache nach Art. 5 Nr. 3 oder Art. 16 Nrn. 1, 3 ohnehin ein deutsches Gericht sein.

5   **3.** Für einstweilige Anordnungen in **Sonderrechtsgebieten** gelten die jeweils hierfür vorgesehenen besonderen Zuständigkeiten des nationalen Rechts, etwa § 620, § 620a Abs. 4 ZPO. Ausschließliche Zuständigkeiten s. Art. 16 Rn 1.

II. Einzelheiten

6   **1.** Art. 24 spielt überhaupt nur eine Rolle, wenn der Antragsgegner seinen Wohnsitz in einem Vertragsstaat hat. Ist dies nicht der Fall, so gilt Art. 4. Die Zuständigkeit „für die Hauptsache" richtet sich dann allein nach nationalem Recht.

Die Vorschrift kann auch dann anwendbar sein, wenn die Hauptsache nach Art. 1 nicht dem gegenständlichen Anwendungsbereich des Übereinkommens unterfällt. Entscheidend ist, daß der Verfahrensgegenstand des Gesuchs um Gewährung einstweiligen Rechtsschutzes dem Übereinkommen unterfällt, wie etwa eine Regelung des Unterhalts während eines Scheidungsverfahrens (EuGHE 1980, 731 – „de Cavel II," = IPRax 81, 19, Anm. *Hausmann* 5). Sichernde Maßnahmen gehören freilich immer dem Rechtsgebiet an, dem der Anspruch zur Hauptsache angehört, der gesichert werden soll (EuGHE 1979, 1055 = NJW 79, 1100 (L) – „de Cavel I").

7   **2.** Der **Begriff der einstweiligen Maßnahmen** ist im EuGVÜ nicht definiert. Der Artenreichtum in den nationalen Rechten ist groß (näher *Heiss* 68ff; *Dalhuisen* FS Riesenfeld [1983] 1ff). Es ist vertragsautonom zu bestimmen, ob alles, was das nationale Recht als einstweiligen Rechtsschutz hinstellt, auch i. S. v. Art. 24 ein solcher ist, allgM. Es muß sich, wie ausdrücklich festgehalten ist, nicht um sichernde Maßnahmen handeln. So kann auch ein Zustand einstweilen geregelt werden. **Leistungsverfügungen** und ihre ausländischen Entsprechungen sind nicht etwa im Prinzip ausgeschlossen. Auf einstweilige Unterhaltszahlungen gerichtete Anordnungen sind daher durchaus einstweilige Maßnahmen iSd Vor-

schrift. Keine einstweiligen Maßnahmen" sind hingegen Entscheidungen, die in einem **beschleunigten Verfahren** mit Überprüfungsmöglichkeit ergehen, wie etwa die Vorbehaltsurteile im deutschen Urkundenprozeß oder die „réferé provision" des französischen Rechts (letzteres str.). Insoweit werden die Maßnahmen nicht infolge einer im Einzelfall geprüften besonderen Eilbedürftigkeit erlassen. Diese muß man aber als notwendiges Element einer „einstweiligen Maßnahme" iSv Art. 24 betrachten, um einer uferlosen Ausdehnung dessen Anwendung vorzubeugen.

Die meisten Rechtsordnungen stellen den Zugang zu den **Informationsquellen** für den Hauptsacheprozeß nicht über materiellrechtliche Auskunfts- und Vorlageansprüche und über darauf gestützte einstweilige Verfügungen, sondern über prozessuale Anordnungen her, etwa gerichtet auf „discovery". Art. 25 Rn 7. Sec 25 (7) (b) des englischen Civil Jurisdiction and Judgement Act haben denn auch Anordnungen zum Zweck der Sicherung von Beweismitteln von der Sonderzuständigkeit des in der Hauptsache nicht zuständigen Gerichts ausdrücklich ausgenommen. Die Cour von Versailles hielt demgegenüber Art. 24 für anwendbar (Rev. crit. 95, 80). Für Deutschland muß man demgegenüber einen Teil der auf Informationsbeschaffung gerichteten Anordnungen ausländischer Gerichte wie Sachentscheidungen behandeln, s. Art. 25 Rn 9, Art. 1 HBÜ Rn 4.

3. Die Zuständigkeit nimmt das deutsche Recht jeweils für den **8** gesamten Verfahrensablauf in Anspruch, also auch für ordentliche und außerordentliche **Rechtsbehelfe.** Selbst wenn man schon aufgrund des Art. 24 eine Zuständigkeit bei dem nach Artt. 2 ff für die Hauptsache zuständigen Gericht annehmen wollte, s. Rn 1, würden nicht für einzelne Verfahrensabschnitte, etwa die Aufhebung eines Arrests nach § 927 ZPO, besondere Zuständigkeiten begründbar sein. Die zur Abänderungsklage entwickelten Grundsätze, s. Art. 5 Rn 13, lassen sich auf ordentliche und außerordentliche Rechtsbehelfe in einem laufenden Verfahren nicht übertragen. Bestätigungsentscheidungen nach ausländischem Recht dürfen über die Begründetheit des Maßnahmeanspruchs nur noch befinden, wenn das Gericht anderweit nach dem Übereinkommen zuständig ist (Cour de cassation JCP 95 – Jurisprudence 184). Urteile, die dies übersehen, sind aber dennoch anerkennungspflichtig, Artt. 27 ff Rn 30.

4. § 917 Abs. 2 ZPO ist gegenüber Personen mit Wohnsitz in **9** einem Vertragsstaat nicht mehr anwendbar (EuGHE 1994 I 1717 =

NJW 1271 – „Hatrex" – krit. *Schack* ZZP 108 [1995] 47, zust.
Schlosser ZEuP 95, 253). Trotz der europarechtlichen Töne in der
Entscheidung des EuGH gilt dies auch für Beklagte aus Vertragsstaaten des LU. Jedoch schließt dies nicht aus, im Einzelfall nach
§ 917 Abs. 1 ZPO deshalb einen Arrestgrund anzunehmen, weil
die Auslandsvollstrekung eines Urteils besonders risikoreich erscheint. Die Zuständigkeit eines Gerichts für interimistische
Rechtsschutzbegehren sagt noch nichts darüber aus, ob gerade im
Inland ein Maßnahmegrund besteht. Er kann im Hinblick darauf
fehlen, daß ein ausländisches Gericht (typischerweise: wo die
Hauptsache anhängig ist oder anhängig gemacht werden muß) zur
Vornahme der notwendigen Interessenabwägung besser in der Lage ist (Cour d'Appel Paris Clunet 89, 96.

10   **5.** Zur **Anerkennung und Vollstreckung** von Maßnahmen des
einstweiligen Rechtsschutzes s. Art 26 Rn. 2, 6. Zur **Rechtshängigkeit** s. Art. 21 Rn 5. **Arrestprosequierung** nach Art. 278
schwSchKG oder Klageerhebung nach § 926 ZPO sind vor den
Gerichten eines jeden Vertragsstaates möglich (Betreibungsamt
Genf SZIER 95, 419) und in die Zuständigkeitsordnung des Übereinkommens eingebunden.

11   **6.** Eine (in manchen ausländischen Rechtsordnungen vorgesehene) kontradiktorische Bestätigung einseitig verfügter Maßnahmen
darf zu einer rechtskräftigen Entscheidung in der Sache selbst nur
führen, wenn eine Zuständigkeit nach Artt. 2 ff begründet ist
(Cour de Cassation SCP 9, 5 Jur. 18413, 22430).

Titel III. Anerkennung und Vollstreckung

Art. 25 [Begriff der Entscheidung]

Unter „Entscheidung" im Sinne dieses Übereinkommens ist jede von einem Gericht eines Vertragsstaats erlassene Entscheidung zu verstehen, ohne Rücksicht auf ihre Bezeichnung wie Urteil, Beschluß oder Vollstreckungsbefehl, einschließlich des Kostenfestsetzungsbeschlusses eines Urkundsbeamten.

Textgeschichte: Unverändert.

I. Der grundsätzlich allumfassende Begriff der „Entscheidung"

Der Hauptakzent der tautologisch formulierten Vorschrift liegt **1** auf der Aussage, daß nicht nur klassische „Urteile" anerkennungs- und vollstreckungspflichtig sind, sondern im Prinzip alle Entscheidungen von Gerichten, die einem Bürger etwas zusprechen oder aberkennen. Es kommt nicht auf die **Form** der Entscheidung an. Auch Entscheidungen ohne Begründungen sind anerkennungspflichtig, Artt. 27ff Rn 2.

Es kommt auch nicht auf den **Entscheidungsinhalt** an. Außer **2** allen Sachentscheidungen einschließlich solchen des einstweiligen Rechtsschutzes, Rn 6, und solchen, die nur zum Ersatz des im Urteilsstaat selbst erlittenen Schadens verurteilen, s. Art. 5 Rn 20, sind anerkennungspflichtig auch Entscheidungen, die eine Klage als unzulässig abweisen, Art. 26 Rn 3. Ausnahmen s. Rn 5. Selbst Entscheidungen ohne vorausgehendes streitiges Verfahren, etwa auf gemeinsamen Antrag der Beteiligten vorgenommene Rechtsgestaltungen, sind Entscheidungen im Sinne von Art. 25.

Ob das Urteil **rechtskräftig** ist oder nicht, ist ebenfalls ohne **3** Belang (*Jenard*-Bericht zu Art. 26). Allein entscheidend ist, welche gegebenenfalls anerkennungs- und vollstreckungspflichtige Wirkungen ein nicht rechtskräftiges Urteil hat, Art. 26 Rn 2, 3.

Schließlich spielt es auch keine Rolle, welche **Funktionsträger 4 innerhalb eines Gerichts** die Entscheidung gefällt haben, wie sich aus den am Schluß im Hinblick auf deutsche Besonderheiten gemachten Spezifizierungen ergibt. Entscheidungen aus einem dem deutschen Mahnverfahren, Art. 34 AVAG, vergleichbaren Verfahren sind erst recht anerkennungspflichtig, wenn eine beschränkte

Sachprüfung stattgefunden und ein Richter mitgewirkt hat. Auch vereinfachte Verfahren zur Durchsetzung von Anwaltshonoraren führen zu einer anerkennungspflichtigen Entscheidung (LG Karlsruhe RIW 91, 156 = IPRax 92, 92, zust. *Reinmiller* 73. **AA** LG Hamburg IPRax 89, 162, krit. *Reinmiller* 142. Zum ganzen *M. J. Schmidt* Die internationale Durchsetzung von Anwaltshonoraren [1991]; *ders.* RIW 91, 629 ff), wenn rechtliches Gehör gewährt worden ist (dies zu Recht betonend: Düsseldorf RIW 96, 67).

Der Begriff „**Gericht**" wird als selbstverständlich vorausgesetzt. Seine Handhabung hat auch bisher keinerlei Schwierigkeiten bereitet. Entscheidungen von Verwaltungsbehörden unterfallen dem Übereinkommen nicht, auch wenn sie zivilrechtliche Sachen betreffen, etwa nicht Entscheidungen einer Anwaltskammer über Anwaltshonorare (Koblenz RIW 86, 469 = IPRax 87, 24, – *Reinmiller* 10). Zu Entscheidungen von anderen als Zivilgerichten über zivilrechtliche Streitigkeiten Art. 1 Rn 4.

Zur Abgrenzung der Vollstreckungswirkung von Entscheidungswirkungen, die bereits durch bloße Anerkennung eintreten, Art. 26 Rn 2. Zu dänischen, finnischen und isländischen Besonderheiten s. Art. V a ProtEuGVÜ/LÜ.

II. Ausnahmen und Abgrenzungen

5   **1.** Es gibt Entscheidungen, die sich ihrem Inhalt nach **nur auf das Territorium des Gerichtsstaates beziehen.** Sie unterfallen dem Titel III nicht. Das sind einmal Entscheidungen von Rechtsmittelgerichten, die die Entscheidungen unterer Gerichte bestätigen oder aufheben, Art. 26 Rn 3. Es sind aber auch Entscheidungen von Gerichten, die ihrerseits über die Anerkennung und Vollstreckung ausländischer Entscheidungen ergehen. Das gilt auch für Exequaturentscheidungen zu Urteilen aus Drittstaaten (EuGHE 1994, 117 – „Owens Bank". Sonderfall: Hamburg RIW 92, 939). Wird im Ausland eine Zwangsvollstreckungsmaßnahme gerichtlich aufgehoben oder für zulässig oder unzulässig erklärt, so gilt dies für die Vollstreckung im Inland nicht, gleich ob Vorschriften des sozialen Vollstreckungsschutzes, Rechte Dritter oder „Vollstreckungsgegeneinwände" ausschlaggebend waren. So sind etwa der **schweizerische Zahlungsbefehl** (*Gillard/Patocchi* 104 ff. **AA** *Schwander/Meier* 201 ff. Meinungsstand analysiert durch *Kaufmann-Kohler* SJ 95, 544 ff) oder die schweizerische (provisorische) Rechtsöffnung (*Schwander/Walder* 155; *Kaufmann-Kohler* aaO 559 ff; Cour de Justice

Genf SZIER 94, 393 ff. **AA** *Schwander/Meier* 206 f; *ders.* Mitt. Inst.
zivilger. Vf. [Zürich 1989] 21 f) nicht auf Wirkungen im Ausland
angelegt und daher international nicht vollstreckbar. Das gleiche
gilt für den **schweizerischen Arrest**, der strikt dem Prinzip der
Territorialität unterliegt (BG st. Rspr., zuletzt BGE 75 II 25).
Wenn nach ausländischem Prozeßrecht hingegen mit vollstrek-
kungsrechtlich eingekleideten Rechtsbehelfen über Rechte Dritter
oder über das Fortbestehen eines Anspruchs eine potentiell rechtskraftfähige Entscheidung gefällt wird, ist sie auch in einem anderen
Vertragsstaat anzuerkennen. Von ausländischen Gerichten vorgenommene **Vollstreckungsakte** können dem Art. 25 unterfallen (**aA**
Schack IZPR Rn 957), s. aber auch Rn 6, können aber gegen den
ordre public verstoßen, wenn sie gewolltermaßen ins Inland über-
greifen. Eine von einem ausländischen Vollzugsbeamten auf deutschem Boden vorgenommene Beschlagnahme einer Sache braucht
nicht anerkannt zu werden, wohl aber die Pfändung einer
Forderung, wenn nach dem Recht des Vollstreckungsstaates konstitutiv hierfür die Zustellung an den (dort sich aufhaltenden)
Schuldner ist (weitergehend *Stürner* FS Henckel [1995] 886; Oldenburg 1U 161/94 Urt. v. 25. 4. 95: Verstoß gegen ordre public,
solange inlandsansässigem Drittschuldner nicht zugestellt). Die
Einsetzung eines „receiver" wurde zu Recht in Luxemburg anerkannt (s. *Derby & Co Ltd. v. Weldon* [1990] Ch 65 C. A.). Selbst
dann ist sie anerkennungsfähig, wenn es sich um Maßnahmen des
einstweiligen Rechtsschutzes handelt, s. Rn 6. Der in Deutschland
wohnende Schuldner kann dann mit befreiender Wirkung nur an
den „receiver" leisten. Unterlassungsurteile können ihrem Sinn
nach u. U. nur auf Handlungen im Inland bezogen sein, was wegen
der Unterschiedlichkeit der Wettbewerbsrechte beim Verbot von
Wettbewerbshandlungen häufig der Fall sein wird. Aber auch dann
sind sie mit dieser beschränkten Wirkung anerkennungspflichtig
und im Ausland durch Sanktionen vollstreckungspflichtig.

2. Der EuGH nimmt Entscheidungen (in concreto: des einstwei- **6**
ligen Rechtsschutzes), die absichtlich **ohne vorherige Anhörung**
des Gegners getroffen worden sind, vom Anwendungsbereich der
Artt. 25 ff aus (EuGHE 1980, 15, 17 – „Denilauler" = IPRax 81, 95
– *Hausmann* 79, str. abl. z. B. *Eilers* Maßnahmen des einstweiligen
Rechtsschutzes im europäischen Zivilrechtsverkehr [1991] 268 ff -
Möglichkeit, sich nachträglich Gehör zu verschaffen, ausreichend).
Das gilt jedoch keinesfalls für alle Maßnahmen des **einstweiligen
Rechtsschutzes** (EuGHE 1984, 3971 – „Brennero", italienischer

Arrest, dazu *Schlosser* IPRax 85, 321 – allerdings Anerkennungspflicht nur implizit voraussetzend; EuGHE 1980, 731 – „de Cavel
II" = IPRax 81, 19, abl. *Dalhuisen* FS Riesenfeld, [1983] 12 ff).
Wenn sie nach Anhörung des Gegners ergangen sind (Karlsruhe
ZZP Int 96 – im Erscheinen) oder wenn das rechtliche Gehör nachgeholt wurde (*Koch* Lit. Art. 24; *Consolo* Studi in onore Denti [Pa-
dua 1994] III 101 f; insoweit Urteil des EuGH noch ausstehend),
sind sie transnational anerkennungspflichtig (Düsseldorf RIW 85,
493; Hamm RIW 94, 243 – „référé-provision"; Hamm FamRZ 93,
213 – Unterhalt; *Albrecht* Lit. Artt. 24, 166), nicht aber, wenn es der
Antragsgegner unterlassen hat, den ihm zustehenden Rechtsbehelf
einzulegen (*EMI Records Ltd. v. Modern Music GmbH* [1992] 1 All
E. R. 616, Q. B., allgM. – **AA** *Mally/Layton* 702). Auf die für die
einstweilige Maßnahme in Anspruch genommene Zuständigkeit,
s. Art. 24 Rn 1, kommt es nicht an. Soweit Pfändungen und Über-
weisungen bzw. entsprechende Akte nach ausländischem Recht
ohne Gehör des Schuldners ergehen, sind sie nicht erfaßt. „Undertakings" u. „orders by consent" s. Art. 50 und 51.

Um dem Antragsteller den transnationalen Rechtsschutz zu gewährleisten, muß man auch ihm das Recht geben, die in § 924
ZPO an sich dem Antragsgegner vorbehaltene Initiative zur nach-
geholten mündlichen Verhandlung zu ergreifen.

Maßnahmen, die nicht von Art. 25 erfaßt werden, können nach
autonomen Recht anerkannt werden. So wie wir auch ausländische
Verwaltungsakte anerkennen (wenn auch nicht vollstrecken) und
ausländische Konkurseröffnungen einschließlich konkursrechtli-
cher einstweiliger Maßnahmen respektieren, sollten wir auch ver-
fügungsbeschränkende und rechtsübertragende Wirkungen sonstiger ausländischer Gerichtsakte anerkennen. Zur Vollstreckung s.
Art. 31 Rn 3.

7   **3.** Nicht anerkennungsfähig sind naturgemäß **Entscheidungen
über den Verfahrensfortgang**, wie ein deutscher Beweis- oder Auf-
klärungsbeschluß, ein Beschluß über Zeugenladungen oder Sach-
verständigenbestellungen (Hamm RIW 89, 566 abl. *Bloch* – ordonnance de référé expertise), auch wenn solche Entscheidungen nach
den Rechten des common law, wie Entscheidungen über Maßnahmen des einstweiligen Rechtsschutzes, „interim judgments" genannt werden (*Schlosser*-Bericht Nr. 187) oder wenn sie in französischen „jugements mixtes" (Feststellung des Anspruchs dem Grund
nach und Anordnung einer Beweisaufnahme über die Anspruchs-
höhe) enthalten sind. Andernfalls würde das HZÜ und, vor allem,

das HBÜ für das Verhältnis der Mitgliedstaaten aus den Angeln gehoben. Jedoch gibt es in diesem Bereich sehr schwierige Abgrenzungsprobleme.

Entscheidungen, die nur **innerprozessuale Bindungswirkung** 8 auslösen, wie ein deutsches Grundurteil nach § 304 ZPO, können nicht über das Verfahren hinausgreifend Gegenstand einer Anerkennung im Ausland sein. Ausländische Urteile, die materiell rechtskräftig über den Grund des Anspruchs entscheiden, sind aber sehr wohl im Inland anerkennungspflichtig, Art. 26 Rn 3.

Informationsbeschaffung geschieht in den meisten Rechtsord- 9 nungen über prozessuale Anordnungen der Gerichte (etwa eine Urkunde vorzulegen oder eine Besichtigung zu dulden), nach deutschem Recht meist über gerichtlich durchzusetzende materiell-rechtliche **Auskunfts- oder sonstige Informationsverschaffungsansprüche**, die häufig im Wege der Stufenklage verfolgt werden. Das HBÜ ist ganz und gar nicht auf die „Rechtshilfe" zur Durchsetzung von Entscheidungen zugeschnitten, mit der eine Partei gegen die andere einen Anspruch auf Informationsbeschaffung zuerkannt erhält. Daher würde es eine Verfehlung des Postulats vertragsautonomer Auslegung bedeuten, wenn man alle auf Informationsbeschaffung gerichteten Entscheidungen vom Anwendungsbereich des Titels III ausnähme. Man muß vielmehr, umgekehrt, auf die Natur sehen, die die Entscheidung nach dem Recht des Anerkennungsstaats haben würde. Alle nach dem Recht des Ausgangsgerichts prozessual einzustufenden Anordnungen gegen Prozeßparteien, Auskunft zu geben, oder gegen Dritte, Urkunden vorzulegen, unterfallen daher in Deutschland dem Art. 25. Diese Annahme ist nötig, um das funktionale Gleichgewicht zwischen EuGVÜ/LÜ und HBÜ zu wahren, s. auch Art. 9 HBÜ Rn 2. Es handelt sich um den gleichen Rechtsgedanken, der im Erkenntnisverfahren bei Normdefiziten zur materiellrechtlichen Anpassung führt (dazu etwa *Eidenmüller* IPRax 92, 356). Auch einstweilige Verfügungen, die auf Informationsbeschaffung gerichtet sind, fallen unter Art. 25 (teilw. anders *Schlosser*-Bericht Rn 184; *Albrecht* Das EuGVÜ u. d. einstw. Rechtsschutz ... [1991] 166 ff). Entscheidungen, die einen materiellen Auskunftsanspruch mit prozessualen Mitteln durchsetzen wollen (dazu *Schlosser* JZ 91, 608), unterfallen dem Art. 25 nicht.

III. Kostenentscheidungen

10   Die Erwähnung von Kostenfestsetzungsbeschlüssen in Art. 25 zeigt, daß grundsätzlich auch Kostenentscheidungen anerkennungs- und vollstreckungspflichtig sind, auch solche nach § 19 BRAGO (Arrondismentsrechtsbank Almelo Nschlwerk I-27.2-B7; zum französischen Gegenstück Koblenz IPRax 87, 24 f - *Reinmiller* 10 f; LG Karlsruhe EuZW 91, 223 f). Für die Vollstreckungsfähigkeit müssen sie allerdings hinreichend bestimmt sein, Art. 31 Rn 13. Das französische Gegenstück zu dem deutschen Kostenfestsetzungsbeschluß ist das certificat de vérification nach Art. 707 n. c. pr. c. Kostenentscheidungen zu Entscheidungen in ausgeschlossenen Rechtsgebieten, Art. 1 Rn 13 ff, sind nicht anerkennungspflichtig, nahezu allgM (z. B. Rechtsbank Breda NJ 87 Nr. 184 – Kostenentscheidung zu einer anerkennungsunfähigen Maßnahme des einstweiligen Rechtsschutzes, Rn 6. **AA** *Baumann* Die Anerkennung und Vollstreckung ausländischer Entscheidungen in Unterhaltssachen [1989] 85.). Einheitliche Kostenentscheidungen bei Hauptsachen, die nur teilweise in den Anwendungsbereich des Übereinkommens fallen, sollte man großzügig zur Gänze anerkennen (Corte Appello Triest Riv.dir.int.pr.proc. 76, 559; Trib. Arlon Nschlwerk I – 1.2 – B 4; *Geimer* IPRax 92, 9).

1. Abschnitt. Anerkennung

Art. 26 [Anerkennungspflicht; Verfahren der Anerkennung]

(1) **Die in einem Vertragsstaat ergangenen Entscheidungen werden in den anderen Vertragsstaaten anerkannt, ohne daß es hierfür eines besonderen Verfahrens bedarf.**

(2) **Bildet die Frage, ob eine Entscheidung anzuerkennen ist, als solche den Gegenstand eines Streites, so kann jede Partei, welche die Anerkennung geltend macht, in dem Verfahren nach dem 2. und 3. Abschnitt dieses Titels die Feststellung beantragen, daß die Entscheidung anzuerkennen ist.**

(3) **Wird die Anerkennung in einem Rechtsstreit vor dem Gericht eines Vertragsstaats, dessen Entscheidung von der Anerkennung abhängt, verlangt, so kann dieses Gericht über die Anerkennung entscheiden.**

Textgeschichte: Unverändert

Literatur: *Geimer* Das Anerkennungsverfahren gemäß Art. 26 Abs. 2
des EWG-Übereinkommens, JZ 77, 145, 213; *Walder* in Schwander (Hsg)
Das Lugano-Übereinkommen (1990), 135 ff; *Poctocchi* in Gillard L'espace
justiciaire européen (Lausanne 1992) 92 ff.; *Baumann* Die Anerkennung und
Vollstreckung ausländischer Entscheidungen in Unterhaltssachen, 1989;
Stürner Das grenzübergreifende Vollstreckungsverfahren in der Europäischen Union FS Henckel (1995) 863 ff; *Kondring* Die Bestimmung des sachlichen. Anwendungsbereiches des EuGVÜ, EWS 95, 217 ff.

Die drei Absätze der Vorschriften beinhalten drei deutlich von-   1
einander unterschiedene Aussagen. Wie seit langem im deutschen
Recht fest gefügt, bedarf es zur Anerkennung einer ausländischen
Entscheidung im Gegensatz zu ihrer Vollstreckung keines besonderen Verfahrens. Sie kann inzident geschehen (I). Das Übereinkommen stellt aber ein selbständiges Verfahren zur Option (II).
Dem Absatz 3 läßt sich ein selbständiger Gehalt nur abgewinnen,
wenn man dem dort genannten Gericht die Befugnis gibt, auf Antrag einer Partei das in Abs. 2 vorgesehene Anerkennungsverfahren
an sich zu ziehen (III). Die Anwendbarkeit des Übereinkommens
hat der Richter im Anerkennungsstaat ohne Gebundenheit an die
Ansicht der Richter im Ursprungsstaat zu prüfen (*Kondring* aaO
217 f).

I. Die anerkennungspflichtigen Entscheidungswirkungen, Abs. 1

1. Alle Wirkungen, die nicht Vollstreckungswirkungen sind,   2
sind **grundsätzlich** anerkennungspflichtig. Jedes Gericht, aber
auch jede sonstige staatliche Stelle kann inzident, auch in Anwendung von § 256 Abs. 2 ZPO, über die Anerkennungsfähigkeit entscheiden (zum abweichenden autonomen Recht vieler Vertragsstaaten *Braun* Lit. vor Art. 27 Rn 1, 33 f). Dazu gehört auch der
Einsatz der Anerkennung zur Begründung von „estoppel" (*Berkly
Administration Inc. v. McKelland* ILPr 95, 201). Die in Artt. 46 ff
genannten Dokumente brauchen dann nicht vorgelegt zu werden
(**AA** *Mally/Layton* § 27.10). Die Abgrenzung von Vollstreckbarkeit zu anderen Entscheidungswirkungen ist in gleicher Weise wie
im Rahmen von §§ 328, 1040, 1042 ZPO vorzunehmen (s. *Stein/
Jonas/Schumann*[21] § 328 Rn 7 ff; *Stein/Jonas/Schlosser*[21] § 1041 Rn 2;
für die Abgabe von Willenserklärungen *Stürner* FS Henckel [1995]

873 ff). Anerkennung bedeutet im Prinzip, daß das ausländische Urteil einem deutschen Urteil gleichgestellt ist. Bleiben seine Wirkungen hinter denen eines vergleichbaren deutschen Urteils zurück, so kann nicht mehr „anerkannt" werden als existiert. Werden vor dem Ausgangsgericht unverschuldet nicht vorgebrachte Einwendungen von der Rechtskraft der Entscheidung nicht abgeschnitten, so auch nicht in Deutschland. Im umgekehrten Falle sollte man unabhängig davon, wie die Frage im Zusammenhang mit anderen Anerkennungsgrundlagen zu lösen ist (dazu Kommentare zu § 328 ZPO), die Wirkungen eines vergleichbaren deutschen Urteils nicht als Obergrenze betrachten, sondern das ausländische Urteil mit allen seinen Wirkungen anerkennen (allgM; EuGHE 1988, 645 = „Krieg" IPRax 89, 159, krit. *Schack* 139. Zu diesem Urteil auch Artt. 27 ff Rn 1, 22). So kann etwa ein **Grundurteil** nach ausländischem Recht nicht nur, wie in Deutschland, innerprozessuale Bindungswirkung, Rn 3, sondern auch materielle Rechtskraft entfalten, die anerkannt werden muß. **Teilanerkennung** ist möglich, etwa wenn von mehreren Ansprüchen einige nicht in den Anwendungsbereich des Übereinkommens fallen oder ihretwegen ein Anerkennungsversagungsgrund vorliegt. Auch wenn es um eine Inzidentanerkennung geht, ist von Amts wegen (Köln RIW 90, 229, allgM. – Mit beachtlichen Gründen **aA** *Geimer/Schütze* § 142: Amtsprüfung nur zum Schutz unmittelbarer Staatsinteressen) zu prüfen, ob ein Anerkennungsversagungsgrund im Sinne von Artt. 27, 28 existiert. Beweislast dort Rn 34. Zivil- und Handelssachen s. Art. 1 Rn 3 ff. Natürlich muß der anzuerkennende Entscheidungsinhalt in den Anwendungsbereich des Übereinkommens fallen, s. Art. 1.

3   2. Im **einzelnen** erfaßt die Anerkennung vor allem die **materielle Rechtskraft**, (Beispiel: Karlsruhe NJW RR 94, 1286 – „ordonnance de non conciliation contradictoire" als rechtskräftige Entscheidung über den Getrenntlebensunterhalt), wobei aber das deutsche Recht in ihr ein von Amts wegen zu beachtendes Sachurteilshindernis auch dann sehen kann, wenn nach dem Ursprungsstaat nur eine abweichende Sachentscheidung und auch dies nur dann verboten ist, wenn sich eine Partei auf die Rechtskraft beruft. Die materielle Rechtskraft von **Prozeßurteilen** kann nur in dem Rahmen wirken, wie das deutsche Recht Sachurteilshindernisse kennt; eine Unzuständigerklärung bewirkt immerhin, daß die Zuständigkeit in Deutschland nicht mit Gründen geleugnet werden kann, die notwendig implizieren, der ausländische Richter sei doch zuständig

gewesen (Rechtsbank van Koophandel Brüssel Riv.dir.com.belge 90, 800; *Kropholler* vor Art. 26 Rn 13. **AA** *Geimer/Schütze* I 1 986). Wenn eine Zuständigkeitsfrage nur 2 Staaten betrifft, sind daher deutsche Gerichte zuständig, wenn das ausländische Gericht seine Zuständigkeit geleugnet hat (*Schlosser*-Bericht Rn 191. **AA** *Münch-KommZPO-Gottwald* Art. 20 Rn 5). Anerkennungspflichtig sind auch Wirkungen zu Lasten und zu Gunsten von Nebenparteien des Verfahrens, s. Art. 6 Rn 6. Zu Wirkungen gegenüber Dritten Art. 27 Rn 5. **Gestaltungswirkungen** sind auch dann anzuerkennen, wenn das deutsche Recht vergleichbare Gestaltungsurteile nicht kennt. Auch prozessuale Gestaltungswirkungen, die sich nicht nur auf das Territorium des Urteilsstaats beziehen, Art. 25 Rn 5, sind anerkennungspflichtig. Wird ein vorläufig vollstreckbares Urteil aufgehoben oder wird sonst die Zwangsvollstreckung aus einem Titel für unzulässig erklärt, so ist dies bei Vorlage einer amtlichen Übersetzung im Rahmen von § 775 Nr. 1 ZPO beachtlich (*Consolo* studi in onore Denti [1994] 102f). Das in § 29 AVAG vorgesehene Verfahren kann, um einen Widerspruch zu Art. 26 zu vermeiden, nur als zusätzliche Option für den Schuldner begriffen werden. Zu Entscheidungen über einzelne Vollstreckungsakte, s. Art. 25 Rn 5. Wenn eine Entscheidung außer Vollstreckungswirkungen (noch) keine anderen Wirkungen hat, wie z.B. vorläufig vollstreckbare deutsche Urteile, ist für eine Anerkennung kein Raum (*Geimer* IPRax 92, 8). Zur Abhängigkeit des Geschiedenenunterhalts von der Scheidung Artt. 27ff Rn 22, 28. Die **Tatbestandswirkung** richtet sich zunächst danach, ob der „Tatbestand" einer inländischen Norm, in der ein „Gericht" vorkommt, auch ausländische Gerichte meint (*Kropholler* vor Art. 26 Rn 17). Dies läßt sich bezüglich §§ 135, 136 BGB – etwa im Hinblick auf ausländische einstweilige Verfügungen – durchaus annehmen (*Basedow* in Schlosser Materielles Recht und Prozeßrecht.. [1992] 149). Man braucht daher englische „mareva injunctions" nicht als Arreste zu vollstrecken (**aA** *Koch*, s. Art. 1 HZÜ Rn 1, 257 ff, *Albrecht* Das EuGVÜ u. d. einstw. Rechtsschutz [1991] 175). S. auch Art. 31 Rn 16. Jedoch ist Anerkennungsfähigkeit der Entscheidung Voraussetzung.

Innerprozessuale Bindungswirkungen von Entscheidungen, Art. 25 Rn 4, werden beschränkt auf das Verfahren, in dem sie ergangen sind, ohne jeden Vorbehalt anerkannt. Einem Urteil eines Rechtsmittelgerichts, das eine Entscheidung aufhebt, kann nicht etwa nach Art. 27 die Anerkennung mit der Folge versagt werden, daß die Ausgangsentscheidung als fortbestehend fingiert wird.

Ins Leere geht die Anerkennung bei Verfahrensergebnissen ohne Verbindlichkeit wie etwa einem selbständigen Beweisverfahren.

Zur möglichen territorialen Begrenzung des Urteilsinhalts s. Art. 25 Rn 5.

II. Das selbständige Anerkennungsverfahren, Abs. 2

4   Die an der Anerkennung interessierte Partei hat die Option, die Anerkennung des Urteils in einem vereinfachten Verfahren feststellen zu lassen. Artt. 31–49 gelten entsprechend, §§ 27 ff AVAG. Zur Zuständigkeit Art. 32 Rn 1 f, zu den Rechtsbehelfen Art. 40 Rn 1 (keine Fristen für abgewiesenen Antragsteller). Eine **Verbindung** mit Verfahren, für die der Klageweg vorgeschrieben ist, etwa die für den Fall der Antragsablehnung hilfsweise beantragte Zusprechung des Anspruchs aus dem Grundverhältnis, ist nicht möglich. Solange nicht geklärt ist, ob die Vollstreckbarerklärungsentscheidung auch materielle Rechtskraft hinsichtlich der Anerkennung des Urteils entfaltet, Art. 37 Rn 5, muß man das Verfahren kumulativ zum Vollstreckbarerklärungsverfahren zulassen, allgM. Die Entscheidung entfaltet materielle Rechtskraft über die Anerkennung. Da ein nachfolgendes Vollstreckbarerklärungsverfahren für die Justiz keinen nennenswerten Aufwand mehr bedeutet, sollte man das Rechtsschutzbedürfnis für einen Anerkennungsfeststellungsantrag nicht deshalb leugnen, weil auch (zusätzlich) ein Vollstreckbarerklärungsantrag gestellt werden könnte. Der Antrag ist auch zulässig, wenn die Anerkennungsfähigkeit unstreitig ist, s. § 28 S. 3 AVAG. Auch eine gemeinsame Antragstellung beider Parteien ist daher möglich. Nicht nur die Parteien des Ausgangsverfahrens oder ihre Rechtsnachfolger sind antragsberechtigt, sondern auch Dritte, die ein Rechtsschutzbedürfnis haben (*Kropholler* Rn 3; *Mally/Layton* § 2706 – engl.: „any interested party". **AA** *MünchKommZPO-Gottwald* Rn 6). Die von den Verfassern des Übereinkommens gewollte Beschränkung auf den positiven Feststellungsantrag (*Jenard*-Bericht zu Art. 26) liefe auf einen Verstoß gegen das Prinzip der prozessualen Waffengleichheit hinaus, so wie er sich aus der MRK ergibt (dazu Europäischer Gerichtshof für Menschenrechte *Dombo Beheer B. V. v. Niederlande* NJW 95, 1413 zust. *Schlosser* 1404). In analoger Anwendung von Absatz 2 kann daher auch der Antrag gestellt werden, die Anerkennungsunfähigkeit der Entscheidung festzustellen (*Geimer/Schütze* § 146 V. **AA** *Kropholler* Rn 7; *MünchKommZPO-Gottwald* Rn 8; Trib. Gr. Inst.

Paris JDrInt 93, 599 Anm. *Kussedijan* – normale negative Feststellungsklage).

III. Die Sonderregelung in Abs. 3

Absatz 3 wird allgemein dahin verstanden, daß jedem Gericht 5 eine Inzidentanerkennung möglich ist. Ist in einem Vertragsstaat festgestellt worden, daß der Beklagte dem Kläger allen aus einem Unfall noch entstehenden Schaden zu ersetzen haben wird, so ist das Gericht im Inland, das über eine bezifferte Schadenersatzklage zu entscheiden hat, an die Rechtskraft dieses Urteils gebunden. Dies folgt aber bereits aus Abs. 1. Um dem Abs. 3 einen eigenständigen Sinn abzugewinnen, muß man ihn dahin verstehen, daß das dort genannte Gericht auch für ein „selbständiges" Anerkennungsverfahren zuständig ist. Zusätzlich zum primären Streitgegenstand kann dann dort ein Antrag auf Feststellung der Anerkennung des Urteils gestellt werden. Daß dies in der deutschen Fassung des *Jenard*-Berichts nicht ausdrücklich herausgestellt wird, hat seine Ursache darin, daß „à titre incident" nicht die technisch festgelegte Bedeutung wie in Deutschland der Begriff „inzident" hat, sondern auch die in § 256 Abs. 2 ZPO geregelte Situation erfaßt. Der Antrag kann bis zum Schluß der letzten mündlichen Verhandlung gestellt werden, ist aber nur erfolgversprechend, wenn die Entscheidung über den Primäranspruch von der Anerkennung des ausländischen Urteils abhängt.

Art. 27 [Allgemeine Ausschlußgründe für eine Anerkennung]

Eine Entscheidung wird nicht anerkannt:

1. **wenn die Anerkennung der öffentlichen Ordnung des Staates, in dem sie geltend gemacht wird, widersprechen würde;**
2. **wenn dem Beklagten, der sich auf das Verfahren nicht eingelassen hat, das dieses Verfahren einleitende Schriftstück oder ein gleichwertiges Schriftstück nicht ordnungsgemäß und nicht so rechtzeitig zugestellt worden ist, daß er sich verteidigen konnte;**
3. **wenn die Entscheidung mit einer Entscheidung unvereinbar ist, die zwischen denselben Parteien in dem Staat, in dem die Anerkennung geltend gemacht wird, ergangen ist;**

4. wenn das Gericht des Ursprungsstaats bei seiner Entscheidung hinsichtlich einer Vorfrage, die den Personenstand, die Rechts- und Handlungsfähigkeit sowie die gesetzliche Vertretung einer natürlichen Person, die ehelichen Güterstände oder das Gebiet des Erbrechts einschließlich des Testamentsrechts betrifft, sich in Widerspruch zu einer Vorschrift des internationalen Privatrechts des Staates, in dem die Anerkennung geltend gemacht wird, gesetzt hat, es sei denn, daß die Entscheidung nicht zu einem anderen Ergebnis geführt hätte, wenn die Vorschriften des internationalen Privatrechts dieses Staates angewandt worden wären;

5. wenn die Entscheidung mit einer früheren Entscheidung unvereinbar ist, die in einem Nichtvertragsstaat zwischen denselben Parteien in einem Rechtsstreit wegen desselben Anspruchs ergangen ist, sofern diese Entscheidung die notwendigen Voraussetzungen für ihre Anerkennung in dem Staat erfüllt, in dem die Anerkennung geltend gemacht wird.

Art. 28 [Besondere Ausschlußgründe für eine Anerkennung]

(1) Eine Entscheidung wird ferner nicht anerkannt, wenn die Vorschriften des 3., 4. und 5. Abschnitts des Titels II verletzt worden sind oder wenn ein Fall des Artikel 59 vorliegt.

(2) Des weiteren kann die Anerkennung einer Entscheidung versagt werden, wenn ein Fall des Art. 54b Absatz 3 bzw. des Art. 57 Absatz 4 vorliegt.

(2) (3) Das Gericht oder die Behörde des Staates, in dem die Anerkennung geltend gemacht wird, ist bei der Prüfung, ob eine der im vorstehenden Absatz angeführten Zuständigkeiten gegeben ist, an die tatsächlichen Feststellungen gebunden, aufgrund deren das Gericht des Ursprungsstaats seine Zuständigkeit angenommen hat.

(3) (4) Die Zuständigkeit der Gerichte des Ursprungsstaats darf, unbeschadet der Bestimmungen des ersten Absatzes (*der Absätze 1 und 2*), nicht nachgeprüft werden; die Vorschriften über die Zuständigkeit gehören nicht zur öffentlichen Ordnung im Sinne des Art. 27 Nr. 1.

Art. 29 [Verbot der sachlichen Nachprüfung]

Die ausländische Entscheidung darf keinesfalls in der Sache selbst nachgeprüft werden.

Textgeschichte: Art. 27 Nr. 2 geändert („oder ein gleichwertiges Schriftstück"), Nr. 5 eingefügt durch 1. Beitrittsübereinkommen, Einleitung Rn 9; Art. 27 Nr. 4 geändert („Ursprungsstaat" statt „Urteilsstaat"; in den deutschen Text eingefügt das Wort „oder") durch 3. Beitrittsübereinkommen, Einl. Rn 12. Art. 28 hat allein im LÜ vier Absätze, weil sich der zweite Absatz nur dort findet (mit redaktionellen Anpassungen von Abs. 4 = Abs. 3 EuGVÜ), im übrigen „Ursprungsstaat" statt „Urteilsstaat" durch 3. Beitrittsübereinkommen.

Literatur: *Schockweiler* in EuGH (Hsg.) Internationale Zuständigkeit und Urteilsanerkennung in Europa (1993), 149 ff.; *Linke* dass. 157 ff, *Stefan Braun* Der Beklagenschutz nach Art. 27 Nr. 2 EuGVÜ (1992).

Übersicht

I. Systematik und rechtspolitische Grundaussagen der Artt. 27–29

1   Art. 29 hat nur die Bedeutung, die Gerichte nachhaltig an das zu erinnern, was heute allgemeiner Standard bei der Anerkennung ausländischer Urteile ist. Der eigentliche Durchbruch des Übereinkommens liegt in seinem Art. 28 Abs. 3. Die Prüfung der „Anerkennungszuständigkeit" durch das Gericht des Anerkennungsstaates, wie etwa in § 328 Abs. 1 Nr. 1 ZPO vorgesehen, hat grundsätzlich zu unterbleiben. Nur eine Mißachtung der Schutzbestimmungen des Übereinkommens zugunsten des schwächeren Teils bei Versicherungs- und Verbrauchersachen sowie eine Nichtbeachtung der ausschließlichen Zuständigkeiten des Art. 16 sind – leider – Anerkennungshindernisse geblieben. Die in Art. 27 aufgeführten Anerkennungsversagungsgründe bewegen sich im klassischen Bereich des ordre public und seiner Spezialausprägungen. Die Aufzählung der Anerkennungsversagungsgründe ist grundsätzlich limitativ, s. aber Art. II Abs. 2 ProtEuGVÜ/LÜ u. Art. 5 Rn 22. Zur Partei- und Prozeßfähigkeit s. Art. 34 Rn 3. Jedoch ist Art. 27 Nr. 1 eine Auffanggeneralklausel. Der EuGH (EuGHE 1988, 645 – „Krieg") hat mit der Formel gearbeitet, eine Vollstreckung (damit auch: Anerkennung) könne abgelehnt werden, wenn sie aus Gründen, die außerhalb des Übereinkommens lägen, nicht mehr möglich sei, Rn 28. Wird ein Urteil nicht anerkannt, so kann im Inland neu geklagt werden, wenn hier eine internationale Zuständigkeit besteht (*MünchKommZPO-Gottwald* Art. 25 Rn 5; *Geimer* NJW 80, 1234. **AA** LG Münster NJW 80, 534).

II. Der ordre-public-Vorbehalt, Art. 27 Nr. 1

2   **Literatur:** *Franco Mosconi* Il limite dell' ordine publico nella Convenzione di Bruxelles, studi in onore Denti (1994) I 493.

1. Die Vorschrift als Auffangtatbestand

Nr. 1 ist immer dann anwendbar, wenn nicht eine der Sondervorschriften in Art. 27 Nr. 2–5, Art. 28 Abs. 1, 2 eingreift. Sie entspricht dem klassischen Standard der Anerkennungsgrundlagen. Man kann einem Urteil aus einem Vertragsstaat die Anerkennung versagen, wenn das Gegenteil nach den Wertungen der heimatlichen Rechtskultur schlechterdings untragbar erscheint; nicht etwa schon dann, wenn ein deutsches Gericht offensichtlich anders hätte entscheiden müssen, auch nicht, wenn aufgrund zwingenden Rechts. Daß der Grund für die Anerkennungsversagung in fremdartigen Wertungen des vom Gericht des Urteilsstaats angewandten Rechts liegt, ist kaum noch vorstellbar. Denkbar sind aber grobe Pannen im gerichtlichen Verfahren, die durch Rechtsmittel im Ursprungsstaat nicht mehr heilbar sind, Rn 4 ff. Das Anerkennungshindernis hat demgemäß, wenn überhaupt, so vor allem im Bereich des sog. verfahrensrechtlichen ordre public praktische Bedeutung. Ein Urteil braucht in Deutschland dann nicht anerkannt zu werden, wenn es „nicht als in einem geordneten, rechtsstaatlichen Verfahren ergangen angesehen werden kann" (BGH NJW 90, 2201 = RIW 575 = IPRax 92, 33, 5 – *Geimer*). In den über 20 Jahren der Geltung des Übereinkommens hat nur zweimal ein deutsches Gericht eine ausländische Entscheidung unter Berufung auf ordre-public-Erwägungen die Anerkennung versagt: BGH IPRax 87, 236, 219 – *Grunsky*, betrügerische Einwirkung auf den Beklagten, sich nicht zu verteidigen; BGH NJW 93, 3269 – Verurteilung entgegen der in §§ 636, 637 RVO verfügten Haftungsfreistellung. In Frankreich ist dies etwas öfter, aber in wenig überzeugenden Fällen geschehen: Cour de Cassation Clunet 79, 380, krit. *Holleaux*; Cour d'Appel Paris Rev. crit. 81, 113 – beide Male belgisches Versäumnisurteil ohne Begründung; Cour de Cassation Rev. crit. 81, 553 – *Mezger* – deutscher Vollstreckungsbescheid ohne Begründung; Cour de Cassation Rev. crit. 92, 516 krit. *Kessedjian* – deutsches Versäumnisurteil ohne Begründung – s. aber inzwischen §§ 32f AVAG; Cour d'Appel Lyon Clunet 79, 380, dazu *Mezger* IPRax 81, 103 ff u. *Sonnenberger* IPRax 85, 238 – zugunsten eines nichtehelichen Kindes ergangenes Unterhaltsurteil, das allein auf die Aussage der Mutter gegründet war.

2. Einzelheiten

Bei der Konkretisierung von Nr. 1 kann auf die zu § 328 Abs. 1 **3** Nr. 4 und zum ordre-public-Vorbehalt in der Schiedsgerichtsbarkeit entstandene Rechtsprechung und Literatur zurückgegriffen werden (s. etwa *Stein/Jonas/Schumann*[20] § 328 Rn 221 ff; *Stein/Jonas/Schlosser*[21] § 1044 Rn 47 ff; *MünchKommZPO-Gottwald* § 328 Rn 84 ff. Entsprechend für die Schweiz *Gillard/Patocchi* 119 f). Auch in den genannten Rahmen betont man inzwischen, durch das EuGVÜ inspiriert, daß der Vorbehalt eng auszulegen ist, und es allein darauf ankommt, ob die *Anerkennung* der Entscheidung gegen den inländischen ordre public verstoßen würde. Selbst eine noch so willkürliche kollisionsrechtliche Weichenstellung kann für sich allein nicht zur Anerkennungsversagung führen (allgM LG Hamburg Nschlwerk D I-21.1–132). Die in § 328 Abs. 1 Nr. 4 ZPO sich findende Erwähnung „der" **Grundrechte** kann bei Sachverhalten mit Auslandsberührung ohnehin nur in einem relativierten Sinn verstanden werden. Auch die Formel **„offensichtlich"** (§ 328 Abs. 1 Nr. 4, § 1044 Abs. 2 Nr. 2) kann man in Art. 27 Nr. 1 übertragen, weil Deutschland mit ihr zum Ausdruck gebracht hat, daß es die Anerkennung nur unter diesen Umständen für untragbar hält (ganz entsprechend für die Schweiz *Gillard/Patocci* 118). Schadenersatz wegen ehrenrühriger Kritik verstößt auch dann nicht gegen den inländischen ordre public, wenn er Amtsträgern unter Umständen zugesprochen worden ist, die ihm nach deutschem Recht nicht trügen. Zu Sanktionen gegen Mitwirkungsunwilligkeit von Prozeßbeteiligten s. Art. 11 HBÜ Rn 1.

Ein Verstoß gegen den einheimischen ordre public wurde insbesondere in folgenden Fällen geleugnet: Corte di Appello Mailand Riv.dir.int. 77, 197 – deutsches Versäumnisurteil ohne Begründung; Hoge Raad N. J. 79 Nr. 399 – so starke Belastung des Schuldners, daß er der öffentlichen Fürsorge anheim fällt; Celle RIW 79, 129 – „provision" des französischen Rechts; BGHZ 75, 167 = NJW 80, 527 = RIW 79, 861 – pauschale Schadensschätzung; Celle RZW 79, 129 – französische „provision"; (zweifelnd *Stürner* FS Zeuner [1994] 507). Hoge Raad N. J. 87 Nr. 481 – eine dem niederländischen Recht fremde Art der Beweisaufnahme; Saarbrücken NJW 88, 3100 = IPRax 89, 37 – *H. Roth*[14] – nur mit Laien besetzte französische Handelsgerichte; Hamm RIW 85, 973 – *Linke* – Sicherstellungsbeschlagnahme, nach damaligem italienischen Recht vergleichbar unserem deutschen Arrest, aber bis zum Abschluß des Hauptsacheverfahrens nicht mehr korrigierbar; Cour de Cassation G. P. 84. 2 Jur. 350, dazu *Reinmiller* IPRax 85, 56; Hamm RIW 85, 410 – Beratungshonorar eines Rechtsanwalts auf der Grundlage der BRAGO; Cour de Cassation Rev. crit. 87, 848 – fehlende Rechtsbehelfsbelehrung; *dies.* ILPr 91, 172 – Vaterschaftsfeststellung allein aufgrund mütterlicher Aussage, wenn Bekl. Blutentnahme verweigert; BGH NJW 93, 3269 – persönliche Verurteilung eines deutschen Beamten wegen einer im Ausland begangenen Amtspflichtverletzung; BGH IPRax 94, 367, *H. Roth* – starke Erhöhung der eingeklagten Summe durch Prozeßzinsen; Cour de Cassation 1ère cli. civ.

v. 14. 4. 1995, Bull civ – Fehlen einer Rechtsbehelfsbelehrung im
Urteilsstaat; Cour de Cassation 1ère cli. civ. v. 7. 6. 1995, Bull civ –
Unterhalt für die Vergangenheit.

Besonderer Erwähnung bedürfen folgende Punkte: Wie immer 4
man es sonst bewertet, wenn **im Ursprungsstaat** gegen die Entscheidung **kein Rechtsmittel** eingelegt worden ist, im Geltungsbereich des EuGVÜ führt ein Verstoß gegen den verfahrensrechtlichen ordre public nicht zu einer Anerkennungsversagung, wenn er
durch Einlegung eines Rechtsbehelfs im Ursprungsstaat hätte kor-
rigiert werden können (BGH NJW 90, 2201 = RIW 575 = IPRax
92, 33 *Geimer*[5]; Hamm RIW 94, 243; *Schlosser*-Bericht Nr. 192).
Meist wird man bei inhaltlichen Anstößigkeiten der Entscheidung
ebenso denken müssen. Massive Verstöße gegen inländisches
zwingendes **Wirtschaftsrecht**, insbesondere Kartellrecht oder Um-
weltrecht (*Kohler* Grenzübergreifender Umweltschutz in Europa
[1984] 86 f), können gegen den deutschen ordre public verstoßen,
gleich ob der ausländische Richter deutsches Recht falsch oder
überhaupt nicht angewandt hat (*Kropholler* Art. 27 Rn 13). Auch
ein Urteil, das **Grundprinzipien des Rechts der Europäischen
Union** grob mißachtet, ist nicht anerkennungsfähig (*Mosconi* aaO
504; Tribunal de grande instance Troyes Clunet 106 [1979] 623).
Jedoch genießt das Europarecht im Rahmen des ordre public keine
Sonderstellung gegenüber zwingendem nationalem Recht (zum
ganzen *Baumert* Europäischer ordre public und Sonderanknüpfung
zur Durchsetzung von EG Recht [1994] 251 ff).

Zum ordre public gehört grundsätzlich auch, daß jedes angerufe- 5
ne Gericht selbstverantwortlich über seine Zuständigkeit entscheidet und, wenn es zuständig ist, Rechtsschutz gewähren muß. **„An-
ti-suit injunctions"** gegen Verfahren in einem anderen Mitgliedsstaat verstoßen daher im allgemeinen gegen den europäischen ordre public (*Pfeiffer* Internationale Zuständigkeit [1994] 779; *Jayme/
Kohler* IPRax 95, 351). Das Übereinkommen steht aber dann einer
anti suit injunction nicht entgegen, wenn mit ihr ein (bevorstehen-
der) klarer Bruch einer Gerichtsstandsvereinbarung oder einer
Schiedsklausel bekämpft werden soll (*Continental Bank v. Aeokos*
[1994] 1 WLR 588 CA; *The Angelic Grace* [1995] 1 Lyod's LR 87;
zum ganzen *Hau* IPRax 96, 44). Zur Zustellung Art. 13 HZÜ
Rn 6.

Hat sich das staatliche Gericht über eine eindeutig **wirksame
Schiedsklausel hinweggesetzt**, so ist der heimatliche ordre public
verletzt (außerhalb des EuGVÜ *Tracomin S. A. v. Sudan Oil Seeds
Co. Ltd.* [1983] 1 All E. R. 404. **AA** Hamm IPRax 95, 393), Art. 1

Rn 25, keinesfalls aber bei Maßnahmen des einstweiligen Rechtsschutzes, wenn für die Hauptsache schiedsrichterliche Streiterledigung vereinbart ist (Hamm RIW 94, 244). Denkbar ist, daß die Anerkennung eines ausländischen Urteils den deutschen ordre public nur insoweit betrifft, als **bestimmte Entscheidungswirkungen** anerkannt werden sollen, etwa die Bindung als Verfahrensparteien nicht auftretender Dritter an eine englische Mareva injunction, Art. 26 Rn 2. Unter den Voraussetzungen, unter denen nach **§ 826 BGB** ein deutsches Urteil bekämpft werden kann, kann auch einem ausländischen die Anerkennung versagt werden, wenn der Mangel zumutbarerweise durch Rechtsbehelfe im Ursprungsstaat nicht mehr korrigierbar war (BGH NJW RR 87, 377; *SISRO v. Ampersand* C. A. ILPr 94, 55 – deutsches Wiederaufnahmeverfahren). Daher kann vor allem der Einwand des Prozeßbetrugs zur Anerkennungsversagung führen (*Schlosser*-Bericht Nr. 192). Zur Anwendung von anderem IPR im Forumstaat, als im Anerkennungsstaat angewandt worden wäre, s. Rn 3.

Art. 38 EGBGB ist nur eingeschränkt Teil des ordre public. Nur bei groben Abweichungen vom deutschen Haftungsrecht kann die Anerkennung versagt werden (Hamm RIW 95, 680 – zur seerechtlichen Haftungsbegrenzung; zu § 328 Abs. 1 Nr. 4 ZPO: BGHZ 118, 312 – punitive damages).

3. Nationaler ordre public und EuGH

6 Was der nationale ordre public (international) eines Vertragsstaats ist, kann naturgemäß nicht dem EuGH zur Auslegung vorgelegt werden (BGHZ 75, 167 = NJW 80, 527 = RIW 79, 861). Jedoch zeigt Art. 28 Abs. 3, daß das Übereinkommen den Staaten bei der Ausprägung ihres ordre public immanente Grenzen gesetzt hat. Ob ein bestimmter Umstand als Verstoß gegen den inländischen ordre public gewertet werden darf, kann dem EuGH sehr wohl zur Beurteilung vorgelegt werden (*Mosconi* aaO 507 f; *Schockweiler* aaO 150; Generalanwalt *Capotorti* in EuGHE 1976, 1756 – „Mines de Potasse d'Alsace").

4. Ordre public und rechtliches Gehör

7 Die Vorenthaltung des rechtlichen Gehörs **nach dem Stadium der Verfahrenseinleitung**, Rn 8, ist ausschließlich anhand von Nr. 1 zu messen, auch wenn es in der Berufungsinstanz geschehen ist (BGH NJW 90, 2201). Unvorhersehbare Klageerweiterungen ohne erneute Zustellung eines Schriftsatzes können den ordre pu-

blic verletzen (näher *Stürner* JZ 92, 332f). Jedoch ist nur dann ein Anerkennungsversagungsgrund gegeben, wenn es insgesamt an einem geordneten rechtsstaatlichen Verfahren fehlt. §§ 335 Abs. 2, 337 S. 2 ZPO gehören nicht zum deutschen ordre public (Köln IPRax 95, 256). Die strenge Rechtsprechung des **BVerfG** zur Gewährleistung des rechtlichen Gehörs kann keinesfalls in die Bewertung ausländischer Gerichtsverfahren hineingetragen werden. Einem Urteil ist freilich die Anerkennung zu versagen, wenn wesentliches Vorbringen einer Partei der anderen nicht zur Kenntnis gebracht wurde (für viele Einzelheiten Kommentare zu § 328 Abs. 1 Nr. 4, § 1041 Abs. 1 Nr. 4 und § 1044 Abs. 2 Nr. 4). Nicht anzuerkennen wäre eine Sachabweisung wegen Nichtleistung irgendwelcher Kostenvorschüsse oder -sicherheiten.

III. Rechtliches Gehör, Art. 27 Nr. 2

Art. 27 Nr. 2 stimmt fast textgleich mit § 328 Abs. 1 Nr. 2 ZPO **8** überein. Wie dort ist die Vorenthaltung des rechtlichen Gehörs nach Verfahrenseinleitung nicht angesprochen. Sie ist nach Nr. 1 zu behandeln, Rn 7. Es fehlt allerdings, anders als in § 328 Abs. 1 Nr. 2 ZPO, das ausdrückliche Normelement, der Beklagte müsse sich darauf berufen, daß ihm das verfahrenseinleitende Schriftstück nicht ordnungsgemäß und rechtzeitig zugestellt worden sei, Rn 21. In ihrer Interpretation durch den EuGH Rn 11ff, ist die Norm leider dafür verantwortlich, daß verschiedene Urteile wegen sehr formalistischer Überprüfung der Korrektheit der Zustellung der Klageschrift in Deutschland nicht anerkannt worden sind. Derartiges führt praktisch zur Rechtsschutzverweigerung zu Lasten des Klägers.

1. Das verfahrenseinleitende Schriftstück

Allen Rechtsordnungen der Vertragsstaaten ist gemeinsam, daß **9** das Verfahren durch die näher geregelte Zuleitung eines Schriftstücks eingeleitet wird. Ob es eine umfängliche Klageschrift ist, wie in Deutschland, oder nur eine kurze Bezeichnung des eingeklagten Anspruchs, ob es mit einer Ladung verbunden ist oder nicht, spielt keine Rolle. Der aus Anlaß des Beitritts des V K aufgenommenen Zusatz „oder ein gleichwertiges Schriftstück" soll lediglich klarstellen, daß auch eine Mitteilung davon genügt, eine Klageladung („writ") sei ausgestellt worden (*Schlosser*-Bericht Nr. 194).

10   Als verfahrenseinleitendes Schriftstück wurden angesehen: der deutsche **Mahnbescheid**, nicht aber der Vollstreckungsbescheid, dessen rechtzeitige Zustellung das Anerkennungshindernis nicht beseitigt (EuGHE 1981, 1539 – „Klomps". Teilw. krit. *Stürner* JZ 92, 332); das italienische „decreto ingiuntivo . . . zusammen mit der verfahrenseinleitenden Antragsschrift" (EuGHE 1995, 2113 – „Hengst" = EuZW 95, 803 = EWS 308; die Tatsache, daß eine ingiunzione gegenüber einer auslandsansässigen Partei gar nicht zulässig ist, nicht als Fehler der dennoch erfolgten Auslandszustellung wertend), französische **Ladungen** mit einer Aufforderung zur Einlassung (LG Karlsruhe RIW 85, 898). Es gibt, insbesondere in Scheidungssachen, auch mehrstufige Verfahren. Eine Ladung zu einem **Sühnetermin** und zur Entscheidung über einstweilige Anordnungen hat das OLG Koblenz (IPRax 92, 36) als das das Scheidungsverfahren einleitende Schriftstück angesehen, an dessen Ende ein Unterhaltsurteil stand. Das verfahrenseinleitende Schriftstück braucht den Streitgegenstand noch nicht genau zu bezeichnen, bei Einklagung von Zahlungsansprüchen vor allem nicht deren Höhe. Spätere **Klageerweiterungen** (BGH IPRax 87, 236, 219 krit. *Gottwald*) und Klageänderungen sind nicht verfahrenseinleitend, siehe aber Rn 7. Ist aber ein vorbereitendes Verfahren, wie etwa das deutsche **Beweissicherungsverfahren**, vom eigentlichen Hauptsacheverfahren formell getrennt und nicht, wie bei der Stufenklage oder der englischen discovery of documents nach Zustellung des „writ" mit ihm verbunden, so ist mit dem Beginn des Vorbereitungsverfahrens das Hauptverfahren noch nicht eingeleitet. Das gilt etwa für eine vorbereitende Beweisaufnahme nach Art. 145 des französischen n. c. pr. c. Ein Strafverfahren leitet den zivilrechtlichen Adhäsionsprozeß meist noch nicht ein (offen gelassen in EuGHE 1993, = IPRax 94, 37, *Heß* 10 – „Sonntag"), s. auch Art. 21 Rn 8. **Annexentscheidungen**, in denen es hauptsächlich um Rechenoperationen geht, wie nach §§ 104 oder 642a ZPO, bedürfen keines eigenen einleitenden Schriftsatzes (*Kropholler* Art. 27 Rn 21, *Braun*, Art. 25 Lit. von Rn 1, 74 ff mwN und differenziertem Ergebnis zu § 104 und § 642a ZPO).

2. Die ordnungsgemäße Zustellung

11   Das Schriftstück muß ordnungsgemäß zugestellt sein. Dafür ist nach der Rechtsprechung des EuGH Voraussetzung, daß die im Urteilsstaat geltenden Zustellungsvorschriften, einschließlich jener des für die Zustellung ins Ausland vorgesehenen HZÜ, peinlich

genau eingehalten worden sind (EuGHE 1990 I 2725 – „Peters" = IPRax 91, 177 zust. *Rauscher* 155; *Jenard*-Bericht zu Art. 27), wozu allerdings die Wahrung der Einlassungsfrist nicht gehört (Köln IPRax 95, 256). Dieser Grundsatz ist aber bei Auslandszustellungen nicht durchführbar, weil jeder Staat Wert darauf legt, daß auf seinem Territorium nach seinem Recht zugestellt wird. Nur die Notwendigkeit einer Auslandszustellung richtet sich vielmehr nach dem Recht des Ursprungsstaates, Rn 15. Der EuGH hat dies übersehen, weil er zum Recht des Ursprungstaats auch die dort für Auslandszustellungen geltenden völkerrechtlichen Verträge, also vor allem das HZÜ zählt. Dieses wird jedoch im ersuchten Staat durch dortiges Zustellungsrecht ergänzt. In Art. 5 Abs. 1 Buchst. a), Art. 15 Abs. 1 Buchst. a) HZÜ kommt dies klar zum Ausdruck. Krit. zur perfektionistischen Auslegung des EuGH, aber in die Entscheidung EuGHE 1993, = IPRax 94, 37 – „Sonntag" zu viel Neuerungspotential hineinlesend *de Leval* in Revue de la Faculté de Droit de Liège 1995, 495 f.

a) Der Hauptfall ist die Auslandszustellung in jenem Staat, der **12** später Vollstreckungsstaat wird. Im Rahmen des zum Recht des Ursprungsstaates gehörenden HZÜ eine **Heilung von Zustellungsmängeln** leugnend (BGH NJW 91, 641) hat die Rechtsprechung für **Zustellungen in Deutschland** daraus ans Absurde grenzende Anerkennungshindernisse gemacht (BGH RIW 93, 673 – Ersatzzustellung im Geschäftslokal anstatt, richtig, in der Wohnung des Geschäftsführers, trotz Bescheinigung nach Art. 6 HZÜ über die Ordnungsmäßigkeit der Zustellung; Saarbrücken – Verweigerung der Annahme des zuzustellenden Schriftstücks, unterlassene Zurücklassung des Schriftstücks am Zustellungsort gemäß § 186 ZPO). Eine förmliche Ersatzzustellung ohne die vorgeschriebene Beifügung einer deutschen Übersetzung ist zwar korrekt. Jedoch kann die Berufung auf den Fehler mißbräuchlich sein, s. Art. 5 HZÜ Rn 7.

Auch wenn man das Bestehen eines **allgemeinen europäischen** **13** **Rechtsgedankens** über die **Heilung von Zustellungsmängeln** (so *Geimer/Schütze* § 140 V 1; *Linke* RIW 86, 412 ff. **AA** *Kropholler* Art. 27 Rn 30) leugnet, kann die Nichtanwendung von § 187 ZPO sehr leicht zu einer gegen Art. 6 EMRK, Einl. Rn 27, verstoßenden Rechtsschutzverweigerung führen. Eine neue Klage im Ursprungsstaat wird vielfach nicht als zulässig anerkannt oder kommt jedenfalls für einen effektiven Rechtsschutz viel zu spät. Richtig ist folgende Lösung: Geht man davon aus, daß die Zustellung Ausübung von Hoheitsgewalt ist (Erl. Art. 10 HZÜ), dann richtet sich die Zustellung im ersuchten Staat nach dessen Rechtsvorschriften, allenfalls kumulativ zu den Vorschriften des Ursprungsstaats, wenn dieser darauf Wert legt. Für Zustellungen in Deutschland kommt daher (entgegen BGH aaO, ders. JZ 93, 619 zust. *Schack* § 187 ZPO zur Anwendung (*Wiehe* aaO 123 mwN), der keineswegs eine Heilung nur von solchen Mängeln erlaubt, die sich am Maßstab der ZPO ergeben. Zu weitgehend ist es allerdings, bei Beachtung der Übersetzungsaufforderung und Einschaltung einer deutschen Justizbehörde im Wege einer teleologischen Reduktion von Nr. 2 alle übrigen Zustellungsmängel für unbeachtlich zu erklären (so *Braun* aaO 134 ff). Gegen das HZÜ verstößt ein Staat aber nicht, der auf seinem Territorium unterlaufene Zustellungsmängel heilbar sein läßt. Im übrigen ist der Gedanke der Heilung von formellen Zustellungsmängeln („pas de nullité sans grief") in Europa weit verbreitet (näher *Schlosser* FS Matscher [1993] 394 f; *Stürner* JZ 92, 331 für den Fall, daß das Recht des Ursprungsstaats auf die Zustellungsvorschriften des ersuchten Staats verweist). Will man anders entscheiden, so muß man konsequenterweise anerkennen, daß das Recht des Ursprungsstaats auch die Heilung von Zustellungsmängeln anordnen kann, die sich am Maßstab des HZÜ ergeben (so wohl BGH aaO, der fragt, ob die in Deutschland vorgenommene fehlerhafte Ersatzzustellung nach dem Recht des Urteilsstaats geheilt war). Bei Mißachtung des deutschen Widerspruches zu Art. 10 HZÜ kann der deutsche Richter in Ausübung seines ihm von § 187 ZPO gewährten Ermessens Bildungsgrad, Sprachkenntnisse, geschäftliche Gewandtheit und Verbundenheit der Zustellungsadressaten mit dem Ausgangsstaat berücksichtigen.

14 Für Zustellungen aus Frankreich oder anderen Staaten mit dem System der **„remise au parquet"** (Art. 15 HZÜ Rn 1 ff), gilt zudem folgendes: Die Zustellung ist mit der „remise" beim heimatlichen Staatsanwalt als einer Form der Ersatzzustellung ebenso korrekt beendet wie in Deutschland eine öffentliche Zustellung. Alles weitere ist dann nicht mehr eine Frage der ordnungsgemäßen Zustellung (*Schack* IZPR Rn 611. **AA** Düsseldorf RIW 85, 493 f; KG RIW 86, 637; *Braun*, Art. 27 Lit. vor Rn 1, 103 ff mwN; *Stein/Jonas/Roth*[21] § 199 Rn 25; *Rauscher* IPRax 91, 157 f; Cour de Cassation Rev. crit. 81, 714), sondern nur noch jene, ob der Zustellungsadressat (etwa durch die Übersendung des Schriftstücks durch den französischen huissier oder die zusätzliche amtliche Zustellung) davon so rechtzeitig erfahren hat, daß er sich vernünftig verteidigen konnte, Rn 17 ff (*Schack* IZPR Rn 610), Art. 15 HZÜ Rn 2. Daß der Richter des Ausgangsverfahrens sich nach Art. 15 HZÜ über das Schicksal der Mitteilung vergewissern muß, ändert daran nichts. Der Richter im Anerkennungsstaat überprüft aber, ob wegen Wohnsitz des Beklagten im Urteilsstaat anstatt der „remise au parquet" eine andere Form der fiktiven Inlandszustellung geboten gewesen wäre (LG Hamburg RIW 91, 767ff).

b) Bei **Zustellungen im Urteilsstaat** selbst, auch bei dortigem **15** Wohnsitz beider Parteien, muß das deutsche Gericht peinlich genau prüfen, ob die dort geltenden Vorschriften eingehalten worden sind (*Pfeiffer* Jb. junger ZivRWissenschaftler 91, 86), kann dann freilich erst recht eine nach ausländischem Recht begründete Heilung von Mängeln anerkennen. Zu dieser Überprüfung gehört auch die Frage, ob eine Inlandszustellung zulässig war, was aber durchaus auch dann möglich sein kann, wenn der Beklagte (bereits) in einem anderen Staat wohnte (*Linke* IPRax 93, 94. Problem verkannt in Köln IPRax 93, 114), s. auch Art. 1 HZÜ Rn 5. Auch eine in den Gesetzen vorgesehene öffentliche Zustellung ist eine ordnungsgemäße Inlandszustellung (LG Berlin RIW 86, 637) insbesondere dann, wenn die nach Deutschland oder in einen anderen Staat vorgesehene Auslandszustellung mißglückt ist (Koblenz IPRax 92, 36). In Deutschland unbekannte Möglichkeiten der Ersatzzustellung sind grundsätzlich nicht als Umgehung des HZÜ anzusehen.

c) Bei Zustellungen in einem **Drittstaat**, wofür Nr. 2 ebenfalls **16** gilt, ist das HZÜ wie im Verhältnis zu Deutschland zu beachten einschließlich allerdings von einseitigen Erklärungen und bilateralen Abmachungen, die in Ausführungen dieses Übereinkommens zustandegekommen sein mögen.

3. Rechtzeitigkeit der Zustellung

Die Zustellung muß kumulativ zum Erfordernis der Ordnungs- **17** mäßigkeit (EuGHE 1990 I 2725 – „Peters" = IPRax 91, 177 – *Rauscher*[155]) auch rechtzeitig sein. Daran kann es nicht nur bei Verspätung der Zustellung, sondern vor allem auch bei **Ersatzzustellungen** trotz deren Ordnungsmäßigkeit fehlen. Ersatzzustellungen, die keine große Wahrscheinlichkeit gewährleisten, daß der Inhalt des Schriftstückes dem Adressaten bekannt wird, sind niemals rechtzeitig, Art. 1 HZÜ Rn 6. Korrektes Verhalten des Ausgangsgerichts nach Art. 15 Abs. 2 HZÜ garantiert die Anerkennungsfähigkeit noch nicht (**aA** *Droz* Rev.crit. 81, 718f). Dies alles gilt selbst dann, wenn die Zustellung im Ursprungsstaat vorgenommen wurde (EuGHE 1985, 1779 – „Debaecker" = RIW 85, 967). Das **Gericht des Anerkennungsstaats hat** ohne Rücksicht auf die Ansicht des Gerichts im Ursprungsstaat **selbständig zu prüfen**, ob die Zustellung rechtzeitig war (EuGHE 1981, 1593 – „Klomps" = RIW 781). An die Ansicht des Richters im Ausgangsstaat, dem Art. 15 HZÜ sei entsprochen, ist es nicht gebunden (EuGHE 1982, 2723 = IPRax 85, 25 – Geimer[6]).

Das EuGVÜ gibt dem Richter keine Maßstäbe zur Handhabung des wertausfüllungsbedürftigen Begriffs „Rechtzeitigkeit" (**Beispiele**: BGH NJW 86, 2197 = RIW 302 = IPRax 366, 349 – Walter – § 274 Abs. 3 S. 1 ZPO als Anhaltspunkt; Hamm IPRax 88, 289 – krit. Geimer[271] – im Fall einer offenbar freiwilligen Entgegennahme eines verfahrenseinleitendes Schriftstücks ohne Übersetzung 20 Tage zu kurz, um Übersetzung aus dem niederländischen anfertigen zu lassen; Köln IPRax 95, 256 – 3 Wochen zwischen Köln und Belgien ausreichend. Rechtsprechung zu § 328 Abs. 1 Nr. 2, 1041 Abs. 1 Nr. 4 und § 1044 Abs. 2 Nr. 4 ZPO kann Auslegungshilfe sein; Köln RIW 93, 149 – ev. Vertagung in Frist einzurechnen. Weitere Beispiele bei Braun aaO 129ff). Zu berücksichtigen sind selbst solche Umstände, die erst nach der Zustellung bekanntgeworden sind (EuGHE aaO „Klomps"). Lehnt ein sprachkundiger Adressat die Zustellung nach Art. 5 Abs. 2 HZÜ ab, kann er sich nicht darauf berufen, die Frist nach darauf folgender förmlicher Zustellung sei zu kurz gewesen.

Im allgemeinen beginnt der Zeitraum erst zu laufen, wenn der Adressat Kenntnis nehmen kann (Braun aaO 113ff). Bei der Gesamtwürdigung ist aber auch zu beachten, ob **Kläger und Beklagter** ein **zumutbares Verhalten** mit dem Ziel, eine rechtzeitige Zustellung zu fördern, unterlassen haben (EuGH aaO; BGH IPRax 93, 326 = RIW 92, 56 – mit sehr ins einzelne gehender Interessenabwägung). Vor allem ist das Verhalten beider Parteien bei einem **Wohnsitzwechsel** des Beklagten zu würdigen (eine Möglichkeit für den Kläger, die neue Adresse unschwer ausfindig zu machen; aus der Vorgeschichte sich ergebende Veranlassung des Beklagten, seine neue Adresse mitzuteilen). So ist in einem Fall sogar die öffentliche Zustellung als rechtzeitig angenommen worden, weil der Prozeßverlauf gezeigt habe, daß der Beklagte seine Rechte habe wahren können (Cour d'Appel Paris Rev. crit. 84, 134 zust. Droz; Kropholler Art. 27 Rn 34). Keinesfalls aber kann die öffentliche Zustellung schon per se als rechtzeitig angesehen werden, wenn zwischen ihr und dem Verhandlungstermin ein Zeitabschnitt liegt, der bei normaler Zustellung ausreichen würde (**aA** Koblenz IPRax 92,

37). Aus der sich gelegentlich findenden, beiläufigen Bemerkung, die Rechtzeitigkeit der Zustellung könne vermutet werden, wenn die **Adresse** des Beklagten **unbekannt** war (EuGHE 1985, 1179 – „Debaecker" = RIW 85, 967; BGH IPRax 93, 326 = RIW 92, 56), lassen sich keine greifbaren Bewertungsmaßstäbe für den Einzelfall ableiten. Jedenfalls ist eine fiktive Zustellung ohne Hinzukommen weiterer Elemente niemals rechtzeitig (*Linke* IPRax 93, 296; KG RIW 86, 637. **AA** Koblenz IPRax 92, 35 krit. *Geimer* 11; *Münch-KommZPO-Gottwald* Rn 26 mwN). Anders kann man nur entscheiden, wenn es dem Beklagten als Pflichtverletzung gegenüber dem Kläger zurechenbar war, daß er seine neue Adresse nicht bekanntgegeben hat, was aber nur der Fall ist, wenn er mit der Einleitung eines Verfahrens rechnen mußte. Auch bei einer Ersatzzustellung ist das Rechtzeitigkeitserfordernis unter den Voraussetzungen nicht erfüllt, unter denen nach deutschem Recht Wiedereinsetzung gewährt werden könnte (zu hart Cour ďAppel Paris Rev.crit. 84, 136).

Der **Akt**, der für die Rechtzeitigkeit der Kenntnisnahmemög- **18** lichkeit durch den Beklagten sorgt, braucht **mit der Zustellung nicht identisch zu sein**. Der Zustellungsadressat muß vom zuzustellenden Schriftstück auch nicht tatsächlich Kenntnis genommen haben (EuGHE 1991, 1593 – „Klomps"; BGH IPRax 93, 326, zust. *Linke* = RIW 92, 56). Eine Ersatzzustellung ist auch rechtzeitig, wenn der Beklagte ohne sein Verschulden von ihr erst viel später erfährt, aber immer noch rechtzeitig, um sich verteidigen zu können. Ist dem Schriftstück keine **Übersetzung** in einer dem Adressaten verständliche Sprache beigefügt, so muß ausreichend Zeit für die Besorgung einer solchen gewährt werden (BGH NJW 91, 641 – 3 Monate für Übersetzung aus dem französischen), auch wenn der Adressat nach Art. 5 Abs. 2 HZÜ mit dieser Zustellungsform einverstanden war. Privatpersonen ohne größere auslandsbezogene Vermögensverwaltung kann die Besorgung einer Übersetzung im allgemeinen überhaupt nicht zugemutet werden (**aA** Cour de Cassation und *Cour d'Appel Reims* Clunet 79, 383). Zur Übersetzung als Bestandteil einer ordnungsgemäßen Zustellung s. Art. 5 HZÜ Rn 3, 4, 7.

4. Rechtsbehelfe im Ursprungsstaat

Die Rechtsprechung hält es für belanglos, daß sich der Beklagte **19** im Ursprungsstaat mit Rechtsbehelfen dagegen hätte zur Wehr setzen können, daß ihm das verfahrenseinleitende Schriftstück nicht rechtzeitig zugestellt worden ist (BGH NJW 93, 673; ders. NJW 86, 2197; Düsseldorf FamRZ 93, 586; Frankfurt RIW 91, 587; Köln RIW 90, 229; Stuttgart RIW 79, 130). Die Frist für die Einlegung eines Einspruchs gegen einen Vollstreckungsbescheid oder ein Versäumnisurteil ist unter dem Gesichtspunkt der Rechtzeitigkeit für den EuGH ebenso bedeutungslos wie die Einlegung eines als verfristet zurückgewiesenen Rechtsbehelfs (EuGHE 1992, 5661 „Minalmet" = RIW 93, 65; EuGHE 1981, 1593 – „Klomps"). Das ist als überbesorgt um die Verteidigungsmöglichkeit des Beklagten gerügt worden (*Geimer* IPRax 88, 275). Ein Beklagter, der einen Rechtsbehelf einlegt, würde jedoch durch Rügen riskieren, daß ihm gesagt wird, er habe sich auf das Verfahren eingelassen und damit das Erfordernis einer ordnungsmäßigen Zustellung obsolet gemacht.

5. Nichteinlassung auf das Verfahren

20 Des Schutzes der Nr. 2 wird nämlich wie jener nach Art. 15 HZÜ, s. dort Rn 4, nur ein solcher Beklagter teilhaftig, der sich auf das Verfahren nicht eingelassen hat. Der Begriff ist sehr weit auszulegen und umfaßt jedes Auftreten des Beklagten vor Gericht, aus dem sich ergibt, daß er von dem verfahrenseinleitenden Schriftstück Kenntnis erlangt hat. Der EuGH ist allerdings noch etwas zurückhaltend (EuGH EuZW 93, 417 „Sonntag" = IPRax 94, 40 – *Heß*) und sagt: *„Hat sich der Beklagte auf das Verfahren eingelassen, so kann er sich zumindest dann nicht mehr auf diese Bestimmung berufen, wenn er ... Gelegenheit zur Verteidigung erhalten hat".* Auch eine Rüge der Ordnungswidrigkeit oder fehlenden Rechtzeitigkeit der Zustellung vor dem Gericht des Ursprungsstaats ist bereits eine Einlassung (Hamm RIW 94, 243; Corte di Cassazione Riv.dir.int. priv.proc. 92, 297; *Linke* IPRax 92, 93; *Geimer* IPRax 88, 271. **AA** Köln IPRax 91, 114; Stuttgart IPRsp 83 Nr. 173; *Kropholler* Art. 27 Rn 22; *Martiny* Hdb III 2. Kap. II Rn 110; *Wiehe* aaO 204ff). Der Beklagte hat nur die Wahl, entweder Versäumnisurteil gegen sich ergehen zu lassen und auf den Schutz der Nr. 2 zu vertrauen, oder sich zur Rüge des Fehlers vor dem Gericht des Ursprungsstaates einzulassen und zu hoffen, daß er damit nach dem Prozeßrecht dieses Gerichts Erfolg hat. Mit der rügelosen Einlassung iSv § 295 ZPO oder der Einlassung iSv Art. 18 hat die vertragsautonom zu bestimmende Einlassung nach Art. 27 Nr. 2 nichts zu tun (Hamm aaO). Ist die gem. Art. 46 Nr. 1 vorzulegende Urkunde ein Versäumnisurteil, so besteht ein Anscheinsbeweis, daß sich der

Beklagte auf das Verfahren nicht eingelassen hat (*Linke* aaO 93). Ist das Zivilverfahren ein Annexverfahren zum Strafverfahren, so kann der Angeklagte die Einlassung auf den zivilrechtlichen Teil verweigern. Tut er dies aber nicht, so hat er sich auf das Verfahren eingelassen, auch wenn er zum zivilrechtlichen Teil nicht besonders Stellung genommen hat (EuGHE aaO – „Sonntag"). Einlassung durch Prozeßvertreter setzt die Ordnungsmäßigkeit der Vollmacht voraus.

6. Prüfung von amtswegen

Anders als im Rahmen von § 328 Abs. 1 Nr. 1 ZPO muß sich **21** der Beklagte auf die Ordnungswidrigkeit oder die Verspätung der Zustellung nicht berufen. Deshalb müssen die Gerichte im Anerkennungsstaat **von amtswegen berücksichtigen,** ob dieser Anerkennungsversagungsgrund vorliegt (z. B. *Mally/Layton* 227.05; Cour de Cassation *Wagner* v. *Fettweiler* ECC. 1985, 258; Koblenz IPRax 92, 36; *Braun* aaO 177 mwN zum Streitstand in Deutschland; *Wiehe* aaO 210 ff; nahezu allgM. **AA** mit beachtlichen Gründen *Geimer* IPRax 85, 8), und insoweit nach Art. 46 Nr. 2 Urkundenbeweis erheben. Im einseitigen Verfahren vor dem Vorsitzenden der Kammer des LG sind allerdings Anerkennungsversagungsgründe, die sich nicht aus den vorgelegten Urkunden ergeben, nicht zu berücksichtigen. Für das Rechtmittelverfahren bedeutet dies nach den allgemeinen zur Berücksichtigung von amtswegen geltenden Grundsätzen, daß die Parteien zur Beibringung entsprechender Information und zur Entkräftung aufgetretener Bedenken aufgefordert werden müssen. An die Auffassung, die in den Gründen der anzuerkennenden Entscheidung dazu stehen, sind die Gerichte im Anerkennungsstaat nicht gebunden (EuGHE 1982, 2723 „Pendy Plastic" = IPRax 85, 25 – *Geimer* 6). Insbesondere braucht die anzuerkennende Entscheidung keine Versäumnisentscheidung im technischen Sinne zu sein, um die Kontrolle zu rechtfertigen. Darauf, ob sich das Gericht im Ausgangsstaat an Art. 20 Abs. 2 oder 3 gehalten hat, kommt es nicht an. Die Zustellung kann ohne Einhaltung dieser Voraussetzung rechtzeitig (**aA** wohl Cour de Cassation Rev. crit. 81, 708) wie auch bei ihrer Einhaltung nicht rechtzeitig sein. Läßt sich nach Ausschöpfung aller Informationsmöglichkeiten die Tatsachenlage nicht klären, etwa ob die nach dem Recht des Urteilsstaats nötigen tatsächlichen Voraussetzungen für eine Inlandszustellung gegeben waren, dann trägt allerdings der Antragsgegner die Beweislast, weil die Anerkennungsversagungsgründe Einwendungsnormen sind (*Linke* IPRax 91, 94; *Geimer* IPRax 88, 275).

IV. Unvereinbarkeit mit einer anderen Entscheidung, Art. 27 Nr. 3

22   Die Vertragsstaaten stellten mit Art. 27 Nr. 3 die Autorität der Entscheidungen ihrer Gerichte noch immer über die Autorität anerkennungspflichtiger ausländischer Entscheidungen. Daher kommt es weder darauf an, ob das deutsche Urteil zeitig früher oder später ergangen ist (in Deutschland allgM. **AA** *Berando* Jurisclasseur procédure civile Fasc 52–5 Nr. 46; *Gothot/Holleaux* La Convention de Bruxelles [1985] Nr. 280), noch darauf, ob das inländische Urteil in den Anwendungsbereichen des Übereinkommens fällt (*Schlosser* Revue de l'arbitrage 83, 382 ff; als selbstverständlich vorausgesetzt in EuGHE 1988, 645 – „Krieg" = RIW 88, 820 – *Linke* = IPRax 89, 159 – *Schack*[139]). Das inländische Urteil kann auch ein solches über die Anerkennung einer ausländischen Entscheidung (Hamm MDR 82, 504 – ausländisches Geschiedenenunterhaltsurteil anerkennungsunfähig, wenn Anerkennungsunfähigkeit der Scheidung festgestellt). Gerichtliche Vergleiche sind nicht gemeint (EuGHE 1994 I 2237 – „Solo Kleinmotoren" = JZ 94, 1007 – *Schlosser*).

Ein Schiedsspruch fällt auch im Zusammenhang mit Art. 27 Nr. 3 nicht unter die Definition, die Art. 25 für „Entscheidungen" gibt (*Hill* 66. **AA** *Berti* FS Vogel [Freiburg/Schw. 1991] 349), wohl aber eine Exequaturentscheidung zu einem Schiedsspruch, s. Rn 29.

An Ausführungen des ausländischen Richters zur Tragweite des inländischen (deutschen) Urteils ist der inländische Richter nicht gebunden. Der EuGH („Krieg" aaO) spricht davon, daß die beiden Entscheidungen **Rechtsfolgen** haben müssen, **die sich gegenseitig ausschließen**. Genaugenommen heißt dies: Ein ausländisches Urteil ist dann mit einem deutschen unvereinbar, wenn es entweder denselben Streitgegenstand anders entscheidet – etwa zugesprochene Leistungsklage, inländische Klageabweisung – oder auf Prämissen aufbaut, die mit der materiellen Rechtskraft oder der Gestaltungswirkung eines inländischen Urteils unvereinbar sind. Dies ist bei einem inländischen Scheidungsurteil gegenüber einem ausländischen Unterhaltsurteil unter getrennt lebenden Ehegatten angenommen worden, auch wenn im Ursprungsstaat des Unterhaltsurteils das Scheidungsurteil (noch) nicht anerkannt wird (EuGH „Krieg" aaO). Ein inländisches Kaufpreiszahlungsurteil und eine ausländische Entscheidung, die aus Gewährleistungsgründen den Käufer zu Schadensersatz verurteilt, stehen nicht zwangsläufig in Widerspruch zueinander (Cour de Cassation Rev.crit. 78, 773), sondern nur dann, wenn im inländischen Verfahren Gewährleistungseinwände zurückgewiesen worden sind und das Urteil insoweit materielle Rechtskraft entfaltet, was im Falle deutscher Urteile aber nur bei einer Feststellung nach § 256 Abs. 2 ZPO der Fall ist. Ein Urteil, das im Inland angeblich entstandene Schadenersatzansprüche aber kennt, s. Art. 5 Rn 20, steht mit einem Urteil über den anderswo erlittenen Schaden nicht in Widerspruch, auch wenn der Haftungsgrund im Prinzip geleugnet wurde. Eine vertragsautonome Auslegung des Begriffs Unvereinbarkeit wäre verfehlt (BGHZ 88, 17 = NJW 84, 568 = RIW 83, 695. Einschränkend *Kropholler* Art. 27 Rn 41; *Martiny* Hdb Kap. II Rn 137). Die „Rechtsfolgen" eines Urteils können sich nur nach nationalem Recht bestimmen; mehr als diese gegenüber ausländischen Entscheidungen durchsetzen zu wollen, ist unter keinem denkbaren Gesichtspunkt legitim.

Nicht unvereinbar ist ein inländisches Urteil mit einem ausländi- **23** schen, wenn es seinerseits nur auf **Prämissen aufbaut, die mit den „Rechtsfolgen" eines inländischen Urteils unvereinbar sind**. Ist im Ausland die Unwirksamkeit eines Vertrages rechtskräftig festgestellt worden und ist in Mißachtung dieses Urteils im Inland ein Anspruch aus dem Vertrag zuerkannt worden, dann bleibt das ausländische Urteil anerkennungspflichtig und muß als Prämisse allen weiteren inländischen Entscheidungen über Ansprüche aus dem Vertragsverhältnis zugrundegelegt werden. Urteile, die im Verhältnis verschiedener Parteien ergangen sind, stehen bei subjektiver Rechtskraftentscheidung im Widerspruch zueinander.

Inländische Urteile, die **(noch) keine materielle Rechtskraft 24** oder Gestaltung entfalten, scheiden als Anerkennungshindernis aus (BGH aaO – früher in Deutschland mangels Erfolgsaussicht abgelehnter Prozeßkostenhilfeantrag). Die Nichterwähnung der Rechtskraft in Art. 27 Nr. 3 besagt keineswegs, daß die „Rechtsfolgen" eines erstinstanzlichen Urteils fiktiv wie jene rechtskräftiger Entscheidungen zu behandeln seien. Allerdings muß dem Umstand Rechnung getragen werden, daß nach manchen ausländischen Rechten auch schon erstinstanzliche Urteile materielle Rechtskraft entfalten. Zu kollidierenden Vollstreckungswirkungen noch nicht rechtskräftiger Urteile s. Art. 36 Rn 3.

25   Eine Nichtbeachtung der **inländischen Rechtshängigkeit** durch das ausländische Gericht ist anerkennungsunschädlich. Im rechtshängigen gebliebenen inländischen Verfahren muß das ausländische Urteil beachtet werden. Entfalten ausländische Urteile mit ihrem Erlaß materielle Rechtskraft, so empfiehlt sich Aussetzung nach § 148 ZPO, um abzuwarten, ob das Urteil auch formell rechtskräftig wird. Zu Scheidungsfolgenregelungen bei (noch) nicht anerkannten Auslandsscheidungen Rn 28.

26   Der Konflikt zwischen **zwei Urteilen aus zwei verschiedenen anderen Vertragsstaaten** ist im Übereinkommen nicht angesprochen. Es gilt der Grundsatz der zeitlichen Priorität (wohl allgM).

Besteht ein Konflikt nur teilweise, so ist dem ausländischen Urteil nur **teilweise die Anerkennung zu versagen**. Wenn etwa ein inländisches Gestaltungsurteil ex nunc wirkt, kann das ausländische Urteil über Leistungsansprüche aus dem später umgestalteten Rechtsverhältnis soweit anerkannt werden, wie sie auf die Zeit vor der Gestaltung fallen (*Vivant* NJW 91, 31).

V. Widerspruch zu unverzichtbaren kollisionsrechtlichen Entscheidungsmaßstäben, Art. 27 Nr. 4

27   Mit der Nr. 4 wollte man sicherstellen, daß Entscheidungen aus Rechtsgebieten, die nach Art. 1 Nr. 1 vom Anwendungsbereich des Übereinkommens ausgeschlossen sind, auch nicht mittelbar verfremdende Einwirkungen auf die inländische Rechtsordnung haben. Ist nach einer Scheidung im Ausland in Anwendung ausländischen Rechts ein Unterhaltsanspruch eines Ehegatten aberkannt worden, so soll dieser im Inland eingeklagt werden können, wenn für die inländischen Gerichte deutsches Recht anwendbar ist und danach Unterhalt geschuldet wird. Ein Urteil, in dem jemand als Erbe in Anspruch genommen worden ist, soll im Anerkennungsstaat nicht durchsetzbar sein, wenn er nach der dort kollisionsrechtlich zur Anwendung kommenden Rechtsordnung nicht Erbe ist. Die Vorschrift war von Anfang an antiquiert und ist toter Buchstabe geblieben. Schon gar nicht ist die aus der Perspektive des Anerkennungsstaats falsche IPR-Steuerung des Entscheidungsergebnisses außerhalb der in Nr. 4 genannten Rechtsgebiete ein Anerkennungsversagungsgrund oder ein Verstoß gegen den ordre public (*Mosconi* aaO 502). Im autonomen deutschen Recht, § 328 ZPO, fehlt eine solche Bestimmung. Es kann in allen einschlägigen Fällen als das der Anerkennung günstige Recht herangezogen werden.

Zum „Internationalen Privatrecht" gehört auch das **internatio-** 28
nale Prozeßrecht, Art. 53 Rn 2. Nach deutschem internationalen
Zivilprozeßrecht sind ausländische Gerichtsentscheidungen über
Nebenfolgen der Ehescheidung nicht anzuerkennen, solange nicht
diese selbst förmlich anerkannt worden ist (BGHZ 64, 22 = NJW
75, 1072; BGH FamRZ 82, 1205). Das ist zwar nicht bei Entscheidungen über den Kindesunterhalt von Bedeutung, der ohne Rücksicht auf den Fortbestand der Ehe der Eltern besteht, wohl aber bei
Entscheidungen über den Geschiedenenunterhalt (*Geimer* IPRax
92, 9 Fn 72, wohl allgM. **AA** u. a. *Hausmann* IPRax 81, 6 – Anerkennungspflicht grundsätzlich ohne Rücksicht auf vorherige Anerkennung des ausländischen Scheidungsurteils). Dies liegt durchaus
in der Konsequenz der EuGH-Rechtsprechung, wo die Unmöglichkeit des Fortbestehens der Vollstreckungspflicht „aus Gründen,
die außerhalb des Anwendungsbereichs des Übereinkommens liegen" in einem Fall angenommen wurde, wo das ausländische Ehe-
gattenunterhaltsurteil trotz zwischenzeitlicher Scheidung im Inland
geltendgemacht worden ist (EuGHE 1988, 645 – „Krieg"). Förmliche Anerkennungs- und/oder Vollstreckbarerklärungsverfahren
müssen bis zur Entscheidung über die Anerkennung der Ehescheidung ausgesetzt werden (*Zöller/Geimer*[19] § 328 Rn 230 mwN).
Durch einstweilige Verfügung kann für die Zwischenzeit der notwendige Unterhalt sichergestellt werden, Art. 39 Rn 1.

Komplexes Beispiel: Cour de Cassation (B) Pasicrisie 88, 1243.

VI. Frühere anerkennungsfähige Entscheidungen aus einem Nichtvertragsstaat, Art. 27 Nr. 5

Art. 27 Nr. 5 betrifft einen höchst seltenen Ausnahmefall, der 29
auf Wunsch des VK im ersten Beitrittsübereinkommen ausdrücklich geregelt worden ist (näher *Schlosser*-Bericht Rn 205). Analog
ist die Vorschrift auf frühere erlassene Schiedssprüche anzuwenden, die im Anerkennungsstaat nach dem UNÜ von 1958 anerkennungspflichtig sind (*Schlosser* Revue de l'arbitrage 81, 388 ff; *Berti*
aaO 349; allgM), s. Rn 22. Beispiel: Trib. gr. inst. Paris JDr Int 93,
599.

VII. Ausnahmsweise Nachprüfung der Internationalen Zuständigkeit der Gerichte des Urteilsstaats

1. Zuständigkeit und ordre public, Art. 28 Abs. 3, 2. Hs.

30 Der große Fortschritt des Übereinkommens liegt in Art. 28 Abs. 3 (= Abs. 4 LÜ), Einl. Rn 3, dessen Rechtsfolge, die Unüberprüfbarkeit der internationalen Zuständigkeit des Gerichts im Ursprungsstaat, sich bereits aus der limitativen Aufzählung der Anerkennungsversagungsgründe in Artt. 27 f ergibt. Die Norm setzt das einheitliche Zuständigkeitssystem in Artt. 2–24 voraus. Bei dessen Handhabung können, wie auch sonst bei Entscheidungen über Zuständigkeitsfragen, Fehler unterlaufen. Vor allem kann das Gericht im Ursprungsstaat das EuGVÜ übersehen haben. Der zweite Halbsatz von Art. 28 Abs. 3 soll verhindern, daß die Gerichte im Anerkennungsstaat dann meinen, dem Urteil mit Rücksicht auf ihren ordre public die Anerkennung versagen zu können. Unterhaltsurteile etwa, die unter Verkennung von Art. 2, Art. 5 Nr. 2 im Gerichtsstand des vom Anwendungsbereich des EuGVÜ ausgeschlossenen Statusprozesses ergehen, müssen anerkannt werden (Cour de Cassation Bull. civ. I n⁰ 80). Das Verbot, auf den ordre public zurückzugreifen, gilt aber nicht, wenn eine für den Anerkennungsstaat **schlechterdings nicht hinnehmbare exorbitante Zuständigkeit** in Anspruch genommen wurde, etwa über Art. 4 Abs. 1 unter besonders anstößigen Umständen gegen Beklagte, die keinen Wohnsitz in einem Vertragsstaat haben. Die Inanspruchnahme einer solchen Zuständigkeit ist nämlich unter Umständen gleichzeitig ein Verstoß gegen Art. 6 EMRK (*Schlosser* FS Kralik [1986] 295 f; *ders.* IPRax 92, 142 für seerechtliche Strafverfahren; *Stoll/Meessen* in Tomuschat u. a. Völkerrechtliche Verträge und Drittstaaten [1988] 152, 157; *Bajons* ZfRVgl 93, 52; ähnlich *Gillard/Patocchi* 131. AA *MünchKommZPO-Gottwald* Art. 28 Rn 3). Zu „anti suit injunctions“ s. Rn 5.

2. Die Ausnahmevorschrift von Art. 28 Abs. 1 (und Art. 28 Abs. 2 LÜ)

31 Beim heutigen Stand der europäischen Integration sind die Ausnahmeregelungen zum großen Teil nicht mehr gerechtfertigt und daher eng auszulegen. Gemeint sind die z. T. Optionen für den Kläger eröffnenden Artt. 8–12, 14–16, 59. Für das LÜ ist die in dem dortigen Art. 28 Abs. 2 stehende Regelung hinzugekommen.

Außerdem gelten Sonderregelungen: Art. 54 Rn 1, Art. Ia, Ib Protokoll Nr. 1 LÜ, s. Rn 32. Weitere Ausnahmen gibt es nicht. Mißachtung einer Schiedsklausel Rn 5 (*Schlosser* FamRZ 73, 430 bezüglich im Verbund gefällter Unterhaltsurteile durch die Neufassung von Art. 5 Nr. 2 aus Anlaß des 1. Beitrittsübereinkommens überholt).

3. Einige praktisch relevante Einzelheiten

a) Im Rahmen der Artt. 8–16 braucht man im Wege einer teleo- **32** logischen Reduktion die Zuständigkeitsentscheidung des Gerichts des Ursprungsstaats nicht zu überprüfen, wenn sie sich zugunsten des Verbrauchers bzw. Versicherten oder Versicherungsnehmers ausgewirkt hat (*Grunsky* JZ 73, 646; *Geimer* RIW 80, 305; *Martiny* Hdb Kap. 2 Rn 180; *Bülow/Böckstiegel/Linke* Art. 28 Anm. II 1).

b) Wenn im Rahmen von Art. 16 Nr. 2 das Gericht im Ursprungsstaat den Sitz einer Gesellschaft nach Art. 53 zutreffend bestimmt hat, ist die Zuständigkeit auch für den Anerkennungsstaat zutreffend festgelegt (allgM. **AA** *Jenard*-Bericht zu Art. 53).

c) s. Art. 59.

d) Zu Art. 54b Abs. 3 und Art. 57 Abs. 4 LÜ s. Bem. dort.

e) In der Schweiz muß ein Urteil nicht anerkannt werden, wenn die Voraussetzungen von Art. Ia Buchst. (a) bis (c) Protokoll Nr. 1 LÜ kumulativ vorliegen. Damit sollen Kollisionen mit Art. 59 der Schweizerischen Bundesverfassung vermieden werden, solange diese nicht geändert wird, spätestens bis 31. 12. 1999.

4. Tatsächliche Feststellungen im Ursprungsstaat

Auch soweit die internationale Entscheidungszuständigkeit der **33** Gerichte des Urteilsstaats im Anerkennungsstaat überprüft werden kann, ist das Gericht dort an die tatsächlichen Feststellungen des erstgenannten Gerichts gebunden, Art. 28 Abs. 2 bzw. Abs. 3 LÜ Diese Feststellungen können sich etwa auf die tatsächlichen Grundlagen des Wohnsitzes, der Zweigniederlassung, des Vertragszwecks (Art. 13) oder der Vertragsdauer (Art. 16 Nr. 2b) beziehen. Die **rechtliche Subsumption** unter die Tatbestandsmerkmale des Übereinkommens kann dagegen überprüft werden. Die **Auslegung von Verträgen**, auch von AGB-Bestimmungen, die über die Grenzen eines OLG hinauswirken, betrachtet man außerhalb Deutschlands als Tatsachenfeststellung. Im Interesse einer einheitlichen autonomen Auslegung des Übereinkommens unterfallen daher auch Vertragsauslegungen dem Abs. 2 (bzw. Abs. 3 LÜ). Betroffen sind die Auslegungen von Gerichtsstandsvereinbarungen (Artt. 12, 15), die versicherungsmäßige Deckung eines Risikos (Artt. 12, 12a), die zur Nichtigkeit oder Auflösbarkeit führende Auslegung von Gesellschaftsverträgen (Art. 16 Nr. 2).

VIII. Beweislast

34   Auch im Rahmen des EuGVÜ gibt es keine „Rechtswürdigungslast". Beweislastfragen können nur auftreten, wenn Tatsachen ungeklärt bleiben. Die allgM will die Beweislast jenem Teil auferlegen, der an der Anerkennung interessiert ist (*Geimer* RIW 76, 145; *Bülow/Böckstiegel/Linke* Art. 26 Anm. III 2; *Schack* IZPR Rn 884. **AA** *Kropholler* vor Art. 26 Rn 7). Auf Beweislastkonsequenzen ist das Regel-Ausnahme-Verhältnis im Titel III aber nicht zugeschnitten. Der Richter muß sich daher nach der Informationssicherungsverantwortung der Parteien fragen. Für die ordnungsgemäße und rechtzeitige Information des Beklagten im Rahmen von Art. 27 Nr. 2 trägt der Kläger die Verantwortung, auch soweit er sich hierbei der Mitwirkung staatlicher Behörden bedienen muß (Koblenz RIW 87, 708 f; Düsseldorf RIW 87, 626; *Braun* aaO 184 ff mwN). Dafür, daß ein Urteil nicht durch Betrug erstritten worden ist, trägt der Kläger keine Informationssicherungsverantwortung. Unklarheiten im faktischen gehen insoweit zu Lasten des Beklagten.

Art. 30 [Aussetzung bei Einlegung eines Rechtsbehelfs]

(1) **Das Gericht eines Vertragsstaats, in dem die Anerkennung einer in einem anderen Vertragsstaat ergangenen Entscheidung geltend gemacht wird, kann das Verfahren aussetzen, wenn gegen die Entscheidung ein ordentlicher Rechtsbehelf eingelegt worden ist.**

(2) **Das Gericht eines Vertragsstaats, vor dem die Anerkennung einer in Irland oder im Vereinigten Königreich ergangenen Entscheidung geltend gemacht wird, kann das Verfahren aussetzen, wenn die Vollstreckung im Ursprungsstaat wegen der Einlegung eines Rechtsbehelfs einstweilen eingestellt ist.**

Textgeschichte: Abs. 2 eingefügt durch 1. Beitrittsübereinkommen, Einl. Rn 9. Redaktionelle Änderung („Ursprungsstaat" statt Urteilsstaat) durch 3. Beitrittsübereinkommen

Die Vorschrift gilt nur für die Inzidentanerkennung, Art. 26 **1**
Rn 1, 2. Für ein selbständiges Anerkennungsverfahren ist in Art. 26
Abs. 2 auf Art. 38 verwiesen. Folgender Konflikt soll vermieden
werden: Die durch eine ausländische Gerichtsentscheidung getroffene Feststellung oder Gestaltung wird einem inländischen Urteil
zugrunde gelegt; hinterher wird jene Entscheidung im Rechtsbehelfswege aufgehoben. Ein Aussetzungsantrag einer Partei ist nicht
erforderlich. Das Gericht hat Aussetzungsermessen. Es wird von
ihm im allgemeinen Gebrauch machen, weil eine Korrektur rechtskräftiger Entscheidungen im Wege der Wiederaufnahme nur sehr
schwer möglich sein wird. Das Gericht kann aber zur Vermeidung
sehr harter Rechtsschutzverzögerungen die Aussetzung davon abhängig machen, daß sich die an der Aussetzung interessierte Partei
auf zumutbare Interimsvereinbarungen einläßt.

Eine Aussetzung kann nur in Betracht kommen, wenn das aus- **2**
ländische Urteil anerkennungspflichtige Wirkungen, Art. 26
Rn 1 ff, hat (*Jenard*-Bericht zu Art. 30; allgM). Noch nicht formell
rechtskräftige Urteile haben aber, wie in Deutschland, häufig weder Feststellungs- noch Gestaltungswirkungen, s. Artt. 27 ff Rn 24.
Dann ist Art. 22 und nicht Art. 38 einschlägig.

Die Sonderregelung in Abs. 2 hängt mit dem wenig systemati- **3**
sierten Zustand des Rechtsbehelfswesen in den Staaten des common law zusammen (ausführlich *Schlosser*-Bericht Rn 204). Sie darf
nicht dahin mißverstanden werden, daß eine Aussetzung nur in
Betracht kommt, wenn in diesen Staaten die Vollstreckung eines
Urteils einstweilen eingestellt worden ist. Geht es um jenen zentralen Rechtsbehelf, der der Berufung in den ursprünglichen Mitgliedstaaten entspricht, so kann im Anerkennungsstaat ausgesetzt
werden, ohne daß jenseits des Kanals die Vollstreckung aus der
Entscheidung einstweilen eingestellt worden sein müßte.

Zum Begriff des ordentlichen Rechtsbehelfs s. § 38 Rn 2.

2. Abschnitt: Vollstreckung

Art. 31 [Verfahren der Vollstreckbarerklärung]

(1) **Die in einem Vertragsstaat ergangenen Entscheidungen,
die in diesem Staat vollstreckbar sind, werden in einem anderen
Vertragsstaat vollstreckt, wenn sie dort auf Antrag eines Berechtigten für vollstreckbar erklärt worden sind.**

(2) **Im Vereinigten Königreich wird eine derartige Entscheidung jedoch in England und Wales, in Schottland oder in Nord-**

irland vollstreckt, wenn sie auf Antrag eines Berechtigten zur Vollstreckung in dem betreffenden Teil des Vereinigten Königreichs registriert worden ist.

Textgeschichte: Abs. 2 eingeführt durch 1. Beitrittsübereinkommen. Abs. 1 redaktionell geändert durch 3. Beitrittsübereinkommen („für vollstreckbar erklärt" anstatt „mit der Vollstreckungsklausel versehen").

Literatur: s. bei Art. 26.

I. Grundsätzliches

1   Das Verfahren ist denkbar einfach und effizient. Es ist eine sich subsidiär nach der ZPO richtende Unterart des Verfahrens ohne obligatorische mündliche Verhandlung mit folgender prägender Besonderheit: Der Gläubiger kann in einem einseitigen Verfahren ohne Anwaltszwang, § 5 Abs. 1 S. 2 AVAG, praktisch binnen weniger Tage die Vollstreckungsklausel erlangen, Artt. 31–35, und dann sofort „Maßnahmen der Sicherung" (in Deutschland: Pfändung; Sicherungshypothek) erreichen, zudem praktisch ohne daß zunächst Handhaben existieren könnten, sich seinem Bestreben zu versagen, Art. 34 Rn 3. Hat der Titelgläubiger die Absicht, in Forderungen zu vollstrecken, ist der **sicherste Weg**: Vollstreckbarerklärung, Vorpfändung, Zustellung der Vollstreckbarkeitserklärung an den Schuldner, Hauptpfändung, s. Art. 36 Rn 12.

Handelt es sich um eine in den Anwendungsbereich des Übereinkommens fallende Entscheidung, unten Rn 12, Art. 25 Rn 1 ff, Art. 26 Rn 2 ff, aus einem Vertragsstaat, dann ist deren Vollstreckbarkeit im Inland ausschließlich nach Artt. 31 ff zu betreiben. Der Gläubiger kann auch dann im Inland nicht aus dem materiellen Rechtsverhältnis erneut klagen, wenn dies kostengünstiger für ihn wäre (EuGH 1976, 1851 = NJW 77, 495 – *Geimer*). Einen europäischen Vollstreckungstitel gibt es freilich noch nicht. In jedem Staat muß die Vollstreckbarerklärung eigens betrieben werden. Das dortige Vorhandensein von Vermögenswerten braucht freilich nicht glaubhaft gemacht zu werden. Eine sozialverträgliche grenzüberschreitende Koordination der Vollstreckung fehlt. Bei exzessiv gehäuften Vollstreckungsversuchen nach Klauselerteilung kann aber in Deutschland mit § 765a ZPO geholfen werden. Schadenersatzansprüche wegen ungerechtfertigter Vollstreckung: § 30 AVAG.

Die Artt. 36–41 regeln das Rechtsbehelfsverfahren.

Ein Verzicht auf die Zwangsvollstreckung in einem bestimmten Land ist ebenso wie der Verzicht auf die Zwangsvollstreckung aus einem bestimmten Titel generell zulässig und im Verfahren nach Artt. 31 ff zu berücksichtigen, aus faktischen Gründen so gut wie immer erst in der Beschwerdeinstanz.

Das EG Übereinkommen vom 6. 11. 1990 über die Vereinfachung der Verfahren zur Geltendmachung von Unterhaltsansprüchen ist noch nicht in Kraft getreten. Es bringt transnationale Behördenhilfe bei der Vollstreckung von Unterhaltstiteln (Text: EuGH Internationale Zuständigkeit . . . [1993] 170 ff).

II. Voraussetzungen der Vollstreckbarerklärung

Die ausländische Entscheidung muß einen **vollstreckungsfähigen Inhalt** haben. Im Lichte der ausländischen Tenorierungsgewohnheiten ist zu ermitteln, ob an dem im Verfahren unterlegenen Teil ein Leistungsbefehl ergangen ist. **2**

Entscheidungen mit vergleichbarem Inhalt braucht das inländische Recht nicht zu kennen (*Albrecht* IPRax 92, 184 ff, **aA** *Collins* L. Q. R 89, 292). Zusätzlich muß die **Entscheidung** nach dem Recht des Ursprungsstaates (noch) **vollstreckbar** sein, Art. 47 Rn 2. Ist eine ursprüngliche bestehende Vollstreckbarkeit vor Einleitung des inländischen Vollstreckbarerklärungsverfahrens wieder weggefallen, so ist dies meist dem Kammervorsitzenden (Art. 32) unbekannt. Der Schuldner muß sich dann im Wege des fristgebundenen Rechtsbehelfs, Art. 36, der Beschwerde dagegen wehren, s. aber auch § 29 AVAG. Denkbar ist, daß speziell die Vollstreckung gegen den inländischen ordre public verstößt. Ob solches aus § 888 Abs. 2 ZPO herzuleiten ist, ist str. (s. *Mansel* IPRax 95, 364). In Deutschland wird mitunter als selbstverständlich vorausgesetzt, daß die Entscheidung im Inland nur vollstreckbar ist, wenn sie den **Bestimmtheitsanforderungen** genügt, die auch an einen deutschen vollstreckungsgeeigneten Titel zu stellen sind (etwa Saarbrücken NJW 88, 3100; BGH NJW 93, 1801; s. aber Rn 13). Im Inland ist es unschwer möglich, nachträglich noch einen hinreichend bestimmten Titel zu erlangen, wenn sich eine als Vollstreckungstitel gewollte gerichtliche Entscheidung als nicht hinreichend bestimmt herausstellt. Begünstigte aus einem ausländischen Urteil sind demgegenüber häufig rechtlos gestellt, wenn dieses im Inland im Hinblick auf fehlende Bestimmtheit für vollstreckungsunfähig **3** erklärt wird. Daher muß man sich strikt an den Wortlaut von Art. 31 halten, der nur verlangt, daß die Entscheidung im Ursprungsstaat vollstreckbar ist und keine zusätzlichen Bestimmtheitsanforderungen aufstellt (zurückhaltender Karlsruhe ZZP Int 96 – im Erscheinen: auch wenn [Europäische Titel] deutschen Bestimmtheitsanforderungen nicht voll genügen). Die Formel in einem einer Garantieklage stattgebendem Urteil, der Drittbeklagte habe „die Gewährleistung zu erbringen", reicht aus (Hamm IPRax 95, 391 – *Mansel*). Die staatsvertragliche Loyalität verlangt auch, daß der Titel im Inland für die Zwecke des inländischen Vollstreckungsverfahrens spezifiziert wird (BGH IPRax 94, 367 ff; *H. Roth* 350 = NJW 94, 1801), näher Rn 13. Entscheidungen, die nach dem ausländischen Rechtsverständnis schon Vollstreckungsakte sind, können im Inland nur anerkannt, aber nicht noch einmal „vollstreckt" werden. S. auch Art. 26 Rn 3 a. E.

4   Schließlich ist Voraussetzung der Vollstreckbarerklärung die vorherige Zustellung der Entscheidung, Art. 47 Rn 4, 5. Da diese nur an den Antragsgegner erfolgen kann, ist eine Vollstreckungserklärung gegenüber Dritten (die etwa nach englischem Recht einer contempt of court Sanktion unterliegen) ausgeschlossen (Karlsruhe ZZP Int 96, im Erscheinen).

III. Das Vollstreckbarerklärungsverfahren

5   1. In **Deutschland** ist Verfahrensziel die Anordnung der Erteilung der Vollstreckungsklausel, §§ 7, 8 AVAG. Das Verfahren ist im übrigen in §§ 3–10, das Rechtsbehelfsverfahren in §§ 11–19 AVAG geregelt. Aus § 3 Abs. 3 folgt, daß fremdsprachige Eingaben nicht unbeachtlich sind und das Gericht zu Verfahrenshandlungen berechtigen und, soweit seine Sprachkenntnisse reichen, auch verpflichten. Subsidiär findet die ZPO Anwendung. Zu **Aussetzung** und **Unterbrechung** des Verfahrens s. Art. 38 Rn 6. Dieses Verfahren entspricht dem in den meisten Vertragsstaaten. Die völkervertragliche Vollstreckungspflicht schließt es aus, ein besonderes **Rechtschutzbedürfnis** zu verlangen. Auch wenn in Deutschland nur wegen der im Ausland meist unbekannten Institute Pfändungspfandrecht oder Offenbarungsversicherung die Vollstreckbarerklärung betrieben wird, ist das Verfahren zulässig.

Örtliche Zuständigkeit: § 2 AVAG. Deutschland muß ein örtliches Gericht auch zur Verfügung stellen, wenn der Urteilsgläubiger sich vorsorglich den Titel beschaffen will und noch nicht weiß, wo er das Vermögen des Schuldners auffinden wird. In analoger Anwendung von §§ 15 Abs. 1, S. 2, 27 Abs. 2, 2.HS ist örtlich zuständig das Gericht am Sitz der Bundesregierung.

Im **VK** geschieht die Vollstreckbarerklärung jeweils gesondert **6** durch Registrierung für England und Wales, Schottland sowie Nordirland, was durch Abs. 2 klargestellt worden ist (Einzelheiten *Schlosser*-Bericht Rn 208 ff). Eine postalische Übersendung eines Titels zum Zweck der Registrierung ist dort nicht zulässig. Für Unterhaltstitel gilt insofern eine Erleichterung, als sie an den Secretary of State zu richten sind (für Schottland Scottish Office, New St. Andrew's House, St. James Center, Edinburgh E. H. 1 3 SX; für das übrige VK: Secretary of State for the Home Department, Home Office, 50 Queen Ann's Gate, London SW 1H 9AT).

In der **Schweiz** beginnt die Zwangsvollstreckung ähnlich wie **7** ein deutsches Mahnverfahren (*Fritzsche/Walder* Schuldbetreibung und Konkurs nach schweiz. Recht I [1984] 198 ff; *Walter* ZZP 197 [1994] 309 ff). Gegen den vor Beginn der Zwangsvollstreckung zuzustellenden „Zahlungsbefehl" kann sich der „Rechtsvorschlag" (Widerspruch) des Schuldners richten, der zur Einstellung der Zwangsvollstreckung führt. Daraufhin muß der Gläubiger den ordentlichen Rechtsweg beschreiten. Er kann aber auch die „Rechtsöffnung" betreiben. Hat er einen rechtskräftigen Titel, so kann er die endgültige Rechtsöffnung erreichen; die Zwangsvollstreckung wird dann, wie in Deutschland, aus einem rechtskräftigen Urteil fortgesetzt. Hat der Gläubiger einen Titel, der nur zur vorläufigen Rechtsöffnung berechtigt (öffentliche Urkunde, durch Unterschrift bekräftigtes Schuldanerkenntnis), so kann er in einem summarischen Verfahren (in dem dem Schuldner gewisse liquide Einwendungen durchaus offenstehen), die „provisorische" Rechtsöffnung verlangen. Sie bewirkt, daß der Gläubiger die Zwangsvollstreckung weiter betreiben kann, wenngleich ohne Verwertung sichergestellter Vermögensobjekte.

Die Vollstreckbarerklärung nach dem LÜ läßt sich schwer in dieses System integrieren (*Walter* aaO 318). Man gibt dem Gläubiger von Geldleistungstiteln am besten ein Wahlrecht (Erläuterungen Bundesamt für Justiz BBl 1991 IV 313 ff; *Walter* aaO 320 f mwN. **AA**, nämlich nur normales Betreibungsverfahren, *Walder* ZZP 103 [1990] 338 f; *Gilliéron* SJZ 88 [1992] 117 ff; *Gillard/Potocchi* 145 f; wN bei *Walter* aaO).

Er kann sich für das Verfahren nach den Artt. 31 ff LÜ entschei- **8** den. Dann entfällt die durch Zustellung eines Zahlungsbefehls beginnende Einleitung der Betreibung (*Walter* aaO 323. **AA** *Jametti*

Greiner ZBJV 128 [1992] 76; *Isaak Meier* SJZ 1993, 282; *Stoffel* SZW 1993, 114).

9   Der Gläubiger kann aber auch das Betreibungsverfahren wählen. Die Variante der definitiven Rechtsöffnung unterliegt unbestrittenermaßen dem Art. 16 Nr. 5 (*Walter* aaO 312 ff; allgM). Da eine Nachprüfung auch nicht rechtskräftiger Urteile in der Sache ausgeschlossen ist, ist das Rechtsöffnungsverfahren immer ein delinitives. Jedoch ist in diesem Zusammenhang inzident zu prüfen, ob ausnahmsweise ein Annerkennungsversagungsgrund besteht, etwa aufgrund von Art. Ia Protokoll I LÜ, weil das Urteil im Gerichtsstand des vertraglichen Erfüllungsortes ergangen ist (Trib. cant. Jura SZIER 95, 410). S. auch Art. 16 Rn 28 zum Zahlungsbefehl Art. 25 Rn 6.

10   **2.** Theoretisch darf schon der zuständige Kammervorsitzende den Antrag ablehnen, wenn ein **Anerkennungsversagungsgrund** iSv Artt. 27–29 vorliegt, Art. 34 Abs. 2. Praktisch wird er dazu in diesem Verfahrensabschnitt aber kaum je über eine Handhabe verfügen. Auch wenn es sich um Anerkennungsversagungsgründe handelt, für die der Antragsgegner nicht die Behauptungslast hat, sind sie kaum liquide. Der **Umfang der Prüfung des Kammervorsitzenden** beschränkt sich daher auf die Frage, ob das vorgelegte Dokument eine vollstreckbare Entscheidung ist, ob die dazu nach Artt. 46 f erforderlichen Dokumente vorliegen und ob der Leistungsbefehl hinreichend bestimmt ist, Rn 13. Zur **Schutzschrift** s. Art. 34 Rn 2. Die **Rechtsnachfolge** in den Titel richtet sich nach der Rechtsordnung des Ursprungsstaats, § 6 AVAG (Beispiel Frankreich mit Rückverweisung zum deutschen Recht Hamm IPRax 95, 392). Zweifel, ob die ihm unterbreitete Entscheidung dem EuGVÜ oder einem anderen in § 35 AVAG genannten völkerrechtlichen Vertrag unterfällt, braucht das Gericht nur nachzugehen, wenn es darauf ankommt, etwa bei der Fristberechnung nach § 36 AVAG. So kann es etwa für die Erteilung des Exequaturs offenbleiben, ob eine norwegische Entscheidung auf dem Gebiet des Erbrechts (Art. 1 Abs. 2 Nr. 1 LÜ) ergangen ist, oder, wenn nicht, jedenfalls nach dem deutsch-norwegischen Vertrag zu vollstrecken ist. Umdeutung, Verweisung s. Rn 12.

IV. Die Entscheidung

1. Im **Normalfall eines Antragserfolgs** beschränkt sich der 11
Kammervorsitzende darauf, „die zu vollstreckende Verurteilung
oder Verpflichtung" in deutscher Sprache wiederzugeben und anzuordnen, daß ihretwegen die Vollstreckungsklausel zu erteilen ist,
§ 7 AVAG. Keine Rolle spielt es hierbei, ob der zu vollstreckende
Titel in deutscher oder fremder **Währung** ausgedrückt ist. Handelt
es sich um eine echte Fremdwährungsschuld, so ist der Gläubiger
erst befriedigt, wenn er aus dem (meist in deutscher Währung
bestehenden) Vollstreckungserlös den entsprechenden Devisenbe-
trag erhalten hat (oder hätte erhalten können, wenn er sich unverzüglich um Eintausch bemüht hätte, s. *Bachmann* Fremdwährungsschulden in der Zwangsvollstreckung [1994] 74 ff). Im übrigen
zählt gem. § 2440 BGB der Umrechnungskurs am Tag der Aushändigung des Erlöses, bzw. der Einziehung der gepfändeten Forderung (*MünchKommZPO-Gottwald* Rn 15; *Bachmann* aaO, 109). Ist
in der Sache ausländisches Recht anwendbar, so ergibt sich nach
diesem, zu welchem Zeitpunkt umzurechnen ist. Steht etwa in
einem französischen Urteil in einer Sache, auf die französisches
Recht anwendbar ist, daß in französischen Franken der Gegenwert
eines bestimmten DM-Betrags zu zahlen sei, so kommt es auf den
Umrechnungskurs zur Zeit der Zahlung (und damit der Aushändigung des Erlöses) an (BGH IPRax 86, 157 u. – in ders. Sache –
IPRax 87, 172 – *Mezger* 146). Der Umrechnungszeitpunkt ist in der
Anordnung zur Erteilung der Vollstreckungsklausel festzuhalten
(mit Hinweisen zum franz. und engl. Recht s. *Bachmann* aaO,
50 ff).

Ist die Entscheidung im Ursprungsstaat nur eingeschränkt vollstreckbar, so muß dies in der inländischen Vollstreckungsklausel
auch dann zum Ausdruck kommen, wenn der ausländische Titel es
nicht sagt. Aus praktischen Gründen wird dies freilich fast immer
erst im Beschwerdeverfahren möglich sein. Ist die Art der ausste-
henden Vollstreckung nicht klar, so sollte dies in der Klausel klargestellt werden. Eine ausländische einstweilige Verfügung zum
Schutz einer Geldforderung kann etwa bei uns nach Arrestvor-
schriften vollstreckbar sein (*Koch* HZÜ Fn 1, 198 f), s. auch Art. 26
Rn 3.

Kann der **Antrag keinen Erfolg** haben, so ist er als unzulässig 12
oder unbegründet zurückzuweisen. Fällt die anzuerkennende Entscheidung nicht in den Anwendungsbereich der §§ 3 ff, 35 AVAG,

so kann in entsprechender Anwendung von § 281 ZPO an das zuständige Gericht **verwiesen**, bzw. die Sache an eine andere Abteilung innerhalb desselben Gerichts abgegeben werden. Letzteres soll aber nur mit Zustimmung des Antragstellers getan werden, wenn damit ein Übergang in das normale Klageverfahren (nach §§ 722f ZPO) verbunden ist. Umdeutung in einen Antrag nach einem bilateralen Vollstreckungsabkommen, das ebenfalls ein Verfahren ohne obligatorische mündliche Verhandlung kennt, ist möglich (BGH NJW 78, 1113); **Umdeutung** in ein Klageverfahren mit Zustimmung des Antragstellers auch (aA BGH NJW 79, 2477, NJW 95, 264).

13 2. Die Vollstreckbarerklärung darf nicht allein daran scheitern, daß der vorgelegte Titel nicht den deutschen Anforderungen an **Bestimmtheit** entspricht, Rn 3 (*Koch* aaO 185 f; *MünchKommZPO-Gottwald* Rn 7 ff). Ist im Titel gesagt, der Schuldner könne von der Verurteilungssumme Abzüge machen, so sind diese vorzunehmen, wenn sie sich aus dem Urteil errechnen lassen, im Bestreitensfall nach Beweisaufnahme (**aA**, nämlich für unheilbare Unbestimmtheit des Titels, wenn sich der Zinssatz unter bestimmten aus dem Urteil nicht ersichtlichen Gründen ändern konnte, Saarbrücken IPRax 89, 37, 40). Kann nach dem Recht des Ursprungsstaates auch wegen der als bezahlt bestätigten Registrierungsgebühren oder Gerichtskosten vollstreckt werden, so muß dies in der Vollstreckungsklausel ausdrücklich gesagt werden (BGH NJW 83, 2773 zust. *Prütling*). Ist bei **Nebenentscheidungen** oder bezüglich der **Weiterentwicklung der streitgegenständlichen Forderung** nur der gesetzliche Berechnungsmaßstab angegeben (gesetzlicher Zins; Mehrwertsteuer; indexierte Titel), so muß nach der Rechtsprechung bereits im Verfahren der Vollstreckbarerklärung der genaue Betrag bzw. der geschuldete Prozentsatz ermittelt werden, sofern dies in liquider Weise möglich ist (BGH IPRax 94, 367, *H. Roth* 350 – Währungsverfallindex und gesetzliche Zinsen; BGH NJW 90, 3084 – gesetzlicher Zins; BGH NJW 93, 1801 – Währungsindexierung; Hamm RIW 94, 243). Der Diskont- und Lombardsatz der Nationalbanken etwa ist leicht zu ermitteln. Das gleiche gilt für Angaben der offiziellen statistischen Ämter über die Entwicklung der Lebenshaltungskosten. Bei Unterhaltstiteln sollte man freilich die jeweilige Berechnung des indexierten Betrags den Vollstreckungsorganen überlassen, um dem Gläubiger die Geltendmachung der Weiterentwicklung der Verhältnisse nicht zu verbauen (*Stürner/Münch* JZ 87, 178 ff, 182 ff). Immer muß das Gericht auf die Stellung sachdienlicher Anträge hinweisen (BGH aaO). Nur soweit Entwicklungen im Zeitpunkt der Vollstreckbarerklärung noch nicht sicher überschaubar sind, kann die Berechnung den Vollstreckungsorganen überlassen werden, aber dies auch nur dann, wenn der Exequaturrichter ihnen hierfür genaue Maßstäbe vorschreibt (BGH aaO). Auch eine Parteibezeichnung kann konkretisiert werden (Hamburg RIW 94, 424 m. lehrr. Erl. *Sieg* 973f). Sind die Maßstäbe im Verfahren vor dem Kammervorsitzenden nicht liquide, muß allerdings das Exequatur verweigert und die Ergänzung dem Beschwerdeverfahren (Art. 40, § 16 AVAG) vorbehalten bleiben. Einen besonderen Antrag bedarf es für eine Konkretisierung nicht (*Sieg* aaO). Ist Klarheit nicht zu gewinnen, so darf die Vollstreckbarerklärung nicht wegen Unbestimmtheit des Titels gänzlich verweigert werden. Es ist vielmehr mit einem gewissen Sicherheitsabstand zu schätzen, wie hoch der zuerkannte Betrag mindestens ist. Wegen des dann sicher feststehenden Betrags ist die Vollstreckbarerklärung auszusprechen (ähnlich, nämlich bei Feststehen des spätesten Datums, Hamburg RIW 94, 424). Nicht, auch nicht ergänzend, auslegungsfähig ist im Vollstreckbarkeitserklärungsverfahren eine Kostengrundentscheidung (Saarbrücken IPRax 90, 232) oder ein Urteil, nach dem der Beklagte dem Kläger „allen" aus einem Ereignis entspringenden Schaden zu ersetzen hat.

3. Für die Kostenentscheidung gilt das autonome Recht. Für **14** Deutschland ist im Fall der Klauselerteilung § 8 Abs. 4 AVAG iVm § 788 ZPO maßgebend. Gerichtskosten Art. III Protokoll EuGVÜ, Art. III Protokoll Nr. 2 LÜ, § 11 Abs. 2 GKG iVm Kostenverz. Nr. 1096. Anwaltskosten (für die Art. 3 Protokolle nicht gelten): § 47 Abs. 1, § 31 Abs. 1 Nr. 1 BRAGO. Erstattungsfähig sind auch Kosten des ausländischen Verkehrsanwalts sowie von Übersetzungen, sofern solche vom Gericht angeordnet wurden (*Feige* Die Kosten des deutschen und französischen Vollstreckbarerklärungsverfahrens nach dem GVÜ [1988] 41ff, 44).

V. Verfahren nach Anordnung der Klauselerteilung

Nach Erteilung der Klausel durch den Urkundsbeamten, § 8 AVAG, ist die Vollstreckbarerklärung in jeder Hinsicht wie ein deutscher Vollstreckungstitel zu behandeln (*Stürner* FS Henckel [1995] 868ff für die verschiedenen Vollstreckungspartner). Aus ihm sind grenzüberschreitende Vollstreckungsmaßnahmen, auch im Ursprungsstaat des Titels, nur in dem Umfang möglich, wie sie auch aus ursprünglich deutschen Titeln möglich sind. Änderungen der vollstreckbaren Entscheidung, die die Gerichte des Ursprungs-staates später vorgenommen haben, können nur im Verfahren nach § 29 ff AVAG mit Wirkung auf den nunmehr inländischen Voll-streckungstitel geltend gemacht werden.

Die Vollstreckbarkeitserklärung schließt Zwangsvollstreckungs-maßnahmen im Ursprungsstaat oder (aufgrund dortiger Voll-streckbarkeitserklärungen) in Drittstaaten nicht aus. Bei Forderungspfändungen kann wahlweise, wenn aufgrund des je-weiligen Rechts möglich, im Sitzstaat des Schuldners oder im Sitz-staat des Drittschuldners vorgegangen werden (*Stürner* aaO, 864 ff), s. Art. 25 Rn 6.

Zustellung s. § 36 Rn 12.

16   Die Art der Zwangsvollstreckung bemißt sich nach einem ver-gleichbaren deutschen Titel. Maßnahmen des einstweiligen Rechtsschutzes können nur dann wie Arreste vollstreckt werden, wenn sie nach dem Recht des Gerichtsstaats dinglich wirkende Vollstreckungsakte erlauben, s. Art. 26 Rn 3 a. E. Wird die Be-schlagnahme einzelner Vermögensgegenstände angeordnet, so sind diese zu requestieren und nicht zu pfänden, um das Entstehen des von der ausländischen Rechtsordnung nicht intendierten Arrest-pfandrechts zu verhindern. In Vollstreckbarkeitserklärungen kann dies angeordnet werden.

Art. 32 [Zuständiges Gericht]

(1) **Der Antrag ist zu richten:**
- in Belgien an das „tribunal de première instance" oder an die „rechtbank van eerste aanleg";
- in Dänemark an das „byret";
- in der Bundesrepublik Deutschland an den Vorsitzenden einer Kammer des Landgerichts;
- in Griechenland an das „μονομελές πρωτόδικείο";
- in Spanien an das „Juzgado de Primera Instancia";
- in Frankreich an den Präsidenten des „tribunal de grande in-stance";
- in Irland an den „High Court";
- *in Island an das „héraðsdómari";*
- in Italien an die „corte d'appello";
- in Luxemburg an den Präsidenten des „tribunal d'arrondisse-ment";

– in den Niederlanden an den Präsidenten der „arrondissementsrechtbank";
– *in Norwegen an das „herredsrett" oder das „byrett" als „nams-*
  rett";
– *in Österreich an das Landesgericht bzw. das Kreisgericht;*
– in Portugal an das „Tribunal Judicial de Círculo";
– *in der Schweiz:*
  a) *für Entscheidungen, die zu einer Geldleistung verpflichten,*
     an den Rechtsöffnungsrichter/juge de la mainlevée/giudice
     competente a pronunciare sul rigetto dell'opposizione im
     Rahmen des Rechtsöffnungsverfahrens nach den Artikeln
     80 und 81 des Bundesgesetzes über Schuldbetreibung und
     Konkurs/loi fédérale sur la poursuite pour dettes et la failli-
     te/legge federale sulla esecuzione e sul fallimento;
  b) *für Entscheidungen, die nicht auf Zahlung eines Geldbetra-*
     ges lauten, an den zuständigen kantonalen Vollstreckungs-
     richter/juge cantonal d'exequatur compétent/giudice can-
     tonale competente a pronunciare l'exequatur;
– *in Finnland an das „ulosotonhalhaltija/överexkutor";*
– *in Schweden an das „Svea hovrätt";*
– im Vereinigten Königreich:
1. In England und Wales an den „High Court of Justice" oder für
   Entscheidungen in Unterhaltssachen an den „Magistrates'
   Court" über den „Secretary of State";
2. in Schottland an den „Court of Session" oder für Entscheidungen in Unterhaltssachen an den „Sheriff Court" über den „Secretary of State";
3. in Nordirland an den „High Court of Justice" oder für Entscheidungen in Unterhaltssachen an den „Magistrates, Court"
   über den „Secretary of State".

(2) Die örtliche Zuständigkeit wird durch den Wohnsitz des
Schuldners bestimmt. Hat dieser keinen Wohnsitz im Hoheitsgebiet des Vollstreckungsstaats, so ist das Gericht zuständig, in
dessen Bezirk die Zwangsvollstreckung durchgeführt werden
soll.

Textgeschichte: Durch die Beitrittsübereinkommen an die Lage in den
neuen Vertragsstaaten angepaßt. Redaktionelle Änderung bez. VK („für"
anstatt von „im Falle von") durch 3. Beitrittsübereinkommen.

1. Die sachliche Zuständigkeit folgt aus der Angabe des Na-   **1**
mens des jeweiligen Gerichts. In Deutschland wollte man einerseits

einen erfahrenen Richter sicherstellen, andererseits die Erteilung der Klausel möglichst schon bei erster Vorlage des Antrags ermöglichen. Der Kammervorsitzende ist auch zuständig, soweit sonst vom Streitgegenstand her Familiengerichte (Köln NJW RR 95, 1220 = FamRZ 1430), Arbeitsgerichte oder Verwaltungsgerichte, Art. 1 Rn 4 zuständig wären. Zu Besonderheiten des VK und der Schweiz Art. 31 Rn 6, 7.

2   2. **„Die örtliche Zuständigkeit"** ist in Abs. 2 in ausschließlicher Weise geregelt. Bei Inanspruchnahme der dort subsidiär vorgesehenen Zuständigkeit muß der Gläubiger schlüssig behaupten, dort vollstrecken zu wollen. Es genügt, wenn er ausführt, es bestehe die Möglichkeit, daß Vollstreckungsobjekte dorthin verbracht werden (*Bülow/Böckstiegel/Müller* Anm. III), etwa daß der Schuldner sich mit seinem Pkw dorthin begeben wird. Im Falle eines Titels gegen mehrere Schuldner mit verschiedenen inländischen Wohnsitzen hat der Gläubiger analog Art. 6 Nr. 1 das Wahlrecht (*H. Roth* RIW 87, 814, 816f; *Kropholler* Rn 5; *MünchKommZPO-Gottwald* Rn 6; *Bülow/Böckstiegel/Müller* Anm. IV. **AA** München NJW 75, 504 Anm. *Geimer* 1086 – § 36 Nr. 3 analog). Bei unbekannten Wohnsitz kann eine Vollstreckbarerklärung nicht erreicht werden (Saarbrücken RIW 93, 672), sofern nicht glaubhaft gemacht wird, daß im Bezirk des angegangenen Gerichts Vollstreckungshandlungen möglich werden können. Gibt es mehrere Titelschuldner mit verschiedenen Wohnsitzen, so ist das Verfahren an jedem gesondert zu betreiben (München NJW 75, 504). Für Auflage des Ausgangsgerichtes, in bestimmte Vermögenswerte nicht zu vollstrecken: Saarbrücken NJW RR 93, 190.

Art. 33 [Form der Antragstellung]

(1) **Für die Stellung des Antrags ist das Recht des Vollstreckungsstaats maßgebend.**

(2) **Der Antragsteller hat im Bezirk des angerufenen Gerichts ein Wahldomizil zu begründen. Ist das Wahldomizil im Recht des Vollstreckungsstaats nicht vorgesehen, so hat der Antragsteller einen Zustellungsbevollmächtigten zu benennen.**

(3) **Dem Antrag sind die in den Artikeln 46 und 47 angeführten Urkunden beizufügen.**

Textgeschichte: unverändert.

1. Für Deutschland regelt § 3 Abs. 2, 3 AVAG Einzelheiten der **1** Antragstellung, s. dort. Ergänzend ist die ZPO maßgebend. Es gelten die Grundsätze für bestimmende Schriftsätze, Kommentare zu §§ 129 ff ZPO. Die analoge Anwendung von § 130 auf bestimmende Schriftsätze führt dazu, daß die Angabe des Antragsgegners (anders hLitM) und der in § 130 angeführten Gegebenheiten nur als Sollvorschrift angeordnet ist. Zwingend ist nur, daß der Antrag sich als ein solcher auf Vollstreckbarerklärung eines bestimmten ausländischen Titels darstellt, eigenhändig unterschrieben ist und erkennen läßt, gegen wen die Vollstreckbarerklärung begehrt wird. Letzteres wird sich im allgemeinen aus der vorgelegten Titelausfertigung ergeben. Im Zweifel ist Vollstreckbarerklärung gegen alle im Titel genannten Schuldner als gewollt anzunehmen. Fehlen Angaben, die dem Gericht die Überprüfung seiner Zuständigkeit erlauben, so ist nicht der Schriftsatz inkorrekt. Vielmehr ist der Antrag unzulässig, wenn die notwendigen Angaben nicht nachgeholt werden, weil der Antragsteller für die zuständigkeitsbegründenden Tatsachen die Behauptungs- (und Beweis-)last hat, auch wenn das Fehlen der Zuständigkeit von Amts wegen zu berücksichtigen ist. S. auch Artt. 46, 47, 48. In **Unterhaltssachen** erlaubt das UN-Übereinkommen über die Geltendmachung von Unterhaltsansprüchen vom 20. 6. 1956 auch eine Antragstellung durch die deutsche „Empfangsstelle", Art. 6, nämlich das Bundesverwaltungsamt, Art. 2 Zust. G. (BGBl. 1959 II S. 149).

Inlandsansässige Titelgläubiger benötigen für das Vollstreckbarerklärungsverfahren im Ausland praktisch immer einen Rechtsanwalt (Hinweise für den Verfahrensgang im Ausland bei *Müller/Hök* Einzug von Auslandsforderungen[3] 198 ff).

2. „Wahldomizil" und Bestellung eines „Zustellungsbevoll- **2** mächtigten" sind funktional äquivalente Begriffe. Eine schlichte deutsche Übersetzung des ersteren Begiffs mit dem letzteren hätte es auch getan. Der haarfeine Unterschied (nur Festlegung einer Zustellungsanschrift bei Begründung eines Wahldomizils) hat für die Praxis keine Bedeutung.

Die Vorschrift ist auf die Staaten zugeschnitten, die für die Einlegung eines Rechtbehelfs Zustellung an den Rechtsbehelfsgegner verlangen. Sie will sicherstellen, *„daß der Schuldner den im Übereinkommen vorgesehenen Rechtsbehelf einlegen kann, ohne Formalitäten außerhalb des Zuständigkeitsbereichs des Gerichts des Ortes erfüllen zu müssen, an dem er seinen Wohnsitz hat".* Daraus ist zu schließen, daß dem Erfordernis spätestens bei der Zustellung der Entscheidung entsprochen sein muß, mit der die Zwangsvollstreckung zugelassen wird, sofern das Recht des Vollstreckungsstaats nicht einen früheren Zeitpunkt festlegt (EuGHE 1986, 2437 = IPRax 87, 229, *Carron – Jayme/Abend* 209 mit Einzelangaben zu den Rechten verschiedener Vertragsstaaten). Die Sanktionen bestimmen sich *„vorbehaltlich der Beachtung der Ziele des Übereinkommens"* nach dem Recht des Vollstreckungsstaats. Das deutsche Recht schreibt die Benennung eines Zustellungsbevollmächtigten schon mit Antragstellung vor, § 4 Abs. 1 AVAG, macht dies aber nicht zur Zulässigkeitsvoraussetzung (Frankfurt RIW 80, 63), sondern ermöglicht nur im Unterlassensfall Zustellung durch Aufgabe zur Post (*H. Roth* IPRax 90, 90). Dies ist deshalb konsequent, weil in Deutschland der Rechtsbehelf des Schuldners schon durch Einreichung beim OLG, und nicht erst durch Zustellung an den Gläubiger wirksam eingelegt wird. Weitere Einzelheiten s. § 4 AVAG.

Art. 34 [Unverzügliche Entscheidung]

(1) **Das mit dem Antrag befaßte Gericht erläßt seine Entscheidung unverzüglich, ohne daß der Schuldner in diesem Abschnitt des Verfahrens Gelegenheit erhält, eine Erklärung abzugeben.**

(2) **Der Antrag kann nur aus einem der in Artikel 27 und 28 angeführten Gründe abgelehnt werden.**

(3) **Die ausländische Entscheidung darf keinesfalls in der Sache selbst nachgeprüft werden.**

Textgeschichte: Abs. 3 redaktionell geändert durch 3. Beitrittsübereinkommen („In der Sache selbst" anstatt „auf ihre Gesetzmäßigkeit").

Literatur: *Schütze* FS Bülow (1981), 211 ff; *Stürner* IPRax 85, 254.

1 **1.** Das **einseitige**, nicht ausnahmslos schriftliche **Verfahren** soll der Beschleunigung und, soweit der Schuldner durch vorherige Zustellung des für vollstreckbar zu erklärenden Termins nicht ohnehin vorgewarnt ist, der Überraschung in der Zwangsvollstreckung dienen. Eine bloße Benachrichtigung des Schuldners ist nicht verboten, aber meist untunlich. Mit Art. 103 Abs. 1 GG ist die Vorschrift vereinbar, da dem Schuldner die nachträgliche Beschwerde offensteht und vorerst nur Zwangsvollstreckungsmaßnahmen zulässig sind, die der Sicherheit dienen, Art. 39, allgM. Auf Antrag des Gläubigers kann aber der Schuldner auch in anderen als in § 6 Abs. 2 AVAG genannten Fällen gehört werden (allgM. **AA** *Bülow/Böckstiegel/Müller* I 2). Feriensache: § 2 Abs. 3

AVAG. Tenorierung: § 7 AVAG, Art. 31 Rn 11, 13. Antragsrück-
nahme ist jederzeit möglich. Weitere Nachweise: § 6 AVAG. Anwaltszwang fehlt, § 5 Abs. 1 S. 2.

2. Der Schuldner kann freilich, wie im Verfahren des einstweili- **2**
gen Rechtsschutzes, vorsorglich eine **Schutzschrift** bei Gericht einreichen. Meist denkt man, sie sei für das Gericht inhaltlich unbeachtlich (*MünchKommZPO-Gottwald* Rn 3; *Feige* Art. 31 Rn 14
S. 22 f; *Kropholler* Rn 3. **AA** *Wolff* Hdb III 2 Kap. IV Rn 307; *Schütze* aaO 215.). Das Gericht muß die Schrift aber zur Kenntnis nehmen, darf sich durch sie freilich nur zur Prüfung solcher Umstände
anregen lassen, deren Berücksichtigung schon in diesem Stadium
des Verfahrens unerläßlich ist, was kaum je vorkommen kann.

3. Abs. 2 suggeriert, daß der Antrag zwar nur, aber aus allen in **3**
Artt. 27 f genannten Gründen abgelehnt werden könne. Da aber
der Antragsgegner die Beweislast für das Vorliegen eines Anerkennungsversagungsgrundes hat, Artt. 27 ff Rn 34, kann der Antrag
nur abgelehnt werden, wenn ein **Anerkennungsversagungsgrund
in liquider Weise** zutage tritt, sich insbesondere bereits aus dem
Inhalt des Antrags ergibt. In diesem Rahmen können trotz § 13
AVAG zwischenzeitliche Zahlungen berücksichtigt werden,
Art. 36 Rn 4. Der Kammervorsitzende hat praktisch nur zu prüfen,
ob die für vollstreckbar zu erklärende Entscheidung einen vollstreckbaren Inhalt hat, Art. 31 Rn 2, die erforderlichen urkundlichen Nachweise, Artt. 46–48, vorliegen und seine Zuständigkeit
gegeben ist. Ob der vorgelegte Titel vom sachlichen und zeitlichen
Anwendungsbereich des Übereinkommens erfaßt ist, ist zwar auch
erheblich; nach dem Sinn des einseitigen Vollstreckbarerklärungsverfahrens ist aber auch insoweit dem Antrag stattzugeben, wenn
sich die Notwendigkeit einer Zurückweisung nicht schon aus ihm
selbst zweifelsfrei ergibt. Nachweise zum Wohnsitz des Antragsgegners oder nähere Aufklärung dazu, ob der Titelgegenstand in
den Bereich der von Art. 1 ausgeschlossenen Rechtsgebiete fällt
oder ob es sich um ein Versäumnisurteil handelt (und deshalb eine
Urkunde nach Art. 46 Nr. 2 vorgelegt werden muß), sind mit dem
Sinn des Verfahrens nicht vereinbar. Genausowenig braucht die
Entscheidung über die Anerkennung einer ausländischen Scheidung vorgelegt zu werden, wenn aus einem Urteil über Geschiedenenunterhalt vollstreckt werden soll, Artt. 27 ff Rn 1, 28. Abgabe, Verweisung: Art. 31 Rn 12. An die Beurteilung der Partei- und
Prozeßfähigkeit durch das Ausgangsgericht sind die Gerichte im
Anerkennungsstaat gebunden (BGH NJW 92, 627).

4 4. Eine echte **Ermessensentscheidung** steht dem Kammervorsitzenden **nicht** zu, allgM. Ist er vom Vorliegen eines Ablehnungsgrunds überzeugt, muß er den Antrag zurückweisen, sonst muß er ihm **stattgeben**.

Die Entscheidung, die dem Antrag stattgibt, erfordert keine **Begründung**. Dem Schuldner ist nur gem. § 9 AVAG zuzustellen. Kosten: § 8 Abs. 4 AVAG. Eine ablehnende Entscheidung ist zu begründen und mit einem Kostenausspruch zu versehen, § 10 AVAG; zu ihrer Mitteilung s. Art. 35 Rn 1, 2.

§ 91a ZPO ist entsprechend anwendbar (**aA** Hamburg NJW 87, 1265 = RIW 86, 641).

Art. 35 [Mitteilung der Entscheidung]

Die Entscheidung, die über den Antrag ergangen ist, teilt der Urkundenbeamte der Geschäftsstelle dem Antragsteller unverzüglich in der Form mit, die das Recht des Vollstreckungsstaats vorsieht.

Textgeschichte: unverändert

1 1. Im Fall des **Antragserfolgs** genügt einfache Mitteilung an den Antragsteller. Es ist nicht statthaft, mit ihr zu warten, bis die Zustellung an den Schuldner bewirkt ist (*MünchKommZPO-Gottwald* Rn 2 gegen die von *Pirrung* in GVGZ 73, 182 geschilderte Praxis). Zustellung an Schuldner: Art. 36 Rn 10 ff.

2 2. Im Falle der **Antragsablehnung** ist nach § 329 Abs. 3 ZPO förmliche Zustellung an den Gläubiger nötig, weil die Entscheidung zugunsten der Justizkasse Vollstreckungstitel ist, § 10 S. 3 AVAG. Dem Schuldner muß nur zugestellt werden, wenn er ausnahmsweise am Verfahren beteiligt war (BTDrucks. 11/351 S. 22 – amtliche Begründung zum AVAG).

3 3. Zustellungen bzw. Mitteilungen an den Antragsteller gehen an dessen Zustellungsbevollmächtigten, bzw. erfolgen durch Aufgabe zur Post an diesen, Art. 33 Rn 2, § 4 Abs. 3 AVAG.

Art. 36 [Rechtsbehelf gegen die Entscheidung]

(1) **Wird die Zwangsvollstreckung zugelassen, so kann der Schuldner gegen die Entscheidung innerhalb eines Monats nach ihrer Zustellung einen Rechtsbehelf einlegen.**

(2) **Hat der Schuldner seinen Wohnsitz in einem anderen Vertragsstaat als dem, in dem die Entscheidung über die Zulassung**

**der Zwangsvollstreckung ergangen ist, so beträgt die Frist für
den Rechtsbehelf zwei Monate und beginnt von dem Tage an zu
laufen, an dem die Entscheidung dem Schuldner entweder in
Person oder in seiner Wohnung zugestellt worden ist. Eine Verlängerung dieser Frist wegen weiter Entfernung ist ausgeschlossen.**

Textgeschichte: unverändert.

I. Die Beschwerde des Schuldners

1. Die Beschwerdebefugnis

Den in Art. 36 farblos bezeichneten „Rechtsbehelf" nennt § 11 **1**
AVAG deshalb **Beschwerde** und nicht Einspruch, weil ihm ein
Devolutiveffekt zukommt, Art. 37 Abs. 1. In der Schweiz sind die
Kantonsgerichte zuständig, die aber auch andere Gerichte als die
für das einseitige Verfahren zuständigen sind. Die Beschwerde ist
im Prinzip nur statthaft, wenn sie vom **„Schuldner"** ausgeht
(EuGH EuZW 93, 417 „Sonntag" = IPRax 94, 37, *Heß* 10) s.
Art. 37 Rn 2. Gemeint ist die in der Vollstreckbarkeitserklärung als
Antragsgegner aufgeführte Person. **Dritte** können im Prinzip erst
durch einzelne Zwangsvollstreckungsmaßnahmen berührt werden, gegen die sie sich nach § 766 oder § 771 ZPO wehren können
(EuGHE 1985, 1981 = NJW 86, 657 [L. S.]; *Kropholler* Rn 4). Nach
Art. 19 Abs. 4 GG ist die Beschwerde aber auch statthaft, wenn sie
von einer Person ausgeht, die in dem Beschluß des Kammervorsitzenden fälschlich als Schuldner bezeichnet worden ist, auch wenn
sie bereits durch den Antragsteller fälschlich als Antragsgegner aufgeführt worden war.

Die Beschwerde und das gesamte in Artt. 36 ff, §§ 11 ff AVAG **2**
vorgesehene Verfahren ist auch statthaft, wenn das Verfahren nach
§§ 3 ff AVAG gar nicht zulässig gewesen wäre, etwa weil die Entscheidung nicht aus einem Vertragsstaat oder einem sonstigen in
§ 35 AVAG genannten Staat stammt (Frankfurt RIW 93, 676). Es
gilt das Prinzip der **Meistbegünstigung**. Auch jene Rechtsbehelfe
sind statthaft, die gegen die Exequaturentscheidung zulässig wären, wäre sie in richtiger Form gefällt worden, etwa Widerspruch
nach § 2 AusfG deutsch-österreichischer Vertrag (Frankfurt aaO)
oder Berufung gegen das Vollstreckbarkeitsurteil, das nach § 723
ZPO hätte erlassen werden müssen. Ist in Beschlußform entschie-

189

den worden, kann die Entscheidung aufrechterhalten werden, auch wenn sie auf anderer Rechtsgrundlage hätte ergehen müssen. Sonst ist sie aufzuheben. Im Rahmen von Art. 31 Rn 12 ist bei entsprechendem Antrag Verweisung an das zuständige Gericht möglich.

2. Die Arten der dem Schuldner eröffneten Einwendungen

3   Art. 36 sagt nicht, welche Einwendungen dem Schuldner offenstehen.

a) Aus Art. 34 Abs. 2 folgt jedoch, daß grundsätzlich nur die **Anerkennungsversagungsgründe** der Artt. 27 f sowie einige aus allgemeinen Gründen herzuleitende Anerkennungsversagungsgründe, Artt. 27 ff Rn 1, 28 geltend gemacht werden können. Dazu gehören kollidierende Vollstreckungswirkungen nicht materiell rechtskräftiger Titel, s. Art. 27 ff Rn 24. Auch die Tatsache, daß die Entscheidung im Ursprungsstaat inzwischen aufgehoben worden ist, kann der Schuldner vorbringen (BGH NJW 80, 2022). Zur Abgrenzung von Aufhebung und fortwährender Anhängigkeit des auf Aufhebung gerichteten Verfahrens Art. 38 Rn 1. Außerdem kann der Schuldner vorbringen, daß der Kammervorsitzende Dinge übersehen hat oder nicht sehen konnte, die an sich schon ihn zur Zurückweisung des Antrags hätten führen müssen, wie etwa, daß es sich um eine Entscheidung außerhalb des Anwendungsbereiches des EuGVÜ handelt, daß die Entscheidung nur eingeschränkt vollstreckbar ist, Art. 31 Rn 11, oder daß es an der Vorlage von Urkunden iS der Artt. 46 f fehlt, Art. 34 Rn 3.

4   **b)** Einwendungen gegen die **Richtigkeit** der aus dem Ausland kommenden **Entscheidung** können grundsätzlich nur im dortigen Rechtsbehelfsverfahren geltend gemacht werden. Im Einklang mit der deutschen Rechtstradition zur Anerkennung und Vollstreckung von ausländischen Urteilen bzw. in- oder ausländischen Schiedssprüchen (s. Kommentare zu §§ 722 f, 1042 ZPO) bestimmt § 13 AVAG, daß der Schuldner auch **Vollstreckungsgegeneinwände** etwa in dem Umfang geltend machen kann, in dem er sie nach § 767 Abs. 2 bzw. § 797 Abs. 4 ZPO gegen inländische Titel geltend machen könnte (Beispiele: BGHZ 74, 278 = NJW 80, 528; Koblenz NJW 76, 488; Frankfurt Rpfleger 78, 454). Die erfolgreiche Geltendmachung solcher Einwendungen führt zwar nicht dazu, daß nunmehr rechtskräftig feststünde, daß der im Ursprungsstaat zuerkannte Anspruch nicht mehr besteht. Zu einer solchen Feststellung wären nur Gerichte im Rahmen der Zuständigkeitsvorschriften der Artt. 2 ff berufen. Gleichwohl ist fraglich

(und ggf. nach dem Luxemburger Auslegungsprotokoll vorlagewürdig), ob § 13 AVAG mit dem Übereinkommen vereinbar ist. Denn der nachträgliche Untergang des zuerkannten Anspruchs ist in Artt. 27f nicht als Anerkennungsversagungsgrund aufgeführt. Das Übereinkommen regelt jedoch damit das Problem der nachträglich gegen den zuerkannten Anspruch entstandenen Einwendungen nicht. Im Ausland steht häufig ein der deutschen Vollstrekkungsgegenklage entsprechender Rechtsbehelf nicht zur Verfügung; Vollstreckungsgegeneinwände müssen dort vielfach mit der Vollstreckungserinnerung gegen einzelne Zwangsvollstreckungsakte geltend gemacht werden. Ein im Ausland etwa auf Vollstrekkungsgegeneinwände gestütztes Verfahren kann man allenfalls analog Art. 38 behandeln, s. dort Rn 2. Es ist ein Gebot des effektiven (Art. 6 EMRK) Rechtschutzes, dem Schuldner Vollstrekkungsgegeneinwände unabhängig davon zu gestatten, ob und ggf. wie er sie im Ursprungsstaat geltend machen könnte. Ob dies bereits im Vollstreckbarerklärungsverfahren oder mit Rechtsbehelfen (wie in anderen Staaten) erst in der darauf folgenden Zwangsvollstreckung im Vollstreckungsstaat geschieht, ist vom EuGVÜ nicht vorbestimmt. Das gleiche gilt für den Einwand der Änderung der Umstände bei anpassungsfähigen Entscheidungen (*Schlosser* FamRZ 73, 427; Generalanwalt *Slym* EuGHE 1984, 3989. **AA** *Albrecht* Das EuGVÜ u. d. einstw. Rechtsschutz [1991] 172). Zur nachträglichen Vollstreckungsklage s. § 15 AVAG, zum Antrag auf Aufhebung der Vollstreckbarerklärungsentscheidung § 29 AVAG.

Anders als in § 767 Abs. 2 ZPO kommt es nicht auf den **Zeit-** 5 **punkt** der letzten mündlichen Verhandlung im Vorprozeß an, sondern auf den Zeitpunkt des „Erlasses der Entscheidung". Genaugenommen meint das Gesetz aber den Zeitpunkt, zu dem im Verfahren im Ursprungsstaat solche Einwendungen nicht mehr geltend gemacht werden konnten.

Eine im ausländischen Verfahren unberücksichtigte **Rechtsnach-** 6 **folge** kann beachtet werden, wenn das ausländische Recht eine dem § 265 ZPO entsprechende Regel kennt. Wenn nach ausländischem Recht nach Erlaß der Entscheidung oder ihrer Rechtskraft eine vorher eingetretene Rechtsnachfolge im Vollstreckungsverfahren nicht mehr geltend gemacht werden kann, kann sie das auch nicht im Exequaturverfahren (Problem verkannt in BGH NJW 83, 2773 = IPRax 85, 154, *Prütting* 139, wo eine im Ursprungsstaat vor Erlaß des Urteils erfolgte Pfändung der eingeklagten Forderung als ausnahmslos nicht mehr rügbar erklärt wurde). Mit einer Hinterlegung kann sich der Schuldner nicht vor Doppelinanspruchnahme schützen (*Prütting* aaO. **AA** BGH aaO).

3. Später präkludierte Einwendungen

7   **a)** Die Anerkennungsversagungsgründe können grundsätzlich ohne Rücksicht darauf geltend gemacht werden, ob sie im Verfahren im Ursprungsstaat schon erfolgreich vorgebracht worden sind, s. etwa Artt. 27 f Rn 25, 33. Werden sie im Vollstreckbarerklärungsverfahren nicht vorgebracht, können sie später nicht mehr geltend gemacht werden, auch dann nicht, wenn sie den Widerspruch der ausländischen Entscheidung gegen den inländischen ordre public bloßlegen.

8   **b)** Entsprechend § 767 Abs. 3 ZPO sind nach § 15 Abs. 1 AVAG alle Vollstreckungsgegeneinwände präkludiert, die vor Ablauf der Beschwerdefrist, bzw., wenn Beschwerde eingelegt worden ist, vor Ende des Beschwerdeverfahrens entstanden sind. Das gilt auch dann, wenn die Beschwerde zurückgenommen worden ist (wegen möglicher Härten zu Lasten des Schuldners de lege ferenda krit. *Baur/Stürner* Zwangsvollstreckungs- und Konkursrecht[11] Rn 51; *Bülow/Böckstiegel/Müller* Art. 37 III 2; *Pirrung* DGVZ 73 Fn. 36). Der EuGH (EuGHE 1988, 667 f – „Krieg" = IPRax 89, 159, *Schack* 39) läßt jedoch den Einwand zu, die Vollstreckung sei aus Gründen, die außerhalb des Anwendungsbereichs des EuGVÜ lägen, nicht mehr möglich, Artt. 27 f Rn 1, 28.

4. Abänderung von Unterhaltsurteilen

9   Da die Berücksichtigung von Vollstreckungsgegeneinwänden nicht zu einer materiell-rechtskräftigen Entscheidung über den Fortbestand des zuerkannten Anspruchs führt, können gegen Unterhaltsentscheidungen keine Abänderungsgründe im Sinne von § 323 ZPO oder Artt. 86, 192, 153 Abs. 2 schwZGB oder entsprechenden Vorschriften der Rechtsordnungen anderer Vertragsstaaten vorgebracht werden (*Schlosser*-Bericht Rn 105 ff; im Verhältnis zu einem Nicht-Vertragsstaat, aber bewußt verallgemeinernd: BGH FamRZ 90, 506) zumal in den meisten ausländischen Rechtsordnungen die Unterhaltsfestsetzung ohnehin gestaltender Natur ist und daher nur durch richterliche Entscheidung wieder geändert werden kann. Es kann aber inzwischen eine inländische Zuständigkeit für Unterhaltsabänderungen begründet worden sein, Art. 5 Nr. 2 Rn 13.

II. Fristen und Zustellung

1. Die Zustellung an den Schuldner

a) Die große systemdurchbrechende Besonderheit, die Abs. 2 für **10** die Zustellung der die Vollstreckbarerklärung aussprechenden Entscheidung an den Schuldner begründet, liegt im weitgehenden Ausschluß der Ersatzzustellung, wenn letzterer Wohnsitz in einem anderen Vertragsstaat hat. Jedenfalls soweit der Lauf der Beschwerdefrist betroffen ist, ist lediglich eine Ersatzzustellung „in der Wohnung" des Schuldners zulässig, ähnlich wie in Deutschland nach § 181 Abs. 1 ZPO vorgesehen. Was mit dem Hinweis „mangels einer solchen Person an eine zuständige Behörde" im *Jenard*-Bericht (Art. 36 Fn 1) zu verstehen ist, ist unerfindlich. Bei **juristischen Personen** und selbständig parteifähigen Personenverbindungen kann man das Geschäftslokal (für Deutschland §§ 183f ZPO) der „Wohnung" gleichstellen. Auch eine Zustellung entsprechend § 186 ZPO (Zurücklassen des Schriftstücks am Zustellungsort) kann man als „in" der Wohnung bzw. „im" Geschäftslokal geschehen betrachten.

b) Im übrigen richtet sich die Zustellung, wie dem Art. IV **11** Abs. 1 EuGVÜ/Protokoll EuGVÜ u. Nr. 1 LÜ zu entnehmen ist, grundsätzlich nach dem nationalen Recht des Anerkennungsstaates. Nach ihm richtet es sich insbesondere, ob eine Auslandszustellung nötig oder eine Inlandszustellung möglich ist. Letzteres ist aber gegenüber einem sich im Ausland aufhaltenden Schuldner angesichts des in Rn 10 Ausgeführten selten. Für Auslandszustellungen gilt das HZÜ, s. Kommentierung dort. Dem in Art. IV Abs. 2 der Protokolle vorgesehenen unmittelbaren Verkehr hat Deutschland zulässigerweise widersprochen. Einzelheiten: § 9 AVAG.

c) Entgegen mancher Stimmen (etwa Saarbrücken RIW 94, 1048 **12** = IPRax 95, 244 Anm. *Haas* 223; *Pirrung* IPRax 89, 21) ist die Einhaltung der durch Art. 36 Abs. 2 modifizierten Zustellungsvorschriften des nationalen Rechts nur Voraussetzung für den Lauf der Beschwerdefrist, nicht auch für die Zwangsvollstreckung oder gar die Aushändigung der Vollstreckungsklausel an den Gläubiger (*MünchKommZPO-Gottwald* Art. 39 Rn 3). Dies folgt aus der systematischen Stellung der Vorschrift, die sich nur mit dem Rechtsbehelf des Schuldners befaßt. Die effektive Vollstreckung der vorgelegten Entscheidung ist nach Art. 31 allein davon abhängig, daß sie für vollstreckbar erklärt worden ist. Insoweit gilt § 750 ZPO nicht

(LG Stuttgart IPRax 89, 41; *Laborde* RIW 88, 565). Das Gegenteil läßt sich auch nicht aus § 9 AVAG herleiten, der nichts davon sagt, daß die Zustellung Voraussetzung der Zwangsvollstreckung sei (**aA** *Kropholler* Art. 39 Rn 6). Es wäre auch ein Verstoß gegen die Verheißung transnational effektiven Rechtsschutzes, wenn einem Schuldner mit Wohnsitz im Ausland gestattet wäre, sein Vermögen im Inland so lange vollstreckungsimmun zu halten, bis ihm der Titel im Wege der internationalen Rechtshilfe zugestellt worden ist. Aus diesem Grund ist es auch kein genereller Ausweg, dem Gläubiger ohne Zustellung der Vollstreckbarerklärung an den Schuldner nur das Recht zur Vorpfändung zu geben (so: *Pirrung* aaO). Allerdings steht bei angestrebter Forderungspfändung dieser Weg immer offen, weil die Benachrichtigung des (ev. im Ausland wohnenden) Schuldners nicht konstitutiv für die Wirkung der Vorpfändung ist. Nur muß dann, folgt man der Gegenansicht, innerhalb der Monatsfrist des § 845 Abs. 2 folgendes geschehen: Es muß zuerst gemäß § 759 die Vollstreckbarkeitserklärung dem Schuldner zugestellt werden, gfs im Wege der internationalen Zustellung. Zusätzlich muß noch immer innerhalb der Monatsfrist die Hauptpfändung durch Zustellung des Pfändungsbeschlusses an den Drittschuldner bewirkt sein.

2. Die Beschwerdefrist

13   Das Übereinkommen unterscheidet nach dem Wohnsitz des Schuldners.

a) Wohnt der Schuldner in einem **Drittstaat**, so beträgt nach Art. 36 Abs. 1 die Frist einen Monat nach wirksamer Zustellung (unter Einhaltung des HZÜ und der danach etwa berufenen Zustellungsvorschriften des fraglichen dritten Staates). Nach § 9 Abs. 2 AVAG kann der Kammervorsitzende aber eine längere Frist bestimmen, wenn öffentliche Zustellung nötig war.

14   **b)** Wohnt der Schuldner in einem **anderen Vertragsstaat**, so beträgt die Frist nach Art. 36 Abs. 2 zwei Monate. Wegen des Zustellungserfordernisses nach Rn 8 ist eine Fristverlängerung unnötig.

15   **c)** Wohnt der Schuldner im **Inland**, so sind alle dort vorgesehenen Formen der Ersatzzustellung zulässig. Auch dann kann die Frist gem. § 9 Abs. 2 AVAG verlängert werden (*MünchKomm-ZPO-Gottwald* Rn 16).

d) Sind (vorsorglich) mehrere Zustellungen vorgenommen **16** worden, so kommt es für den Lauf der Beschwerdefrist auf die erste wirksame Zustellung an (BGH IPRax 93, 324).

e) Die **Berechnung** der Fristen richtet sich nach dem Recht des **17** Vollstreckungsstaates, also bei Vollstreckbarerklärung durch den Kammervorsitzenden nach deutschem Recht. Die Frist ist eine **Notfrist**, § 11 Abs. 3 AVAG. Die Möglichkeit der Wiedereinsetzung in den vorigen Stand verstößt auch bei Zustellung in einen anderen Vertragsstaat nicht gegen Art. 36 Abs. 2 S. 2, sofern sie nicht allein damit begründet wird, daß der Wohnsitz des Schuldners weit entfernt liegt.

f) Die **Beweislast** für einen bestimmten Tag der Rechtsmittel- **18** einlegung trifft den Schuldner. Die Ereignisse, die die Beschwerdefrist in Lauf setzen, stehen aber außerhalb der Kontrolle des Schuldners. Insoweit verbleibende Zweifel gehen daher zu Lasten des Gläubigers (BGH aaO).

Art. 37 [Rechtsbehelfsverfahren]

(1) **Der Rechtsbehelf wird nach den Vorschriften, die für das streitige Verfahren maßgebend sind, eingelegt:**
- **in Belgien bei dem „tribunal de première instance" oder der „rechtbank van eerste aanleg";**
- **in Dänemark bei dem „landsret";**
- **in der Bundesrepublik Deutschland bei dem Oberlandesgericht;**
- **in Griechenland bei dem „εψετείο";**
- **in Spanien bei der „Audiencia Provincial";**
- **in Frankreich bei der „cour d'appel";**
- **in Irland bei dem „High Court";**
- *in Island bei dem „heraðsdómari";*
- **in Italien bei der „corte d'appello";**
- **in Luxemburg bei der „Cour supérieure de Justice" als Berufungsinstanz für Zivilsachen;**
- **in den Niederlanden bei der „arrondissementsrechtbank";**
- *in Norwegen bei dem „lagmansrett";*
- *in Österreich bei dem Landesgericht bzw. dem Kreisgericht;*
- **in Portugal bei dem „Tribunal de Relaçãv";**
- *in der Schweiz bei dem Kantonsgericht/tribunal cantonal/tribunale cantonale;*
- *in Finnland bei dem „hoviokeus/hovrätt";*
- *in Schweden bei dem „Svea hovrätt";*

– im Vereinigten Königreich:
1. in England und Wales bei dem „High Court of Justice" oder für Entscheidungen in Unterhaltssachen bei dem „Magistrates' Court";
2. in Schottland bei dem „Court of Session" oder für Entscheidungen in Unterhaltssachen bei dem „Sheriff Court";
3. in Nordirland bei dem „High Court of Justice" oder für Entscheidungen in Unterhaltssachen bei dem „Magistrates' Court".

(2) Gegen die Entscheidung, die über den Rechtsbehelf ergangen ist, finden nur statt
– in Belgien, Griechenland, Spanien, Frankreich, Italien, Luxemburg und den Niederlanden: die Kassationsbeschwerde;
– in Dänemark: ein Verfahren vor dem „højesteret" mit Zustimmung des Justizministers;
– in der Bundesrepublik Deutschland: die Rechtsbeschwerde;
– in Irland: ein auf Rechtsfragen beschränkter Rechtsbehelf bei dem „Supreme Court";
– *In Island: ein Rechtsbehelf beim „Hoestiréttur";*
– *in Norwegen ein Rechtsbehelf (Kjaeremal oder anke) bei dem „Hoyesterretts Kjaeremalsutvalg" oder dem „Hoyesterett";*
– *in Österreich im Fall eines Rekursverfahrens der Revisionskurs und im Fall eines Widerspruchsverfahrens die Berufung mit der allfälligen Möglichkeit einer Revision;*
– in Portugal: ein auf Rechtsfragen beschränkter Rechtsbehelf;
– *in der Schweiz: die staatsrechtliche Beschwerde beim Bundesgericht/recours de droit public devant le tribunal fédéral/ricorso di diritto pubblico davanti al tribunale federale;*
– *in Finnland: ein Rechtsbehelf beim „korkein oikeus/högsta domstolen";*
– *in Schweden: ein Rechtsbehelf beim „högsta domstolen";*
– im Vereinigten Königreich: ein einziger auf Rechtsfragen beschränkter Rechtsbehelf.

Textgeschichte: Fassung des 3. Beitrittsübereinkommens. Hierbei außer Einfügung neuer Gerichte redaktionelle Anpassung („für") anstelle von „im Falle von" Textbestandteile, die sich auf Staaten beziehen, welche allein dem LÜ angehören, kursiv.

I. Das Beschwerdeverfahren

Abs. 1 legt die funktionelle Zuständigkeit fest und verweist im 1
übrigen auf die im Vollstreckungsstaat geltenden „Vorschriften
über das streitige Verfahren". Kennt dieser mehrere streitige Verfahren, so ist er frei, eines davon zu wählen und es für die Besonderheiten des Vollstreckbarerklärungsverfahrens zu ergänzen. Letzteres ist in Deutschland durch §§ 11 ff AVAG geschehen. Im übrigen
findet das Beschwerdeverfahren, das ebenfalls ein „streitiges" ist,
Anwendung. Durch das Übereinkommen festgelegt ist allein, daß
die Beschwerde beim Beschwerdegericht, also in Deutschland abweichend von § 569 Abs. 1 ZPO beim OLG, einzulegen ist. § 12
Abs. 2 AVAG läßt aber auch die beim LG eingereichte Beschwerde,
der nicht abgeholfen werden kann (München NJW 75, 504), frist-
wahrend sein. Ob dies mit dem Übereinkommen vereinbar ist, ist
zweifelhaft. Die Beschwerde braucht nicht begründet zu werden
(Stuttgart RIW 88, 302). Trotz der mißverständlichen Fassung von
§ 2 Abs. 3 AVAG ist auch das Beschwerdeverfahren Feriensache,
allgM. Für die Einlegung der Beschwerde, besteht kein Anwaltszwang, § 14 Abs. 2 AVAG. Mehrere Beschwerdeverfahren gegen
kurz aufeinanderfolgende Teilvollstreckbarkeitserklärungen oder
gegen die Vollstreckbarerklärung mehrerer sich gegen denselben
Schuldner richtender Titel, können verbunden werden (Hamburg
RIW 94, 424). Eine Anschlußbeschwerde des mit seinem Antrag
teilweise unterlegenen Gläubigers ist zulässig. In einem Fall, in dem
der Gläubiger erst im Beschwerdeverfahren auf eine Konkretisierung des Titels bezüglich der Zinsen, Art. 31 Rn 13, drängte, ist
sogar eine Anschlußbeschwerde ohne Beschwer zugelassen worden
(Stuttgart NJW 88, 302). Sie kann generell zugelassen werden, denn
der Schuldner kann kein Interesse daran haben, daß ihm die erste
Instanz mit dem einseitigen Antragsverfahren nicht verloren geht.
Die zu begründende, § 14 Abs. 1 S. 1 AVAG, Entscheidung ist nach
allgemeinen Grundsätzen des Rechts der Beschwerde mit einem
Kostenausspruch zu versehen. Die Parteien können sich **vergleichen**. Sie können auch einen Interimsvergleich bis zum rechtskräfti-
gen Abschluß des Exequaturverfahrens und/oder des Ausgangsverfahrens schließen, in dem unter Verzicht auf Vollstreckungsrechte
Sicherheitsleistung vereinbart wird. Eine Rückverweisung an den
Kammervorsitzenden ist nach dem Sinn des Rechtsbehelfsystems
ausgeschlossen (übersehen durch Köln IPRax 91, 115), weil dessen
Zuständigkeit nur für ein einseitiges Verfahren gedacht ist.

II. Das Verfahren der Rechtsbeschwerde

2   Die „Rechtsbeschwerde" ist ein Rechtsbehelf, den es sonst kaum gibt. Er ist revisionsähnlich ausgestaltet, §§ 17 ff AVAG. Die für Revisionszulassung sonst geltenden Beschränkungen gelten entsprechend. Das ist nicht vertragswidrig (*Schlosser*-Bericht Nr. 217). Eine Besonderheit besteht nur bei einer, auch unbewußten (BGH NJW 90, 2201 = IPRax 92, 33, 5 – *Geimer*) Abweichung von einer Entscheidung des EuGH, § 38 AVAG. Der Zwang, sich durch einen beim BGH zugelassenen Rechtsanwalt vertreten zu lassen, folgt aus § 78 Abs. 1 ZPO, allgM. Die Rechtsbeschwerde ist auch zulässig, wenn die zu vollstreckende Entscheidung ein ausländischer Arrestbeschluß ist (BGHZ 74, 278 = NJW 80, 528). Nur insoweit unterliegt die auf Beschwerde ergangene Entscheidung der Rechtsbeschwerde, als sie über die Rechtmäßigkeit der Vollstreckbarerklärungsentscheidung befunden hat. Unstatthaft ist daher eine Rechtsbeschwerde gegen eine vorausgehende Zwischenentscheidung (EuGHE 1984, 3971 = IPRax 85, 339, 321, *Schlosser* – „Brennero") oder eine Aussetzungsentscheidung nach Art. 38 (EuGH 1991, 4743; BGH IPRax 95, 243 Anm. *Grunsky* 218; EuGHE 1995, – – – „SISRO"). Obwohl in Art. 37 Abs. 2 nicht eigens festgehalten, ist die Rechtsbeschwerde des Schuldners die einzige Rechtsbehelfsmöglichkeit. Nicht etwa kann ein durch die Vollstreckbarkeitsentscheidung belasteter Dritter in Deutschland, z. B. ein Nebenintervenient des Beschwerdeverfahrens, die Rechtsbeschwerde einlegen (EuGHE 1993, – – – = IPRax 94, 37, *Heß* 10 – „Sonntag"). Der BGH prüft, wie bei der Revision, nur Rechtsverletzungen. Eine zwischenzeitliche Änderung der ausländischen Entscheidung durch das Gericht des Ursprungsstaates hat er aber zu beachten (BGH NJW 80, 2022).

Entscheidungen über die Aussetzung des Verfahrens iSv Art. 38 Abs. 1 sind mit der Rechtsbeschwerde nicht anfechtbar (EuGHE 1995, – – – „SISRO"). Das gleiche gilt für Entscheidungen zu Sicherheitsleistungen.

III. Rechtskraft der im Vollstreckbarerklärungsverfahren ergehenden Entscheidungen

3   **a)** Wird der Antrag auf Vollstreckbarerklärung **sachlich abgewiesen** und formell rechtskräftig, dann entfaltet die Entscheidung

materielle Rechtskraft. Ein erneuter Antrag, etwa gestützt auf neue Angaben dazu, daß der seinerzeitige Beklagte vom verfahrenseinleitenden Schriftstück doch rechtzeitig Kenntnis erlangt hatte, ist unzulässig. Nach den allgemeinen Grundsätzen zu den zeitlichen Grenzen der materiellen Rechtskraft kann der Antrag jedoch auf neue Ereignisse gestützt werden, die den seinerzeitigen Anerkennungsversagungsgrund obsolet machen, etwa die Aufhebung der nach Art. 27 Nrn. 3 oder 5 der Anerkennung entgegenstehenden Gerichtsentscheidung, oder auf eine neue Gesetzeslage, die die Anerkennung der Entscheidung als nicht mehr gegen den inländischen ordre public verstoßend erscheinen läßt. Ist der Antrag als unzulässig abgewiesen worden (etwa weil die nach Artt. 46 f erforderlichen Dokumente nicht rechtzeitig beigebracht worden waren), so kann er nach Behebung des Mangels zulässigerweise erneuert werden.

b) Ist dem Antrag formell rechtskräftig **stattgegeben** worden, so 4
steht jedenfalls das Vollstreckungsrecht des Antragstellers fürs Inland fest. Insbesondere alle Vollstreckungsorgane sind daran gebunden. Ist der für vollstreckbar erklärte Titel nach dem Recht des Ursprungsstaates nicht materiell rechtskräftig, so bedeutet dies aber nicht, daß das aus der Vollstreckung Erlangte nicht wegen ungerechtfertigter Bereicherung zurückgefordert werden könnte oder daß seinetwegen Schadenersatzansprüche nicht entstünden. § 30 AVAG darf nicht dahin mißverstanden werden, daß die Geltendmachung solcher Ansprüche die vorherige Aufhebung des anerkannten Titels nach § 29 AVAG voraussetzt.

c) Entscheidungen über die Vollstreckbarerklärung stellen 5
gleichzeitig die Anerkennungs(un)fähigkeit der Entscheidung fest (**aA** *MünchKommZPO-Gottwald* Art. 26 Rn 9). Es wäre eine durch nichts gerechtfertigte Umständlichkeit, dem Berechtigten aus einem Urteil abzuverlangen, neben dem Vollstreckbarerklärungsverfahren gleichzeitig noch das selbstständige Anerkennungsverfahren nach Art. 26 Abs. 2 zu betreiben.

IV. Kosten

Für die Anwaltskosten gilt § 47 BRAGO. Maßgebend sind die 6
normalen Gebührensätze.

Art. 38 [Aussetzung bei eingelegtem oder noch zulässigem Rechtsbehelf im Ursprungsstaat]

(1) Das mit dem Rechtsbehelf befaßte Gericht kann auf Antrag der Partei, die ihn eingelegt hat, das Verfahren aussetzen, wenn gegen die Entscheidung im Ursprungsstaat ein ordentlicher Rechtsbehelf eingelegt oder die Frist für einen solchen Rechtsbehelf noch nicht verstrichen ist; in letzterem Fall kann das Gericht eine Frist bestimmen, innerhalb deren der Rechtsbehelf einzulegen ist.

(2) Ist eine gerichtliche Entscheidung in Irland oder im Vereinigten Königreich erlassen worden, so gilt jeder in dem Ursprungsstaat statthafte Rechtsbehelf als ordentlicher Rechtsbehelf im Sinne von Absatz 1.

(3) Das Gericht kann auch die Zwangsvollstreckung von der Leistung einer Sicherheit, die es bestimmt, abhängig machen.

Textgeschichte: Einige redaktionelle Bereinigungen durch das 3. Beitrittsübereinkommen („Ursprungsstaat" statt „Urteilsstaat"; „das Verfahren aussetzen" statt „seine Entscheidung aussetzen"). Abs. 2 eingefügt durch 1. Beitrittsübereinkommen.

1   **1.** Der **Zweck der Vorschrift** besteht darin, den Schuldner davor zu schützen, die Zwangsvollstreckung ohne Rücksicht darauf erdulden zu müssen, ob die vollstreckbare Entscheidung im Ursprungsstaat wieder aufgehoben werden kann. Entweder soll es zu der Situation, daß die Vollstreckbarerklärung hinterher (in Deutschland nach § 29 AVAG) deshalb wieder aufgehoben werden muß, weil im Ursprungsstaat der vollstreckbare Titel weggefallen ist, gar nicht erst kommen. Oder aber der Gläubiger soll Sicherheit leisten, wenn nach Abschluß des Beschwerdeverfahrens die Vollstreckungsbeschränkung des Art. 39 entfällt, Art. 39 Rn 1. Wenn die Einlegung eines Rechtsbehelfs im Ursprungsstaat die Vollstreckbarkeit von selbst aufhebt, kann die Entscheidung auch im Ausland nicht mehr für vollstreckbar erklärt werden. Ob eine ausländische Aufhebungsentscheidung schon mit ihrem Erlaß oder erst mit ihrer Rechtskraft den Wegfall der aufgehobenen Entscheidung bewirkt, richtet sich nach dem fraglichen Prozeßrecht. Das im Gegensatz zu der entsprechenden Situation bei Art. 30 ein Antrag des Schuldners nötig ist, ist eine bewußte gesetzgeberische Entscheidung (*Jenard*-Bericht zu Art. 38). Einsichtig ist der Unterschied aber nicht.

2. Viele Vertragsstaaten grenzen ihre Gesetzgebung gar nicht **2** zwischen **ordentlichen** und außerordentlichen **Rechtsbehelfen** ab. Wo es geschieht, verlaufen die Grenzen unterschiedlich. Der EuGH hat daher den Begriff autonom dahingehend definiert, daß jeder Rechtsbehelf ein ordentlicher ist, *„der zur Aufhebung oder Abänderung der anzuerkennenden Entscheidung führen kann, sofern dieser Rechtsbehelf innerhalb einer gesetzlichen Frist einzulegen ist, die mit Erlaß der Entscheidung beginnt"* (EuGHE 1977, 2175 = RIW 78, 186). Mit „Erlaß" ist natürlich „Zustellung" oder sonstige Bekanntgabe gemeint, wenn davon der Beginn der Rechtsbehelfsfrist abhängt. Ordentliche Rechtsbehelfe sind daher auch Einspruchsmöglichkeiten aller Art. Es kommt nicht darauf an, ob für die Rechtsbehelfsinstanz Kognitionsbeschränkungen, wie etwa für die höchsten Gerichte in Bezug auf Tatsachenfragen, bestehen. Durch die Rechtsprechung des EuGH ist Abs. 2 weitgehend überholt. Entsprechend anwenden sollte man die Vorschriften auf **unbefristete Beschwerden** (etwa Anschlußbeschwerden) und Vollstreckungsgegenklagen und im Ausland etwa bestehende Entsprechungen hierzu (str.), wenn ein solcher Rechtsbehelf bereits eingelegt ist. Bei Widersprüchen gegen Maßnahmen des einstweiligen Rechtsschutzes ist es jedenfalls unangebracht, von der Aussetzungsmöglichkeit Gebrauch zu machen (*Eilers* Art. 25 Rn 6, 218).

Ist die vollstreckbare ausländische Entscheidung eine **Maßnahme des einstweiligen Rechtschutzes**, so ist die Einleitung des Hauptsacheverfahrens keine Einlegung eines ordentlichen Rechtsbehelfs (Hamm RIW 94, 243 – Schiedsverfahren, aber verallgemeinernd). Einem ordentlichen Rechtsbehelf steht die Verpflichtung der Gerichte gleich, eine Entscheidung von Amts wegen zu überprüfen (BGH NJW 86, 3026. Teilw. **aA**; *Consolo studi in onoro Denti* [1994] *III, 106ff – Verfahren auf „revoca," „modificazione" oder „convalida"*).

3. Unrichtig ist es, für die Anwendung von Abs. 1 zu verlangen, **3** daß Gründe vorgebracht werden, die im Ausgangsverfahren (noch) nicht vorgebracht werden konnten (*Grunsky* IPRax 95, 220. **AA** EuGHE Rev. crit. 92, 118). Das Gericht hat vielmehr Entscheidungs**ermessen** sowohl dahingehend, ob es von den Möglichkeiten der Norm überhaupt Gebrauch machen will, als auch, ggf, ob das Verfahren auszusetzen oder unter Sicherheitsleistung fortzusetzen ist. Dabei hat es vor allem zu berücksichtigen, wie glaubhaft ihm Erfolgsaussichten für den im Ursprungsstaat eingelegten Rechtsbehelf dargelegt werden. Das Gericht muß aber auch die Höhe der

wirtschaftlichen Risiken für beide Teile berücksichtigen, die sich
ergäben, wenn man den Fortgang der Vollstreckung zuließe und
die anzuerkennende Entscheidung hinterher aufgehoben wird,
oder wenn man die Zwangsvollstreckung einstellt und die Entscheidung hinterher im Ursprungsstaat bestätigt wird (Beispiel
BGH IPRax 95, 243 Anm. *Grunsky*). Im allgemeinen sollte nicht
ausgesetzt, sondern nur die Leistung einer Sicherheit angeordnet
werden (Hamm RIW 94, 245). Das Gericht kann bei Streitwerten,
die für beide Teile erheblich sind, auch eine Kompromißentschei-
dung treffen, teilweise aussetzen, der Vollstreckung teilweise seinen Lauf lassen und sie teilweise von Sicherheitsleistungen abhängig machen. Die Auferlegung einer Sicherheitsleistung kommt
auch dann in Betracht, wenn das Urteil ohnehin nur gegen Sicherheitsleistung vollstreckbar ist, weil diese Einschränkung im Laufe
des ausländischen Rechtsbehelfsverfahrens wegfallen kann, bevor
dort endgültig entschieden wird. Bei Vollstreckung von Maßnahmen des einstweiligen Rechtsschutzes ist Sicherheitsleistung häufig
deshalb sinnvoll, weil es für die Vollstreckbarkeitserklärung an
einer Entsprechung zu § 929 Abs. 2 ZPO fehlt und der Maßnah-
mengrund weggefallen sein kann (*Eilers* 283; *Albrecht* 170 – beide
wie Art. 25 Rn 6).

4   **4. Bevor über die Beschwerde des Schuldners entschieden** ist,
ist die Anordnung einer Sicherheitsleistung nicht zulässig (EuGHE
1984, 3971 = IPRax 85, 339 = RIW 235 – krit. *Linke*). Mit der
Anordnung der Sicherheitsleistung endet daher zwangsläufig die in
Art. 39, dort Rn 1, vorgesehene Zeit, zu der die Zwangsvollstrek-
kung über Maßnahmen der Sicherung nicht hinausgehen darf. Daher hat sich die **Höhe der Sicherheit** danach zu orientieren, daß der
titulierte Betrag beigetrieben oder zur Abwendung der Zwangsvollstreckung bezahlt wird (BGHZ 87, 259 = IPRax 85, 156, zust.
Prütting). Von seinem Ermessen hinsichtlich der Art der Sicherheitsleistung, § 108 ZPO, sollte das Gericht sehr flexibel Gebrauch
machen und auch Bürgschaften oder Garantien ausländischer Ban-
ken erlauben (*Kropholler* Rn 1).

5   **5. Solange über den Rechtsbehelf nicht entschieden** ist, kann es
bei titulierten Geldforderungen korrekterweise zu mehr als nur
Pfändung oder Eintragung einer Sicherungshypotek nicht kommen, Art. 39. Darüber hinausgehende Maßnahmen können mit der
Erinnerung nach §§ 766 ZPO bekämpft werden. Ist „die" Zwangsvollstreckung nach einer solchen Pfändung von der Leistung einer
Sicherheit abhängig gemacht worden, so wird erstere nicht tan-

giert. Sie kann nur nach § 22 Abs. 2 AVAG aufgehoben werden (BGH NJW 83, 1980). Für den Gläubiger gibt es dann keine Möglichkeit mehr, nur Zwangsvollstreckungsmaßnahmen zur Sicherheit vornehmen zu lassen, ohne vorher eine Sicherheit leisten zu müssen, die sich an der Höhe der titulierten Forderung orientiert. Der Unterschied zwischen Pfändung vor und nach Erlaß der auf Art. 38 gestützten Entscheidung ist aber nicht gerechtfertigt. Daher muß man § 720a Abs. 1 ZPO für entsprechend anwendbar halten. Das Beschwerdegericht kann aber auch Sicherheitsleistung nur für den Fall anordnen, daß die Zwangsvollstreckung über Maßnahmen der Sicherheit hinausgeht (Düsseldorf RIW 85, 492).

6. Die Aussetzungsmöglichkeiten nach §§ 239ff sind im Beschwerdeverfahren anwendbar, insbesondere auch § 240 (*Mankowski* ZIP 94, 1577; *Heß* IPRax 95, 16. **AA** Saarbrücken ZIP 94, 1609 = IPRax 95, 35 mit zu formalistischer Begründung). Für anerkennungspflichtige Endurteile gilt § 146 Abs. VI KO (§ 179 Abs. 2 InsO). Eine Vollstreckbarerklärung ist für die Eigenschaft einer titulierten Forderung nicht erforderlich (str). Da Urteile aus EU-Staaten prima vista anerkennungspflichtig sind, muß der Widersprechende das Anerkennungshindernis geltend machen. **6**

7. Rechtsbehelfe s. Bem. Art. 41. Die Weigerung des Beschwerdegerichts, das Verfahren auszusetzen (Art. 38 Abs. 1) oder Sicherheitsleistungen anzuordnen, ist nicht beschwerdefähig (EuGH 1991 I 4743 „van Pelfsen" = Rev. crit. 92, 118; BGH IPRax 95, 243 Anm. *Stadler* 221 und *Grunsky* 218). **7**

Art. 39 [Zwangsvollstreckung vor Abschluß des Rechtsbehelfsverfahrens]

(1) **Solange die in Art. 36 vorgesehene Frist für den Rechtsbehelf läuft und solange über den Rechtsbehelf nicht entschieden ist, darf die Zwangsvollstreckung in das Vermögen des Schuldners nicht über Maßnahmen zur Sicherung hinausgehen.**

(2) **Die Entscheidung, durch welche die Zwangsvollstreckung zugelassen wird, gibt die Befugnis, solche Maßnahmen zu veranlassen.**

Textgeschichte: Redaktionelle Verbesserungen durch 3. Beitrittsübereinkommen („Maßnahmen" statt „Maßregeln"; „zu veranlassen" statt „zu betreiben".

1 **1. Sinn des Absatzes 1** ist es zu verhindern, daß aufgrund der im einseitigen Verfahren nach Artt. 31–34 erreichten Vollstreckbarkeit vollendete Tatsachen geschaffen werden, bevor der Schuldner gehört worden ist. Daher endet die Vollstreckungsbeschränkung auch mit Ablauf der Beschwerdefrist bzw. mit der Entscheidung des Beschwerdegerichts und setzt sich während des Rechtsbeschwerdeverfahrens nicht fort (BGHZ 87, 259 = IPRax 85, 157) Nachweis für den Fortfall der Beschränkung: § 26 AVAG. S. auch Art. 38 Rn 7. Die Beschränkung läuft weitgehend leer, wenn ohnehin nur **Maßnahmen des einstweiligen Rechtsschutzes** vollstreckt werden sollen (*Koch* vor Art. 1 HZÜ 194; *Albrecht* IPRax 92, 186), s. Rn 5. Die Beschränkung wird in Deutschland in die Klausel aufgenommen, § 8 Abs. 1 AVAG, existiert aber schon aufgrund des Übereinkommens selbst. Sie gilt an sich auch für einstweilige Unterhaltsanordnungen (*MünchKommZPO-Gottwald* Rn 7; *Matscher* 95 ZZP [1982] 217 – rechtspolitisch bedauernd). Der in Art. 6 EMRK verbürgte Anspruch auf effizienten und raschen Rechtsschutz muß hierbei aber eine Ausnahme erzwingen, wenn nicht auf Art. 4 Abs. 2 Haager Übereinkommen vom 2. 10. 1973 ausgewichen werden kann.

Da es dem Gläubiger gleichgültig sein kann, ob er Sicherungsvollstreckung durchführen soll oder vom Schuldner anderweitig Sicherung erhält, verstößt § 22 AVAG, der dem Schuldner letzteres ermöglicht, nicht gegen das Übereinkommen. Irgendwelche anderen einstweiligen Anordnungen kann das (deutsche) Beschwerdegericht nicht treffen, allgM in Deutschland (**aA** *Consolo* studi in onore Denti [1994] III 112).

Abs. 1 spricht zwar von Zwangsvollstreckung in das Vermögen des Schuldners. Er gilt aber auch für titulierte Nichtgeldleistungsforderungen, Art. 43 Rn 6ff.

2 **2.** Abs. 2 hat den Sinn klarzustellen, daß der Gläubiger sofort zu sichernden Zwangsvollstreckungsmaßnahmen schreiten kann, wenn ihm die Vollstreckungsklausel erteilt ist. Um der Effizienz der Zwangsvollstreckung willen soll ihm die Chance erhalten bleiben, dem im Klauselerteilungsverfahren zunächst nicht angehörten Schuldner, Art. 34 Abs. 1, zu überraschen. Insbesondere bedarf es nicht noch der Zustellung des deutschen Vollstreckungstitels an den Schuldner, Art. 36 Rn 12. Aufgrund einer Entscheidung des EuGH (EuGHE 1985, 3147 = RIW 86, 300) müssen die im nationalen Recht an sich nicht für die Urteilsvollstreckung vorgesehenen Sicherungsmaßnahmen zur Verfügung stehen (so geschehen etwa durch irischen High Court, dazu *Coester-Waltjen* IPRax 90, 65). Italien, das solche Maßnahme nicht kannte, mußte sie einführen. In der Schweiz gibt es den Arrest mit der Maßgabe, daß auch dann die Vollstreckbarkeitserklärung schon das Rechtsöffnungsverfahren darstellt (Trib. 1ère Instance Genf SZIER 94, 422; *Walter* aaO 329), sowie die provisorische Pfändung (bestr. s. Bundesamt für Justiz BBl 1991 IV 329; *Walter* aaO).

Abs. 2 schließt nicht aus, daß nach allgemeinen Grundsätzen schon vorher einstweiliger Rechtsschutz gewährt werden kann.

Für Deutschland ergibt sich aus § 43 AVAG, daß in bewegliches **3** Vermögen **gepfändet** werden und dieses in besonderen Fällen sogar verwertet werden kann. Im Immobiliarrecht ist *die* Maßnahme der Sicherung die **Zwangshypothek**.

Zur Sicherung **anderer Ansprüche als Geldforderungen** müssen **4** §§ 938, 940 ZPO entsprechend angewandt werden, allgM, Art. 43 Rn 9. Anordnungen nach dieser Vorschrift muß bereits der Kammervorsitzende erlassen. Das folgt aus dem Prinzip des raschen grenzüberschreitenden Rechtsschutzes. Die Vollstreckbarerklärung nach Art. 31 muß so ausgestaltet sein, daß auf ihrer Grundlage der Gläubiger sofort effektive Sicherungsmaßnahmen erwirken kann. Daher muß man den Kammervorsitzenden auch für ermächtigt halten, die in §§ 887, 888, 890 Abs. 2 ZPO vorgesehenen Anordnungen zu treffen. Er ist auf jeden Fall „Prozeßgericht des 1. Rechtzugs".

Dies alles gilt auch, wenn bereits die **anzuerkennende Entschei-** **5** **dung** eine solche des **einstweiligen Rechtschutzes** ist, obwohl dann die Vollstreckungsbeschränkung nach Art. 39 praktisch mit der der zu vollstreckenden Entscheidung anhaftenden Vollstreckungsbeschränkung identisch ist. Ausländische Arreste oder Beschlagnahmungen einzelner Vermögenswerte werden im Inland durch Arrestpfändung vollstreckt. Die englische **Mareva injunction** hat die Rechtsnatur einer einstweiligen Verfügung („in personam", s. dazu *Barbara Dohmann* in Schlosser (Hsg.) Materielles Recht und Prozeßrecht [1992] 158 ff) und nicht die eines Arrestes. Aus ihrer Vollstreckbarerklärung kann daher nicht gepfändet werden (**aA** *Albrecht* IPRax 92, 186). Der Kammervorsitzende muß in Ausübung seines Ermessens, § 938 ZPO, die Maßnahmen verfügen, die der Wirkung einer Mareva injunction möglichst nahe sind, etwa Bankkonten des Schuldners sperren, s. auch Art. 26 Rn 3, Art. 31 Rn 13. Zwar wirken für vollstreckbar erklärte ausländische Verfügungsverbote richtigerweise über § 136 BGB auch im Inland (*Basedow* in Schlosser aaO 149). Solange dies aber nicht allgemein anerkannt ist, müssen im Interesse eines effektiven Rechtschutzes der Vollstreckbarerklärung ausdrückliche Anordnungen des Kammervorsitzenden zur Seite gestellt werden.

6   Überschreiten im Einzelfall Maßnahmen den Charakter bloßer Sicherung, so kann sich der Schuldner nach § 766 ZPO dagegen wehren. Irgendwelche Möglichkeiten, die Zwangsvollstreckung weiter zu beschränken, als in Art. 39 vorgesehen ist, gibt es nicht (BGH NJW 83, 1980 = RIW 290; Hamm MDR 78, 324; Düsseldorf RIW 85, 492). S. auch Art. 38 Rn 5.

7   In der **Schweiz** ist durch Art. 39 ein zusätzlicher Arrestgrund geschaffen worden (Trib. Genf SZIER 95, 422).

Art. 40 [Rechtsbehelf gegen die Ablehnung des Antrags]

(1) **Wird der Antrag abgelehnt, so kann der Antragsteller einen Rechtsbehelf einlegen:**

– **in Belgien bei der „cour d'appel" oder dem „hof van beroep";**
– **in Dänemark bei dem „landsret";**
– **in der Bundesrepublik Deutschland bei dem Oberlandesgericht;**
– **in Griechenland bei dem „εψεῖεο".**
– **in Spanien bei der „Audiencia Provincial";**
– **in Frankreich bei der „cour d'appel";**
– **in Irland bei dem „High Court";**
– *in Island bei dem „héraðsdómari";*
– **in Italien bei der „corte d'appello";**
– **in Luxemburg bei der „Cour supérieure de Justice" als Berufungsinstanz für Zivilsachen;**
– **in den Niederlanden bei dem „gerechtshof";**
– *in Norwegen bei dem „lagmansrett";*
– **in Österreich bei dem Landesgericht bzw. dem Kreisgericht;**
– **in Portugal bei dem „Tribunal de Relaçâv";**
– *in der Schweiz bei dem Kantonsgericht/tribunal cantonal/tribunale cantonale;*
– *in Finnland bei dem „hovioiskeus/hovrätt";*
– *in Schweden bei dem „Svea hovrätt";*
– **im Vereinigten Königreich:**
1. a) in England und Wales bei dem „High Court of Justice" oder für Entscheidungen in Unterhaltssachen bei dem „Magistrates' Court";
2. b) in Schottland bei dem „Court of Session" oder für Entscheidungen in Unterhaltssachen bei dem „Sheriff Court";

3. c) in Nordirland bei dem „High Court of Justice" für Entscheidungen in Unterhaltssachen bei dem „Magistrates' Court".

(2) Das mit dem Rechtsbehelf befaßte Gericht hat den Schuldner zu hören. Läßt dieser sich auf das Verfahren nicht ein, so ist Artikel 20 Absätze 2 und 3 auch dann anzuwenden, wenn der Schuldner seinen Wohnsitz nicht in dem Hoheitsgebiet eines Vertragsstaats hat.

Textgeschichte: Wie bei Artikel 37.

I. Zweck der Vorschrift im System des Übereinkommens

Die Vorschrift hat in Deutschland einen praktisch sehr kleinen 1 Anwendungsbereich, weil die nach Art. 32 zuständigen Kammervorsitzenden üblicherweise die Vollstreckungsklausel recht kritiklos erteilen. Die Vorschrift ist aber auch anwendbar, wenn Annexanträge abgelehnt wurden (Saarbrücken RIW 94, 1048). Das Rechtsbehelfsverfahren ist das Gegenstück zu dem auf Beschwerde des Schuldners gegen die Vollstreckbarerklärung eingeleiteten Verfahren, s. Artt. 36 ff. Allerdings fehlt es an einer Frist, die einzuführen das AVAG unterlassen hat, s. Art. 41 Rn 1. Dem liegt der Gedanke zugrunde, daß es Sache des Gläubigers ist, das Vollstreckbarerklärungsverfahren zu betreiben oder nicht zu betreiben. Einem Antragsgegner, der vom erstinstanzlichen Verfahren und seinem Schicksal erfahren hat und an klaren Verhältnissen interessiert ist, will man die Möglichkeit einer negativen Feststellungsklage einräumen (AllgLitM in Deutschland). Da er richtiger Ansicht nach aber auch den Antrag auf Feststellung der Anerkennungsfähigkeit der Entscheidung hätte stellen können, Art. 26 Rn. 4, ist es systemkonform, ihm stattdessen das Recht zu geben, von sich aus die 2. Instanz anzurufen und dort die Bestätigung der Entscheidung des Kammervorsitzenden zu beantragen. Man muß, wenn der Gläubiger nicht auf die Fortsetzung des Verfahrens verzichtet, im Interesse der Rechtsschutzbelange des Antragsgegners eine Ausnahme vom allgemeinen Rechtsbehelfserfordernis der Beschwer machen.

II. Der europarechtliche Anspruch auf
rechtliches Gehör

2   Kraft europäischen Rechts muß das Verfahren streitig ausgestaltet sein. Das Übereinkommen nimmt dem vor dem Kammervorsitzenden erfolglosen Urteilsgläubiger die Möglichkeit, auch jetzt noch den Schuldner mit Zwangsvollstreckungsmaßnahmen zu überraschen. Wenn der Antragsteller bereits im einseitigen Verfahren erfolglos war, ist die Wahrscheinlichkeit eines späteren Erfolgs so gering, daß man im Interesse der Vermeidung einer weiteren Vervielfältigung von Rechtsbehelfen auf den Überraschungseffekt verzichten konnte. Das Übereinkommen hat in dieser Verfahrensphase die Wahrung des Anspruchs auf rechtliches Gehör so stark gewichtet, daß es sogar die Verzögerung in Kauf genommen hat, die durch internationale Zustellung und die in Art. 20 Abs. 2 und 3 genannten Vorkehrungen bedingt sind. Von der streitigen Natur des Verfahrens gibt es keine Ausnahme (EuGHE 1984, 3033 zust. *Linke* RIW 1985, A 1, 8 = IPRax 85, 254 – teilw. krit. *Stürner* 254 – unter Umständen nach einseitigem Verfahren vor dem OLG Zurückverweisung). In Fällen, in denen der Antrag wegen heilbarer Mängel abgewiesen worden ist, kann ein dinglicher Arrest oder eine einstweilige Verfügung beantragt werden (*Stürner* aaO; allgM), gestützt auf das Urteil als Mittel der Glaubhaftmachung des Anspruchs. Letzteres steht nicht im Widerspruch dazu, daß das Urteil noch nicht förmlich anerkannt ist (**aA** *Stürner* aaO).

III. Durchführung des Rechtsbehelfsverfahrens
im übrigen

3   Das Verfahren im einzelnen ist in § 16 AVAG geregelt, wo auf die Beschwerde gegen die Erteilung der Klausel verwiesen wird. Auch der Rechtsbehelf des Art. 40 ist im Gesetz als **Beschwerde** bezeichnet, Art. 37 Rn 1. Es gelten daher die Vorschriften der ZPO über das Beschwerdeverfahren. Der Schuldner kann (nachträglich entstandene) Einwendungen gegen den titulierten Anspruch in gleicher Weise geltend machen wie bei der eigenen Beschwerde. § 15 AVAG ist jedoch unanwendbar (*MünchKommZPO-Gottwald* Rn 7. **AA** *Kropholler* Rn 8). Europarechtlich ist festgeschrieben, daß die Zustellung an den Schuldner, wenn es an Möglichkeiten einer Ersatzzustellung im Inland fehlt, in gleicher Weise im Wege

der internationalen Rechtshilfe bewirkt werden muß wie bei einer Klageschrift.

Art. 41 [Die Rechtsbeschwerde und vergleichbare Rechtsbehelfe]

Gegen die Entscheidung, die über den in Artikel 40 vorgesehenen Rechtsbehelf ergangen ist, finden nur statt

– in Belgien, Griechenland, Spanien, Frankreich, Italien, Luxemburg und in den Niederlanden: die Kassationsbeschwerde;

– in Dänemark: ein Verfahren vor dem „hojesteret" mit Zustimmung des Justizministers;

– in der Bundesrepublik Deutschland: die Rechtsbeschwerde;

– in Irland: ein auf Rechtsfragen beschränkter Rechtsbehelf bei dem „Supreme Court";

– *in Island: ein Rechtsbehelf bei dem „Hoestiréttur";*

– *in Norwegen: ein Rechtsbehelf (kjaeremal oder anke) bei dem „Hoyesteretts kjaeremalsutvalg" oder dem „Hoyesterett";*

– *in Österreich: der Revisionsrekurs;*

– *in Portugal: ein auf Rechtsfragen beschränkter Rechtsbehelf;*

– *in der Schweiz: die staatsrechtliche Beschwerde beim Bundesgericht/recours de droit public devant le tribunal fédéral/ricorso di diritto pubblico davanti al tribunale federale;*

– *in Finnland: ein Rechtsbehelf beim „korkein oikeus/högsta domstolen";*

– *in Schweden: ein Rechtsbehelf beim „högsta domstolen";*

– im Vereinigten Königreich: ein einziger auf Rechtsfragen beschränkter Rechtsbehelf.

Textgeschichte: Ergänzt jeweils durch die Beitrittsübereinkommen bzw. das Luganer Übereinkommen bezüglich der neuen Vertragsstaaten.

Wie gegen die auf Beschwerde des Schuldners ergangene Entscheidung des OLG, so ist auch gegen den auf Beschwerde des Gläubigers gefällten Beschluß die Rechtsbeschwerde zum BGH zulässig. Anders als bei der Beschwerde hat der deutsche Gesetzgeber von der Möglichkeit Gebrauch gemacht, eine Rechtsbehelfsfrist einzuführen, § 17 Abs. 2 AVAG.

Art. 42 [Teilweise Vollstreckbarerklärung]

(1) Ist durch die ausländische Entscheidung über mehrere mit der Klage geltend gemachte Ansprüche erkannt und kann die Entscheidung nicht im vollen Umfang zur Zwangsvollstreckung zugelassen werden, so läßt das Gericht sie für einen oder mehrere dieser Ansprüche zu.

(2) Der Antragsteller kann beantragen, daß die Zwangsvollstreckung nur für einen Teil des Gegenstands der Verurteilung zugelassen wird.

Textgeschichte: Unverändert.

1   Der Vorschrift hätte es für Deutschland nicht bedurft. Gerichte in anderen Staaten sind aber mit teilweiser Anerkennung von ausländischen Entscheidungen traditioneller Weise zurückhaltender als die deutschen gewesen (dazu *Matscher* ZZP 86 [1973] 432 ff). Abs. 1 erfaßt auch die Möglichkeit, die Vollstreckungsklausel nur für einen quantitativen Teil zu erteilen, was bei zuerkannten Schadensersatzansprüchen praktisch werden kann, die jedes in Deutschland vertretbare Maß überschreiten, Art. 27 Rn 2 ff. Eines besonderen (hilfsweise zu stellenden) Antrags, die Entscheidung nur teilweise für vollstreckbar zu erklären, bedarf es nicht. Abs. 2 soll nur klarstellen, daß der Antragsteller sich von vornherein mit einer Teilvollstreckungsklausel begnügen kann (str.). Soll ein ausländischer Titel nicht insgesamt für vollstreckbar erklärt werden, muß die erteilte Klausel immer als Teilvollstreckungsklausel bezeichnet werden, § 8 Abs. 2 AVAG.

Wird in einem solchen Fall von Gläubiger und Schuldner Beschwerde eingelegt, so ist die zeitlich später eingelegte eine selbständige Anschlußbeschwerde. Das Verfahren bleibt eine formale Einheit. Anwendungsbeispiel: Saarbrücken NJW 1988, 3100, 3102 = IPRax 89, 37, 40 – *H. Roth* 15 ff – Versagung wegen eines nicht hinreichend bestimmten Teils, s. dazu Art. 31 Rn 3.

Art. 43 [Vollstreckbarerklärung von Zwangsgeldentscheidungen „astreintes"]

Ausländische Entscheidungen, die auf Zahlung eines Zwangsgelds lauten, sind in dem Vollstreckungsstaat nur vollstreckbar, wenn die Höhe des Zwangsgelds durch die Gerichte des Ursprungsstaats endgültig festgesetzt ist.

Textgeschichte: Durch 3. Beitrittsübereinkommen „Ursprungsstaat" statt „Urteilsstaat".

Literatur: *J. Gärtner* Probleme der Auslandsvollstreckung von Nicht-geldleistungsentscheidungen im Bereich der Europäischen Gemeinschaft [1991]; *Mezger* GS Konstantinesco [1983] 503ff; *Riemen* Rechtsverwirklichung durch Zwangsgeld [1992].

I. Der rechtsvergleichende Hintergrund der Vorschrift

Die Vorschrift ist zugeschnitten auf das französische und Benelux-System der „astreintes". Zur Anordnungszuständigkeit s. Art. 16 Rn 26.

In **Frankreich** wird in einem Urteil, das zur Vornahme von 1 Handlungen oder zu Unterlassungen anhält, ein Zusatz aufgenommen, der dem Schuldner im Falle der Zuwiderhandlung eine **an den Gläubiger zu zahlende,** bestimmte Geldsumme androht. Gelegentlich wird dies auch für den Fall des Zahlungsverzugs getan. Bei Handlungspflichten wird die Geldsumme meist in Beträgen für jeden Tag oder jede Woche der Leistungsverzögerung ausgedrückt. Bei Unterlassungsverpflichtungen wird eine Summe für jeden Fall der Zuwiderhandlung festgesetzt. Die angedrohte astreinte muß freilich noch endgültig festgesetzt werden, wobei der Richter häufig nicht an die angedrohte Höhe gebunden ist („liquidation"). Die Verhängung von astreintes ist unabhängig von Schadenersatzansprüchen und jedenfalls kumulativ zu ihnen. Der englische Text (astreintes = "periodical payments") der Vorschrift ist unrichtig.

In den **Beneluxländern** gibt es ein einheitliches Gesetz über 2 astreintes, das bei Schaffung von Art. 43 noch nicht existierte und daher nicht berücksichtigt werden konnte. Im Unterschied zu Frankreich bedarf es keiner besonderen Bestätigungsfestsetzung der astreintes. Schon die „Androhung" wirkt als Festsetzung. Man eröffnet aber dem Gläubiger die Option, eine solche Bestätigungsfestsetzung zu beantragen (Nachweis bei *Gärtner* aaO 54). Auch in den Beneluxstaaten ist eine astreinte unabhängig von Schadenersatz.

In anderen Staaten gibt es die „contempt-of-court-Lösung" zu 3 der man auch §§ 888, 890 ZPO rechnen muß, sowie teilweise die Lösung einer vom Gericht festgesetzten Ersatzvornahme auf Kosten des Schuldners (Einzelheiten bei *Gärtner* aaO).

Der Gläubiger hat die Wahl, ob er das Urteil im Urteilsstaat durch „astreintes" oder Ordnungsstrafen vollstrecken lassen will, oder ob er gleich das ganze Urteil im Urteilsstaat für vollstreckbar erklären und dann nach den dortigen Vorschriften vollstrecken lassen will (*Stürner* FS Henckel [1995] 809 f). Er kann auch beides. Das als zweites um Vollstreckungsmaßnahmen angegangene Organ muß aber bei Ausübung eines ihm zustehenden Ermessens aufmerksam sein, daß es nicht zu Übermaßsanktionen kommt.

II. Einzelheiten der Vollstreckung von „astreintes" in Deutschland

4   Festsetzungen von astreintes durch Gerichte Frankreichs oder der Beneluxstaaten sind nach Art. 43 vollstreckbar. Bei französischen Titeln ist es nur die „liquidation". Nicht nur eine astreinte „provisoire", sondern auch eine sogenannte astreinte „définitive" sind als solche noch nicht vollstreckbar, auch wenn bei der letzteren die Arbeit des Richters nur in einer Rechenoperation besteht. Die astreinte définitive ohne Liquidation wäre schon nach französischem Recht kein zur Zwangsvollstreckung geeigneter Titel. Zwar gibt es auch eine vorläufige Liquidation (dazu *Mezger* aaO Fn 14). Angesichts des Wortlautes von Art. 43 ist sie aber kein transnational vollstreckbarer Titel. Bezüglich Frankreich bezieht sich der Antrag auf Vollstreckbarerklärung daher immer auf einen Titel, in dem eine zu zahlende Summe ausgewiesen oder eine Aufzählung gemacht ist, deren Summe unschwer zu ziehen ist.

5   Da in den Beneluxstaaten bereits die erstmals vorgenommene Anordnung der Zahlung einer astreinte ein Vollstreckungstitel ist, ist sie es auch im EU- (LÜ) Ausland. Es kann also vom Antragsteller nicht verlangt werden, die mögliche gerichtliche Bestätigung über den Verfall der astreinte einzuholen (*Gärtner* aaO 60. **AA** *Wolff* in Hdb III/2 S. 328). Ist die astreinte Sanktion auf die Nichtvornahme einer positiven Handlung, dann muß im Verfahren vor dem Kammervorsitzenden von den Angaben des Gläubigers dazu, wie lange die Vornahme verzögert wurde, ausgegangen werden, so wie auch bei der Anerkennung eines Verzinsungsausspruches von den Angaben des Gläubigers über die Leistungsverzögerung auszugehen ist. Der Schuldner muß sich auf das Recht der Beschwerde verweisen lassen. Wird allerdings eine astreinte für den Fall der Zuwiderhandlung gegen ein Unterlassungsgebot festgesetzt, so kann aus rechtsstaatlichen Gründen die Behauptung des Gläubigers allein, der Schuldner habe gegen das Unterlassungsgebot versto-

ßen, nicht ausreichen. Man muß von ihm eine gerichtliche Bestätigung des endgültigen Verfalls des Zwangsgelds aus seinem Heimatstaat verlangen. Exzessive astreintes : Artt. 27 ff Rn 3.

III. Nichtgeldleistungsurteile aus Staaten ohne das System der „astreintes"

Es ist mit dem vom EuGVÜ verheißenen transnationalen 6 Rechtsschutz unvereinbar, Nichtgeldleistungsurteilen die Vollstreckbarkeit im „Vollstreckungsstaat" deshalb zu versagen, weil nicht auf eine astreinte erkannt wurde und dort andere Vollstreckungsmittel nicht zur Verfügung stehen.

1. Ein solches Urteil kann freilich durch strafähnliche Sanktionen 7 im Urteilsstaat auch dann vollstreckt werden, wenn es die Vornahme oder Unterlassung einer Handlung im Ausland anordnet. Es gibt keinen Grundsatz des Völkerrechts, der eine solche Anordnung und ihre Durchsetzung durch Geld- oder Haftstrafen verböte. Der Staat darf sogar im Ausland begangene Straftaten bestrafen, wenn er des Täters habhaft wird. Noch viel mehr kann er Sanktionen wegen im Ausland begangener „Zivilrechtswidrigkeiten" verhängen, wenn er sie auf seinem Territorium faktisch durchzusetzen vermag.

2. Jedoch ist das kein ausreichender transnationaler Rechtsschutz, 8 wenn der Schuldner im Ursprungsstaat nicht greifbar ist und dort kein Vermögen hat. Ein Vertragsstaat des EuGVÜ/LÜ muß daher entweder die im Ursprungsstaat verhängte Geldstrafe vollstrecken, auch wenn sie öffentlich-rechtlicher Natur ist und der Staatskasse zufließt (so die Lösung von *Gärtner* aaO 217 ff; *MünchKommZPO-Gottwald* Rn 4; *Kropholler* Rn 1; *Riemen* 317 f; *Bülow/Böckstiegel/Schlafen* Rn 1; Jahr in *Lüke/Prütting* Lexikon des Rechts Zivilverfahrensrecht [1989] 140; *Stürner* aaO 870, 872. **AA** *Geimer/Schütze* § 19 X 3; § 152 I; *Kay* 1575 Fn 266; *Mezger* aaO 507; *Kropholler* Art. 16 Rn 52, die meinen, dies würde gegen Art. 16 Nr. 5 verstoßen); oder aber der Vollstreckungsstaat muß selbst die Verhängung von astreintes als Vollstreckungsmittel für ausländische Urteile, die keine astreintes-Bestandteile enthalten, einführen (so *Koch* Art. 1 HZÜ Fn 200. Abgelehnt von Präsident Tribunal Grande Instance Paris Gaz. Pal. 1980 I 308 – *Mauro* = Riv.crit. 80, 782 – zust. *Gaudemet-Tallon*).

Nichtgeldleistungsurteilen aus Staaten, die das System der 9 astreintes nicht kennen, können und müssen in Deutschland in der

Weise vollstreckt werden, daß dem ausländischen Gläubiger die §§ 887, 888, 890 ZPO zugutekommen (Karlsruhe ZZP Int 96 – im Erscheinen). Entsprechende Entscheidungsbestandteile müssen der Vollstreckbarerklärung angefügt werden, soweit sie auch in einem deutschen Urteil zur Sache selbst stehen würden. Vor allem gilt dies in Bezug auf § 890 Abs. 2 ZPO. Dann kann der Schuldner sowohl den Sanktionen nach der Rechtsordnung des Ursprungsstaates, s. Rn 7, als jenen nach der deutschen Rechtsordnung unterliegen. Das ist im Prinzip zulässig. Sollten hierdurch unverhältnismäßige Sanktionen drohen, so kann der deutsche Richter dies bei Verhängung seiner eigenen Sanktion berücksichtigen. Zur Anwendbarkeit von §§ 135, 126 BGB Art. 26 Rn 3.

10   4. Eine Ermächtigung zur **Ersatzvornahme** kann nicht über die Grenzen als Erlaubnis zu Eingriffen in Rechte des Schuldners wirken. Die Anordnung, daß der Schuldner die Kosten einer Ersatzvornahme zu tragen hat, ist aber, wenn ziffernmäßig festgelegt, transnational vollstreckungsfähig (*Stürner* aaO 868).

11   5. Im Falle der Vollstreckung von astreintes wirkt auch Art. 39 so wie bei Vollstreckung von Geldleistungsurteilen generell. Soweit öffentlich-rechtliche Ansprüche der Staatskasse für vollstreckbar erklärt sind, gilt das gleiche. Eine Pfändung ist sehr wohl möglich, auch wenn ein vergleichbares deutsches Urteil erst mit seiner Rechtskraft vollstreckbar würde. Eine Zwangshaft ist unvollstreckbar, solange der in Art. 39 genannte Zeitraum nicht verstrichen ist.

Art. 44 [Erstreckung von Prozeßkostenhilfe]

(1) **Ist dem Antragsteller im Ursprungsstaat ganz oder teilweise Prozeßkostenhilfe oder Kosten- und Gebührenbefreiung gewährt worden, so genießt er in dem Verfahren nach den Artikeln 32 bis 35 hinsichtlich der Prozeßkostenhilfe und der Kosten- und Gebührenbefreiung die günstigste Behandlung, die das Recht des Vollstreckungsstaats vorsieht.**

(2) **Der Antragsteller, welcher die Vollstreckung einer Entscheidung einer Verwaltungsbehörde begehrt, die in Dänemark oder in Island in Unterhaltssachen ergangen ist, kann im Vollstreckungsstaat Anspruch auf die in Absatz 1 genannten Vorteile erheben, wenn er eine Erklärung des dänischen oder des isländischen Justizministeriums darüber vorlegt, daß er die wirtschaftlichen Voraussetzungen für die vollständige oder teilweise Bewilligung der Prozeßkostenhilfe oder für die Kosten- und Gebührenbefreiung erfüllt.**

Textgeschichte: Änderung durch 1. Beitrittsübereinkommen (Einfügung von „ganz oder teilweise" sowie des Abs. 2 bezogen auf Dänemark; 3. Beitrittsübereinkommen („im Ursprungsstaat" anstelle von „dem Staat, in dem die Entscheidung ergangen ist, „Prozeßkostenhilfe" statt „Armenrecht").

I. Erstreckung von Prozeßkostenhilfe

Die Vorschrift soll es der minderbemittelten Partei ersparen, im 1 Vollstreckungsstaat erneut um Bewilligung der Prozeßkostenhilfe nachsuchen zu müssen, wenn sie schon im Ursprungsstaat den Prozeß mit vergleichbarer Unterstützung führen konnte. Auch dann, wenn die Prozeßkostenhilfe im Ursprungsstaat nur eingeschränkt oder teilweise gewährt wurde, wird sie im Vollstreckungsstaat in dem denkbar größten Umfang gewährt, den das Gesetz dort vorsieht, in Deutschland also ohne Eigenbeteiligung und unter Beiordnung eines Rechtsanwaltes – alles mit den Wirkungen des § 122 ZPO. Es darf im Vollstreckungsstaat nicht überprüft werden, ob im Ursprungsstaat Prozeßkostenhilfe zu Recht gewährt wurde und ob die Bewilligungsvoraussetzungen noch fortbestehen. Nachweis: Art. 47 Nr. 2. Ein förmlicher Bewilligungsbeschluß ist nicht nötig und wird durch die nach Art. 47 Nr. 2 vorzulegende Urkunde ersetzt. In Zweifelsfällen kann das über die Vollstreckbarkeit entscheidende Gericht aber aussprechen, ob der Antragsteller die Vorteile der Prozeßkostenhilfe genießt oder nicht.

II. Gegenständliche betroffene Verfahren

Die Erstreckung der Prozeßkostenhilfe geschieht nur für die ein- 2 seitige Phase der Entscheidung, in Deutschland also nur für das Verfahren vor dem Kammerpräsidenten. Man muß aber sinnvoller Weise die Vollstreckungsmaßnahmen nach Art. 39 bzw. das Vollstreckungsverfahren nach rechtskräftiger Vollstreckbarerklärung mit dazurechnen (**aA** *Kropholler* Rn 5).

III. Eigenständige Bewilligung von Prozeßkostenhilfe

Für das Beschwerdeverfahren muß dem Gläubiger sowohl als 3 Antragsgegner wie als Antragsteller Prozeßkostenhilfe eigenständig neu bewilligt werden, wobei die Voraussetzungen nach deutschem Recht zu prüfen sind. Auch darüberhinaus kann natürlich unabhängig von einer Bewilligung von Prozeßkostenhilfe im Ursprungsstaat im Vollstreckungsstaat Prozeßkostenhilfe bewilligt werden, wenn die Voraussetzungen dafür vorliegen. Ist dies der Fall, so ist, obgleich kein Anwaltszwang besteht, jedem Verfahrensbeteiligten, der nicht ein in Deutschland wohnender Deutscher ist, ein Anwalt beizuordnen. § 116 Abs. 2 ZPO ist insoweit ein Verstoß gegen Art. 6 EUV, Art. 6 EMRK und Art. 3 GG, als ausländische juristische Personen von Prozeßhilfe im Prinzip ausgeschlossen sind.

IV. Konkurrenzen

4 Andere Staatsverträge bleiben unberührt, sind also kumulativ anwendbar. Nach Art. 15 Haager Unterhaltsvollstreckungsübereinkommen von 1953 gilt die Wirkungserstreckung für „jedes Anerkennungs- und Vollstreckungsverfahren," also auch für ein solches nach dem EuGVÜ und dem LÜ einschließlich der dort vorgesehenen Beschwerdeverfahren.

Art. 45 [Verbot der Ausländersicherheit]

Der Partei, die in einem Vertragsstaat eine in einem anderen Vertragsstaat ergangene Entscheidung vollstrecken will, darf wegen ihrer Eigenschaft als Ausländer oder wegen Fehlens eines inländischen Wohnsitzes oder Aufenthalts eine Sicherheitsleistung oder Hinterlegung, unter welcher Bezeichnung es auch sei, nicht auferlegt werden.

Textgeschichte: Unverändert

1 **1.** Die Vorschrift besagt für Deutschland, daß §§ 110 ff ZPO im Vollstreckbarerklärungsverfahren unanwendbar sind. Dies gilt freilich bezüglich Vollstreckungsgläubigern mit Wohnsitz in einem EU-Staat ohnehin und nicht nur speziell für Vollstreckbarerklärungsverfahren, auch wenn der EuGH in seiner Entscheidung zur Unzulässigkeit der Auferlegung von Ausländersicherheit nicht auf Art. 6 EUV, sondern auf die gestörte Dienstleistungsfreiheit abgestellt hat (EuGH RIW 93, 855 = EuZW 93, 514 – *Schlosser* 659). Eigenständige Bedeutung hat die Vorschrift noch zugunsten von Bewohnern von Drittstaaten.

2. Wie auch sonst der gegenüber einem „ausländischen" Kläger 2
siegreiche Beklagte, muß der Antragsgegner nach Verweigerung
der Vollstreckbarerklärung seinen titulierten Kostenerstattungsanspruch unter Umständen im Ausland durchsetzen. Außerhalb des
staatsvertraglichen Bereichs (vor allem natürlich der Artt. 31 ff und
der Artt. 18, 19 HZÜ) gilt das autonome Recht des fremden Staates.

3. Unberührt bleibt die Anordnung von Sicherheitsleistungen, 3
die mit der Eigenschaft einer Partei als Ausländer oder Auslandsbewohner nichts zu tun haben, vor allem die Anordnung von Sicherheitsleistungen, die im zu vollstreckenden Titel selbst enthalten
sind.

3. Abschnitt. Gemeinsame Vorschriften

Vorbemerkungen zu Art. 46

Der 3. Abschnitt behandelt Erfordernisse urkundlichen Nach- 1
weises. Art. 46 ist gewissermaßen der Grundtatbestand. Er nennt
die Urkunden, die vorgelegt werden müssen, wenn nur die Anerkennung der Entscheidung geltend gemacht wird. Für die Vollstreckbarerklärung sind nach Art. 47 zusätzliche Urkunden vorzulegen. Auch die Verweisung von Art. 26 Abs. 2 auf die Vorschriften über die Vollstreckbarerklärung führten nicht dazu, daß im
selbständigen Anerkennungsverfahren auch die in Art. 47 genannten Dokumente vorzulegen wären (**aA** *MünchKommZPO-Gottwald*
Art. 47 Rn 8). Art. 48 behandelt den letztmöglichen Zeitpunkt der
Vorlage und das Erfordernis einer Übersetzung. Art. 49 stellt klar,
daß es irgendeiner Mitwirkung einer Amtsstelle des Vollstrek-
kungsstaates nicht bedarf, um die vorgelegten Urkunden berück-
sichtigungsfähig zu machen. Ein mangels hinreichender Unterlagen zurückgewiesener Antrag kann in ergänzter Form erneuert
werden (Stuttgart Die Justiz 80, 276).

Die in Artt. 46, 47 erwähnten Urkunden müssen nicht schon bei 2
Verfahrensbeginn vorgelegt werden. Die Vorlage kann auch nachgeholt werden (Koblenz IPRax 92, 36), auch noch im Beschwerdeverfahren (Koblenz RIW 91, 667; EuGH v. 14. 3. 96 Rs C – 275/94
„von Linden" mit der Maßgabe, der Schuldner müsse über eine
gewisse Frist verfügen, dem Urteil freiwillig nachzukommen und
der Gläubiger müsse die Kosten eines „etwa unnötigen" Verfahrens tragen). Dem Antragsteller kann zur Vorlage auch eine Frist

gesetzt werden, Art. 48 Abs. 1. Im Verfahren vor dem Kammervorsitzenden genügt es, wenn die vorgelegten Urkunden ihrem äußeren Erscheinungsbild nach von der Stelle stammen, die amtliche Autorität für die Ausstellung solcher Urkunden in Anspruch nimmt. Immer genügt auch eine amtlich beglaubigte Abschrift (Köln NJW RR 90, 127 – für Zustellungsurkunden). Im Bereich von Art. 47 genügen auch gewöhnliche Kopien.

Art. 46 [Vorzulegende Urkunden im Rahmen der Anerkennung]

Die Partei, welche die Anerkennung einer Entscheidung geltend macht oder die Zwangsvollstreckung betreiben will, hat vorzulegen:

1. eine Ausfertigung der Entscheidung, welche die für ihre Beweiskraft erforderlichen Voraussetzungen erfüllt;
2. bei einer im Versäumnisverfahren ergangenen Entscheidung die Urschrift oder eine beglaubigte Abschrift der Urkunde, aus der sich ergibt, daß das den Rechtsstreit einleitende Schriftstück oder ein gleichwertiges Schriftstück der säumigen Partei zugestellt worden ist.

Textgeschichte: Unverändert

Die in Artt. 46, 47 angeordnete Vorlage ist Voraussetzung für die Erteilung des Exequaturs. Sie kann auch – evtl. auf Verlangen des Richters – nachgeholt werden, wenn der Antrag ursprünglich unvollständig war.

I. Die Ausfertigung der anzuerkennenden Entscheidung, Nr. 1

1 Wie eine dem Erfordernis der Nr. 1 genügende Ausfertigung aussehen muß, bestimmt das Recht des Urteilsstaates. Die Frage, ob eine ohne Begründung ergangene Entscheidung anerkennungs- und vollstreckungspflichtig ist, ist eine materielle Frage, Artt. 27ff Rn 2. Die vorgelegte Ausfertigung braucht jedenfalls eine solche Begründung nicht zu enthalten. Es ist auch zweckmäßig, sich im Ursprungsstaat nach Möglichkeit eine Ausfertigung ohne Begründung zu besorgen, um den durch Übersetzungen bedingten Zeitverlust zu vermeiden und möglichst rasch zur Sicherungsvollstreckung nach Art. 39 zu kommen. „Beweiskraft" meint den Beleg der

Authentizität der vorgelegten Entscheidung. „Ausfertigung" iS der Nr. 1 ist in Deutschland die Ausfertigung nach § 317 Abs. 3 ZPO, in Frankreich und Belgien die „expédition," in den Niederlanden die „expeditie" und die „grosse," in Italien die „spedizione" nach Art. 475 c.pr. c. (weitere Angaben bei *Wolff* Hdb III/2 S. 420ff). Die vorgelegte Ausfertigung muß nicht bei den Akten verbleiben. Sie kann nach Anfügung der Vollstreckungsklausel dem Antragsteller wieder zurückgegeben werden (BGHZ 75, 167 = NJW 80, 527). Hat das Gericht keine Übersetzung verlangt, so können auch die Vollstreckungsorgane eine solche nicht begehren. Diese sind dann verpflichtet, sich auf dem denkbar raschesten Weg über den Inhalt der Entscheidung zu informieren.

II. Urkunden über die Zustellung des verfahrenseinleitenden Schriftstücks, Nr. 2

Nr. 2 trifft eine Sonderregelung für Entscheidungen, die „im **2** Versäumnisverfahren ergangen" sind. Damit soll bereits im Verfahren vor dem Kammervorsitzenden verbürgt werden, daß es nicht zu Vollstreckbarerklärungen von „Versäumnisentscheidungen" kommt, ohne daß das verfahrenseinleitende Schriftstück zugestellt worden wäre. Das den Rechtsstreit einleitende Schriftstück ist jenes, durch das nach dem Recht des Urteilsstaats der Beklagte erstmals offiziell Kenntnis vom Verfahren erhält (Koblenz RIW 91, 667). Das Zustellungszeugnis eines Rechtspflegers aus dem sich ergibt, daß das verfahrenseinleitende Schriftstück ausweislich einer Postzustellungsurkunde dem Beklagten persönlich übergeben wurde, genügt (Köln RIW 93, 149). Gemeint sind Entscheidungen, die aus Verfahren hervorgegangen sind, auf das sich der Beklagte iSv Art. 27 Nr. 2 nicht eingelassen hat. Das gilt auch für **vereinfachte Verfahren**. Entscheidungen aus einseitigen Verfahren fallen demgegenüber überhaupt nicht in den Anwendungsbereich der Artt. 25ff, s. Art. 25 Rn 6. Darauf, ob das Urteil amtlich als **Versäumnisurteil** oder in ähnlicher Weise **bezeichnet** worden ist, kommt es nicht an. Jedoch wird der Kammervorsitzende die Natur der Entscheidung als „im Versäumnisverfahren ergangen" nicht erkennen, wenn er weder durch den Antragsteller noch durch die Bezeichnung des Urteils darauf hingewiesen wird. Wie die zuzustellende Urkunde aussieht, bestimmt das Recht des Ursprungsstaates, unter Einschluß der von ihm ratifizierten internationalen Verträge. Bei – aus der Sicht des Ursprungsstaates gesehen – **Aus-**

landszustellungen muß daher im allgemeinen ein Zustellungszeugnis nach Art. 6 HZÜ vorgelegt werden. „Urkunde" iS der Nr. 2 kann dem Sinnzusammenhang nach nur eine amtliche Urkunde sein. Übertriebener Formalismus ist es aber zu verlangen, daß aus der vorgelegten Urkunde der Charakter des zuzustellenden Schriftstücks als ein verfahrenseinleitendes hervorgeht. Meist steht dies auch in einer deutschen Zustellungsurkunde, die nach § 190 Abs. 4 dem Zustellungsauftraggeber zu übermitteln ist, nicht. Denn ein solches Element ist von § 191 ZPO nicht gefordert (**aA** wohl *Kropholler* Rn 3). Irgendwelche Urkunden, aus denen sich die **Rechtzeitigkeit der Zustellung** iSv Art. 27 Nr. 2 ergibt, brauchen nicht vorgelegt zu werden. Nur wenn sich aus der Schilderung der Prozeßgeschichte im Text des vorgelegten Urteils ergibt, daß die Zustellung nicht rechtzeitig war, darf der Kammervorsitzende dies zum Anlaß einer Abweisung des Antrags nehmen.

III. Urkundenvorlage auch bei Inzidentanerkennung?

3   Die Vorschrift ist zugeschnitten auf das selbständige Anerkennungsverfahren des Art. 26 Abs. 2. Die Vorlageobliegenheit ist das Korrelat dazu, daß auch dieses Verfahren einseitig ist. Wird die Anerkennung in einem anderen gerichtlichen Verfahren inzident geltend gemacht, so bedarf es einer solchen Vorsicht nicht. Man kann dann getrost abwarten, ob der Gegner die Authentizität der Entscheidung oder die rechtzeitige Zustellung des verfahrenseinleitenden Schriftstücks bestreitet.

Art. 47 **[Ergänzende Vorlagepflichten bei Vollstreckbarerklärung]**

Die Partei, welche die Zwangsvollstreckung betreiben will, hat ferner vorzulegen:
1. **die Urkunden, aus denen sich ergibt, daß die Entscheidung nach dem Recht des Ursprungsstaats vollstreckbar ist und daß sie zugestellt worden ist;**
2. **gegebenenfalls eine Urkunde, durch die nachgewiesen wird, daß der Antragsteller Prozeßkostenhilfe im Ursprungsstaat erhält.**

Textgeschichte: Redaktionelle Änderung durch 3. Beitrittsübereinkommen u. LÜ („Ursprungsstaat" statt „Urteilsstaat"; „Prozeßkostenhilfe" statt „Armenrecht").

Die Vorschrift sagt, was zusätzlich vorgelegt werden muß, wenn nicht nur die Anerkennung, sondern die Vollstreckbarerklärung begehrt wird.

I. Urkunden über die Vollstreckbarkeit der Entscheidung

Die erste Alternative von Nr. 1 meint für deutsche Entscheidun- **1** gen die Vollstreckungsklausel. Aber auch deutsche Entscheidungen können ohne eine solche vollstreckbar sein und müssen dann ohne Klausel im Ausland vollstreckt werden, etwa Arreste (die nach mündlicher Verhandlung erlassen wurden), § 929 ZPO. Siehe aber dazu § 33 AVAG. Bei ausländischen Titeln bestimmt das Recht des Ursprungsstaats, welche Voraussetzungen als Zwangsvollstreckungsvoraussetzungen vorliegen müssen. Wenn eine besondere Vollstreckungsklausel oder ein vergleichbarer amtlicher Text nicht notwendig ist, ist dies auch im Vollstreckungsstaat zu akzeptieren (*Jenard*-Bericht Vorbem. Art. 48). „Urkunden" iS der Vorschrift können auch Privaturkunden sein. Obwohl den ausländischen Rechtsordnungen der weite Urkundenbegriff des deutschen Prozeßrechts unbekannt ist und der Begriff möglichst einheitlich interpretiert werden sollte, müssen sinnvoller Weise auch Ablichtungen aus ausländischen Gesetzesstellen und aus- und inländischen juristischen Erläuterungswerken genügen.

Die Vollstreckbarkeit ist in den romanischen Rechtsordnungen **2** durch eine textreiche Formel gegeben, die allen Zwangsvollstreckungsorganen die Vollstreckung des Urteils aufträgt (Beisp.: LG Karlsruhe RIW 88, 226. Nachweise, auch zu weiteren Vertragsstaaten, bei *Wolff* Hdb III/2 Kap. IV 247 ff). Wird eine amtliche Vollstreckbarkeitsbescheinigung vorgelegt, sei es auch nur eine Ablichtung, die kein Anzeichen einer Manipulation trägt, dann sollte man auch anerkennen, daß sich die Vollstreckbarkeit aus diesem Dokument ergibt und nicht Spekulationen anstellen, die zuständigen Organe würden üblicherweise nicht genau prüfen, ob die Entscheidung (noch) vollstreckbar ist oder ob sie wegen eines Ereignisses im Verfahrensfortgang nicht mehr vollstreckbar ist, Art. 38 Rn 1 f. Es ist dann dem Schuldner zuzumuten, im Beschwerdeverfahren seine Einwände geltend zu machen.

Für den Fall, daß die Vollstreckbarkeit nach dem Recht des Ur- **3** sprungsstaats vom Eintritt weiterer Tatsachen, etwa Sicherheitsleistung, abhängt, s. § 6 AVAG.

II. Urkunden über die Zustellung
der Entscheidung

4 Rechtspolitisch ist dies verfehlt, weil dadurch jeder Überraschungseffekt bei der Zwangsvollstreckung verhindert wird. In diesem Bereich herrscht im übrigen in der Praxis der gleiche übertriebene Formalismus wie im Bereich von Art. 27 Nr. 2, s. dort Rn 11f (Beispiel: Koblenz RIW 91, 667, 669 – Zustellungsmangel bei Annahmeverweigerung wegen Fehlens einer Übersetzung). Dieser ist hier aber nicht einmal durch den Gesetzeswortlaut gedeckt. Ein materielles Erfordernis der (ordnungsgemäßen) Zustellung des Urteils stellt das Übereinkommen nicht auf. Daher ist die Vorschrift so eng wie möglich anzulegen. Nr. 1 verlangt nur einen urkundlichen Nachweis, daß überhaupt zugestellt worden ist, nicht daß die Zustellung „ordnungsgemäß" war. Auch wenn das Recht des Urteilsstaats eine vom Gericht veranlaßte Zustellung verlangt, reicht ein Dokument über eine anderweitige Zustellung (**aA** Düsseldorf RIW 95, 324). Selbst ein Zeugnis über die Zustellung durch den deutschen Gerichtsvollzieher ist hinreichend (Düsseldorf RIW 95, 324). Wenn dieser im Auftrag des Gläubigers zustellt, ist das Völkerrecht nicht verletzt. Nur wenn er über die Natur des zuzustellenden Schriftstücks getäuscht wurde, würde die Vollstreckbarerklärung gegen den ordre public verstoßen.

5 Auch bezüglich der Zustellung genügt Nachweis durch Privaturkunden, etwa eine schriftliche Bekundung des Zustellungsadressaten, daß ihm amtlich zugestellt worden ist (BGHZ 65, 291 = NJW 76, 478; Frankfurt RIW 78, 620 – Brief des Schuldners an den Gläubiger, im Urteil fälschlich nur im Rahmen v. Art. 48 Abs. 1 geprüft). Es genügt auch jede schriftliche Bestätigung des Zustellungsorgans über die Vornahme der Zustellung, auch wenn eine solche Bestätigung als Regelelement der Zustellung im Gesetz gar nicht vorgesehen ist. Die übliche Nachweisform ist die beglaubigte Abschrift der jeweiligen Zustellungsurkunde. Eine Urkunde über die Zustellung einer bestätigenden Rechtsmittelentscheidung muß nicht vorgelegt werden (BGHZ 75, 167 = NJW 80, 527). Sollte sich aus der Antragsschrift ergeben, daß gegen die Entscheidung im Ausgangsstaat ein Rechtsmittel eingelegt worden ist, so reicht eine daraus zu ziehende Schlußfolgerung, daß zugestellt worden sein muß, aber nicht aus (**aA** Hamm RIW 95, 680).

6 Im Beschwerdeverfahren reicht auf jeden Fall eine während des Vollstreckbarerklärungsverfahrens vorgenommene Zustellung, et-

wa zusammen mit der Vollstreckbarerklärung des Kammervorsitzenden (Hamm RIW 93, 149; dass. RIW 95, 680). Ist das Verfahren auf die Beschwerde des Schuldners zum OLG gelangt, dann ist das Zustellungserfordernis, weil funktionslos geworden, obsolet.

III. Urkunden über die Gewährung von Prozeßkostenhilfe

Die Partei, welche Rechte aus Art. 44 herleiten will, muß durch **6** Urkunden „nachweisen," daß ihr im Ursprungsstaat Prozeßkostenhilfe gewährt worden ist. Auch insoweit genügen aber einfache Urkunden, also gewöhnliche Fotokopien von Bewilligungsbescheiden. Ergibt sich aus dem zu vollstreckenden Titel selbst, daß Prozeßkostenhilfe bewilligt worden ist, braucht ein eigenes Dokument nicht vorgelegt zu werden. Selbständiges Anerkennungsverfahren: Vorbemerkungen Art. 46 Rn 1.

Art. 48 [Nichtvorlage von Urkunden; Übersetzung]

(1) **Werden die in Artikel 46 Nummer 2 und in Artikel 47 Nummer 2 angeführten Urkunden nicht vorgelegt, so kann das Gericht eine Frist bestimmen, innerhalb deren die Urkunden vorzulegen sind, oder sich mit gleichwertigen Urkunden begnügen oder von der Vorlage der Urkunden befreien, wenn es eine weitere Klärung nicht für erforderlich hält.**

(2) **Auf Verlangen des Gerichts ist eine Übersetzung der Urkunden vorzulegen; die Übersetzung ist von einer hierzu in einem der Vertragsstaaten befugten Person zu beglaubigen.**

Textgeschichte: Unverändert

Die beiden Absätze regeln völlig heterogene Gegenstände.

I. Die Auflockerung der Urkundenvorlagepflicht

Abs. 1 soll verhindern, daß durch übertriebene Förmlichkeiten **1** beim Erfordernis der Urkundenvorlage der transnationale Rechtsschutz auf der Strecke bleibt. In diesem Sinne ist die Vorschrift auszulegen (*Kropholler* Rn 1; *Jenard*-Bericht zu Art. 48).

2   1. Es ist nicht einzusehen, warum das Gericht nicht auch bei den Urkunden nach den jeweiligen Nummern 1 von Artt. 46 und 47 eine Vorlagefrist soll bestimmen können. Die Vorschrift richtet sich aber nur an Rechtsordnungen, die generell verlangen, daß (bestimmte) erforderliche Urkundennachweise schon mit dem verfahrenseinleitenden Schriftsatz vorgelegt werden. Das deutsche Gericht kann immer auch nach § 142 ZPO die Vorlage von Urkunden anordnen (Frankfurt IPRspr 88 Nr. 198; *MünchKommZPO-Gottwald* Rn 3. AllgM), was bei Verfahren ohne mündliche Verhandlung auch die Form der Festlegung einer Vorlagefrist annehmen kann. Das deutsche Gericht kann auch formlos zu verstehen geben, daß es bis zu einem bestimmten Zeitpunkt keine Entscheidung treffen will, sondern Gelegenheit gibt, Urkunden vorzulegen. Mangels einer entsprechenden Rechtsgrundlage sind die vom Gericht bestimmten Fristen auch nicht präklusiv. Auch nach Fristablauf vorgelegte Urkunden müssen bei der Entscheidung berücksichtigt werden.

3   Die Frist ist großzügig zu bemessen, wenn sie dem Antragsteller Gelegenheit geben soll, eine ordnungsgemäße Zustellung des Urteils erst noch zu bewirken (*Stürner* IPRax 85, 255), was freilich nach dem hier vertretenen Standpunkt kaum vorkommen kann, Art. 47 Rn 5. Die Frist kann nach § 224 Abs. 2 ZPO auch verlängert werden. Ist der Antrag aus dem formellen Grunde der unterbliebenen Urkundenvorlage abgelehnt worden, so kann er auf der Basis einer solchen Vorlage wiederholt werden.

4   2. Subsidiär kann sich das Gericht mit „gleichwertigen Urkunden" begnügen. Insoweit orientiert sich die Vorschrift allein an Art. 46. In Art. 47 ist ohnehin kein Unterschied nach der Kategorie der Urkunden gemacht, s. Art. 47 Rn 5.

5   3. Das Gericht kann auch ganz von der Vorlage von Urkunden befreien. Dies kann es allerdings erst, wenn es eine „weitere Aufklärung nicht für erforderlich hält". Die Aufklärung kann aber auch durch andere Beweismittel einschließlich amtlicher Auskünfte und Zeugenaussagen herbeigeführt worden sein. Artt. 46 und 47 stellen also kein striktes Erfordernis des Urkundenbeweises auf. Das Gericht braucht allerdings nicht zu anderen Beweismitteln zu greifen, solange es sieht, daß die fehlenden Urkunden ohne unzumutbaren Aufwand herbeigebracht werden können. Für die in jeweils Nr. 1 der Artt. 46, 47 genannten Urkunden werden sich im allgemeinen im Ursprungsstaat Ersatzdokumente besorgen lassen, wenn das ursprünglich in Händen des Antragstellers sich findende

Exemplar verlorengegangen ist. Ist dies aber nicht möglich, so muß man Art. 48 Abs. 1 auch insoweit anwenden (aA *Kropholler* Anm. 1).

4. An der freien Beweiswürdigung ändert der 3. Abschnitt ohne- **6** hin nichts, soweit nicht vorgelegte Urkunden besonderen Beweiswert haben.

II. Übersetzungsverlangen des Gerichts

Zu fremdsprachigen Urkunden, die einem deutschen Gericht **7** vorgelegt werden, braucht zwar generell nur auf Anordnung des Gerichts eine Übersetzung beigebracht zu werden, Art. 142 Abs. 3 ZPO. Demgegenüber bringt aber Art. 48 die doppelte Erleichterung, daß kein beim Gericht des Vollstreckungsstaates akkreditierter Übersetzer eingeschaltet werden muß und die „befugte" Person die Richtigkeit der Übersetzung nur zu beglaubigen braucht. Nach der Rechtsprechung kann sich das Gericht zudem mit einer unbeglaubigten Übersetzung begnügen (BGHZ 75, 167 = NJW 80, 527). Davon sollte großzügig Gebrauch gemacht werden, wenn ein Jurist aus der Anwaltskanzlei des Antragstellers die Übersetzung angefertigt hat. Zu fremdsprachigen Anträgen siehe Art. 31 Rn 5. Die Kosten der Übersetzung trägt der Antragsteller zunächst selbst. Nach § 8 Abs. 4 AVAG werden sie aber dann, wenn er obsiegt, im Kostenfestsetzungsbeschluß als erstattungsfähige Kosten geführt. Ist die Übersetzung erst im Beschwerdeverfahren angeordnet worden, so gelten die Übersetzungskosten als solche dieses Verfahrens.

Art. 49 [Befreiung von der Legalisation]

Die in den Artikeln 46, 47 und in Art 48 Absatz 2 angeführten Urkunden sowie die Urkunde über die Prozeßvollmacht, falls eine solche erteilt wird, bedürfen weder der Legalisation noch einer ähnlichen Förmlichkeit.

Textgeschichte: unverändert

Bezüglich der in Artt. 46, 47 genannten Urkunden läuft die Vor- **1** schrift in Deutschland leer. Auch ohne sie würden §§ 437, 438 gelten. Zwar werden ausländische öffentliche Urkunden den inländischen nicht gleichgestellt (aA *Kropholler* Rn 1). Doch liegt es im Sinne der Vorschrift, unter den Voraussetzungen von § 438 Abs. 1

jedenfalls einen Anscheinsbeweis für die Echtheit der Urkunde anzunehmen.

2   Gemeint ist primär die Prozeßvollmacht für das Vollstreckbarerklärungsverfahren. Man muß die Vorschrift aber auch auf das Vollstreckungsverfahren (*Kropholler* Rn 2) und den Nachweis der gesetzlichen Vertretungsmacht (*MünchKommZPO-Gottwald* Rn 2) anwenden.

Titel IV. Öffentliche Urkunden und Prozeßvergleiche

Art. 50 [Vollstreckbarerklärung öffentlicher Urkunden]

(1) Öffentliche Urkunden, die in einem Vertragsstaat aufgenommen und vollstreckbar sind, werden in einem anderen Vertragsstaat auf Antrag in den Verfahren nach den Artikeln 31 ff für vollstreckbar erklärt. Der Antrag kann nur abgelehnt werden, wenn die Zwangsvollstreckung aus der Urkunde der öffentlichen Ordnung des Vollstreckungsstaats widersprechen würde.

(2) Die vorgelegte Urkunde muß die Voraussetzungen für ihre Beweiskraft erfüllen, die in dem Staat, in dem sie aufgenommen wurde, erforderlich sind.

(3) Die Vorschriften des 3. Abschnitts des Titels III sind sinngemäß anzuwenden.

Textgeschichte: Durch 3. Beitrittsübereinkommen „für vollstreckbar erklärt" anstatt „mit der Vollstreckungsklausel versehen".

Literatur: *Geimer* Vollstreckbare Urkunden ausländischer Notare DNotZ 75, 461; *Jametti Greiner* Vollstreckbare Öffentliche Urkunden, Der Bernische Notar 93, 38; *Walter* Wechselwirkungen zwischen europäischen und nationalen Zivilprozeßrecht: Lugano Übereinkommen und schweizerisches Recht ZZP 107 (1994), 301 ff, 334 ff; *de Leval* in Revue de la Faculté de Droit Liège 95, 485, 499 ff.

I. Die Arten der betroffenen Urkunden

1. Die Vorschrift ist aus dem Willen entstanden, vollstreckbare **1** Urkunden iSv § 794 Nr. 5 ZPO und französische Notariatsurkunden, die ohne besondere Vollstreckungsunterwerfung vollstreckbar sind, transnational vollstreckbar zu machen. Man hat dies für alle „öffentlichen Urkunden" verfügt, die in ihrem Heimatstaat vollstreckbar sind. Voraussetzung ist aber, daß der maßgebliche Urkundeninhalt die Beurkundung der Erklärung eines Rechtssubjekts darstellt. Nicht etwa kann eine „Entscheidung" einer Amtsstelle, weil sie in der Form einer öffentlichen Urkunde festgehalten wird, im Ausland vollstreckt werden (Koblenz IPRax 87, 24 – Entscheidung eines französischen Anwaltskammer-Präsidenten über die erstattungsfähigen Kosten eines Rechtsanwalts). Die Kostenfestsetzung der Notare sind keine vollstreckbaren öffentlichen Urkunden. Das gleiche gilt von den in England gerichtlich in einer „order" protokollierten „undertakings" der Parteien.

2 **2. Die Urkunde muß eine öffentliche sein.** Aus Abs. 2 folgt nicht, daß alle nach dem Recht ihres Heimatstaates vollstreckbaren Urkunden erfaßt wären. Im *Jenard/Möller*-Bericht (Rn 72) zum LÜ ist iS einer vertragsautonomen Begriffsbestimmung festgehalten, daß die Urkunde von einer Behörde aufgenommen worden sein muß, was bei nur öffentlich beglaubigten Urkunden nicht der Fall ist. Der Anwaltsvergleich nach § 1044b ZPO wird also nicht erfaßt. Die Urkunde muß in ihrem Heimatstaat vollstreckbar sein. Hinzufügen muß man, daß die Urkunde unter Inanspruchnahme der öffentlichen Autorität der Behörde aufgenommen worden sein muß. In welcher Form dies geschieht, kann allerdings nur das Heimatrecht der Urkunde bestimmen. Bei Verfahrensfehlern, etwa Kompetenzüberschreitungen der Urkundsperson, entscheidet das Heimatrecht der Urkunde, ob sie gleichwohl ihren Charakter als öffentliche vollstreckbare Urkunde behält, was gegebenenfalls im Vollstreckungsstaat zu respektieren ist (**aA** die übrigen Erläuterungswerke). In der Schweiz (*Walter* aaO 335) und in den skandinavischen Staaten (*Jenard/Möller*-Bericht aaO) gibt es keine solchen Urkunden. Gleichwohl müssen dort vollstreckbare öffentliche Urkunden aus anderen Vertragsstaaten vollstreckt werden (allgM). In Schottland mögliche öffentliche Registrierungen von Leistungspflichten stehen Urkunden iSv von Art. 50 gleich (*Schlosser*-Bericht Rn 226).

3 **3. Die Urkunde muß nach dem Recht des Heimatstaats vollstreckbar sein.** Nur dieses Recht entscheidet über das Ausmaß der Vollstreckbarkeit. So können und müssen daher in Deutschland auch öffentliche Urkunden aus dem Ausland vollstreckt werden, die nicht Zahlungen oder Leistung vertretbarer Sachen zum Gegenstand haben oder zur Vollstreckung in Grundbesitz ohne Grundbucheintragung berechtigen (*MünchKommZPO-Gottwald* Rn 5). Bleibt das Ausmaß der Vollstreckbarkeit hinter den Möglichkeiten zurück, die deutsche vollstreckbare Urkunden gewähren, so bleibt es dabei. Es kann etwa nicht im Ausland mit Zielrichtung auf Deutschland eine Unterwerfung nach § 800 ZPO erklärt werden, wenn das fragliche ausländische Recht dies nicht zuläßt (hM. **AA** *Geimer* aaO). Deutsche, im Ausland vollstreckbare Urkunden sind etwa auch Urkunden nach § 62 Nr. 2, 3 BurkG (Amtsgericht) und § 60 SGB VIII (Jugendamt).

4. Schließlich muß die Urkunde in den Anwendungsbereich des   4
Übereinkommens fallen.

a) Der territoriale Anwendungsbereich ergibt sich durch die
Worte „in einem Vertragsstaat aufgenommen," s. auch Art. 54.
Von Konsuln aufgenommene Urkunden gelten im Entsendestaat
zustandegekommen, § 10 Abs. 3, § 16ff KonsG. Das gleiche muß
man annehmen, wenn eine öffentliche Behörde eines Staates er-
laubterweise auf dem Territorium eines anderen Staats tätig wird.

b) Der Gegenstand der Beurkundung muß in den sachlichen An-   5
wendungsbereich des Übereinkommens fallen. Insbesondere sind
an sich Beurkundungen von Erklärungen auf Rechtsgebieten, die
nach Art. 1 Abs. 2 vom Anwendungsbereich des Übereinkommens ausgeschlossen sind, nicht erfaßt. Da es, anders als bei gerichtlichen Urteilen, dafür einen einsichtigen Grund nicht gibt und
häufig die Beurkundungen sowohl ausgeschlossene wie nicht ausgeschlossene Rechtsgebiete tangieren, sollte man Art. 50 analog auf
sämtliche Urkunden über zivilrechtliche Gegenstände ausdehnen.

II. Das Verfahren

1. Art. 50 enthält in Gestalt von Abs. 2, 3 bereits die wichtigsten   6
besonderen Verfahrenselemente. In Abs. 2 ist vorausgesetzt, daß
die die Urkunde aufnehmende Behörde dem Gläubiger das Orginal
oder eine amtliche Ausfertigung aushändigt, mit dem im Heimatstaat die Zwangsvollstreckung betrieben werden kann. Dieses Dokument ist vorzulegen. Die Zustellung ist wie bei Urteilen, Art. 46
Rn 2 vorzunehmen. Es kann sein, daß eine Urkunde in ihrem Heimatstaat vollstreckbar ist, ohne daß diese ihre Eigenschaft in ihr
selbst zum Ausdruck kommt, und das Wissen der Vollstreckungsorgane um diese Eigenschaft vorausgesetzt wird. Als eine die Vollstreckbarkeit bescheinigende Urkunde iSv Art. 46 Nr. 1 muß dann
auch eine ad hoc ausgestellte nicht formalisierte Bescheinigung (etwa eines Gerichtvollziehers) genügen.

2. Artt. 31ff sind anwendbar. Anders als bei Urteilen, Art. 31   7
Rn 1, muß man aber eine neue Leistungsklage im Inland unter den
gleichen Voraussetzungen zulassen, unter denen sie bei Existenz
einer deutschen vollstreckbaren Urkunde zulässig ist.

3. In der **Schweiz** bestehen Besonderheiten.   8

a) Der Gläubiger kann ein Betreibungs- und Rechtsöffnungsverfahren einleiten. Dann begründet die Vorlage der ausländischen vollstreckbaren Urkunde keine definitive (aA *Kren* FS O. Vogel [1991] 401; *Meier* SGIR [St. Gallen 1990] Bd. 2, 193; *Notter* ZBGR 74 [1973] 91; *Janetti Greiner* aaO 52, 54), sondern nur eine provisorische Rechtsöffnung (*Walter* aaO 337 f; *Amonn* Grundriß des Schuldbetreibungs- und Konkursrechts[5] [1993] § 19 N. 46a). Der Schuldner kann am Ort der Betreibung nur dann Aberkennungsklage erheben, wenn der Gläubiger dort einen Gerichtsstand iS der Art. 2 ff hat.

b) Der Gläubiger hat die Wahl (dazu ausführlich *Walter* aaO 340 ff), stattdessen beim Rechtsöffnungsrichter die Vollstreckbarerklärung der Urkunde zu beantragen. Sodann ist der Weg zur provisorischen Pfändung beim Betreibungsamt frei, s. Art. 31 Rn 7 ff.

III. Prüfungsbefugnis des Gerichts

9   **1.** Obwohl theoretisch bereits der Kammervorsitzende prüfen soll, ob die Vollstreckung des Titels gegen den inländischen ordre public verstößt, wird sich dies höchst selten aus den ihm vorgelegten Unterlagen ergeben, Art. 31 Rn 10. Im Beschwerdeverfahren gelten die Artt. 27 Nrn 2–5, 28 nicht. Aus dem Kreis der Anerkennungshindernisse für Urteile ist allein der Verstoß gegen den ordre public übernommen. In Frage kommen praktisch nur schwere Veßtöße gegen inländische Rechtswerte und betrügerische Motivierungen der Person, gegen die aufgrund einer beurkundeten Erklärung vollstreckt werden soll. Zu den Bestimmtheitserfordernissen s. Art. 31 Rn 3. Das Übereinkommen regelt nicht die „Anerkennung" öffentlicher Urkunden. Es geht insoweit der Sache nach um ihre nach Kollisionsrecht zu ermittelnde Wirksamkeit. Häufig existiert im Ausland keine einseitige Vollstreckungsunterwerfung, sodaß die Wirksamkeit des die Urkunde konstituierenden Vertrags zu prüfen ist. In den romanischen Ländern wird die Wirksamkeit der Urkunde vermutet (Cour de Cassation [Fr] Rév. crit. 94, 557; JCP 94 IV 300 Cour de Cassation [B] Pasicrisie 88, 1243). Aus diesen Ländern wird auch die These vertreten, der Exequaturrichter könne die „validité" des Notariatsaktes nicht überprüfen (*de Leval* aaO 501 unter Hinweis auf Cour d'Appel Luxemburg Pasicrisie 94, 40).

2. Gegen deutsche vollstreckbare Urkunden kann im Wege der 10
Vollstreckungsgegenklage eingewandt werden, daß sie niemals
valutiert waren oder es nicht mehr sind, §§ 767, 797 Abs. 4 ZPO.
Dementsprechend kann dies auch gegenüber dem Antrag, eine ausländische öffentliche Urkunde für vollstreckbar zu erklären, eingewandt werden, § 13 Abs. 2 AVAG. S. im übrigen §§ 29, 30
AVAG.

3. Es versteht sich, daß der Schuldner die Natur der vorgelegten 11
Urkunde als einer öffentlichen oder vollstreckbaren (zwischenzeitliche Entscheidung über die Unzulässigkeit der Zwangsvollstrek-
kung aus ihr) bestreiten kann.

**Art. 51 [Vollstreckbarerklärung von gerichtlichen Verglei-
chen]**
**Vergleiche, die vor einem Richter im Laufe eines Verfahrens
abgeschlossen und in dem Staat, in dem sie errichtet wurden,
vollstreckbar sind, werden in dem Vollstreckungsstaat unter
denselben Bedingungen wie öffentliche Urkunden vollstreckt.**

Textgeschichte: unverändert

Für Deutschland hätte es der Norm nicht bedurft, da das gerichtliche Protokoll über einen Verhandlungstermin, in welchem die
Parteien einen Vergleich geschlossen haben, eine öffentliche Urkunde ist (generell für gerichtlich nur protokollierte Vergleiche *de
Leval*, Art. 50 Lit., Rn 38). Es ist denn auch gesagt, daß Vergleiche
„wie öffentliche Urkunden" zu vollstrecken seien. Aus diesem
Grund ist auch der Begriff „Richter" nicht wörtlich zu nehmen.
Der Vergleich kann auch vor einem anderen Justizfunktionär abge-
schlossen werden, der ihn mit öffentlicher Autorität beurkundet
(*MünchKommZPO-Gottwald* Rn 1). Werden Vergleiche von ande-
ren als Justizstellen amtlich beurkundet, so liegt eine öffentliche
Urkunde iSv Art. 50 vor, allgM. Bei Vergleichen besteht eben-
sowenig wie bei öffentlichen Urkunden, Art. 50, Rn 5, ein Grund,
Art. 1 Abs. 2 anzuwenden (*Grunsky* JZ 73, 644; *Zöller/Geimer*[19]
Anh. Art. 1 Rn 14. **AA** *Kropholler* Fn 3; *MünchKommZPO-Gottwald*
Rn 2). Entscheidungen mit vereinbarten Wortlaut: Art. 25 Rn 2.
Der englische Text („court approved") ist unrichtig.

Titel V. Allgemeine Vorschriften

Art. 52 [Anzuwendendes Recht bei Bestimmung des Wohnsitzes]

(1) **Ist zu entscheiden, ob eine Partei im Hoheitsgebiet des Vertragsstaats, dessen Gerichte angerufen sind, einen Wohnsitz hat, so wendet das Gericht sein Recht an.**

(2) **Hat eine Partei keinen Wohnsitz in dem Staat, dessen Gerichte angerufen sind, so wendet das Gericht, wenn es zu entscheiden hat, ob die Partei einen Wohnsitz in einem anderen Vertragsstaat hat, das Recht dieses Staates an.**

Textgeschichte: Früherer Absatz 3 (abhängiger Wohnsitz) durch 3. Beitrittsübereinkommen und im LÜ gestrichen.

1   Die Verfasser des Übereinkommens konnten sich nicht vorstellen, daß der EuGH jene Begriffe, die eine eingeführte materiellrechtliche oder kollisionsrechtliche Bedeutung haben, autonom auslegen würde. Sie haben daher für den Wohnsitz und den Sitz von Gesellschaften das nationale Recht bezeichnet, das für die Auslegung dieser Begriffe maßgebend sein soll.

2   Um komplizierte kollisionsrechtliche Regelungen zu vermeiden, ist verfügt, daß das Recht des betreffenden Staates anzuwenden ist, wenn geprüft wird, ob eine Person in diesem Staat einen Wohnsitz hat. Soll die Zuständigkeit der deutschen Gerichte aus dem Wohnsitz des Beklagten hergeleitet werden, so ist deutsches Recht anwendbar. Wird geprüft, ob nach autonomen deutschem Recht internationale Zuständigkeit in Anspruch genommen werden kann, weil der Beklagte keinen Wohnsitz in dem Hoheitsgebiet eines Vertragsstaates hat, so muß theoretisch durchgeprüft werden, ob nach dem Recht eines der Vertragsstaaten jeweils dort ein Wohnsitz besteht. Fast immer kommt aber nur ein Vertragsstaat in Betracht.

3   In seltenen Fällen können Kompetenzkonflikte auftreten, weil nach dem Recht mehrerer Staaten im jeweiligen Inland ein Wohnsitz besteht oder von zwei in Betracht kommenden Staaten jeder den Wohnsitz im jeweiligen anderen Staat annimmt. So zählt etwa in Belgien allein die Eintragung im Melderegister (Rb. s'-Hertogenbosch N. J. 1985 Nr. 207). Im ersteren Fall hat der Kläger ein Wahlrecht, im letzteren Fall sollte der Staat des angerufenen Ge-

richts die Weiterverweisung annehmen (*Zöller/Geimer*[15] Anh. II Art. 52 Rn 2; str.).

Ein Wahldomizil, Art. 33, ist kein Wohnsitz (*Jenard*-Bericht IV **4** A 3 (4) a. E.).

Es ist den Vertragsstaaten unbenommen, für die Zwecke des **5** Übereinkommens einen gesonderten Wohnsitzbegriff zu bilden. In den Anpassungsverhandlungen anläßlich des Beitritts dazu aufgefordert (*Schlosser*-Bericht Rn 73), hat das VK davon Gebrauch gemacht (Civil Jurisdiction And Judgement's Act 1982 sect. 41). Der klassische Begriff des „domicile" hat nämlich in den common-law-Staaten einen ganz anderen Inhalt als der Begriff „Wohnsitz" in anderen Staaten. Für Zwecke des Übereinkommens ist im VK eine Begriffsbestimmung gewählt worden, die praktisch auf den gewöhnlichen Aufenthalt hinausläuft.

Zur Identität von „Wohnsitz" mit „residence" in der englischen **6** Fassung des Übereinkommens über das Gemeinschaftspatent s. Art. V c Protokoll EÜ I.

Auch bezüglich des Wohnsitzes gilt das Prinzip der Amtsprüfung, Art. 19 Rn 1 ff. Läßt sich nicht klären, ob der Beklagte in **7** Deutschland Wohnsitz hat, so ist die Klage als unzulässig abzuweisen. Läßt sich nicht klären, ob der Beklagte in einem anderen Vertragsstaat einen Wohnsitz hat, so kann in Deutschland nur aufgrund einer Zuständigkeitsnorm des EuGVÜ/LÜ zulässigerweise geklagt werden, weil zur Anwendung von Art. 4 bewiesen sein muß, daß der Beklagte keinen Wohnsitz in einem Vertragsstaat hat.

Art. 53 [Anzuwendendes Recht bei Bestimmung des Gesellschaftssitzes]

(1) **Der Sitz von Gesellschaften und juristischen Personen steht für die Anwendung dieses Übereinkommens dem Wohnsitz gleich. Jedoch hat das Gericht bei der Entscheidung darüber, wo der Sitz sich befindet, die Vorschriften seines internationalen Privatrechts anzuwenden.**

(2) **Um zu bestimmen, ob ein „trust" seinen Sitz in dem Vertragsstaat hat, bei dessen Gerichten die Klage anhängig ist, wendet das Gericht sein internationales Privatrecht an.**

Textgeschichte: Abs. 2 eingefügt durch 1. Beitrittsübereinkommen.

Daß der Sitz einer juristischen Person oder von Gesellschaften, **1** die parteifähig sind, dem Wohnsitz einer natürlichen Person entspricht, ist eine bare Selbstverständlichkeit. Jedoch existiert die klassische Schwierigkeit des internationalen Gesellschaftsrechts. Sie besteht darin, daß bald auf den effektiven Verwaltungssitz, bald auf den satzungsmäßigen Sitz abgestellt wird und davon häufig auch die Parteifähigkeit im Inland abhängt. Außerdem fehlt es an staatsvertraglichen Regelungen über die Anerkennung von Vereinen und Gesellschaften. Das in Ausführung von Art. 220 EU ausgearbeitete Brüsseler Übereinkommen vom 29. 2. 1968 wird vermutlich niemals in Kraft treten. Auf diesem Hintergrund regelt Art. 53 nur die internationale Zuständigkeit und nicht die **Parteifähigkeit.** Für diese gilt die ungeschriebene Regel des Kollisionsrechts, daß ein sich in Deutschland als juristische Person gebärdendes Gebilde nicht rechts- und parteifähig ist, wenn es in Deutschland seinen effektiven Verwaltungssitz hat, aber nur im Ausland eingetragen ist (s. etwa *Palandt/Heldrich*[54] Anh. zu Art 12 EGBGB). Zur Frage, ob der vom EuGVÜ mittelbar aufgestellte Justizgewähranspruch auch die Parteifähigkeit von juristischen Personen unabhängig von ihrem effektiven Verwaltungssitz erzwingt, *Meilicke* BB 1995, Beil. 9 zum Heft 31, S. 14ff.

2   Der deutsche Text von Abs. 1 S. 2 krankt daran, daß vom „internationalen Privatrecht" und nicht vom „internationalen Prozeßrecht" die Rede ist. Andere Staaten machen die Unterscheidung nicht. Für sie ist das internationale Prozeßrecht Teil des internationalen Privatrechts. Für Deutschland ist daher entgegen hM § 17 ZPO anzuwenden. Denn auch hier indiziert die örtliche Zuständigkeit die internationale. Sieht man, daß Art. 53 die Parteifähigkeit nicht betrifft, so besteht auch keine Manipulationsgefahr, der die Theorie vom effektiven Verwaltungssitz begegnen will. Der Verwaltungssitz gilt nach § 17 Abs. 1 S. 2 nur subsidiär.

3   Ein in das deutsche Handels- oder Vereinsregister eingetragenes Gebilde mit satzungsmäßigem Sitz in Deutschland kann ohne Rücksicht auf seinen effektiven **Sitz in Deutschland** vor deutschen Gerichten verklagt werden, wenn auch eventuell mit der Folge, daß die Klage mangels Parteifähigkeit als unzulässig abzuweisen ist. Eine Regel, daß die Parteifähigkeit vor der internationalen Zuständigkeit zu prüfen ist oder umgekehrt vorgegangen werden muß, existiert nicht. Ein im Ausland eingetragenes Gebilde mit dortigem Satzungssitz ist im Inland nicht parteifähig und hat hierzulande auch keinen allgemeinen Gerichtsstand, auch wenn der effektive Verwaltungssitz in Deutschland liegt. Art. 53 und § 17 ZPO gelten für alle parteifähigen Gebilde, die keine natürlichen Personen sind (allgM).

Ist, etwa im Rahmen von Artt. 3 oder 4, fraglich, ob eine Gesell- **3** schaft oder juristische Person **ihren Sitz in einem anderen Vertragsstaat** hat, so ist dessen Recht maßgebend. (Beispiel: *The Deichland* 2 All E. R. [1989] 1066). Im VK ist gerade für Zwecke des EuGVÜ bestimmt worden, daß sowohl der effektive Verwaltungssitz wie, alternativ, ein „registered office" oder eine andere „official address" in England ausreicht, sofern die Gesellschaft in England registriert oder nach englischem Recht gegründet worden ist, section 2 (3) Civil Jurisdiction and Judgements' Act 1982.

Kompetenzkonflikte sind wie im Anwendungsbereich von **4** Art. 52 zu entscheiden. Den „Sitz" eines Gebildes in einem Staat, wo dessen Rechts- oder Parteifähigkeit nicht anerkannt wird, braucht aber kein Staat zu beachten.

Abs. 2 („trust") war im Hinblick auf Art. 5 Nr. 6 nötig und ist **5** wie dieser Ausdruck eines Überperfektionismus. Die Verwendung des englischen Begriffs auch in den anderen Vertragssprachen zeigt, daß die Vorschrift nur anwendbar ist, wenn feststeht, daß aus einem Innenverhältnis aus einem einer Rechtsordnung des common law unterstehenden trust geklagt wird. Wird in Deutschland geklagt, soll sich der Sitz des trust aus deutschem internationalem „Privatrecht" ergeben. Aus diesem ergibt sich aber allenfalls das auf den trust anwendbare materielle Recht (dazu *Staudinger/Großfeld[12]* [1994] Rn 707 ff), wofür man gelegentlich die sprachliche Metapher gebraucht, dies sei das Recht, in dem das fragliche Rechtsverhältnis seinen „Sitz" habe. Im Fall des Abs. 2 muß aber außer der internationalen Zuständigkeit der deutschen Gerichte das örtlich zuständige Gericht bestimmt werden. Dafür reicht das Auffinden des kollisionsrechtlichen „Sitzes" des Rechtsverhältnisses nicht aus (**aA** *Kropholler* Rn 6). Das materielle Recht des Trust bestimmt aber selten seinen „Sitz". Auch sect. 45 (3) des englischen Civil Jurisdiction und Judgement Act bestimmt einen Sitz nur in kollisionsrechtlicher Denkweise („its closest and most real connection"). Praktisch wird es immer auf den Wohnsitz des „trustee" oder, wenn dieser verzogen ist, auf den Ort ankommen, wo sich die Verwaltungsunterlagen befinden.

Titel VI. Übergangsvorschriften

Art. 54 [Maßgeblicher Zeitpunkt für die Anwendung des EuGVÜ]

(1) Die Vorschriften dieses Übereinkommens sind nur auf solche Klagen und öffentlichen Urkunden anzuwenden, die erhoben oder aufgenommen worden sind, nachdem dieses Übereinkommen im Ursprungsstaat und, wenn die Anerkennung oder Vollstreckung einer Entscheidung oder Urkunde geltend gemacht wird, im ersuchten Staat in Kraft getreten ist.

(2) Entscheidungen, die nach dem Inkrafttreten dieses Übereinkommens zwischen dem Ursprungsstaat und dem ersuchten Staat aufgrund einer vor diesem Inkrafttreten erhobenen Klage ergangen sind, werden nach Maßgabe des Titels III anerkannt und zur Zwangsvollstreckung zugelassen, vorausgesetzt, daß das Gericht aufgrund von Vorschriften zuständig war, die mit den Zuständigkeitsvorschriften des Titels II oder eines Abkommens übereinstimmen, das im Zeitpunkt der Klageerhebung zwischen dem Urteilsstaat und dem Staat, in dem die Entscheidung geltend gemacht wird, in Kraft war.

(3) Ist zwischen den Parteien eines Rechtsstreits über einen Vertrag bereits vor dem 1. Juni 1988 im Fall Irlands und vor dem 1. Januar 1987 im Fall des Vereinigten Königreichs (vor Inkrafttreten dieses Übereinkommens) eine schriftliche Vereinbarung getroffen worden, auf diesen Vertrag die Rechtsvorschriften Irlands oder eines Teils des Vereinigten Königreichs anzuwenden, so sind die Gerichte in Irland oder in diesem Teil des Vereinigten Königreichs weiterhin befugt, über diesen Streitfall zu entscheiden.

Textgeschichte: Der Text ist durch das 3. Beitrittsübereinkommen und das LÜ vollständig neu gefaßt worden. Durch die früheren Beitrittsübereinkommen, die jeweils gesonderte Übergangsvorschriften hatten, war das System des zeitlichen Anwendungsbereichs des Übereinkommens unübersichtlich geworden. Die Normen der früheren Beitrittsübereinkommen haben dadurch aber nicht ihre selbständige Bedeutung verloren.

Literatur: *Droz* Problèmes provoqués par l'imbrication des Conventions de Bruxelles, de Lugano et de San Sebastian, Études en l'honneur de P. Lalive (1993) 21 ff; *Trunk* Die Erweiterung des EuGVÜ . . . (1991).

Art. 34 des 1. Beitrittsübereinkommens (Dänemark, Irland, V. K.):

(1) Die Vorschriften des Übereinkommens von 1968 und des Protokolls von 1971 in der Fassung dieses Übereinkommens sind nur auf solche Klagen und öffentliche Urkunden anzuwenden, die erhoben oder aufgenommen worden sind, nachdem dieses Übereinkommen im Ursprungsstaat und, wenn die Anerkennung oder Vollstreckung einer Entscheidung oder Urkunde geltend gemacht wird, im ersuchten Staat in Kraft getreten ist.

(2) Nach dem Inkrafttreten dieses Übereinkommens ergangene Entscheidungen werden in den Beziehungen zwischen den sechs Vertragsstaaten des Übereinkommens 1968, auch wenn sie aufgrund einer vor dem Inkrafttreten erhobenen Klage erlassen sind, nach Maßgabe des Titels III des geänderten Übereinkommens von 1968 anerkannt und zur Zwangsvollstreckung zugelassen.

(3) Im übrigen werden in den Beziehungen der sechs Vertragsstaaten des Übereinkommens von 1968 zu den drei in Art. 1 des vorliegenden Übereinkommens genannten Vertragsstaaten sowie in den Beziehungen der zuletzt genannten Vertragsstaaten zueinander Entscheidungen, die nach Inkrafttreten dieses Übereinkommens zwischen dem Urteilsstaat und dem ersuchten Staat aufgrund einer vor diesem Inkrafttreten erhobenen Klage ergangen sind, nach Maßgabe des Titels III des geänderten Übereinkommens von 1968 anerkannt und zur Zwangsvollstreckung zugelassen, wenn das Gericht aufgrund von Vorschriften zuständig war, die mit seinem geänderten Titel II oder mit den Vorschriften eines Abkommens übereinstimmten, das im Zeitpunkt der Klageerhebung zwischen dem Urteilsstaat und dem ersuchten Staat in Kraft war.

Art. 12 des 2. Beitrittsübereinkommens (Griechenland)

(1) Das Übereinkommen von 1968 und das Protokoll von 1971 in der Fassung des Übereinkommens von 1978 und des vorliegenden Übereinkommens sind nur auf solche Klagen und öffentliche Urkunden anzuwenden, die erhoben oder aufgenommen worden sind, nachdem das vorliegende Übereinkommen im Ursprungsstaat und, wenn die Anerkennung oder Vollstreckung einer Entscheidung oder Urkunde geltendgemacht wird, im ersuchten Staat in Kraft getreten ist.

(2) Jedoch werden in den Beziehungen zwischen dem Ursprungsstaat und dem ersuchten Staat Entscheidungen, die nach Inkrafttreten des vorliegenden Übereinkommens aufgrund einer vor diesem Inkrafttreten erhobenen Klage ergangen sind, nach Maßgabe des Titels III des Übereinkommens von 1968 in der Fassung des Übereinkommens von 1978 und des vorliegenden Übereinkommens anerkannt und zur Zwangsvollstreckung zugelassen, wenn das Gericht aufgrund von Vorschriften zuständig war, die mit Titel II des Übereinkommens von 1968 in seiner geänderten Fassung oder mit einem Abkommen, das zu dem Zeitpunkt, zu dem die Klage erhoben wurde, zwischen dem Ursprungsstaat und dem ersuchten Staat in Kraft war, übereinstimmten.

Art. 29 des 3. Beitrittsübereinkommens (Portugal, Spanien)

(1) Das Übereinkommen von 1968 und das Protokoll von 1971 in der Fassung des Übereinkommens von 1978, des Übereinkommens von 1982 und des vorliegenden Übereinkommens, sind nur auf solche Klagen und öffentliche Urkunden anzuwenden, die erhoben oder aufgenommen worden sind, nachdem das vorliegende Übereinkommen im Ursprungsstaat und, wenn die Anerkennung oder Vollstreckung einer Entscheidung oder Urkunde geltendgemacht wird, im ersuchten Staat in Kraft getreten ist.

(2) Entscheidungen, die nach dem Inkrafttreten dieses Übereinkommens zwischen dem Ursprungsstaat und dem ersuchten Staat aufgrund einer vor diesem Inkrafttreten erhobenen Klage ergangen sind, werden nach Maßgabe des Titels III des Übereinkommens von 1968 in der Fassung des Übereinkommens von 1978, des Übereinkommens von 1982 und des vorliegenden Übereinkommens anerkannt und zur Zwangsvollstreckung zugelassen, vorausgesetzt, daß das Gericht aufgrund von Vorschriften zuständig war, die mit den Zuständigkeitsvorschriften des Titels II des Übereinkommens von 1968 in seiner geänderten Fassung oder eines Abkommens übereinstimmen, das im Zeitpunkt der Klageerhebung zwischen dem Ursprungsstaat und dem Staat, in dem die Entscheidung geltendgemacht wird, in Kraft war.

I. Inhaltlicher Grundgedanke der Übergangsregelungen

1   Für die Anwendung der **Zuständigkeitsvorschriften** ist nur Voraussetzung, daß das Übereinkommen im Ursprungsstaat vor Rechtshängigkeit der Klage (BGHZ 116, 77 = IPRax 92, 377, 358 – *Heß* = ZZP 105 [1992] 330 – *Bork*) in Kraft getreten ist. Gegenüber Personen, die Wohnsitz in einem Staat haben, der das Übereinkommen (noch) nicht ratifiziert hat, gilt dann Art. 4. Wird **Anerkennung oder Vollstreckung** begehrt, muß das Übereinkommen sowohl im Ursprungsstaat wie im ersuchten Staat in Kraft getreten sein.

Einschränkend dazu regelt Abs. 2 den Fall, daß unter diesen Voraussetzungen die Anerkennung oder Vollstreckung einer Entscheidung im ersuchten Staat geltend gemacht wird, die Klage aber zu einem Zeitpunkt „erhoben" worden ist, zu dem das Übereinkommen entweder im Ursprungsstaat oder im ersuchten Staat noch nicht in Kraft getreten war. Das Urteil wird unter dieser Voraussetzung nur dann anerkannt und vollstreckt, wenn das Gericht im Ursprungsstaat auch zuständig gewesen wäre, wenn zum Zeitpunkt der Klageerhebung das Übereinkommen dort schon gegolten hätte. In diesem Rahmen ist die Zuständigkeit des Ausgangsgerichts vom Gericht des Anerkennungsstaates nachzuprüfen (Trib. App. Tessin SZIER 95, 414). Nicht etwa ist maßgebend, ob nach früherem deutschem Recht im Ausland eine Anerkennungszuständigkeit etwa iSv § 328 Abs. 1 Nr. 1 ZPO bestand. Dann kommt nur eine Anerkennung nach autonomem Recht in Betracht. Vorausgesetzt ist hierbei der Grundsatz der perpetuatio litis. Die einmal begründete Zuständigkeit aufgrund nationalen Rechts wird nicht dadurch beeinträchtigt, daß während des Verfahrens im Ursprungsstaat dort das Übereinkommen in Kraft getreten ist (hM). Das nationale Recht kann freilich etwas anderes anordnen. Umgekehrt heilt auch das Inkrafttreten des Übereinkommens nicht einen bis dahin vorhandenen Mangel der internationalen Zuständigkeit (BGH aaO). Beispiel zum LÜ Trib. di Appello Tessin RSDIE 94, 414.

Abs. 3 regelt eine Besonderheit der beiden der EU angehörenden common-law-Staaten. Dort wird eine auf heimisches Recht verweisende Rechtswahlklausel tradionellerweise dahin interpretiert, daß sie auch die internationale Zuständigkeit der dortigen Gerichte begründet. Für eine Übergangszeit soll ein daraus erwachsenes Vertrauen geschützt werden.

Für Entscheidungen, die von Art. 54 oder den Übergangsvorschriften eines Beitrittsübereinkommens nicht erfaßt werden, bleibt es beim autonomen Recht bzw. einem der in Art. 55 aufgezählten bilateralen Verträge (die aber die direkte Zuständigkeit selten regeln).

Art. 54 hat heute formell praktisch nur noch Bedeutung für das Verhältnis der Vertragsstaaten des LÜ, Rn 10, 11. Er wurde zwar aus Anlaß des 3. Beitrittsübereinkommens und im zeitlichen Zusammenhang mit der Schaffung des LÜ zum Zwecke der Klarstellung geändert, aber nur um Textgleichheit zwischen EuGVÜ und LÜ herzustellen. Die jeweiligen Beitrittsübereinkommen haben die im Anschluß an den Text abgedruckten eigenen Übergangsvorschriften. Sie sind aber, von minimalen Nuancen abgesehen, inhaltsgleich mit Art. 54, wenn auch naturgemäß zeitlich versetzt.

II. Anwendbare Grundsätze im Verlauf der Beitrittsstufen

1. Wird eine Entscheidung aus einem Gründungsstaat der EU in 2 einem anderen zur Anerkennung gestellt, so begründet Art. 54 in seiner jetzigen Fassung (die aber nur eine systematische Klarstellung gebracht hat) eine uneingeschränkte Anerkennungspflicht, wenn zur Zeit der Klageerhebung das Übereinkommen für beide Staaten in Kraft war, eine eingeschränkte nach Art. 54 Abs. 2, wenn die Klage vorher erhoben worden war. Beide Male muß das Urteil nach Inkrafttreten des Übereinkommens in beiden Staaten ergangen sein, Rn 12.

3   2. Für Fälle unter Beteiligung von Staaten des 1. Beitrittsübereinkommens gilt, dargestellt am Beispiel des VK, folgendes (s. *Schlosser*-Bericht Rn 228 ff):

a) Ist eine Klage in Deutschland nach dem 1. 4. 89 (Inkrafttreten des 1. Beitrittsübereinkommens in Deutschland, BGBl II S. 2144) erhoben worden, so richtet sich die Zuständigkeit gegenüber Beklagten, die zum Zeitpunkt der Klageerhebung ihren Wohnsitz in einem Staat hatten, für den das Übereinkommen schon in Kraft getreten war, nach dem Übereinkommen in seiner (damals) neuen Fassung, Art. 34 des 1. Beitrittsübereinkommens. Dies war bis zum 1. 10. 89 BGBl II S. 752 gegenüber Personen mit Wohnsitz im VK. noch nicht der Fall.

4   **b)** Uneingeschränkt anerkennungspflichtig sind nur Entscheidungen, die nach dem 1. 10. 89 ergangen sind, arg. Art. 34 Abs. 3 1. Beitrittsübereinkommen, oder wenn nur das Verhältnis der Gründungsstaaten der EWG betroffen ist, Art. 34 Abs. 2. Ist also 1988 in Deutschland aufgrund der Vermögensbelegenheit, § 23 ZPO, ein Urteil gegen eine in England wohnende Person ergangen, so war das Urteil vor dem 1. 10. 89 in Frankreich anerkennungspflichtig, Artt. 27 ff Rn 30 und blieb es auch nachher, Art. 34 Abs. 2 des 1. Beitrittsübereinkommen.

5   **c)** Eingeschränkt anerkennungspflichtig, Rn 1, sind die Entscheidungen im Verhältnis der alten und neuen Vertragsstaaten zueinander, Art. 34 Abs. 3 des 1. Beitrittsübereinkommen, also im Beispielsfall das Urteil in England, sollte es nach dem 1. 10. 89 ergangen sein.

6   3. Für Fälle unter Beteiligung von Griechenland gilt Entsprechendes. Ein griechisches Urteil aufgrund einer Klage, die nach dem 1. 4. 1989 erhoben worden ist (BGBl II S. 214), ist nach Art. 12 des 2. Beitrittsübereinkommens in Deutschland unbeschränkt anerkennungspflichtig, ein Urteil aufgrund einer zuvor erhobenen Klage eingeschränkt, wenn das Urteil nach diesem Zeitpunkt ergangen ist, Rn 1. Seit diesem Zeitpunkt ist Deutschland Vertragsstaat u. a. auch i. S. v. Artt. 3 und 4.

7   4. Dasselbe gilt mit dem 1. 12. 1994 (BGBl II S. 3707) für Fälle unter Beteiligung von Portugal und Spanien.

a) Ist eine Klage in Deutschland nach diesem Datum erhoben worden, so ist für die Zuständigkeit die geänderte, hier abgedruckte Fassung maßgebend, und zwar auch dann, wenn der Fall mit Spanien oder Portugal nichts zu tun hat. Seit diesem Zeitpunkt sind Portugal und Spanien Vertragsstaaten. Vor allem auch iS der Artt. 3 und 4, Art. 29 des 3. Beitrittsübereinkommens.

b) Urteile aus Portugal und Spanien, die auf Klagen zurückge- **8** hen, die nach diesem Zeitpunkt erhoben worden sind, sind unbeschränkt anerkennungspflichtig, andere Urteile eingeschränkt, wenn nach diesem Zeitpunkt erlassen, Rn 1, Art. 29 Abs. 2 des 3. Beitrittsübereinkommens. Für den Gleichlauftest in letzterer Vorschrift ist in bezug auf Spanien das deutsch-spanische Abkommen von 14. 11. 1983 ohne Bedeutung, weil es keine Vorschriften über die direkte Zuständigkeit enthält.

Ein Gegenstück zu Art. 34 Abs. 2 des 2. Beitrittsübereinkommens gibt es nicht. Ein in Deutschland 1983 im Gerichtsstand des Vermögens, § 23 ZPO, gegen eine in Portugal domizilierte Person ergangenes Urteil war etwa in Frankreich anerkennungspflichtig, ist es aber seit dem 1. 12. 1994 nicht mehr.

5. Die inter-temporalen Vorschriften des EuGVÜ und der Bei- **9** trittsübereinkommen sind analog auf die Erweiterung des territorialen Anwendungsbereiches des EuGVÜ durch den Beitritt der **DDR** zur Bundesrepublik Deutschland anzuwenden (*Trunk* 13 ff).

6. Art. 54 hat seine Hauptbedeutung heute für Fälle mit Beteili- **10** gung von Staaten, die im Verhältnis zueinander nur durch das Lugano-Übereinkommen verbunden sind.

a) Der zeitliche Anwendungsbereich des Übereinkommens für die Zuständigkeit der Gerichte eines LÜ-Staats richtet sich nach Abs. 1. Für Klagen, die dort vor Inkrafttreten des LÜ erhoben worden sind, bleibt es bei der einmal begründeten Zuständigkeit, wenn das nationale Recht dies vorsieht. Ist die Klage nach dem Inkrafttreten des LÜ in diesem Staat erhoben worden, so ist das Urteil in einem Vertragsstaat uneingeschränkt, sonst, wenn später erlassen, eingeschränkt, Rn 1, anerkennungspflichtig.

b) Bei Beteiligung von Staaten, die nur Mitgliedstaaten des LÜ **11** sind und solchen, die auch Mitgliedstaaten des EuGVÜ sind, wirken Artt. 54 und 54b (den es nur im LÜ gibt) zusammen. Beispiel 1: Beklagter hat seinen Wohnsitz in der Schweiz. Ist die Klage nach dem 1. 12. 1994 erhoben, so richtet sich die Zuständigkeit der deutschen Gerichte nach Art. 54 Abs. 1, Art. 54 b Abs. 2 Buchst. a) LÜ.

Beispiel 2: In Deutschland wird der Antrag gestellt ein nach diesem Zeitpunkt ergangenes schweizerisches Urteil für vollstreckbar zu erklären. Die Anerkennungspflicht bestimmt sich dann nach Art. 54 Abs. 2, Art. 54 b Abs. 2 Buchst. c), Abs. 3 LÜ.

III. Einzelheiten

12   **1.** Wann eine Klage „erhoben" ist, und wann ein Urteil „ergangen" ist, richtet sich nach den nationalen Rechten. Diese können sich vor allem darin unterscheiden, daß sie die Zustellung oder die sonstige Zuleitung einer Klageschrift nicht als Voraussetzung der Rechtshängigkeit betrachten (BGH NJW 76, 295, 296 – Rechtshängigkeit in Deutschland von Zustellung abhängig). In England etwa wird allgemein der *„issuance of the writ"* (Aushändigung der schriftlichen Ermächtigung, den Beklagten namens des Königs vor das Gericht zu laden) als Klageerhebung angesehen, Art. 21 Rn 6. Wird ein Urteil erster Instanz im Rechtsmittelverfahren sachlich bestätigt, ist maßgebend das Urteil im Rechtsmittelverfahren (Celle RIW 79, 131).

13   **2.** Von dem Zeitpunkt an, zu dem das Übereinkommen oder ein Beitrittsübereinkommen in dem Staat in Kraft getreten ist, vor dessen Gerichten später eine Klage rechtshängig wird, richten sich Zulässigkeit und Wirksamkeit einer Gerichtsstandsvereinbarung nach dem Übereinkommen, auch wenn sie schon vorher abgeschlossen worden ist (EuGHE 1979, 3423 = RIW 80, 285). Einzelheiten s. *Droz* aaO 27. Zu einer Heilung einer Gerichtsstandsvereinbarung führt das Inkrafttreten eines Beitrittsübereinkommens im Ursprungsstaat nicht, wenn die Klage dort schon rechtshängig war (BGH aaO).

14   **3.** Soweit es im ersuchten Staat darauf ankommt, ob das Gericht im Ursprungsstaat bei hypothetischer Geltung des EuGVÜ/LÜ zuständig gewesen wäre, läuft dies, abweichend von den sonst geltenden Grundsätzen, darauf hinaus die Anerkennungszuständigkeit des Gerichts des Ursprungsstaates zu überprüfen (*Kropholler* Rn 7; Beispiel: München NJW 75, 504 wie Rn 1; Frankfurt RIW 76, 107). Allerdings gilt dies nur mit einer gewissen Einschränkung. Das Gericht muß aufgrund von „Vorschriften" zuständig gewesen sein, die mit den Zuständigkeitsvorschriften des Titels II übereinstimmen. Es kann sich um textgleiche Vorschriften handeln. Das gilt insbesondere dann, wenn das Gericht vor Inkrafttreten des LÜ

aufgrund des EuGVÜ zuständig war. Ist etwa in einer nicht arbeitsrechtlichen Sache in Deutschland eine in Frankreich wohnhafte Person im Gerichtsstand nach Art. 5 Nr. 1 EuGVÜ verklagt und verurteilt worden, dann würde es dem Geist beider Übereinkommen widersprechen, wenn ein Gericht in der Schweiz noch nachprüfen dürfte, ob das deutsche Gericht Art. 5 Nr. 1 EuGVÜ zutreffend ausgelegt hat. Im übrigen muß das Gericht im ersuchten Staat aber prüfen, ob das Gericht des Ursprungsstaates zuständig gewesen wäre, wenn EuGVÜ/LÜ dort so gegolten hätten, wie es der Auslegung des Gerichts des ersuchten Staates entspricht.

4. Für öffentliche Urkunden kommt es auf den Zeitpunkt an, **15** zu dem sie nach ihrem Heimatrecht für vollstreckbar erklärt worden sind (**aA** *Kropholler* Rn 2), wenn dies nicht auf einer zu diesem Zeitpunkt erklärten Vollstreckungsunterwerfung beruht. Art. 54 Abs. 1 beruht insoweit auf dem Gedanken, daß aus einer Urkunde gegen niemanden international vollstreckt werden soll, der anläßlich seiner Mitwirkung bei Errichtung der Urkunde das transnationale Vollstreckungsrisiko nicht überschauen konnte.

5. Seerechtssachen s. Art. 54a. **16**

Art. 54a [Übergangsfrist für die Zuständigkeit in Seerechtssachen]

Während einer Zeit von drei Jahren nach Inkrafttreten dieses Übereinkommens bestimmt sich für Dänemark, Griechenland, Irland, Island, Norwegen, Finnland und Schweden die Zuständigkeit in Seerechtssachen in jedem dieser Staaten neben den Vorschriften des Titels II auch nach den in den folgenden Nummern 1 bis 7 aufgeführten Vorschriften. Diese Vorschriften werden von dem Zeitpunkt an in diesen Staaten nicht mehr angewandt, zu dem für diese Staaten das in Brüssel am 10. Mai 1952 unterzeichnete Internationale Übereinkommen zur Vereinheitlichung von Regeln über den Arrest in Seeschiffe in Kraft tritt.

1. Eine Person, die ihren Wohnsitz im Hoheitsgebiet eines Vertragsstaats hat, kann vor den Gerichten eines der obengenannten Staaten wegen einer Seeforderung verklagt werden, wenn das Schiff, auf welches sich die Seeforderung bezieht, oder ein anderes Schiff im Eigentum dieser Person in einem gerichtsförmlichen Verfahren innerhalb des Hoheitsgebietes des letzteren Staates zur Sicherung der Forderung mit Arrest

belegt worden ist oder dort mit Arrest hätte belegt werden
können, jedoch dafür eine Bürgschaft oder eine andere Sicherheit geleistet worden ist,

a) wenn der Gläubiger seinen Wohnsitz in dem Hoheitsgebiet
   dieses Staates hat;

b) wenn die Seeforderung in diesem Staat entstanden ist;

c) wenn die Seeforderung im Verlauf der Reise entstanden ist,
   während derer der Arrest vollzogen worden ist oder hätte
   vollzogen werden können;

d) wenn die Seeforderung auf einem Zusammenstoß oder auf
   einem Schaden beruht, den ein Schiff, einem anderen Schiff
   oder Gütern oder Personen an Bord eines der Schiffe entweder durch die Ausführung oder Nichtausführung eines Ma-
   növers oder durch die Nichtbeachtung von Vorschriften
   zugefügt hat;

e) wenn die Seeforderung auf Hilfeleistung oder Bergung beruht oder

f) wenn die Seeforderung durch eine Schiffshypothek oder ein
   sonstiges vertragliches Pfandrecht an dem Schiff gesichert
   ist, das mit Arrest belegt wurde.

2. Ein Gläubiger kann sowohl das Schiff, auf das sich die Seeforderung bezieht, als auch jedes andere Schiff, das demjenigen
   gehört, der im Zeitpunkt des Entstehens der Seeforderung
   Eigentümer jenes Schiffes war, mit Arrest belegen lassen. Jedoch kann nur das Schiff, auf das sich die Seeforderung bezieht,
   wegen einer der in Nummer 5 Buchstaben o), p) oder q) aufgeführten Ansprüche und Rechte mit Arrest belegt werden.

3. Schiffe gelten als demselben Eigentümer gehörend, wenn alle
   Eigentumsanteile derselben Person oder denselben Personen
   zustehen.

4. Ist bei der Überlassung des Gebrauchs eines Schiffes die Schiffs-
   führung dem Ausrüster unterstellt und schuldet dieser allein
   eine dieses Schiff betreffende Seeforderung, so kann der Gläubiger dieses Schiff oder jedes andere dem Ausrüster gehörende
   Schiff mit Arrest belegen lassen; jedoch kann kein anderes
   Schiff des Schiffeigners aufgrund derselben Seeforderung mit
   Arrest belegt werden. Entsprechendes gilt in allen Fällen, in
   denen eine andere Person als der Schiffseigner Schuldner einer
   Seeforderung ist.

5. „Seeforderung" bezeichnet ein Recht oder einen Anspruch, die
   aus einem oder mehreren der folgenden Entstehungsgründe
   geltend gemacht werden:

a) Schäden, die durch ein Schiff durch Zusammenstoß oder in anderer Weise verursacht sind;

b) Tod oder Gesundheitsschäden, die durch ein Schiff verursacht sind oder die auf den Betrieb eines Schiffes zurückgehen;

c) Bergung und Hilfeleistung;

d) nach Maßgabe einer Charterpartie oder auf andere Weise abgeschlossene Nutzungs- oder Mietverträge über ein Schiff;

e) nach Maßgabe einer Charterpartie oder eines Konnossements oder auf andere Weise abgeschlossene Verträge über die Beförderung von Gütern mit einem Schiff;

f) Verlust oder Beschädigung von zu Schiff beförderten Gütern einschließlich des Gepäcks;

g) große Haverei;

h) Bodmerei;

i) Schleppdienste;

j) Lotsendienste;

k) Lieferung von Gütern oder Ausrüstungsgegenständen an ein Schiff, gleichviel an welchem Ort, im Hinblick auf seinen Einsatz oder seine Instandhaltung;

l) Bau, Reparatur oder Ausrüstung eines Schiffes sowie Hafenabgaben;

m) Gehalt oder Heuer der Kapitäne, Schiffsoffiziere und Besatzungsmitglieder;

n) Auslagen des Kapitäns und der Ablader, Befrachter und Beauftragten für Rechnung des Schiffes oder seines Eigentümers;

o) Streitigkeiten über das Eigentum an einem Schiff;

p) Streitigkeiten zwischen Miteigentümern eines Schiffes über das Eigentum, den Besitz, den Einsatz oder die Erträgnisse dieses Schiffes;

q) Schiffshypotheken und sonstige vertragliche Pfandrechte an einem Schiff.

6. In Dänemark ist als „Arrest" für die in Nummer 5 Buchstaben o) und p) genannten Seeforderungen der „forbud" anzusehen, soweit hinsichtlich einer solchen Seeforderung nur ein „forbud" nach den §§ 646 bis 653 der Zivilprozeßordnung (lov om rettens pleje) zulässig ist.

7. In Island ist als „Arrest" für die in Nummer 5 Buchstaben o) und p) genannten Seeforderungen der „lögbann" anzusehen, soweit hinsichtlich einer solchen Seeforderung nur ein „lög-

**bann" nach Kapitel III des Gesetzes über Arrest und gerichtli-
che Verfügungen (lög um kyrrsetningu og lögbann) zulässig
ist.**

Die Bestimmung ist sachlich identisch mit Art. 36 des 1. Beitrittsübereinkommens 1978; durch Art. 17 des 3. Beitrittsübereinkommens 1989 bzw. LÜ wird sie in den Haupttext übernommen.

Titel VII. Verhältnis [zum Brüsseler Übereinkommen und] zu anderen Abkommen.

Textgeschichte: Die in eckige Klammern gesetzten Worte und Art. 54 b gibt es nur im LÜ.

Art. 54 b [Verhältnis zum Brüsseler Übereinkommen]

(1) **Dieses Übereinkommen läßt die Anwendung des am 27. September 1968 in Brüssel unterzeichneten Übereinkommens über die gerichtliche Zuständigkeit und die Vollstreckung gerichtlicher Entscheidungen in Zivil- und Handelssachen und des am 3. Juni 1971 in Luxemburg unterzeichneten Protokolls über die Auslegung des genannten Übereinkommens durch den Gerichtshof in der Fassung des Übereinkommens, mit denen die neuen Mitgliedstaaten der Europäischen Gemeinschaften jenem Übereinkommen und dessen Protokoll beigetreten sind, durch die Mitgliedstaaten der Europäischen Gemeinschaft unberührt. Das genannte Übereinkommen und dessen Protokoll zusammen werden nachstehend als „Brüsseler Übereinkommen" bezeichnet.**

(2) **Dieses Übereinkommen wird jedoch in jedem Fall angewandt**

a) in Fragen der gerichtlichen Zuständigkeit, wenn der Beklagte seinen Wohnsitz in dem Hoheitsgebiet eines Vertragsstaats hat, der nicht Mitglied der Europäischen Gemeinschaften ist, oder wenn die Gerichte eines solchen Vertragsstaats nach den Artikeln 16 oder 17 zuständig sind;

b) bei Rechtshängigkeit oder im Zusammenhang stehenden Verfahren im Sinne der Artikel 21 und 22, wenn Verfahren in einem den Europäischen Gemeinschaften nicht angehörenden und in einem den Europäischen Gemeinschaften angehörenden Vertragsstaat anhängig gemacht werden;

c) in Fragen der Anerkennung und Vollstreckung, wenn entweder der Ursprungsstaat oder der ersuchte Staat nicht Mitglied der Europäischen Gemeinschaften ist.

(3) **Außer aus den in Titel III vorgesehenen Gründen kann die Anerkennung oder Vollstreckung versagt werden, wenn sich der der Entscheidung zugrunde liegende Zuständigkeitsgrund von demjenigen unterscheidet, der sich aus diesem Übereinkommen**

**ergibt, und wenn die Anerkennung oder Vollstreckung gegen
eine Partei geltend gemacht wird, die ihren Wohnsitz in einem
nicht den Europäischen Gemeinschaften angehörenden Vertragsstaat hat, es sei denn, daß die Entscheidung anderweitig
nach dem Recht des ersuchten Staats anerkannt oder vollstreckt
werden kann.**

Textgeschichte: Gilt nur für Luganer Übereinkommen. Durch den
Maastrichter Vertrag wurde der Begriff „Europäische Gemeinschaften"
nicht durch den der „Europäischen Union" ersetzt.

Literatur: *Droz* Problèmes provoqués par l'imbrication des Conventions de Bruxelles de Lugano et de San Sebastian, in Etudes en l'honneur
Pierre Lalive (1993) 21 ff; *Saggio* in EuGH (Hsg) Internationale Zuständigkeit und Urteilsanerkennung in Europa (1993) 177 ff; *Carpenter* ebenda
213 ff.

1   1. Der Angelpunkt der Vorschrift ist ihr Abs. 2, der die Anwendung des LÜ regelt. Man ging zur Zeit seiner Redaktion davon
aus, daß zum Zeitpunkt des Inkrafttretens des LÜ alle Staaten der
EU auch Mitgliedstaaten des EuGVÜ sein würden. Wegen des
Beitritts neuer Mitgliedstaaten zur EU zum 1. 1. 1995 muß man die
Vorschrift einschränkend auslegen und zwischen solchen Mitglied-
staaten der EU unterscheiden, die auch Mitgliedstaaten des EuG-
VÜ sind, den Mitgliedsstaaten, die nur Mitgliedstaaten des LÜ
sind, Österreich (das weder Mitgliedstaat des EuGVÜ, noch des
LÜ ist), Norwegen, das nur Mitgliedstaat des LÜ aber nicht der
Europäischen Union ist, und Drittstaaten.

2   Wenn der Beklagte also seinen Wohnsitz in Schweden hat, richtet sich die Zuständigkeit (auch der deutschen Gerichte) ebenso
nach dem LÜ, wie wenn er seinen Wohnsitz in Norwegen hat
(Abs. 2 Buchst a). Auch die Wirksamkeit einer Gerichtsstandsvereinbarung richtet sich dann nach Art. 17 LÜ, der gegenüber dem
sonst textgleichen Art. 17 EuGVÜ dem Arbeitnehmer eine zusätzliche Option gibt, Art. 17 Rn 30.

3   Ebenso richten sich die Anerkennung und Vollstreckung im
deutsch/schwedischen wie im deutsch/norwegischen Verkehr sowie die Rechtshängigkeits- und Konnexitätssperre nach dem LÜ
(Abs. 2 Buchst b, c).

4   2. In allen anderen Fällen, auch wenn der Beklagte seinen Wohnsitz in einem Drittstaat hat, ist für Gerichte von Staaten, die dem
EuGVÜ angehören, dieses maßgebend, Abs. 1.

3. Abs. 3 betrifft den höchst seltenen Fall, daß sich die Zustän- 5
digkeitsgründe des EuGVÜ und des LÜ unterscheiden. Beispiel:
Eine in Deutschland ansässige Person vermietet ein in Italien gele-
genes Ferienhaus kurzfristig an eine in Frankreich wohnende Person. Nach dem EuGVÜ sind für Mietzinsklagen die italienischen
Gerichte ausschließlich zuständig, nach dem LÜ nicht, s. Art. 16
Nr 1 b. Das in Frankreich ergangene Urteil ist auch in Deutschland
und in Italien anerkennungspflichtig, in Schweden und Norwegen
nicht.

Art. 55 [Verhältnis zu anderen Abkommen]

Dieses Übereinkommen ersetzt unbeschadet der Vorschriften
des Artikels 54 Absatz 2 und des Artikels 56 die nachstehenden
zwischen zwei oder mehreren Vertragsstaaten geschlossenen
Abkommen:
...
– das am 15. Juni 1869 in Paris unterzeichnete französisch-
  schweizerische Abkommen über die gerichtliche Zuständigkeit und die Vollstreckung gerichtlicher Urteile in Zivilsachen;
– den am 19. November 1896 in Madrid unterzeichneten spa-
  nisch-schweizerischen Vertrag über die gegenseitige Vollstreckung gerichtlicher Urteile und Entscheidungen in Zivil-
  und Handelssachen;
– das am 2. November 1929 in Bern unterzeichnete deutsch-
  schweizerische Abkommen über die gegenseitige Anerkennung und Vollstreckung von gerichtlichen Entscheidungen
  und Schiedssprüchen;
– das am 3. Januar 1933 in Rom unterzeichnete italienisch-
  schweizerische Abkommen über die Anerkennung und Vollstreckung gerichtlicher Entscheidungen;
– das am 15. Januar 1936 in Stockholm unterzeichnete schwe-
  disch-schweizerische Abkommen über die Anerkennung und
  Vollstreckung von gerichtlichen Entscheidungen und
  Schiedssprüchen;
– das am 9. März 1936 in Rom unterzeichnete deutsch-italieni-
  sche Abkommen über die Anerkennung und Vollstreckung
  gerichtlicher Entscheidungen in Zivil- und Handelssachen;
– *das am 25. Oktober 1957 in Wien unterzeichnete belgisch-
  österreichische Abkommen über die gegenseitige Anerkennung und Vollstreckung von gerichtlichen Entscheidungen*

und öffentlichen Urkunden betreffend Unterhaltsverpflichtungen;

- das am 30. Juni 1958 in Bonn unterzeichnete deutsch-belgische Abkommen über die gegenseitige Anerkennung und Vollstreckung von gerichtlichen Entscheidungen, Schiedssprüchen und öffentlichen Urkunden in Zivil- und Handelssachen;

- das am 29. April 1959 in Bern unterzeichnete belgisch-schweizerische Abkommen über die Anerkennung und Vollstreckung von gerichtlichen Entscheidungen und Schiedssprüchen;

- *den am 6. Juni 1959 in Wien unterzeichneten deutsch-österreichischen Vertrag über die gegenseitige Anerkennung und Vollstreckung von gerichtlichen Entscheidungen, Vergleichen und öffentlichen Urkunden in Zivil- und Handelssachen;*

- *das am 16. Juni 1959 in Wien unterzeichnete belgisch-österreichische Abkommen über die gegenseitige Anerkennung und Vollstreckung von gerichtlichen Entscheidungen, Schiedssprüchen und öffentlichen Urkunden auf dem Gebiet des Zivil- und Handelsrechts;*

- das am 14. Juli 1960 in Bonn unterzeichnete deutsch-britische Abkommen über die gegenseitige Anerkennung und Vollstreckung von gerichtlichen Entscheidungen in Zivil- und Handelssachen;

- *den am 16. Dezember 1960 in Bern unterzeichneten österreichisch-schweizerischen Vertrag über die Anerkennung und Vollstreckung gerichtlicher Entscheidungen;*

- *den am 14. Juli 1961 in Wien unterzeichneten britisch-österreichischen Vertrag über die gegenseitige Anerkennung und Vollstreckung gerichtlicher Entscheidungen in Zivil- und Handelssachen und das am 6. März 1970 in London unterzeichnete Protokoll zur Abänderung dieses Vertrags;*

- den am 4. November 1961 in Athen unterzeichneten Vertrag zwischen der Bundesrepublik Deutschland und dem Königreich Griechenland über die gegenseitige Anerkennung und Vollstreckung von gerichtlichen Entscheidungen, Vergleichen und öffentlichen Urkunden in Zivil- und Handelssachen;

- den am 30. August 1962 in Den Haag unterzeichneten deutsch-niederländischen Vertrag über die gegenseitige Anerkennung und Vollstreckung gerichtlicher Entscheidungen und anderer Schuldtitel in Zivil- und Handelssachen;

- *das am 6. Februar 1963 in den Haag unterzeichnete niederländisch-österreichische Abkommen über die gegenseitige Anerkennung und Vollstreckung von gerichtlichen Entscheidun-*

gen und öffentlichen Urkunden auf dem Gebiet dies Zivil-
und Handelsrechts;

– das am 15. Juli 1966 in Wien unterzeichnete französisch-öster-
reichische Abkommen über die Anerkennung und die Vollstreckung von gerichtlichen Entscheidungen und öffentlichen
Urkunden auf dem Gebiet des Zivil- und Handelsrechts;

– das am 29. Juli in Luxemburg unterzeichnete luxemburgisch-
österreichische Abkommen über die Anerkennung und Vollstreckung von gerichtlichen Entscheidungen und öffentlichen
Urkunden auf dem Gebiet des Zivil- und Handelsrechts;

– das am 16. November 1971 in Rom unterzeichnete italienisch-
österreichische Abkommen über die Anerkennung und Vollstreckung von gerichtlichen Entscheidungen in Zivil- und
Handelssachen, von gerichtlichen Vergleichen und von Nota-
riatsakten;

– den am 17. Juni 1977 in Oslo unterzeichneten deutsch-nor-
wegischen Vertrag über die gegenseitige Anerkennung und
Vollstreckung gerichtlicher Entscheidungen und anderer
Schuldtitel in Zivil- und Handelssachen;

– das am 16. September 1982 in Stockholm unterzeichnete öster-
reichisch-schwedische Abkommen über die Anerkennung und
die Vollstreckung von Entscheidungen in Zivilsachen;

– den am 14. Nov. 1983 in Bonn unterzeichneten deutsch-spani-
schen Vertrag über die Anerkennung und Vollstreckung von
gerichtlichen Entscheidungen und Vergleiche sowie von vollstreckbaren öffentlichen Urkunden in Zivil- und Handelssachen;

– das am 17. Februar 1984 in Wien unterzeichnete österreichisch-
spanische Abkommen über die Anerkennung und Vollstrek-
kung von gerichtlichen Entscheidungen, Vergleichen und
vollstreckbaren öffentlichen Urkunden in Zivil- und Handelssachen;

– das am 21. Mai 1984 in Wien unterzeichnete norwegisch-öster-
reichische Abkommen über die Anerkennung und die Vollstreckung von Entscheidungen in Zivilsachen und

– das am 17. November 1986 in Wien unterzeichnete finnisch-
österreichische Abkommen über die Anerkennung und die
Vollstreckung von Entscheidungen in Zivilsachen.

Textgeschichte: Ergänzungen jeweils durch Beitrittsübereinkommen.
Hier abgedruckt Fassung des 3. Beitrittsübereinkommens und des LÜ. Abgedruckt sind hier nur die bilateralen Verträge, die Deutschland, Österreich

(kursiv, weil LÜ noch nicht ratifiziert) und die Schweiz mit EuGVÜ- oder LÜ-Staaten abgeschlossen hatten.

Es gibt keinen unter Beteiligung von Deutschland abgeschlossenen bilateralen Vertrag, in dem die Entscheidungszuständigkeit der Gerichte geregelt worden wäre. Allesamt regeln nur die Anerkennungszuständigkeit, d. h. die Frage, ob und gegebenenfalls wann ein Urteil aus dem Partnerstaat deshalb nicht anerkannt werden kann, weil es nicht von einem Gericht gefällt worden ist, dessen Zuständigkeit vom Abkommen anerkannt wird. Soweit von dem Rechtsgegenstand her ein bilateraler Vertrag „ersetzt" ist, kann er auch dann nicht mehr angewandt werden, wenn er im Einzelfall weniger strenge Anforderungen an die Anerkennung und Vollstreckung stellt (BGH NJW 93, 673).
Zur Weitergeltung dieser Abkommen für Entscheidungen aus früherer Zeit oder auf Rechtsgebieten, die nicht unter das EuGVÜ/ LÜ fallen s. Art. 56.

Art. 56 [Fortgeltung anderer Abkommen in vom EuGVÜ unberührten Rechtsgebieten]

(1) Die in Artikel 55 angeführten Abkommen und Verträge behalten ihre Wirksamkeit für die Rechtsgebiete, auf die dieses Übereinkommen nicht anzuwenden ist.

(2) Sie bleiben auch weiterhin für die Entscheidungen und die öffentlichen Urkunden wirksam, die vor Inkrafttreten dieses Übereinkommens ergangen oder aufgenommen sind.

Textgeschichte: unverändert.

1   Die Hauptbedeutung der Vorschrift liegt in ihrem Abs. 1. Die von Deutschland abgeschlossenen bilateralen Anerkennungs- und Vollstreckungsverträge erfassen zum großen Teil auch **familien- und erbrechtliche Angelegenheiten.** Die vom EuGH favorisierte vertragsautonome Auslegung von Begriffen kann dazu führen, daß in bilateralen Anerkennung- und Vollstreckungsverträgen Begriffe, die wortgleich mit jenen sind, die in Art. 1 verwandt werden, weiter als dort auszulegen sind, so daß ein Restanwendungsbereich des bilateralen Abkommens bleibt. Eine rechtliche Sondermaterie, die der EuGH nicht als Zivil- oder Handelssache angesehen hat, Art. 1 Rn 7, hat mit seiner Billigung (EuGHE 1977, 1527 = NJW 78, 483 – *Geimer*) der BGH (NJW 78, 1113) als Zivil- und Handelssache im Sinne des deutsch-belgischen Abkommens eingeordnet.

Abs. 2 regelt den intertemporalen Anwendungsbereich des 2
Übereinkommens. Ergänzt wird die Vorschrift durch Art. 54
Abs. 2 und die in der Erläuterung dazu genannten Übergangsvorschriften aus Beitrittsübereinkommen. Auf diese Weise kann dem
bilateralen Übereinkommen auch bezüglich Urteilen, die nach Inkrafttreten des EuGVÜ/LÜ im Urteilsstaat ergangen sind, noch
Bedeutung zuwachsen, s. Art. 54.

Art. 57 [Fortgeltung anderer Abkommen in vom EuGVÜ berührten Rechtsgebieten]

(1) **Dieses Übereinkommen läßt Übereinkommen unberührt,
denen die Vertragsstaaten angehören oder angehören werden
und die für besondere Rechtsgebiete die gerichtliche Zuständigkeit, die Anerkennung oder die Vollstreckung von Entscheidungen regeln.**

(2) **Um eine einheitliche Auslegung des Abs. 1 zu sichern, wird
dieser Abs. in folgender Weise angewandt:**
a) **Dieses Übereinkommen schließt nicht aus, daß ein Gericht
eines Vertragsstaats, der Vertragspartei eines Übereinkommens über ein besonderes Rechtsgebiet ist, seine Zuständigkeit auf ein solches Übereinkommen stützt, und zwar auch
dann, wenn der Beklagte seinen Wohnsitz in dem Hoheitsgebiet eines Vertragsstaats hat, der nicht Vertragspartei eines
solchen Übereinkommens ist. In jedem Fall wendet dieses Gericht Art. 20 des vorliegenden Übereinkommens an;**
b) **Entscheidungen, die in einem Vertragsstaat von einem Gericht erlassen worden sind, das seine Zuständigkeit auf ein
Übereinkommen über ein besonderes Rechtsgebiet gestützt
hat, werden in den anderen Vertragsstaaten nach den vorliegenden Übereinkommen anerkannt und vollstreckt. Sind der
Ursprungsstaat und der ersuchte Staat Vertragsparteien eines
Übereinkommens über ein besonderes Rechtsgebiet, welches
die Voraussetzungen für die Anerkennung und Vollstreckung
von Entscheidungen regelt, so gelten diese Vorschriften. In
jedem Fall können die Bestimmungen des vorliegenden
Übereinkommens über das Verfahren zur Anerkennung und
Vollstreckung von Entscheidungen angewandt werden.**

(3) **Dieses Übereinkommen berührt nicht die Anwendung der
Bestimmungen, die für besondere Rechtsgebiete die gerichtliche
Zuständigkeit, die Anerkennung oder Vollstreckung von Ent-
scheidungen regeln und in Rechtsakten der Organe der Europäi-**

schen Gemeinschaften oder in dem in Ausführung dieser Akte harmonisierten einzelstaatlichen Rechte enthalten sind.

Art. 57 Abs. 2–5 LÜ sind etwas anders redigiert:

(2) **Dieses Übereinkommen schließt nicht aus, daß ein Gericht eines Vertragsstaats, der Vertragspartei eines Übereinkommens nach Abs. 1 ist, seine Zuständigkeit auf ein solches Übereinkommen stützt, und zwar auch dann, wenn der Beklagte seinen Wohnsitz in dem Hoheitsgebiet eines Vertragsstaats hat, der nicht Vertragspartei eines solchen Übereinkommens ist. In jedem Fall wendet das Gericht Art. 20 an.**

(3) **Entscheidungen, die in einem Vertragsstaat von einem Gericht erlassen worden sind, das seine Zuständigkeit auf ein in Abs. 1 bezeichnetes Übereinkommen gestützt hat, werden in den anderen Vertragsstaaten nach Titel III anerkannt und vollstreckt.**

(4) **Außer aus den in Titel III vorgesehenen Gründen kann die Anerkennung und Vollstreckung versagt werden, wenn der ersuchte Staat nicht Vertragspartei eines in Abs. 1 bezeichneten Übereinkommens ist und wenn die Person, gegen die die Anerkennung und Vollstreckung geltend gemacht wird, ihren Wohnsitz in diesem Staat hat, es sei denn, daß die Entscheidung nach einer anderen Rechtsvorschrift des ersuchten Staates anerkannt oder vollstreckt werden kann.**

(5) **Sind der Ursprungsstaat und der ersuchte Staat Vertragsparteien eines in Abs. 1 bezeichneten Übereinkommens, welches die Voraussetzungen für die Anerkennung und Vollstreckung von Entscheidungen regelt, so gelten diese Voraussetzungen. In jedem Fall können die Bestimmungen des vorliegenden Übereinkommens über das Verfahren zur Anerkennung und Vollstreckung von Entscheidungen angewandt werden.**

Textgeschichte: Der jetzige Abs. 2 war ursprünglich eine im 1. Beitrittsübereinkommen vorgenommene authentische Interpretation. Sie ist durch das 3. Beitrittsübereinkommen in den Text von Art. 57 überführt worden. Dabei wurden die Abs. 1 und 3 redaktionell in einer inhaltlich unbedeutenden Kleinigkeit geändert. Die redaktionelle Sondergestaltung im LÜ hat auch einen inhaltlichen Grund, Rn 10.

Literatur: G. *Gaja* Sui rapporti fra la convenzione di Bruxelles e le altre norme concernenti la giurisdizione e il riconoscimento di sentenze straniere, Riv. dir. int. priv. proc. 91, 253 ff; *Paul Volken* La Convention de Lugano dans ses rapports avec la loi de LDIPE avec d'autres conventions internationales, in Gillard, L'espace judiciaire européen (1992) 154 ff.

Die Vorschrift hat nicht nur den Sinn, den Vertragsstaaten die 1
Situation zu ersparen, nach dem EuGVÜ/LÜ zu etwas verpflichtet
zu sein, was Verpflichtungen aus früheren Verträgen zuwiderläuft.
Vielmehr sollen EuGVÜ/LÜ generell die Entwicklung des Rechts
auf Spezialgebieten nicht hemmen. Daher hat man den Staaten eine
Blankoermächtigung gegeben, mit anderen Staaten, auch Drittstaaten, auf Spezialgebieten beliebige Verträge über die gerichtliche
Zuständigkeit sowie die Anerkennung und Vollstreckung gerichtlicher Entscheidungen zu schließen. Art. 57 ist auch anwendbar auf
nationales Recht, das internationale Verträge umsetzt (*The Po* 2
Lloyds Rep [1991] 206).

Die denkbaren Konstellationen des Verhältnisses von Spezialübereinkommen zum EuGVÜ/LÜ sind unüberschaubar vielgestal-
tig (dazu *Schlosser*-Bericht Rn 239). Die wichtigsten werden nach-
folgend besprochen.

I. Fälle, die keine Beziehungen zu Drittstaaten aufweisen

1. Es kann sein, daß in einem Vertragsstaat des EuGVÜ/LÜ 2
gegenüber einer Person mit Wohnsitz in einem anderen Vertragsstaat aufgrund eines in **beiden Staaten geltenden Spezialübereinkommens** eine Zuständigkeitsvorschrift geltend gemacht wird, die
im EuGVÜ/LÜ kein Gegenstück hat, etwa der Gerichtsstand des
Bestimmungsortes aus einem Verkehrsübereinkommen. Das Gericht ist aufgrund dieser Sonderbestimmung zuständig. Nach
Abs. 2 Buchst. b) S. 1 werden solche Entscheidungen nach dem
EuGVÜ/LÜ anerkannt und vollstreckt. Es gilt demnach auch
Art. 28 Abs 3. Ob das Gericht seine Zuständigkeit zu Recht angenommen hat, darf nicht mehr nachgeprüft werden. Letzteres ergibt
sich auch schon daraus, daß es nur darauf ankommt, ob das Gericht
im Ursprungsstaat seine Zuständigkeit auf eine Norm eines Spezialübereinkommens „gestützt" hat (*MünchKommZPO-Gottwald*
Rn 6).

Gerichtsstandvorschriften im EuGVÜ/LÜ sind aber **wahlweise anwendbar**, wenn die im Spezialübereinkommen vorgesehenen
Gerichtsstände nicht ihrem Sinn nach abschließend gemeint sind
(*The Deichland* [1984] 3 WLR 478, 489, 498, C. A.). Bei Regelungen in Spezialübereinkommen ist auch sonst zu fragen, ob nach
deren Sinn die Vorschriften des EuGVÜ/LÜ ganz oder teilweise
daneben anwendbar bleiben (*MünchKommZPO-Gottwald* Rn 4).
Ob eine Gerichtsstandsvereinbarung nach Art. 31 Abs. 1 CMR

durch Art. 17 EuGVÜ formbedürftig geworden ist, ist strittig (bejahend Tribunale Turin, Riv.dir.int.priv.proc. 84, 586; *Kropholler* Rn 4. **AA** LG Aachen RIW 76, 588; *Majoros RabelsZ* 82, 108). Bezüglich des Verbots der Ausschließlichkeit einer Gerichtsstandsvereinbarung beansprucht das CMR aber Vorrang (Kh Antwerpen Europ. trans. L. 76, 691).

Das wohl wichtigste Spezialübereinkommen ist das Brüsseler Übereinkommen vom 10. 5. 1952 (BGBl V 1972 S. 653) über die Vereinheitlichung von Regeln über den Arrest in Seeschiffe. Es gilt aber nicht, sobald ein Arrest wegen der Leistung von Sicherheit aufgehoben worden ist (*The Deichland* [1989] 3 W. L.R 478, 498).

3   **2.** Ein Spezialübereinkommen kann sowohl die Voraussetzungen für **Anerkennung und Vollstreckung regeln als auch ausschließlich ein bestimmtes Anerkennungs- und Vollstreckungsverfahren** zur Verfügung stellen (*Baumann* Anerkennung und Vollstreckung ausländischer Entscheidungen in Unterhaltssachen [1989] 171; *Geimer* IPRax 92, 8) Beispiel: Kindesentführungsfälle sind meist Zivilsachen. Nach den einschlägigen Übereinkommen (v. 20. 5. 80, BGBl 90 II S. 220 und v. 25. 10. 80, BGBl 90 II S. 207) ist aber das Verfahren der Vollstreckung ausländischer Entscheidungen dort abschließend geregelt. Trotz Abs. 2 Buchst. b) S. 3 ist dies zulässig.

4   **3.** Letzter Satz von Absatz 2 gilt nämlich nur, wenn die Anwendung der Verfahrensvorschriften des EuGVÜ/LÜ nicht einem Ausschließlichkeitsanspruch des Spezialübereinkommens, insbesondere auch seinem Sinn, widerspricht. Meist enthalten die Spezialübereinkommen aber keine oder nur rudimentäre Bestimmungen über das Vollstreckbarkeitsverfahren, gelegentlich sogar ausdrücklich eine Meistbegünstigungsklausel. Solche „offenen" Übereinkommen fängt Abs. 2 Buchst. b S. 3 ein. Das gilt insbesondere für das HUVÜ 1973 (BGBl 86 II S. 826). Das bedeutet folgendes: Schon aufgrund von Abs. 2 Buchst. b S. 3 sind die Artt. 31 ff anwendbar. Der Antragsteller kann aber wahlweise auch das autonome Vollstreckbarerklärungsverfahren des ersuchten Staates wählen (Koblenz IPRax 92, 35, zust. *Geimer* 5 ff mwN). In Deutschland gilt nach § 35 Nr. 2 AVAG das ganz dem EuGVÜ nachgebildete vereinfachte Vollstreckbarerklärungsverfahren dieses Gesetzes. Artt. 31 ff können nicht nur anstatt des Rechts des Vollstreckungsstaates, Art. 13 HUVÜ, angewandt werden, sondern auch Erleichterungen in Formalien bringen, also etwa die Vorlage eines Zeugnisses, daß gegen die Entscheidung im Ursprungsstaat kein ordentliches Rechtsmittel zulässig ist, Art. 17 Abs. 1 Nr. 3 HUVÜ, entbehrlich machen oder die Zustellung eines verfahrenseinleitenden Schriftstücks genügend sein lassen, das nicht die wesentlichen Klagegründe, Art. 17 Abs. 1 Nr. 3 HUVÜ, enthielt.

4. Einige Spezialübereinkommen regeln die Voraussetzungen 5 der Anerkennung. So sind diese Voraussetzungen in Art. 5 HUVÜ teils liberaler (keine dem Art. 27 Nr. 4 EuGVÜ entsprechende Vorschrift), teils strenger (Mißachtung der Rechtshängigkeit ist Versagungsgrund, s. Artt. 27 ff Rn 25) als jene des EuGVÜ. Der Gläubiger kann sich dann auf das Nichtvorliegen von Anerkennungsversagungsgründen nach dem HUVÜ stützen, Abs. 2 Buchst. b) S. 2. Nach der Meistbegünstigungsregel des Art. 23 kann er sich aber auch auf das Fehlen eines Anerkennungsversagungsgrundes nach dem EuGVÜ berufen (*Cour de Cassation* Rev. crit. 95, 68 ff Anm. *B. Ancel*). Der Richter hat sogar von Amts wegen die anerkennungsfreundlichere Rechtsgrundlage anzuwenden, was vor allem bedeutet, daß im ersuchten Staat eine Prüfung der Zuständigkeit des Gerichts im Ursprungsstaat unterbleibt.

Die Einbeziehung von Art. 20 durch Abs. 2 Buchst. a) S. 2 be- 6 deutet, daß dessen Abs. 2, 3 auch gelten, wenn das angegangene Gericht nur aufgrund einer Vorschrift in einem Spezialübereinkommen zuständig sein kann. Die Anwendung von Art. 20 Abs. 1 besagt, daß die Klage nur dann abzuweisen ist, wenn sich eine Zuständigkeit auch nicht aufgrund eines Spezialübereinkommens ergibt (*MünchKommZPO-Gottwald* Rn 5).

Die Bestimmungen des EuGVÜ/LÜ über **Rechtshängigkeit und Konnexität** von Verfahren finden immer Anwendung, auch wenn das Gericht in einem anderen Vertragsstaat aufgrund der Vorschriften eines Spezialübereinkommens angerufen wird (EuGHE 1994, 5439 *Macieji Ratay*).

II. Fälle mit Beziehungen zu Drittstaaten

1. Hat der Beklagte Wohnsitz in einem Drittstaat, so geht eine 6 Zuständigkeitsvorschrift in einem Spezialübereinkommen, etwa die die möglichen Gerichtsstände beschränkenden Vorschriften in den internationalen Transportübereinkommen, dem Art. 4 vor.

2. Ein Urteil aus einem Drittstaat kann ausschließlich aufgrund 7 des Spezialübereinkommens, mit dem der ersuchte Staat verbun-

den ist, anerkannt und für vollstreckbar erklärt werden. Daneben
bleibt in Deutschland freilich der Weg über §§ 328, 722f ZPO.

8 **3.** Auch wenn der ersuchte Staat nicht am Spezialübereinkommen beteiligt ist, hat das dortige Gericht ein Urteil auch dann
anzuerkennen, wenn das Gericht im Ursprungsstaat seine Zuständigkeit auf ein solches Spezialübereinkommen „gestützt" hat
(*Schlosser*-Bericht Rn 245; allgM), Rn 2. Diese Regelung hat im LÜ
kein Gegenstück, s. Rn 10.

III. Sekundäres und anderes staatsvertragliches Gemeinschaftsrecht

9 Abs. 3 macht einen Vorbehalt zugunsten künftig etwa entstehenden sekundären Gemeinschaftsrechts. Derzeit existiert ein solches,
das die gerichtliche Zuständigkeit oder die Anerkennung bzw.
Vollstreckung gerichtlicher Entscheidungen regelte, nicht.

Sonderregelungen gelten im **Patentrecht**. Das Luxemburger
Übereinkommen über das Europäische Patent idFv. 21. 12. 1989
(BGBl 1991 II 1354 – noch nicht in Kraft) und insbesondere das
dazugehörende sog. Streitbeilegungsprotokoll enthalten dem EuG-
VÜ vorgehende Sonderregelungen sowohl im Zuständigkeits- wie
im Anerkennungsbereich (s. *Ullmann* PatG Intl. Rn 156 ff mLitN).
Auch zu dem über den EG-Bereich hinausgreifenden Münchner
Übereinkommen, das das Patenterteilungsverfahren für ein Bündel
nationaler Patente regelt, gibt es ein besonderes „Anerkennungs-
protokoll" (BGBl 1976 II 982).

IV. Lugano-Übereinkommen

10 Der sachliche Unterschied in der Regelung des LÜ besteht darin,
daß sich die Staaten, die nicht der EU angehören, nicht bereit
finden wollten, im ersuchten Staat auf die Überprüfung der internationalen Zuständigkeit des Gerichts des Ursprungsstaats zu verzichten, wenn diese nur auf ein Spezialübereinkommen zu stützen
war, dem der ersuchte Staat nicht angehört, Abs. 4 (näher erläutert
im *Jenard/Möller*-Bericht Rn 82). Auch dies gilt aber wiederum nur,
wenn der Antragsgegner seinen Wohnsitz im Vollstreckungsstaat
hat. Voraussetzung ist freilich, daß das Gericht im Ursprungsstaat
seine Entscheidung wirklich auf die Zuständigkeitsnormen in ei-

nem Spezialübereinkommen „gestützt" hat, nicht aber wenn das Gericht im ersuchten Staat nur meint, lediglich auf ein Spezialübereinkommen hätte diese Zuständigkeit richtigerweise gestützt werden können.

Art. 58

Vom Abdruck des Textes und Besprechung wurde abgesehen, weil die Bestimmung durch Inkrafttreten des Lugano-Übereinkommens für Frankreich und die Schweiz und die damit einhergehende Aufhebung des französischen-schweizerischen Vertrags obsolet geworden ist.

Art. 59 [Maßgaben für bilaterale Abkommen mit Drittstaaten]

(1) Dieses Übereinkommen hindert einen Vertragsstaat nicht, sich gegenüber einem dritten Staat im Rahmen eines Abkommens über die Anerkennung und Vollstreckung von Urteilen zu verpflichten, Entscheidungen der Gerichte eines anderen Vertragsstaats gegen Beklagte, die ihren Wohnsitz oder gewöhnlichen Aufenthalt in dem Hoheitsgebiet des dritten Staates haben, nicht anzuerkennen, wenn die Entscheidungen in den Fällen des Artikels 4 nur in einem der in Artikel 3 Absatz 2 angeführten Gerichtstände ergehen können.

(2) Kein Vertragsstaat kann sich jedoch gegenüber einem dritten Staat verpflichten, eine Entscheidung nicht anzuerkennen, die in einem anderen Vertragsstaat durch ein Gericht gefällt wurde, dessen Zuständigkeit auf das Vorhandensein von Vermögenswerten des Beklagten in diesem Staat oder die Beschlagnahme von dort vorhandenem Vermögen durch den Kläger gegründet ist,

1. wenn die Klage erhoben wird, um Eigentums- oder Inhaberrechte hinsichtlich dieses Vermögens festzustellen oder anzumelden oder um Verfügungsgewalt darüber zu erhalten, oder wenn die Klage sich aus einer anderen Streitsache im Zusammenhang mit diesem Vermögen ergibt, oder

2. wenn das Vermögen die Sicherheit für einen Anspruch darstellt, der Gegenstand des Verfahrens ist.

Titel VIII. Schlußvorschriften

Art. 60 [Text nicht abgedruckt]

Betrifft den territorialen Anwendungsbereich. Nicht abgedruckt und kommentiert. Die Nennung von Grönland in Abs. 1 ist obsolet (BGBl II 1985 S. 73, 589). Das Übereinkommen gilt nicht in Andorra, Monaco, San Marino oder Vatikanstaat. Erstreckungserklärungen auf die Färöer, die Kanalinseln (BGH RIW 95, 150), die Insel Man oder Gibraltar sind nicht abgegeben worden. Das LÜ gilt nicht für Liechtenstein. In Art. 60 LÜ Regelung zu möglichen künftigen Vertragsstaaten.

Art. 61 [Text nicht abgedruckt]

Art. 62 [Inkrafttreten]

Dieses Übereinkommen tritt am ersten Tage des dritten Monats in kraft, der auf die Hinterlegung der Ratifikationsurkunde durch denjenigen Unterzeichnerstaat folgt, der diese Förmlichkeit als letzter vornimmt.

Entsprechende Regelungen in den Beitrittsübereinkommen bezogen auf die Hinterlegung durch jenen Staat, dessen Beitritt zum Inkrafttreten allgemein oder für ihn selbst geführt hat.

Art. 63–64 [Texte nicht abgedruckt]

Art. 65 [Protokoll]

Das diesem Übereinkommen in gegenseitigem Einverständnis beigefügte Protokoll ist Bestandteil dieses Übereinkommens.

Art. 67, 68 Texte nicht abgedruckt]

Authentische Sprachen des EuGVÜ sind nach dem 3. Beitrittsübereinkommen deutsch, französisch, italienisch, niederländisch, dänisch, englisch, irisch, griechisch, spanisch, portugiesisch.

Protokolle

Protokoll EuGVÜ

Vom 27. 9. 1968 (BGBl. 1972 II, S. 808)
idF des 2. Beitrittsübereinkommens vom 25. Oktober 1982 (BGBl. 1988 II,
S. 253 – s. Einl. EuGVÜ Rn 12 und Art. 65 EuGVÜ)

Art. I [Wohnsitz in Luxemburg]

(1) Jede Person, die ihren Wohnsitz in Luxemburg hat und vor
dem Gericht eines anderen Vertragsstaats auf Grund des Artikels
5 Nr. 1 verklagt wird, kann die Unzuständigkeit dieses Gerichts
geltend machen. Läßt sich der Beklagte auf das Verfahren nicht
ein, so erklärt sich das Gericht von Amts wegen für unzuständig.

(2) Jede Gerichtsstandsvereinbarung im Sinne des Artikels 17
ist für eine Person, die ihren Wohnsitz in Luxemburg hat, nur
dann wirksam, wenn diese sie ausdrücklich und besonders angenommen hat.

Art. II [Maßgaben für das Strafverfahren]

(1) Unbeschadet günstigerer innerstaatlicher Vorschriften
können Personen, die ihren Wohnsitz in einem Vertragsstaat haben und die vor den Strafgerichten eines anderen Vertragsstaats,
dessen Staatsangehörigkeit sie nicht besitzen, wegen einer fahr-
lässig begangenen Straftat verfolgt werden, sich von hierzu befugten Personen verteidigen lassen, selbst wenn sie persönlich
nicht erscheinen.

(2) Das Gericht kann jedoch das persönliche Erscheinen anordnen; wird diese Anordnung nicht befolgt, so braucht die Entscheidung, die über den Anspruch aus einem Rechtsverhältnis
ergangen ist, ohne daß sich der Angeklagte verteidigen konnte,
in den anderen Vertragsstaaten weder anerkannt noch vollstreckt zu werden.

Art. III [Gebühren]

In dem Vollstreckungsstaat dürfen in dem Verfahren auf Erteilung der Vollstreckungsklausel keine nach dem Streitwert abgestuften Stempelabgaben oder Gebühren erhoben werden.

Art. IV [Übermittlung von Schriftstücken]

(1) Gerichtliche und außergerichtliche Schriftstücke, die in einem Vertragsstaat ausgefertigt sind und einer in dem Hoheitsgebiet eines anderen Vertragsstaats befindlichen Person zugestellt werden sollen, werden nach den zwischen den Vertragsstaaten geltenden Übereinkommen oder Vereinbarungen übermittelt.

(2) Sofern der Staat, in dessen Hoheitsgebiet die Zustellung bewirkt werden soll, nicht durch eine Erklärung, die an den Generalsekretär des Rates der Europäischen Gemeinschaften zu richten ist, widersprochen hat,[1] können diese Schriftstücke auch von den gerichtlichen Amtspersonen des Staates, in dem sie angefertigt worden sind, unmittelbar den gerichtlichen Amtspersonen des Staates übersandt werden, in dessen Hoheitsgebiet sich die Person befindet, für welche das Schriftstück bestimmt ist. In diesem Fall übersendet die gerichtliche Amtsperson des Ursprungsstaats eine Abschrift des Schriftstücks der gerichtlichen Amtsperson des Bestimmungslands, die für die Übermittlung an den Empfänger zuständig ist. Diese Übermittlung wird in den Formen vorgenommen, die das Recht des Bestimmungslands vorsieht. Sie wird durch ein Zeugnis festgestellt, das der gerichtlichen Amtsperson des Ursprungsstaates unmittelbar zugesandt wird.

Art. V [Intervention und Streitverkündung in der Bundesrepublik]

(1) Die in Artikel 6 Nr. 2 und Artikel 10 für eine Gewährsleistung- oder Interventionsklage vorgesehene Zuständigkeit kann in der Bundesrepublik Deutschland nicht geltend gemacht werden. In der Bundesrepublik Deutschland kann jede Person, die ihren Wohnsitz in einem anderen Vertragsstaat hat, nach den §§ 68, 72 bis 74 der Zivilprozeßordnung, die für die Streitverkündigung gelten, vor Gericht geladen werden.

(2) Entscheidungen, die in den anderen Vertragsstaaten auf Grund des Artikels 6 Nr. 2 und des Artikels 10 ergangen sind,

---

[1] Widersprochen hat nur Deutschland, Art. 1 HZÜ Rn 9.

werden in der Bundesrepublik Deutschland nach Titel III anerkannt und vollstreckt. Die Wirkungen, welche die in der Bundesrepublik Deutschland ergangenen Entscheidungen nach den
§§ 68, 72 bis 74 der Zivilprozeßordnung gegenüber Dritten haben, werden auch in den anderen Vertragsstaaten anerkannt.

**Art. Va [Erweiterer Gerichtsbegriff in dänischen Unter-
haltssachen]**
In Unterhaltssachen umfaßt der Begriff Gericht auch dänische
Verwaltungsbehörden.

Art. Vb–VI [Vom Abdruck wurde abgesehen]

Protokoll betreffend die Auslegung des Übereinkommens vom 27. September 1968 über die gerichtliche Zuständigkeit und die Vollstreckung gerichtlicher Entscheidungen in Zivil- und Handelssachen durch den Gerichtshof

Vom 3. 6. 1971 (BGBl. 1972 II S. 846)
idF des 3. Beitrittsübereinkommens s. Einl. EuGVÜ Rn 12

Vorbemerkungen

1   Das Verfahren der Vorlage einzelner Rechtsfragen (nicht: des gesammten Rechtsfalls) ist weitgehend dem Verfahren nach Art. 177 EWGV (heute EGV) nachgebildet, was seinen markanten Niederschlag in Art. 5 gefunden hat. Die Sorge, der Gerichtshof könne durch eine Unzahl von Vorlagen überschwemmt werden, hat aber dazu geführt, daß man die Zahl der vorlageberechtigten Gerichte eingeschränkt hat. Erstinstanzliche Gerichte sind zur Vorlage nicht berechtigt. Das Bundesverfassungsgericht ist nicht erwähnt. Gleichwohl wird man es den Obersten Gerichtshöfen des Bundes gleichzustellen haben. Wie im Rahmen von Art. 177 EGV auch reicht es zur Vorlageberechtigung nicht aus, daß eine Partei eine einschlägige Rechtsfrage „stellt". Vielmehr muß es sich um eine ernsthafte Rechtsfrage handeln, die vom Gerichtshof noch nicht entschieden ist. Liegt der Sinn einer Vorschrift klar zutage, so muß und darf nicht vorgelegt werden. Allerdings weist der Gerichtshof Vorlagen nicht deshalb als unzulässig zurück, weil er meint, die Antwort liege klar auf der Hand.

2   Nur die jeweiligen obersten Gerichtshöfe der Mitgliedstaaten, in Deutschland also die **Obersten Gerichtshöfe des Bundes**, sind zur Vorlage nicht nur berechtigt, sondern auch verpflichtet. Anders als im Rahmen von Art. 177 EGV sind andere Gerichte also nicht zur Vorlage verpflichtet, auch nicht, wenn sie letztinstanzlich entscheiden. Eine Anpassung von Art. 2 des Protokolls an Art. 177 EGV wäre indes wünschenswert, weil es im Lichte des bisherigen Geschäftsanfalls in EuGVÜ-Vorlagesachen nicht zu Verhältnissen gekommen ist, die eine Differenzierung weiter rechtfertigen. Die nicht vorlagepflichtigen Gerichte sollten bei ihrer Ermessensentscheidung folgendes berücksichtigen: Unterliegt die zu erwartende

Entscheidung der Revision, dann sollte besser gleich vorgelegt werden, weil das Revisionsgericht ohnehin vorlageverpflichtet sein wird; im übrigen ist zwischen der Bedeutung der anstehenden Rechtsfrage für die europäische Rechtseinheit einerseits und der Rechtsschutzverzögerung um etwa zwei Jahre, die das Vorlageverfahren heraufbeschwört, andererseits abzuwägen. Bedenkt man, daß es entweder um die Klärung der Zuständigkeit oder um das Anrecht auf rasche Vollstreckung ausländischer Titel geht, ist von einer Vorlage Abstand zu nehmen, wenn es nur um seltener auftretende rechtliche Spezialfragen geht.

Die **Vorlagepflicht** nach Art. 3 ist entgegen bisheriger einhelliger Annahme **nicht absolut** zu verstehen. Art. 3 gerät mit **Art. 6 EMRK** in Konflikt, wenn das Vorlageverfahren den Anspruch der Prozeßparteien auf ein zügiges Verfahren beeinträchtigen würde. Die obersten Gerichtshöfe der Mitgliedsstaaten müssen im Einzelfall abwägen, welche Pflicht aus welchem der beiden völkerrechtlichen Regelungswerke schwerer wiegt. Je weniger Breitenwirkung von der zu klärenden Rechtsfrage zu erwarten ist, umso eher sollte der Anspruch der Parteien auf ein zügiges Verfahren Vorrang haben. Aus Art. 6 EMRK folgt nämlich, daß die Parteien vor allem ein Anrecht darauf haben, zügig zu erfahren, ob das angerufene Gericht zuständig ist. Eine etwa schon bisher schlampige und verzögerliche Behandlung des Rechtsstreits vor den nationalen Gerichten kann dem Anspruch der Parteien auf eine zügige Klärung der Zuständigkeitsfrage oder der Vollstreckbarkeitsvoraussetzungen nicht entgegengehalten werden. Ist in einem Parallelverfahren die Frage schon vorgelegt, so sollte ausgesetzt werden (*Geimer* RIW 94, 61, str.) **3**

In einem Fall, in dem für das Verhältnis von England zu Schottland durch Gesetzgebung des VK Regeln aus dem EuGVÜ eingeführt worden waren, hat der EuGH seine Auslegungszuständigkeit geleugnet (1995 I 615 Rs C 346/93 v. 28. 3. 95 – „Kleinwort Benson"). **4**

Das in Art. 4 vorgesehene abstrakte Auslegungsverfahren ist bisher noch nicht praktiziert worden. In Deutschland ist der Generalbundesanwalt zuständig, s. Bem. Art. 4. **5**

Art. 1 [Auslegung durch den EuGH]

(1) **Der Gerichtshof der Europäischen Gemeinschaften entscheidet über die Auslegung des am 27. September 1968 in Brüssel unterzeichneten Übereinkommens über die gerichtliche Zu-**

ständigkeit und die Vollstreckung gerichtlicher Entscheidungen in Zivil- und Handelssachen, des dem Übereinkommen beigefügten, am selben Tag und am selben Ort unterzeichneten Protokolls und über die Auslegung des vorliegenden Protokolls.

(2) Der Gerichtshof der Europäischen Gemeinschaften entscheidet ebenfalls über die Auslegung des Übereinkommens über den Beitritt des Königreichs Dänemark, Irlands und des Vereinigten Königreichs Großbritannien und Nordirland zum Übereinkommen vom 27. September 1968 und zum vorliegenden Protokoll.

(3) Der Gerichtshof der Europäischen Gemeinschaften entscheidet ebenfalls über die Auslegung des Übereinkommens über den Beitritt der Republik Griechenland zum Übereinkommen vom 27. September 1968 und zum vorliegenden Protokoll in der Fassung des Übereinkommens von 1978.

(4) Der Gerichtshof der Europäischen Gemeinschaften entscheidet ebenfalls über die Auslegung des Übereinkommens über den Beitritt des Königreichs Spanien und der portugiesischen Republik zum Übereinkommen vom 27. September 1968 und zum vorliegenden Protokoll in der Fassung des Übereinkommens von 1978 und 1982.

Art. 2 [Vorlageberechtigte Gerichte]

Folgende Gerichte können dem Gerichtshof eine Auslegungsfrage zur Vorabentscheidung vorlegen:

1. – in Belgien: die „Cour de Cassation" – „Hof von Cassatic" und der „Conseil d'État" – „Raad van State",
   – in Dänemark: „Højesteret",
   – in der Bundesrepublik Deutschland: die obersten Gerichtshöfe des Bundes,
   – in Griechenland: „τα ανώτατα Δικδτήρια"
   – in Spanien: „el Tribunal Supremo",
   – in Frankreich: die „Cour de Cassation" und der „Conseil d'État,
   – in Irland: der „Supreme Court",
   – in Italien: die „Corte Suprema di Cassazione",
   – in Luxemburg: die „Cour supérieure de Justice siégeant comme Cour de Cassation",
   – in den Niederlanden: der „Hoge Raad",
   – in Portugal: „o Supremo Tribunal de Justiçia" und „o Supremo Tribunal Administrativo",

- im Vereinigten Königreich: das „House of Lords" und die nach Artikel 37 Absatz 2 oder Artikel 41 des Übereinkommens befaßten Gerichte;

2. – die Gerichte der Vertragsstaaten, sofern sie als Rechtsmittelinstanz entscheiden;

3. in den Artikeln 37 des Übereinkommens vorgesehenen Fällen die in dem genannten Artikel angeführten Gerichte.

Art. 3 [Verpflichtung zur Vorlage entscheidungserheblicher Auslegungsfragen]

(1) Wird eine Frage zur Auslegung des Übereinkommens oder einer anderen in Artikel 1 genannten Übereinkunft in einem schwebenden Verfahren bei einem der in Artikel 2 Nr. 1 angeführten Gerichte gestellt und hält dieses Gericht eine Entscheidung darüber zum Erlaß seines Urteils für erforderlich, so ist es verpflichtet, diese Frage dem Gerichtshof zur Entscheidung vorzulegen.

(2) Wird eine derartige Frage einem der in Artikel 2 Nr. 2 und 3 angeführten Gerichte gestellt, so kann dieses Gericht unter den in Absatz 1 festgelegten Voraussetzungen diese Frage dem Gerichtshof zur Entscheidung vorlegen.

In Art. 2 des deutschen Zustimmungsgesetzes v. 7. 8. 1972 (BGBl. 1972 II S. 845) steht dazu: „In dem Beschluß, mit dem die Auslegungsfrage dem Gerichtshof zur Vorabentscheidung vorgelegt wird, ist die auszulegende Vorschrift zu bezeichnen sowie die zu klärende Auslegungsfrage darzulegen. Ferner ist der Sach- und Streitstand, soweit dies zur Beurteilung der Auslegungsfrage erforderlich ist, in gedrängter Form darzustellen". Diese Bestimmung sollte in all ihren Teilen sehr ernst genommen werden. Das Vorlageersuchen muß nämlich einerseits dem Gerichtshof die Grundlagen für eine sachgemäße Beantwortung geben. Andererseits muß es, da die nationalen Regierungen zu Stellungnahmen aufgefordert werden, in sämtliche Amtssprachen der EU übersetzt werden. Es ist daher nicht sinnvoll, auf in Kopie mitversandte Schriftsätze der Beteiligten oder Urteile der unteren Instanzen zu verweisen. Die Gerichtsakten brauchen nicht mitversandt zu werden.

Art. 4 [Auslegung bei widersprechenden Entscheidungen]

(1) Die zuständige Stelle eines Vertragsstaats kann bei dem Gerichtshof beantragen, daß er zu einer Auslegungsfrage, die das Übereinkommen oder eine andere in Artikel 1 genannte Übereinkunft betrifft, Stellung nimmt, wenn Entscheidungen von Gerichten dieses Staates der Auslegung widersprechen, die vom Gerichtshof oder in einer Entscheidung eines der in Artikel 2 Nr. 1 und 2 angeführten Gerichte eines anderen Vertragsstaats gegeben wurde. Dieser Absatz gilt nur für rechtskräftige Entscheidungen.

(2) Die vom Gerichtshof auf einen derartigen Antrag gegebene Auslegung hat keine Wirkung auf die Entscheidungen, die den Anlaß für den Antrag auf Auslegung bildeten.

(3) Den Gerichtshof können um eine Auslegung nach Absatz 1 die Generalstaatsanwälte bei den Kassationsgerichtshöfen der Vertragsstaaten oder jede andere von einem Vertragsstaat benannte Stelle ersuchen.

(4) Der Kanzler des Gerichtshofs stellt den Antrag den Vertragsstaaten, der Kommission und dem Rat der Europäischen Gemeinschaften zu, die binnen zwei Monaten nach dieser Zustellung beim Gerichtshof Schriftsätze einreichen oder schriftliche Erklärungen abgeben können.

(5) In dem in diesem Artikel vorgesehenen Verfahren werden Kosten weder erhoben noch erstattet.

Art. 3 des deutschen Zustimmungsgesetzes aaO hat dem Generalbundesanwalt beim Bundesgerichtshof als zuständige Stelle bestimmt.

Art. 5 [Subsidiäre Geltung anderer Vorschriften]

(1) Soweit dieses Protokoll nichts anderes bestimmt, gelten die Vorschriften des Vertrags zur Gründung der Europäischen Wirschaftsgemeinschaft und des dem Vertrag beigefügten Protokolls über die Satzung des Gerichtshofs, die anzuwenden sind, wenn der Gerichtshof im Wege der Vorabentscheidung zu entscheiden hat, auch für das Verfahren zur Auslegung des Übereinkommens und der anderen in Artikel 1 genannten Übereinkünfte.

(2) Die Verfahrensordnung des Gerichtshofs wird, soweit erforderlich, gemäß Artikel 188 des Vertrags zur Gründung der Europäischen Wirtschaftsgemeinschaft angepaßt und ergänzt.

An die Stelle der „Europäischen Wirtschaftsgemeinschaft" ist die „Europäische Gemeinschaft" getreten.

Art. 6–14 [Art. 6 durch 3. Beitrittsübereinkommen gestrichen; im übrigen: Vom Abdruck wurde abgesehen].

Protokoll Nr. 1 zum LÜ
über bestimmte Zuständigkeits, Verfahrens- und Vollstreckungsfragen

(s. Einl. EuGVÜ/LÜ Rn 14 – bei identischem Wortlaut abgek. EuGVÜ/LÜ)

Art. I [Vom Abdruck wurde abgesehen][1]

Art. Ia [Vorbehalte der Schweizerischen Eidgenossenschaft]

(1) **Die Schweizerische Eidgenossenschaft behält sich das Recht vor, bei der Hinterlegung der Ratifikationsurkunde zu erklären, daß eine in einem anderen Vertragsstaat ergangene Entscheidung in der Schweiz nicht anerkannt oder vollstreckt wird, wenn**

a) **die Zuständigkeit des Gerichts, das die Entscheidung erlassen hat, sich nur auf Artikel 5 Nr. 1 des Übereinkommens stützt;**

b) **der Beklagte zum Zeitpunkt der Einleitung des Verfahrens seinen Wohnsitz in der Schweiz hatte; im Sinne dieses Artikels hat eine Gesellschaft oder juristische Person ihren Sitz in der Schweiz, wenn ihr statutarischer Sitz und der tatsächliche Mittelpunkt ihrer Tätigkeit in der Schweiz liegen; und**

c) **der Beklagte gegen die Anerkennung oder die Vollstreckung der Entscheidung in der Schweiz Einspruch erhebt, sofern er nicht auf den Schutz der in diesem Absatz vorgesehenen Erklärung verzichtet hat.**

(2) **Dieser Vorbehalt ist nicht anzuwenden, soweit in dem Zeitpunkt, zu dem die Anerkennung oder Vollstreckung beantragt wird, eine Änderung von Artikel 59 der Schweizerischen Bundesverfassung stattgefunden hat. Der Schweizerische Bundesrat teilt solche Änderungen den Unterzeichnerstaaten und den beitretenden Staaten mit.**

(3) **Dieser Vorbehalt wird am 31. Dezember 1999 unwirksam. Er kann jederzeit zurückgezogen werden.**

---

[1] Entspricht im Wortlaut Art. I des Protokolls zum EuGVÜ vom 27. 9. 1968.

Zur näheren Erläuterung s. *Jenard/Möller*-Bericht Rn 100 ff (Einl. EuGVÜ/LÜ Rn 22) u. *Walter* ZZP 107 (1994) 303 ff.

Art. Ib [Allgemeine Vorbehaltsmöglichkeit]

Jeder Vertragsstaat kann sich durch eine bei der Hinterlegung seiner Ratifikations- oder Beitrittsurkunde abgegebene Erklärung unbeschadet der Bestimmungen des Artikels 28 das Recht vorbehalten, in anderen Vertragsstaaten ergangene Entscheidungen nicht anzuerkennen und zu vollstrecken, wenn die Zuständigkeit des Gerichts des Ursprungsstaats nach Artikel 16 Nr. 1 Buchstabe b) ausschließlich dadurch begründet ist, daß der Beklagte seinen Wohnsitz in dem Ursprungsstaat hat und die unbewegliche Sache in dem Hoheitsgebiet des Staates belegen ist, der den Vorbehalt angebracht hat.

Beispiel: Tribunal cantonal Jura SZEIR 94, 411.

Art. II–IV [Vom Abdruck wurde abgesehen][2]

Art. V [Begrenzte Geltendmachung der Zuständigkeit nach Art. 6 Nr. 2 und Art. 10]

(1) Die in Artikel 6 Nummer 2 und Artikel 10 für eine Gewährleistungs- oder Interventionsklage vorgesehene Zuständigkeit kann in der Bundesrepublik Deutschland, in Spanien, in Österreich und in der Schweiz nicht geltend gemacht werden. Jede Person, die ihren Wohnsitz in einem anderen Vertragsstaat hat, kann vor Gericht geladen werden

– in der Bundesrepublik Deutschland nach den §§ 68 und 72 bis 74 der Zivilprozeßordnung, die für die Streitverkündung gelten,

– in Spanien nach Artikel 1482 des Zivilgesetzbuches,

– in Österreich nach § 21 der Zivilprozeßordnung, der für die Streitverkündigung gilt,

– in der Schweiz nach den einschlägigen Vorschriften der kantonalen Zivilprozeßordnung über die Streitverkündung (litis denuntiatio).

(2) Entscheidungen, die in den anderen Vertragsstaaten aufgrund des Artikels 6 Nr. 2 und des Artikels 10 ergangen sind, werden in der Bundesrepublik Deutschland, in Spanien, in

---

[2] Entsprechen im Wortlaut den Art. II–IV des Protokolls zum EuGVÜ vom 27. 9. 1968.

Prot. Nr. 1 LÜ

Österreich und in der Schweiz nach Titel III anerkannt und vollstreckt. Die Wirkungen, welche die in diesen Staaten ergangenen
Entscheidungen nach Absatz 1 gegenüber Dritten haben, werden
auch in den anderen Vertragsstaaten anerkannt.

Literatur: Mansel s. Art. 6 EuGVÜ/LÜ

In der Schweiz ist die Vorschrift bezüglich jener Kantone nicht
anzuwenden, die die Zuständigkeit für Gewährleistungsklagen
kennen (*Greiner* ZBJV 128 [1992] 58; *Walter* ZZP 108 [1994] 308.
AA *Poudret* in Gillard L'espace judiciaire européen [1992] 77)

Art. Va [Erweiterung des Gerichtsbegriffs in Dänemark, Is-
land, Norwegen und Finnland]

(1) In Unterhaltssachen umfaßt der Begriff „Gericht" auch dänische, isländische und norwegische Verwaltungsbehörden.

(2) In Zivil- und Handelssachen umfaßt der Begriff „Gericht"
auch das finnische „ulosotonhaltija/överexekutor".

Art. Vb [Diplomatische oder konsularische Vertreter in
Seedienstsachen]

Bei Streitigkeiten zwischen dem Kapitän und einem Mitglied
der Mannschaft eines in Dänemark, in Griechenland, in Irland,
in Islandd, in Norwegen, in Portugal oder in Schweden einge-
tragenen Seeschiffes über die Heuer oder sonstige Bedingungen
des Dienstverhältnisses haben die Gerichte eines Vertragsstaates
zu überprüfen, ob der für das Schiff zuständige diplomatische
oder konsularische Vertreter von der Streitigkeit unterrichtet
worden ist. Sie haben das Verfahren auszusetzen, solange dieser
Vertreter nicht unterrichtet worden ist. Sie haben sich von Amts
wegen für unzuständig zu erklären, wenn dieser Vertreter, nachdem er ordnungsgemäß unterrichtet worden ist, die Befugnisse
ausgeübt hat, die ihm insoweit aufgrund eines Konsularabkom-
mens zustehen, oder, falls ein derartiges Abkommen nicht besteht, innerhalb der festgesetzten Frist Einwände gegen die Zuständigkeit geltend macht.

Art. Vc [gegenstandslos]

Art. Vd; VI [Vom Abdruck wurde abgesehen]

Protokoll Nr. 2 zum LÜ
über die einheitliche Auslegung des Übereinkommens

Vom 16. 9. 1988 (Einl EuGVÜ/LÜ Rn 15, 25)

Art. 1 [Gebot der Beachtung maßgeblicher Entscheidungen]

Die Gerichte jedes Vertragsstaats tragen bei der Anwendung und Auslegung der Bestimmungen dieses Übereinkommens den Grundsätzen gebührend Rechnung, die in maßgeblichen Entscheidungen von Gerichten der anderen Vertragsstaaten zu den Bestimmungen des genannten Übereinkommens entwickelt worden sind.

Art. 2 [Informationsaustausch]

(1) Die Vertragsparteien kommen überein, ein System für den Austausch von Informationen über die in Anwendung dieses Übereinkommens ergangenen Entscheidungen sowie über die in Anwendung des Brüsseler Übereinkommens ergangenen maßgeblichen Entscheidungen einzurichten. Dieses System umfaßt

– die von den zuständigen Behörden vorzunehmende Übermittlung der Entscheidungen letztinstanzlicher Gerichte und des Gerichtshofs der Europäischen Gemeinschaften sowie anderer besonders wichtiger, rechtskräftig gewordener Entscheidungen, die in Anwendung dieses Übereinkommens oder des Brüsseler Übereinkommens ergangen sind, an eine Zentralstelle;

– die Klassifizierung dieser Entscheidungen durch die Zentralstelle, erforderlichenfalls einschließlich der Erstellung und Veröffentlichung von Übersetzungen und Zusammenfassungen;

– die von der Zentralstelle vorzunehmende Übermittlung der einschlägigen Dokumente an die zuständigen nationalen Behörden aller Unterzeichnerstaaten dieses Übereinkommens und aller beitretenden Staaten sowie an die Kommission der Europäischen Gemeinschaften.

(2) Zentralstelle ist der Kanzler des Gerichtshofs der Europäischen Gemeinschaften.

Prot. Nr. 2 LÜ

Art. 3; 4 [Vom Abdruck wurde abgesehen]

Protokoll Nr. 3 zum LÜ
[Vom Abdruck wurde abgesehen]

Gesetz zur Ausführung zwischenstaatlicher Anerkennungs- und Vollstreckungsverträge in Zivil- und Handelssachen (Anerkennungs- und Vollstreckungsausführungsgesetz – AVAG)

Vom 30. Mai 1988, BGBl. I S. 662

Erster Teil. Anwendungsbereich

§ 1 [Anwendungsbereich]

(1) Die Ausführung der in § 35 genannten zwischenstaatlichen Verträge zwischen der Bundesrepublik Deutschland und anderen Staaten über die gegenseitige Anerkennung und Vollstreckung von Schuldtiteln in Zivil- und Handelssachen unterliegt diesem Gesetz.

(2) Die Regelungen der zwischenstaatlichen Verträge werden durch die Vorschriften dieses Gesetzes nicht berührt. Dies gilt insbesondere für die Regelungen über

1. den sachlichen Anwendungsbereich

2. die Art der Entscheidungen und sonstigen Schuldtitel, die im Geltungsbereich dieses Gesetzes anerkannt oder zur Zwangsvollstreckung zugelassen werden können,

3. das Erfordernis der Rechtskraft der Entscheidungen,

4. die Art der Urkunden, die im Verfahren vorzulegen sind, und

5. die Gründe, die zur Versagung der Anerkennung oder Zulassung der Zwangsvollstreckung führen.

Zweiter Teil. Zulassung der Zwangsvollstreckung aus Entscheidungen Prozeßvergleichen und öffentlichen Urkunden

Erster Abschnitt. Zuständigkeit, Feriensache

§ 2 [Ausschließliche Zuständigkeit bei Vollstreckbarerklärung]

(1) Für die Vollstreckbarerklärung von Entscheidungen, Pro-

zeßvergleichen und öffentlichen Urkunden aus einem anderen Staat ist das Landgericht ausschließlich zuständig.

(2) Örtlich zuständig ist ausschließlich das Gericht, in dessen Bezirk der Schuldner seinen Wohnsitz hat, oder, wenn er im Geltungsbereich dieses Gesetzes keinen Wohnsitz hat, das Gericht, in dessen Bezirk die Zwangsvollstreckung durchgeführt werden soll. Der Sitz von Gesellschaften und juristischen Personen steht dem Wohnsitz gleich.

(3) Die Verfahren im Sinne des Absatzes 1 sind Feriensachen.

S. Art. 31, Rn 5, Art. 34 Rn 1, Art. 37 Rn 1

Zweiter Abschnitt. Erteilung der Vollstreckungsklausel

§ 3 [Form des Antrags]

(1) Der in einem anderen Staat vollstreckbare Schuldtitel wird dadurch zur Zwangsvollstreckung zugelassen, daß er auf Antrag der mit der Vollstreckungsklausel versehen wird.

(2) Der Antrag auf Erteilung der Vollstreckungsklausel kann bei dem Landgericht schriftlich eingereicht oder mündlich zu Protokoll der Geschäftsstelle erklärt werden.

(3) Ist der Antrag entgegen § 184 des Gerichtsverfassungsgesetzes nicht in deutscher Sprache abgefaßt, so kann das Gericht dem Antragsteller aufgeben, eine Übersetzung des Antrags beizubringen, deren Richtigkeit von einer im Geltungsbereich dieses Gesetzes oder in einem anderen Vertragsstaat hierzu befugten Person bestätigt worden ist.

(4) Der Ausfertigung des Schuldtitels, der mit der Vollstreckungsklausel versehen werden soll, und seiner Übersetzung, falls eine solche vorgelegt wird, sollen zwei Abschriften beigefügt werden.

S. Art. 31 Rn 12, Art. 32 Rn 1, Art. 36 Rn 2. Von der Möglichkeit, die Beibringung einer Übersetzung anzuordnen, sollte nur Gebrauch gemacht werden, wenn der Vorsitzende der Urteilssprache nicht mächtig ist. Der Schuldner ist dadurch geschützt, daß die Vollstreckungsklausel in deutscher Sprache erteilt werden muß. Außerdem mußte das Urteil, wenn es in Deutschland zugestellt worden ist, von einer Übersetzung begleitet sein, Art. 5 HZP Rn 6.

§4 [Zustellungsbevollmächtigter]

(1) Der Antragsteller hat in dem Antrag einen Zustellungsbevollmächtigten zu benennen. Andernfalls können alle Zustellungen an den Antragsteller bis zur nachträglichen Benennung eines Zustellungsbevollmächtigten durch Aufgabe zur Post (§§ 175, 192, 213 der Zivilprozeßordnung) bewirkt werden.

(2) Zum Zustellungsbevollmächtigten ist eine Person zu bestellen, die im Bezirk des angerufenen Gerichts wohnt. Der Vorsitzende kann die Bestellung einer Person mit einem Wohnsitz im übrigen Geltungsbereich dieses Gesetzes zulassen.

(3) Der Benennung eines Zustellungsbevollmächtigten bedarf es nicht, wenn der Antragsteller einen bei einem deutschen Gericht zugelassenen Rechtsanwalt oder eine andere Person zu seinem Bevollmächtigten für das Verfahren bestellt hat. Der Bevollmächtigte, der nicht bei einem deutschen Gericht zugelassener Rechtsanwalt ist, muß im Bezirk des angerufenen Gerichts wohnen; der Vorsitzende kann von diesem Erfordernis absehen, wenn der Bevollmächtigte einen anderen Wohnsitz im Geltungsbereich dieses Gesetzes ist.

(4) § 5 des Gesetzes vom 16. August 1980 zur Durchführung der Richtlinie des Rates der Europäischen Gemeinschaften vom 22. März 1977 zur Erleichterung der tatsächlichen Ausübung des freien Dienstleistungsverkehrs der Rechtsanwälte (BGBl. 1980 I S. 1453) bleibt unberührt.

S. Art. 35 Rn 3. Anwendungsbeispiel: Frankfurt RIW 80, 63.

§5 [Entscheidung über den Antrag]

(1) Über den Antrag entscheidet der Vorsitzende einer Zivilkammer ohne Anhörung des Schuldners und ohne mündliche Verhandlung. Jedoch kann eine mündliche Erörterung mit dem Antragsteller oder seinem Bevollmächtigten stattfinden, wenn der Antragsteller oder der Bevollmächtigte hiermit einverstanden ist und die Erörterung der Beschleunigung dient.

(2) In dem Verfahren vor dem Vorsitzenden ist die Vertretung durch einen Rechtsanwalt nicht erforderlich.

S. Art. 31 Rn 1

§ 6 [Nachweis besonderer Voraussetzungen]

(1) **Hängt die Zwangsvollstreckung nach dem Inhalt des Schuldtitels von einer dem Gläubiger obliegenden Sicherheitsleistung, dem Ablauf einer Frist oder dem Eintritt einer anderen Tatsache ab oder wird die Vollstreckungsklausel zugunsten eines anderen als des in dem Schuldtitel bezeichneten Gläubigers oder gegen einen anderen als den darin bezeichneten Schuldner beantragt, so ist die Frage, inwieweit die Zulassung der Zwangsvollstreckung von dem Nachweis besonderer Voraussetzungen abhängig oder ob der Schuldtitel für oder gegen den anderen vollstreckbar ist, nach dem Recht des Staates zu entscheiden, in dem der Schuldtitel errichtet ist. Der Nachweis ist durch Urkunden zu führen, es sei denn, daß die Tatsachen bei dem Gericht offenkundig sind.**

(2) **Kann der Nachweis durch Urkunden nicht geführt werden, so ist auf Antrag des Gläubigers der Schuldner zu hören. In diesem Fall sind alle Beweismittel zulässig. Der Vorsitzende kann auch die mündliche Verhandlung anordnen.**

S. Art. 31, 10, Art. 34 Rn 1, Art. 47 Rn 1. Beispiel für die Vollstreckbarerklärung eines französischen Urteils gegen den Rechtsnachfolger des deutschen Beklagten, Hamburg NJW RR 95, 191.

§ 7 [Vollstreckungsklausel]

Ist die Zwangsvollstreckung aus dem Schuldtitel zuzulassen, so ordnet der Vorsitzende an, daß der Schuldtitel mit der Vollstreckungsklausel zu versehen ist. In der Anordnung ist die zu vollstreckende Verurteilung oder Verpflichtung in deutscher Sprache wiederzugeben.

S. Art. 31 Rn 5, 11

§ 8 [Form der Vollstreckungsklausel]

(1) **Aufgrund der Anordnung des Vorsitzenden (§ 7) erteilt der Urkundsbeamte der Geschäftsstelle die Vollstreckungsklausel in folgender Form:**

„Vollstreckungsklausel nach § 3 des Anerkennungs- und Vollstreckungsausführungsgesetzes vom 30. Mai 1988 (BGBl. I S. 662). Gemäß der Anordnung des ... (Bezeichnung des Vorsitzenden, des Gerichts und der Anordnung) ist die Zwangsvollstreckung aus ... (Bezeichnung des Schuldtitels) zugunsten des

... (Bezeichnung des Gläubigers) gegen den ... (Bezeichnung des Schuldners) zulässig.

Die zu vollstreckende Verurteilung/Verpflichtung lautet: ... (Angabe der Urteilsformel oder des Ausspruchs des Gerichts oder der dem Schuldner aus dem Prozeßvergleich oder der öffentlichen Urkunde obliegenden Verpflichtung in deutscher Sprache; aus der Anordnung des Vorsitzenden zu übernehmen).

Die Zwangsvollstreckung darf über Maßregeln zur Sicherung nicht hinausgehen, bis der Gläubiger eine gerichtliche Anordnung oder ein Zeugnis vorlegt, daß die Zwangsvollstreckung unbeschränkt stattfinden darf."

Lautet der Schuldtitel auf Leistung von Geld, so ist der Vollstreckungsklausel folgender Zusatz anzufügen:

„Solange die Zwangsvollstreckung über Maßregeln zur Sicherung nicht hinausgehen darf, kann der Schuldner die Zwangsvollstreckung durch Leistung einer Sicherheit in Höhe von ... (Angabe des Betrages, wegen dessen der Gläubiger vollstrecken darf) abwenden."

(2) Wird die Zwangsvollstreckung nur für einen oder mehrere der durch die ausländische Entscheidung zuerkannten oder in einem anderen Schuldtitel niedergelegten Ansprüche oder nur für einen Teil des Gegenstands der Verurteilung oder der Verpflichtung zugelassen, so ist die Vollstreckungsklausel als „Teil-Vollstreckungsklausel nach § 3 des Anerkennungs- und Vollstreckungsausführungsgesetzes vom 30. Mai 1988 (BGBl. I S. 662)" zu bezeichnen.

(3) Die Vollstreckungsklausel ist von dem Urkundsbeamten der Geschäftsstelle zu unterschreiben und mit dem Gerichtssiegel zu versehen. Sie ist entweder auf die Ausfertigung des Schuldtitels oder auf ein damit zu verbindendes Blatt zu setzen. Falls eine Übersetzung des Schuldtitels vorliegt, ist sie mit der Ausfertigung zu verbinden.

(4) Auf die Kosten des Verfahrens vor dem Vorsitzenden ist § 788 der Zivilprozeßordnung entsprechend anzuwenden.

S. Art. 31 Rn 14, 15, Art. 39 Rn 1, Art. 48 Rn 2

§ 9 [Zustellung]

(1) Eine beglaubigte Abschrift des mit der Vollstreckungsklausel versehenen Schuldtitels und gegebenenfalls seiner Übersetzung ist dem Schuldner von Amts wegen zuzustellen.

(2) Muß die Zustellung an den Schuldner außerhalb des Geltungsbereichs dieses Gesetzes oder durch öffentliche Bekanntmachung erfolgen und hält der Vorsitzende die Frist zur Einlegung der Beschwerde von einem Monat (§ 11 Abs. 2) nicht für ausreichend, so bestimmt er eine längere Beschwerdefrist. Die Frist ist in der Anordnung, daß der Schuldtitel mit der Vollstreckungsklausel zu versehen ist (§ 7), oder nachträglich durch besonderen Beschluß, der ohne mündliche Verhandlung erlassen wird, zu bestimmen. Die Frist beginnt, auch im Fall der nachträglichen Festsetzung, mit der Zustellung des mit der Vollstreckungsklausel versehenen Schuldtitels.

(3) Dem Antragsteller sind die mit der Vollstreckungsklausel versehene Ausfertigung des Schuldtitels und eine Bescheinigung über die bewirkte Zustellung zu übersenden. In den Fällen des Absatzes 2 ist die festgesetzte Frist für die Einlegung der Beschwerde auf der Bescheinigung über die bewirkte Zustellung zu vermerken.

S. Art. 35 Rn 2

§ **10** [Ablehnung des Antrags]

Ist der Antrag nicht zulässig oder nicht begründet, lehnt ihn der Vorsitzende durch Beschluß ab. Der Beschluß ist zu begründen. Die Kosten sind dem Antragsteller aufzuerlegen.

S. Art. 35 Rn 2

Dritter Abschnitt. Beschwerde, Vollstreckungsgegenklage

§ **11** [Beschwerde]

(1) Der Schuldner kann gegen die Zulassung der Zwangsvollstreckung Beschwerde einlegen.

(2) Die Beschwerde ist, soweit nicht nach § 9 Abs. 2 eine längere Frist bestimmt wird, innerhalb eines Monats einzulegen.

(3) Die Beschwerdefrist ist eine Notfrist und beginnt mit der Zustellung des mit der Vollstreckungsklausel versehenen Schuldtitels.

S. Art. 36 Rn 1, 2, 17, Art. 37 Rn 1

§ 12 [Einlegung der Beschwerde]

(1) Die Beschwerde des Schuldners gegen die Zulassung der Zwangsvollstreckung wird bei dem Oberlandesgericht durch Einreichung einer Beschwerdeschrift oder durch Erklärung zu Protokoll der Geschäftsstelle eingelegt. Der Beschwerdeschrift soll die für ihre Zustellung erforderliche Zahl von Abschriften beigefügt werden.

(2) Die Zulässigkeit der Beschwerde wird nicht dadurch berührt, daß sie statt bei dem Oberlandesgericht bei dem Landgericht eingelegt wird, das die Zwangsvollstreckung zugelassen hat (§ 5); die Beschwerde ist unverzüglich von Amts wegen an das Oberlandesgericht abzugeben.

(3) Die Beschwerde ist dem Gläubiger von Amts wegen zuzustellen.

S. Art. 37 Rn 1

§ 13 [Einwendungen gegen den Anspruch]

(1) Der Schuldner kann mit der Beschwerde, die sich gegen die Zulassung der Zwangsvollstreckung aus einer Entscheidung richtet, auch Einwendungen gegen den Anspruch selbst insoweit geltend machen, als die Gründe, auf denen sie beruhen, erst nach dem Erlaß der Entscheidung entstanden sind.

(2) Mit der Beschwerde, die sich gegen die Zulassung der Zwangsvollstreckung aus einem Prozeßvergleich oder einer öffentlichen Urkunde richtet, kann der Schuldner die Einwendungen gegen den Anspruch selbst ungeachtet der in Absatz 1 enthaltenen Beschränkung geltend machen.

S. Art. 34 Rn 3, Art. 36 Rn 4, Art. 50 Rn 10. Eine ausländische Entscheidung, die den Wegfall des Anspruchs feststellt, ist inzident anzuerkennen, wenn sie bereits materiell rechtskräftig ist (was nicht immer formelle Rechtskraft voraussetzt). Eine ausländische Entscheidung, die ähnlich der aufgrund von § 767 ZPO erwirkten, nur das (dortige) Vollstreckungsrecht beseitigt, ist für das Inland ohne Bedeutung. Beispiel für ein als Forderungsverzicht gewertetes Verhalten eines Gläubiger, dem im Ausgangsurteil zuviel zugesprochen worden war: Saarbrücken IPRax 89, 37.

§ 14 [Entscheidung über die Beschwerde]

(1) Über die Beschwerde entscheidet das Oberlandesgericht durch Beschluß, der mit Gründen zu versehen ist. Der Beschluß kann ohne mündliche Verhandlung ergehen. Der Beschwerdegegner ist vor der Entscheidung zu hören.

(2) Solange eine mündliche Verhandlung nicht angeordnet ist, können zu Protokoll der Geschäftsstelle Anträge gestellt und Erklärungen abgegeben werden. Wird die mündliche Verhandlung angeordnet, so gilt für die Ladung § 215 der Zivilprozeßordnung.

(3) Eine vollständige Ausfertigung des Beschlusses ist dem Gläubiger und dem Schuldner auch dann von Amts wegen zuzustellen, wenn der Beschluß verkündet worden ist.

S. Art. 37 Rn 1

§ 15 [Verhältnis zu § 767 ZPO]

(1) Ist die Zwangsvollstreckung aus einem Schuldtitel zugelassen, so kann der Schuldner Einwendungen gegen den Anspruch selbst in einem Verfahren nach § 767 der Zivilprozeßordnung nur geltend machen, wenn die Gründe, auf denen seine Einwendungen beruhen, erst
1. nach Ablauf der Frist, innerhalb derer er die Beschwerde hätte einlegen können, oder
2. falls die Beschwerde eingelegt worden ist, nach Beendigung dieses Verfahrens
entstanden sind.

(2) Die Klage nach § 767 der Zivilprozeßordnung ist bei dem Landgericht zu erheben, das über den Antrag auf Erteilung der Vollstreckungsklausel entschieden hat.

S. Art. 36 Rn 8, Art. 40 Rn 3

§ 16 [Weitere Beschwerde]

(1) Gegen den ablehnenden Beschluß des Vorsitzenden (§ 10) kann der Antragsteller Beschwerde einlegen; die §§ 12 und 14 sind entsprechend anzuwenden.

(2) Aufgrund des Beschlusses, durch den die Zwangsvollstreckung aus dem Schuldtitel zugelassen wird, erteilt der Urkundsbeamte der Geschäftsstelle des Oberlandesgerichts die Vollstreckungsklausel. § 7 Satz 2 und § 8 Abs. 1 bis 3 sind entsprechend

anzuwenden. **Ein Zusatz, daß die Zwangsvollstreckung über Maßregeln zur Sicherung nicht hinausgehen darf, ist nur aufzunehmen, wenn das Oberlandesgericht eine entsprechende Anordnung nach diesem Gesetz (§ 24 Abs. 2, § 45 Abs. 1 Nr. 1 oder § 52 Abs. 1 Nr. 1) erlassen hat. Der Inhalt des Zusatzes bestimmt sich nach dem Inhalt der Anordnung.**

S. Art. 31 Rn 13, Art. 40 Rn 3

Vierter Abschnitt. Rechtsbeschwerde

§ 17 [Einlegung der Rechtsbeschwerde]

(1) **Gegen den Beschluß des Oberlandesgerichts findet die Rechtsbeschwerde statt, wenn gegen diese Entscheidung, wäre sie durch Endurteil ergangen, die Revision gegeben wäre.**

(2) **Die Rechtsbeschwerde ist innerhalb eines Monats einzulegen.**

(3) **Die Rechtsbeschwerdefrist ist eine Notfrist und beginnt mit der Zustellung des Beschlusses (§ 14 Abs. 3, § 16 Abs. 1).**

S. Art. 37 Rn 2, Art. 41 Rn 1

§ 18 [Form der Rechtsbeschwerde]

(1) **Die Rechtsbeschwerde wird durch Einreichen der Beschwerdeschrift bei dem Bundesgerichtshof eingelegt.**

(2) **Die Rechtsbeschwerde ist zu begründen. § 554 der Zivilprozeßordnung ist entsprechend anzuwenden.**

(3) **Mit der Beschwerdeschrift soll eine Ausfertigung oder beglaubigte Abschrift des Beschlusses, gegen den die Rechtsbeschwerde sich richtet, vorgelegt werden.**

(4) **Die Beschwerdeschrift ist dem Beschwerdegegner von Amts wegen zuzustellen. Der Beschwerdeschrift und ihrer Begründung soll die für ihre Zustellung erforderliche Zahl von Abschriften beigefügt werden.**

§ 19 [Kontrolle durch den BGH]

(1) **Der Bundesgerichtshof kann nur überprüfen, ob der Beschluß auf einer Verletzung eines Anerkennungs- und Vollstreckungsvertrages oder eines anderen Gesetzes beruht. Die §§ 550 und 551 der Zivilprozeßordnung sind entsprechend anzuwen-**

283

den. Der Bundesgerichtshof darf nicht prüfen, ob das Gericht seine örtliche Zuständigkeit zu Unrecht angenommen hat.

(2) Der Bundesgerichtshof ist an die in dem angefochtenen Beschluß getroffenen tatsächlichen Feststellungen gebunden, es sei denn, daß in bezug auf diese Feststellungen zulässige und begründete Einwände vorgebracht worden sind.

(3) Auf das Verfahren über die Rechtsbeschwerde sind die §§ 554 b, 556, 558, 559, 563, 573 Abs. 1 und die §§ 574 und 575 der Zivilprozeßordnung entsprechend anzuwenden.

(4) Wird die Zwangsvollstreckung aus dem Schuldtitel erstmals durch den Bundesgerichtshof zugelassen, so erteilt der Urkundsbeamte der Geschäftsstelle dieses Gerichts die Vollstreckungsklausel. § 7 Satz 2 und § 8 Abs. 1 bis 3 gelten entsprechend. Ein Zusatz über die Beschränkung der Zwangsvollstreckung entfällt.

Fünfter Abschnitt. Beschränkung der Zwangsvollstreckung auf Sicherungsmaßregeln und Fortsetzung der Zwangsvollstreckung

§ 20 [Vollstreckung vor Rechtskraft der Entscheidung]

Die Zwangsvollstreckung ist auf Sicherungsmaßregeln beschränkt, solange die Frist für die Einlegung der Beschwerde noch läuft und solange über die Beschwerde noch nicht entschieden ist.

§ 21 [Erinnerung]

Einwendungen des Schuldners, daß bei der Zwangsvollstreckung die Beschränkung auf Sicherungsmaßregeln nach dem zwischenstaatlichen Vertrag, nach diesem Gesetz oder aufgrund einer auf diesem Gesetz beruhenden Anordnung (§§ 20, 24 Abs. 2, §§ 45, 52) nicht eingehalten werde, oder Einwendungen des Gläubigers, daß eine bestimmte Maßnahme der Zwangsvollstreckung mit dieser Beschränkung vereinbar sei, sind im Wege der Erinnerung nach § 766 der Zivilprozeßordnung bei dem Vollstreckungsgericht (§ 764 der Zivilprozeßordnung) geltend zu machen.

§ 22 [Sicherheitsleistung]

(1) Solange die Zwangsvollstreckung aus einem Schuldtitel, der auf Leistung von Geld lautet, nicht über Maßregeln der Sicherung hinausgehen darf, ist der Schuldner befugt, die Zwangsvollstreckung durch Leistung einer Sicherheit in Höhe des Betrags abzuwenden, wegen dessen der Gläubiger vollstrecken darf.

(2) Die Zwangsvollstreckung ist einzustellen und bereits getroffene Vollstreckungsmaßregeln sind aufzuheben, wenn der Schuldner durch eine öffentliche Urkunde die zur Abwendung der Zwangsvollstreckung erforderliche Sicherheitsleistung nachweist.

S. Art. 38 Rn 5, Art. 39 Rn 1

§ 23 [Versteigerung von beweglichen Sachen]

Ist eine bewegliche Sache gepfändet und darf die Zwangsvollstreckung nicht über Maßregeln zur Sicherung hinausgehen, kann das Vollstreckungsgericht auf Antrag anordnen, daß die Sache versteigert und der Erlös hinterlegt werde, wenn sie der Gefahr einer beträchtlichen Wertminderung ausgesetzt ist oder wenn ihre Aufbewahrung unverhältnismäßige Kosten verursachen würde.

§ 24 [Fortsetzung der Vollstreckung nach Beschwerdeentscheidung]

(1) Weist das Oberlandesgericht die Beschwerde des Schuldners gegen die Zulassung der Zwangsvollstreckung (§ 11) zurück oder läßt es auf die Beschwerde des Gläubigers (§ 16 Abs. 1) die Zwangsvollstreckung aus dem Schuldtitel zu, so kann die Zwangsvollstreckung über Maßregeln zur Sicherung hinaus fortgesetzt werden.

(2) Auf Antrag des Schuldners kann das Oberlandesgericht anordnen, daß bis zum Ablauf der Frist zur Einlegung der Rechtsbeschwerde (§ 17) oder bis zur Entscheidung über diese Beschwerde die Zwangsvollstreckung nicht oder nur gegen Sicherheitsleistung über Maßregeln zur Sicherung hinausgehen darf. Die Anordnung darf nur erlassen werden, wenn glaubhaft gemacht wird, daß die weitergehende Vollstreckung dem Schuldner einen nicht zu ersetzenden Nachteil bringen würde. § 713 der Zivilprozeßordnung ist entsprechend anzuwenden.

(3) Wird die Rechtsbeschwerde gegen den Beschluß des Oberlandesgerichts eingelegt, kann der Bundesgerichtshof auf Antrag des Schuldners eine Anordnung nach Absatz 2 erlassen. Der Bundesgerichtshof kann auf Antrag des Gläubigers eine nach Absatz 2 erlassene Anordnung des Oberlandesgerichts abändern oder aufheben.

§ 25 [Fortsetzung der Vollstreckung nach Rechtskraft der Entscheidung]

(1) Die Zwangsvollstreckung aus dem Schuldtitel, den der Urkundsbeamte der Geschäftsstelle des Landgerichts mit der Vollstreckungsklausel versehen hat, ist auf Antrag des Gläubigers über Maßregeln zur Sicherung hinaus fortzusetzen, wenn das Zeugnis des Urkundsbeamten der Geschäftsstelle dieses Gerichts vorgelegt wird, daß die Zwangsvollstreckung unbeschränkt stattfinden darf.

(2) Das Zeugnis ist dem Gläubiger auf seinen Antrag zu erteilen,

1. wenn der Schuldner bis zum Ablauf der Beschwerdefrist keine Beschwerdeschrift eingereicht hat;

2. wenn das Oberlandesgericht die Beschwerde des Schuldners zurückgewiesen und keine Anordnung nach § 24 Abs. 2 erlassen hat;

3. wenn der Bundesgerichtshof die Anordnung des Oberlandesgerichts nach § 24 Abs. 2 aufgehoben hat (§ 24 Abs. 3 Satz 2) oder

4. wenn der Bundesgerichtshof den Schuldtitel zur Zwangsvollstreckung zugelassen hat.

(3) Aus dem Schuldtitel darf die Zwangsvollstreckung, selbst wenn sie auf Maßregeln der Sicherung beschränkt ist, nicht mehr stattfinden, sobald ein Beschluß des Oberlandesgerichts, daß der Schuldtitel zur Zwangsvollstreckung nicht zugelassen werde, verkündet oder zugestellt ist.

§ 26 [Fortsetzung der Vollstreckung nach Wegfall der Beschränkung]

(1) Die Zwangsvollstreckung aus dem Schuldtitel, zu dem der Urkundsbeamte der Geschäftsstelle des Oberlandesgerichts die Vollstreckungsklausel mit dem Zusatz erteilt hat, daß die Zwangsvollstreckung aufgrund der Anordnung des Gerichts nicht über Maßregeln zur Sicherung hinausgehen darf (§ 16

Abs. 2 Satz 3), ist auf Antrag des Gläubigers fortzusetzen, wenn das Zeugnis des Urkundsbeamten der Geschäftsstelle dieses Gerichts vorgelegt wird, daß die Zwangsvollstreckung unbeschränkt stattfinden darf.

(2) Das Zeugnis ist dem Gläubiger auf seinen Antrag zu erteilen,

1. wenn der Schuldner bis zum Ablauf der Frist zur Einlegung der Rechtsbeschwerde (§ 17 Abs. 2) keine Beschwerdeschrift eingereicht hat;

2. wenn der Bundesgerichtshof die Anordnung des Oberlandesgerichts nach § 24 Abs. 2 aufgehoben hat (§ 24 Abs. 3 Satz 2) oder

3. wenn der Bundesgerichtshof die Rechtsbeschwerde des Schuldners zurückgewiesen hat.

S. Art 39 Rn 1

Dritter Teil. Feststellung der Anerkennung einer Entscheidung

§ 27 [Anzuwendende Vorschriften]

Auf das Verfahren, das die Feststellung zum Gegenstand hat, ob die Entscheidung anzuerkennen ist, sind die §§ 2 bis 6, 9 bis 14 und 16 bis 19 entsprechend anzuwenden.

§ 28 [Entscheidung über den Antrag]

Ist der Antrag auf Feststellung begründet, so beschließt der Vorsitzende, daß die Entscheidung anzuerkennen ist; die Kosten sind dem Antragsgegner aufzuerlegen. Dieser kann die Beschwerde (§ 11) auf die Entscheidung über den Kostenpunkt beschränken. In diesem Falle sind die Kosten dem Antragsteller aufzuerlegen, wenn der Antragsgegner nicht durch sein Verhalten zu dem Antrag auf Feststellung Veranlassung gegeben hat.

Vierter Teil. Aufhebung oder Änderung der Beschlüsse über die Zulassung der Zwangsvollstreckung oder die Anerkennung

§ 29 [Besonderes Verfahren]

(1) Wird der Schuldtitel in dem Staat, in dem er errichtet worden ist, aufgehoben oder geändert und kann der Schuldner diese Tatsache in dem Verfahren der Zulassung der Zwangsvollstreckung nicht mehr geltend machen, so kann er die Aufhebung oder Änderung der Zulassung in einem besonderen Verfahren beantragen.

(2) Für die Entscheidung über den Antrag ist das Landgericht ausschließlich zuständig, das über den Antrag auf Erteilung der Vollstreckungsklausel entschieden hat.

(3) Der Antrag kann bei dem Gericht schriftlich oder durch Erklärung zu Protokoll der Geschäftsstelle gestellt werden. Über den Antrag kann ohne mündliche Verhandlung entschieden werden. Vor der Entscheidung ist der Gläubiger zu hören. § 14 Abs. 2 ist entsprechend anzuwenden. Die Entscheidung ergeht durch Beschluß, der dem Gläubiger und dem Schuldner auch dann von Amts wegen zuzustellen ist, wenn er verkündet wurde.

(4) Der Beschluß unterliegt der sofortigen Beschwerde. Die Frist, innerhalb derer die sofortige Beschwerde einzulegen ist, beträgt einen Monat; sie ist eine Notfrist und beginnt mit der Zustellung des Beschlusses.

(5) Für die Einstellung der Zwangsvollstreckung und die Aufhebung bereits getroffener Vollstreckungsmaßregeln sind die §§ 769 und 770 der Zivilprozeßordnung entsprechend anzuwenden. Die Aufhebung einer Vollstreckungsmaßregel ist auch ohne Sicherheitsleistung zulässig.

S. Art. 31 Rn 3, 15, Art. 38 Rn 1

§ 30 [Schadensersatz]

(1) Wird die Zulassung der Zwangsvollstreckung auf die Beschwerde (§ 11) oder die Rechtsbeschwerde (§ 17) aufgehoben oder abgeändert, so ist der Gläubiger zum Ersatz des Schadens verpflichtet, der dem Schuldner durch die Vollstreckung des Schuldtitels oder durch eine Leistung zur Abwendung der Voll-

streckung entstanden ist. Das gleiche gilt, wenn die Zulassung der Zwangsvollstreckung aus einer Entscheidung, die zum Zeitpunkt der Zulassung nach dem Recht des Urteilsstaats noch mit einem ordentlichen Rechtsmittel angefochten werden konnte, nach § 29 aufgehoben oder abgeändert wird.

(2) Für die Geltendmachung des Anspruchs ist das Landgericht ausschließlich zuständig, das über den Antrag, den Schuldtitel mit der Vollstreckungsklausel zu versehen, entschieden hat.

S. Art. 31 Rn 1, Art. 37 Rn 4

§ 31 [Aufhebung im Ursprungsstaat]

Wird die Entscheidung in dem Staat, in dem sie ergangen ist, aufgehoben oder abgeändert und kann die davon begünstigte Partei diese Tatsache nicht mehr in dem Verfahren über den Antrag auf Feststellung der Anerkennung geltend machen, so ist § 29 entsprechend anzuwenden.

Fünfter Teil. Besondere Vorschriften für Entscheidungen deutscher Gerichte

§ 32 [Versäumnis- oder Anerkenntnisurteil]

(1) Will eine Partei ein Versäumnis- oder Anerkenntnisurteil, das nach § 313 b der Zivilprozeßordnung in verkürzter Form abgefaßt worden ist, in einem anderen Vertragsstaat geltend machen, so ist das Urteil auf ihren Antrag zu vervollständigen. Der Antrag kann bei dem Gericht schriftlich oder durch Erklärung zu Protokoll der Geschäftsstelle gestellt werden. Über den Antrag wird ohne mündliche Verhandlung entschieden.

(2) Zur Vervollständigung des Urteils sind der Tatbestand und die Entscheidungsgründe nachträglich abzufassen, von den Richtern besonders zu unterschreiben und der Geschäftsstelle zu übergeben; der Tatbestand und die Entscheidungsgründe können auch von Richtern unterschrieben werden, die bei dem Urteil nicht mitgewirkt haben.

(3) Für die Berichtigung des nachträglich abgefaßten Tatbestands gilt § 320 der Zivilprozeßordnung entsprechend. Jedoch können bei der Entscheidung über einen Antrag auf Berichtigung auch solche Richter mitwirken, die bei dem Urteil oder der nachträglichen Anfertigung des Tatbestands nicht mitgewirkt haben.

(4) **Die vorstehenden Absätze gelten entsprechend für die Vervollständigung von Arrestbefehlen, einstweiligen Anordnungen und einstweiligen Verfügungen, die in einem anderen Vertragsstaat geltend gemacht werden sollen und nicht mit einer Begründung versehen sind.**

S. Art. 25 Rn 1, Art. 26 Rn 2

§ 33 [Vollstreckungsbescheid, Arrestbefehl und einstw. Verfügung]

Vollstreckungsbescheide, Arrestbefehle und einstweilige Verfügungen, die nach dem zwischenstaatlichen Vertrag außerhalb des Geltungsbereichs dieses Gesetzes anerkannt und zur Zwangsvollstreckung zugelassen werden können, sind, sofern die Anerkennung und Zwangsvollstreckung betrieben werden soll, auch dann mit der Vollstreckungsklausel zu versehen, wenn dies für eine Zwangsvollstreckung im Geltungsbereich dieses Gesetzes nach § 796 Abs. 1, § 929 Abs. 1 und § 936 der Zivilprozeßordnung nicht erforderlich wäre.

S. Art. 47 Rn 1

Sechster Teil. Mahnverfahren

§ 34 [Zustellung in einem anderen Vertragsstaat]

(1) **Das Mahnverfahren findet auch statt, wenn die Zustellung des Mahnbescheids in einem anderen Vertragsstaat erfolgen muß. In diesem Fall kann der Anspruch auch die Zahlung einer bestimmten Geldsumme in ausländischer Währung zum Gegenstand haben.**

(2) **Macht der Antragsteller geltend, daß das Gericht aufgrund einer Vereinbarung zuständig sei, hat er dem Mahnantrag die nach dem jeweiligen Vertrag erforderlichen Schriftstücke über die Vereinbarung beizufügen.**

(3) **Die Widerspruchsfrist (§ 692 Abs. 1 Nr. 3 der Zivilprozeßordnung) beträgt einen Monat. In dem Mahnbescheid ist der Antragsgegner darauf hinzuweisen, daß er einen Zustellungsbevollmächtigten zu benennen hat (§ 714 der Zivilprozeßordnung und § 4 Abs. 2 und 3 dieses Gesetzes). § 175 der Zivilprozeßordnung gilt entsprechend mit der Maßgabe, daß der Zustellungs-**

bevollmächtigte innerhalb der Widerspruchsfrist zu benennen ist.

S. Art. 25 Rn 4. Überholt: BGH IPRax 88, 159

Siebenter Teil. Auszuführende zwischenstaatliche Verträge

§ 35 [Anwendungsbereich]

(1) Dieses Gesetz ist bei der Ausführung folgender Verträge anzuwenden:

1. Übereinkommen vom 27. September 1968 über die gerichtliche Zuständigkeit und die Vollstreckung gerichtlicher Entscheidungen in Zivil- und Handelssachen /BGBl. 1972 II S. 773);
2. Haager Übereinkommen vom 2. Oktober 1973 über die Anerkennung und Vollstreckung von Unterhaltsentscheidungen (BGBl. 1986 II S. 825);
3. Vertrag vom 17. Juni 1977 zwischen der Bundesrepublik Deutschland und dem Königreich Norwegen über die gegenseitige Anerkennung und Vollstreckung gerichtlicher Entscheidungen und anderer Schuldtitel in Zivil- und Handelssachen (BGBl. 1981 II S. 341);
4. Vertrag vom 20. Juli 1977 zwischen der Bundesrepublik Deutschland und dem Staat Israel über die gegenseitige Anerkennung und Vollstreckung gerichtlicher Entscheidungen in Zivil- und Handelssachen (BGBl. 1980 II S. 925);
5. Vertrag vom 14. November 1983 zwischen der Bundesrepublik Deutschland und Spanien über die Anerkennung und Vollstreckung von gerichtlichen Entscheidungen und Vergleichen sowie vollstreckbaren öffentlichen Urkunden in Zivil- und Handelssachen (BGBl. 1987 II S. 34).

(2) Die Ausführung der Übereinkommen unterliegt ergänzend den Vorschriften des Achten Teils, die den allgemeinen Regelungen vorgehen.

S. Art. 26 Rn 2, Art. 31 Rn 12

Achter Teil. Besondere Vorschriften für die einzelnen zwischenstaatlichen Verträge

Erster Abschnitt. Übereinkommen vom 27. September 1968 über die gerichtliche Zuständigkeit und die Vollstreckung gerichtlicher Entscheidungen in Zivil- und Handelssachen (BGBl. 1972 II S. 773)

§ 36 [Beschwerdefrist; Zustellungen]

(1) Die Frist für die Beschwerde (§ 11) beträgt zwei Monate, wenn der Schuldner seinen Wohnsitz in einem anderen Vertragsstaat als dem hat, in welchem die Entscheidung über die Zulassung der Zwangsvollstreckung ergangen ist (Artikel 36 Abs. 2 des Übereinkommens).

(2) § 9 Abs. 2 Satz 1 ist bei der Zustellung außerhalb des Geltungsbereichs dieses Gesetzes dann nicht anzuwenden, wenn ein Schriftstück in einem Vertragsstaat des Übereinkommens zugestellt werden muß.

(3) Im übrigen bleiben § 9 Abs. 2 und § 11 Abs. 2 unberührt.

S. Art. 31 Rn 11, Art. 36 Rn 2

§ 37 [Aussetzung bei Rechtsmittel im Ursprungsstaat]

(1) Das Oberlandesgericht kann auf Antrag des Schuldners seine Entscheidung über die Beschwerde gegen die Zulassung der Zwangsvollstreckung aussetzen, wenn gegen die Entscheidung im Ursprungsstaat ein ordentliches Rechtsmittel eingelegt oder die Frist hierfür noch nicht verstrichen ist; im letzteren Fall kann das Oberlandesgericht eine Frist bestimmen, innerhalb derer das Rechtsmittel einzulegen ist. Das Gericht kann die Zwangsvollstreckung auch von einer Sicherheitsleistung abhängig machen.

(2) Absatz 1 ist im Verfahren auf Feststellung der Anerkennung einer Entscheidung (§§ 27 und 28) entsprechend anzuwenden.

§ 38 [Divergenzbeschwerde]

Die Rechtsbeschwerde (§§ 17 bis 19) ist stets zulässig, wenn das Oberlandesgericht von einer Entscheidung des Gerichtshofs der Europäischen Gemeinschaften abgewichen ist.

S. Art. 37 Rn 2

Zweiter bis fünfter Abschnitt [vom Abdruck wurde abgesehen]

Zehnter Teil. Konzentrationsermächtigung

§ 59 [Zuständigkeitskonzentration durch Rechtsverordnung]

(1) Die Landesregierungen werden für die Durchführung dieses Gesetzes ermächtigt, durch Rechtsverordnung die Entscheidung über Anträge auf Erteilung der Vollstreckungsklausel zu ausländischen Schuldtiteln in Zivil- und Handelssachen, über Anträge auf Aufhebung oder Abänderung dieser Vollstreckungsklausel und über Anträge auf Feststellung der Anerkennung einer ausländischen Entscheidung für die Bezirke mehrerer Landgerichte einem von ihnen zuzuweisen, sofern dies der sachlichen Förderung oder schnelleren Erledigung der Verfahren dient. Die Ermächtigung kann auch für das Übereinkommen vom 27. September 1968 über die gerichtliche Zuständigkeit und die Vollstreckung gerichtlicher Entscheidungen in Zivil- und Handelssachen (BGBl. 1972 II S. 773) allein ausgeübt werden.

(2) Die Landesregierungen können die Ermächtigung durch Rechtsverordnung auf die Landesjustizverwaltungen übertragen.

Elfter Teil. Schluß- und Übergangsvorschriften

§§ 60, 61 [Vom Abdruck wurde abgesehen]

Übereinkommen über die Zustellung gerichtlicher und außergerichtlicher Schriftstücke im Ausland in Zivil- oder Handelssachen[1]

– HZÜ –

(amtliche Übersetzung)[2]

Art. 1 [Anwendungsbereich]

(1) **Dieses Übereinkommen ist in Zivil- und Handelssachen in allen Fällen anzuwenden, in denen ein gerichtliches oder außergerichtliches Schriftstück zum Zweck der Zustellung in das Ausland zu übermitteln ist.**

(2) **Das Übereinkommen gilt nicht, wenn die Anschrift des Empfängers des Schriftstücks unbekannt ist.**

Literatur: *Taborda Ferreira* Rapport Explicatif Conférence de la Haye, Actes et documents 10ième série t. III, 363 ff; Denkschrift BundesR BT 7, 4892; *Pfeil-Kammerer* Deutsch-amerikanischer Rechtshilfeverkehr in Zivilsachen, 1987; *Pfennig* Die internationale Zustellung in Zivil- und Handelssachen, 1988; *Karen Jeka Mössle* Internationale Forderungspfändung, 1991; *Koch* Neuere Probleme der internationalen Zwangsvollstreckung in Schlosser, Materielles Recht u. Prozeßrecht... Bd 6 der Veröffentlichungen der Wissenschaftlichen Vereinigung für Internationales Verfahrensrecht, 1992, 171 ff; *Wieke* Zustellungen, Zustellungsmängel und Urteilsanerkennung am Beispiel fiktiver Inlandszustellungen in Deutschland, Frankreich und den USA, 1993 (Ausführliche Detailschilderung); *Merkt* Abwehr der Zustellung von „punitive damages"-Klagen, 1995; Practical Handbook on the Operation of the Hagne Convention of 15. November 1965, MAKLU Kitgevers, Antwerpen 1992; *MünchKommZPO-Feldmann* Anh § 202 IV; *Stein/Jonas/Roth*[21] Erl. § 199;

1. Das HZÜ ist in **Zivil- oder Handelssachen** anzuwenden. Insoweit entspricht seine Terminologie der des EuGVÜ und des **1**

---

[1] V. 15. 11. 1965 (BGBl. 1977 II, S. 1453). Vertragsstaaten: Ägypten, Barbados (BGBl. 1988 II S. 966), Belgien, Botswana, Dänemark, Finnland, Frankreich, Israel, Japan, Luxemburg, Malawi, die Niederlande, Norwegen, Portugal, Schweden, Türkei, Vereinigtes Königreich, Vereinigte Staaten (Bek. v. 21. 6. 1979, BGBl. II S. 779 und v. 23. 6. 1980, BGBl. II S. 907); ferner die Seychellen (seit 1. 7. 1981, BGBl. II S. 1029), Antigua und Barbuda (seit 1. 11. 81 BGBl 87 II, S. 614), Italien (seit 24. 1. 82 BGBl II. S. 522) die CSFR (seit 1. 6. 1982, BGBl. II S. 722) und ihre beiden Nachfolgestaaten (BGBl. 93 II S. 2164); Zypern (seit 1. 6. 1983, BGBl. 1984 II S. 506), Griechenland (seit 18. 9. 1983, BGBl. II S. 575), Spanien (seit 3. 8. 1987, BGBl. II S. 613), Kanada (seit 1. 5. 1989, BGBl. II S. 807), Pakistan (seit 1. 8. 1989, BGBl. II S. 1650), die Volksrepublik China (seit 1. 1. 1992, BGBl. II S. 146); Schweiz (seit 1. 1. 1995, BGBl. II S. 755), Venezuela (IPRax 96, 67), Lettland (IPRax 96, 1650).

[2] Der englische und der französische Text sind gleichberechtigt authentisch.

HBÜ s. Art. 1 EuGVÜ Rn 3–6; Art. 1 HBÜ Rn 2. Wegen des jeweils unterschiedlichen Kreises von Vertragsstaaten und des Fehlens einer übergeordneten Auslegungsinstanz ist jedoch eine autonome oder gar eine für alle drei Übereinkommen einheitliche Auslegung nicht möglich (**aA** Expertenkommission zum HZÜ [1989] Practical Handbook[2] MAKLU Uitgevers Antwerpen 28 ff; *Schack* Rn 605).

2 **a)** Lediglich **soweit sich der EuGH für oder gegen autonome zivilrechtliche Auslegung entschieden hat** (s. Art. 1 EuGVÜ Rn 7 ff), ist dies von Vertragspartnern des EuGVÜ auch für die Auslegung des HZÜ zu beachten. Die Expertenkommission 1989 hat eine sehr liberale Handhabung des Übereinkommens festgestellt (Practical Handbook S. 29). Im übrigen ist im Interesse einer möglichst effizienten transnationalen Rechtsdurchsetzung wie bei bilateralen Anerkennungs- und Vollstreckungsverträgen (dazu *Cramer-Frank* Auslegung und Qualifikation bilateraler Auslegungs- und Vollstreckungsverträge [1987] 43 ff.) **alternativ zu qualifizieren** (*Basedow* in Schlosser (Hsg) Materielles und Prozeßrecht . . . [1992] 131 ff). Das HZÜ findet Anwendung, wenn entweder nach dem Recht des ersuchenden oder des ersuchten Staates eine Zivil- oder Handelssache vorliegt. Nur so bleibt im jeweils bilateralen Verhältnis das Gleichgewicht in der Anwendbarkeit des Übereinkommens gewahrt, und doch kann ein Staat sicher sein, daß die Einheit seiner Privatrechtsordnung auch in der internationalen Rechtshilfe respektiert wird. Daß damit Gerichtsverfahren aus common-law-Staaten rechtshilfepflichtig werden, die, in unseren Kategorien betrachtet, strafrechtliche oder verwaltungsrechtliche Sachen betreffen, ist nicht erschreckend. Verwaltungs*behördliche* Sachen sind auf jeden Fall vom Anwendungsbereich des HZÜ ausgeschlossen (*Junker* Discovery 263 ff, 276). Sind sich beide Parteien des Ausgangsverfahrens über die privatrechtliche Natur ihres Rechtsstreits einig, so besteht kein Grund, ihnen nicht zu folgen.

Die Frage ist heftig **umstritten**: Je nachdem, ob das Hauptaugenmerk auf einen möglichst weiten Anwendungsbereich des HZÜ oder einen möglichst effektiven Schutz der Vertragsstaaten vor fremden Rechtsvorstellungen gerichtet ist, wird eine Qualifikation nach dem Recht des ersuchenden (BGHZ 65, 291 = NJW 76, 478 – noch zum HZPrÜ 54; *Nagel* 233; *Pfennig* 74; *Böckstiegel/Schlafen* NJW 79, 1073; *Bülow/Böckstiegel* 351.2 Anm 2) oder des ersuchten Staates (*Junker* IPRax 86, 206; *ders.*- für HBÜ – Discovery 254 ff; *Hollmann* RIW 82, 784) oder auch eine kumulative Qualifikation nach dem Recht beider Staaten (House of Lords, *In re State of Norway's application* [1989] 3 WLR 458, 473 für die Qualifikation einer norwegischen Steuerforderung nach Art. 1 HBÜ – aber wohl nur als „jedenfalls dann" zu verstehen; *Schütze* IZPR S. 232; *Löber* Intern. Wirtschaftsbriefe 88, 375) oder eine autonome möglichst weitreichende (*Schack* IZPR Rn 605; *Stein/Jonas/Roth*[21] § 199 Rn 20) vorgeschlagen.

b) Kommt es im Rahmen alternativer Qualifikation auf das **3** deutsche Verständnis des Begriffs „Zivil- oder Handelssache" an, so ist nach der **Natur des Rechtsverhältnisses** zu entscheiden, aus dem der Klageanspruch hergeleitet wird (GSOBG BGH 97, 313 = NJW 86, 2359; BGHZ 106, 135 = NJW 89, 303; dazu im einzelnen *Kopp* VwGO § 40 Rn 6ff mwN). Auf eine hiervon abweichende Rechtswegzuweisung kommt es nicht an. Für Staaten, die den Unterschied zwischen Privatrecht und Öffentlichem Recht nur rudimentär entwickelt haben (weil es keine gesonderte Verwaltungsgerichtsbarkeit gibt) – Rn 2, ist freilich das HZÜ auch unanwendbar, wenn das Ausgangsverfahren aus einer klar hoheitlichen Beziehung stammt. Klagen auf **„punitive damages"** (BGHZ 118, 312 = NJW 92, 3096ff.; BVerfG NJW 95, 649) und „class actions" (Frankfurt RIW 91, 419) sind aber Zivilsachen. Beansprucht der Staat am zuzuerkennenden Betrag eine massive Beteiligung, so mag man insoweit eine Strafnatur annehmen. Ebenso wie man zivilrechtliche Adhäsionsverfahren im Strafrecht anerkennt, muß man auch eine strafrechtliche Adhäsion im Zivilverfahren gutheißen (**aA** *Merkt* aaO 63ff).

c) Beispiel: Für den Fall der Klage auf Schadensersatz wegen **4** rechtswidriger und schuldhafter Aufsichtspflichtverletzung durch einen Lehrer anläßlich einer Klassenfahrt bedeutet dies, daß im Verhältnis von EuGVÜ-Vertragsstaaten gem. der Rechtsprechung des EuGH (NJW 93, 2091 = IPRax 94, 37 – *Heß* 10) auch im Sinne des HZÜ eine Zivilsache anzunehmen ist, während die hM in Deutschland die Beamtenhaftung nach deutschem Recht als öffentlich-rechtlich qualifiziert. Im Verhältnis zu einem Staat, der nicht EuGVÜ-Vertragsstaat ist, liegt wegen des Grundsatzes der alternativen Qualifikation nur dann eine Zivil- oder Handelssache iSv Art. 1 HZÜ vor, wenn dieser Staat die Streitigkeit zivilrechtlich qualifiziert.

2. Ist ein gerichtliches Schriftstück amtlich ins Ausland zu über- **5** mitteln, so sind ausschließlich die vom HZÜ bestimmten oder zugelassenen Wege einzuhalten. In welchen Fällen ein Schriftstück

zum Zweck der Zustellung in das Ausland zu übermitteln ist, legt jedoch weder Art IV Protokoll EuGVÜ (*Stürner* JZ 92, 328 f) noch das HZÜ fest. Dies **richtet sich vielmehr nach den Bestimmungen der lex fori** (Denkschrift der Bundesregierung BT-Drucks 7/4892 S. 40; Düsseldorf IPRax 85, 289; Oldenburg IPRax 92, 169; Köln RIW 89, 815; *Stürner* JZ 92, 327). Eine (Ersatz-) Zustellung im Inland unterfällt dem HZÜ auch dann nicht, wenn der Zustellungsadressat im Ausland wohnt und das Schriftstück zu seiner Kenntniserlangung bestimmt ist. Insbesondere wird § 175 ZPO vom HZÜ nicht tangiert (BGH IPRax 88, 159; München IPRax 90, 111 – *Herbert Roth* 90 mit gut dokumentierten Ausführungen zu rechtsstaatlich gebotener Handhabung von Fristen). Hierüber besteht im Grundsatz Einigkeit; umstritten ist jedoch die Frage, ob und ggfs. **in welchem Umfang diese Regel einzuschränken ist.**

6   **a)** Ausgangspunkt für diesen Streit ist die *remise au parquet* des französischen Rechts, die in vielfältig variierter Weise von anderen Rechtsordnungen übernommen worden ist. Sie ermöglicht die als solche für wirksam erachtete Zustellung an eine im Ausland befindliche Partei durch Übergabe des Schriftstücks an die Staatsanwaltschaft im Inland, Art. 684 n. c.pr. c. Daneben ist zwar gem. Art. 686 n. c.pr. c. eine Benachrichtigung des Beklagten durch den Gerichtsvollzieher auf dem Postweg mittels eingeschriebenen Briefs sowie die Übermittlung einer beglaubigten Abschrift entsprechend der geltenden Vereinbarungen (also des HZÜ und der in Kraft gebliebenen multilateralen Vereinbarungen s. Anh. Art. 24 Rn 2 ff) vorgeschrieben (Art. 685 Abs. 2 n. c.pr. c.); beides ist jedoch nicht mehr Voraussetzung für die Wirksamkeit der Zustellung und den Eintritt der mit ihr verbundenen Rechtsfolgen (hierzu *Dubois* IPRax 88, 85). Ausweislich der textlich nicht ganz stimmig formulierten Art. 15, s. Art. 15 Rn 3, haben die Vertragsstaaten dies akzeptiert, weshalb die genannte Norm auch im Falle einer *remise au parquet* anzuwenden ist (Koblenz IPRax 88, 97; *Schumacher* IPRax 85, 265; *Rauscher* IPRax 91, 155). Überläßt man jedoch die Festlegung, wann ein Schriftstück zum Zweck der Zustellung ins Ausland zu übermitteln ist, uneingeschränkt dem Forumstaat (*US S.Ct.* 486 U. S. 694, 700 [1987] *Volkswagen AG vs. Schlunk*, wiedergegeben von *Heidenberger/Barde* RIW 88, 683; Düsseldorf IPRax 85, 289 = RIW 85, 493; Köln RIW 89, 815; Oldenburg IPRax 92, 169; *Nagel* IPRax 92, 150; *Junker* JZ 89, 121 und IPRax 86, 197, 202; *Hausmann* IPRax 88, 141, 143; *Dubois* IPRax 88, 85), so wäre grotesken Umgehungen der Vorschriften des HZÜ zum Schutz der

Zustellungsadressaten Tür und Tor geöffnet, auch wenn das zu erwartende Urteil dann in anderen Staaten nicht anerkannt werden muß, dazu Art 27 EuGVÜ Rn 17 ff.

b) Zu folgen ist daher dem von der concurring opinion im Urteil 7 des *US S.Ct.* (aaO) entwickelten Ansatz, wonach das HZÜ selbst, im Licht seiner Verhandlungsgeschichte betrachtet, eine verbindliche Grenze für die Freiheit des Forumstaates enthält, eine Zustellung als Inlandszustellung anzusehen. Daraus kann jedoch noch nicht gefolgert werden, Inlandszustellungen seien bereits vertragswidrig, wenn sie als fiktive die Sicherungen der Artt. 15, 16 HZÜ unterlaufen (*Stürner* JZ 92, 325, 327 ff). Durch das HZÜ ausgeschlossen sind vielmehr nur Ersatzzustellungen, die eine rechtzeitige Kenntniserlangung durch den Zustellungsadressaten nicht wahrscheinlich machen und die angesichts von dessen Erreichbarkeit durch die vom HZÜ eröffneten Wege nicht nötig sind. Bei Inlandszustellungen an Personen, die sich nur vorübergehend im Inland befinden müssen besondere rechtsstaatliche Vorkehrungen (Übersetzungen!) getroffen werden (*Koch* Art. 1 HZÜ vor Rn 1, 203).

c) Beispiele: Die Zustellung an eine annähernd namensgleiche 8 **Tochtergesellschaft** des beklagten Konzerns ist hiernach nicht als Umgehung des HZÜ anzusehen (völlig zu Recht *US S.Ct.* aaO). Ebenso wie bei der Zustellung an den Prozeßbevollmächtigten des ersten Rechtszuges nach § 210a ZPO kann in einem solchen Fall davon ausgegangen werden, daß der Beklagte unverzüglich die notwendige Kenntnis erhält. Der Zwang zur Bestellung eines inländischen **Zustellungsbevollmächtigten** wird durch das HZÜ nicht ausgeschlossen, wohl aber die mit der bloßen Aufgabe zur Post nach § 175 ZPO schon als bewirkt angesehene „Inlandszustellung" (hierzu eingehend *Schlosser* FS Stiefel [1987] 683. **AA** BGH NJW 92, 1701, der den Zustellungsadressaten durch die Möglichkeit der Wiedereinsetzung als ausreichend geschützt ansieht).

3. Das HZÜ ist anwendbar auf „**gerichtliche oder außerge-** 9 **richtliche Schriftstücke**", Art. 1 Abs. 1 HZÜ. Dieses Begriffspaar wurde bereits in den Zivilprozeßübereinkommen von 1905 und 1954 verwendet und hat dieselbe Bedeutung wie in diesen Konventionen (BT-Drucks 7/4892, 42; Bericht *Taborda Ferreira*, 366).

a) Danach sind **gerichtliche Schriftstücke** (actes judiciaires) sol- 10 che, die aus einem bereits eingeleiteten gerichtlichen Verfahren herrühren – einschließlich der gerichtlichen Entscheidungen – oder für die Einleitung eines solchen Verfahrens bestimmt sind (*Bülow/*

Böckstiegel 101.2 Anm 8 zum Zivilprozeßübereinkommen von 1954). Zu beweisbezogenen Schriftstücken s. Art. 13 Rn 6. Zu den Initiativberechtigten s. Art. 3.

11   **b)** Dagegen stehen **außergerichtliche Schriftstücke** nicht in unmittelbarem Zusammenhang mit Gerichtsverfahren, unterscheiden sich aber von rein privaten Dokumenten und Mitteilungen dadurch, daß die Übermittlung die Beteiligung einer Behörde oder eines Justizbeamten erfordert (Practical Handbook S. 50). Dazu gehören auch Notare (BTDrucks 7/4892 S. 49) u. Gerichtsvollzieher welch' letztere in manchen Ländern formalisierte Mitteilungen zu machen haben, um gewisse zivilrechtliche Wirkungen auszulösen, etwa nach Art. 1130 code civil eine Zahlungsaufforderung als Voraussetzung des Verzugs (näher *Ferid/Sonnenberger* Das französische Zivilrecht Bd 1/1² 1 A 97).

12   Für **außergerichtliche Schriftstücke** sind im deutschen Recht Beispiele: Schiedssprüche (näher *Stein/Jonas/Schlosser*²¹ § 1039 Rn 10 f), die vollstreckbare Ausfertigung einer nach § 794 Abs 1 Nr 5 ZPO errichteten Urkunde, wenn im Inland vollstreckt werden soll, der Mahnbescheid (wenn man ihn nicht als gerichtliches Schriftstück werten will), Wechselproteste (Practical Handbook aaO) sowie nach § 132 BGB zuzustellende Schriftstücke. Im französischen Recht, dem der Terminus „acte extrajudiciaire" unmittelbar entlehnt ist, sind dies zum Beispiel von einem „huissier de justice" ausgehende Zwangsvollstreckungsmaßnahmen, das Mahnschreiben, Art. 1139 code civil, oder die Aufforderung, einem Urteil zu entsprechen, Art. 2244 code civil). Aus französischer Sicht kann ein solches Dokument nur von einem Gerichtsvollzieher („huissier") stammen (Cour de Cassation Bull. civ. 1990 III 153; D 1991, 357). Das bekannteste Beispiel ist das an Zustellung durch einen Gerichtsvollzieher gebundene Verlangen nach Verlängerung einer Geschäftsraummiete (Art. 6 decrêt 53–960 [Fr]). Zu Vorpfändungen s. Art. 13 Rn 4. Bei außergerichtlichen Schriftstücken verstößt die Zustellung durch unmittelbare Beauftragung eines Zustellungsbeamten im Empfangsstaat kaum je gegen das HZÜ. Zustellungen nach § 132 BGB können auch im Auftrag eines auslandsansässigen Auftraggebers vorgenommen werden; ebenso Wechselproteste. Ein im Privatauftrag handelnder französischer „huissier" kann auch auf deutschem Boden einen „constat d'huissier" vornehmen.

13   **4.** Ist nach den vorstehenden Erläuterungen das HZÜ anzuwenden, **wurden aber die einschlägigen Zustellungsvorschriften bei einem konkreten Zustellungsversuch außer acht gelassen**, so ist

die dem Zustellungsadressaten anzuratende Vorgehensweise naturgemäß vom Prozeßrecht des Forumstaates abhängig. Praktische
Erfahrungen bestehen vor allem **im Verhältnis zu den USA**:

a) Da die dortigen Gerichte Zustellungsmängel nicht von amts- 14
wegen, sondern nur auf Rüge hin beachten, muß der Zustellungsadressat bei völliger Untätigkeit mit einem Versäumnisurteil rechnen. Dessen Anerkennung und Vollstreckung scheitert in Deutschland zwar an § 328 Abs 1 Nr 2 ZPO; häufig wird jedoch auf Seiten
des Beklagten in den USA belegenes Vermögen vorhanden sein.
Eine dem deutschen Einspruch (§§ 338, 342 ZPO) vergleichbare,
unkomplizierte Möglichkeit der Beseitigung eines Versäumnisurteils fehlt in den USA. Stellt der Beklagte Antrag auf Aufhebung
des Versäumnisurteils mit der Begründung, die Zustellung der
Klageschrift sei nicht ordnungsgemäß erfolgt, so sieht er sich zudem möglicherweise mit dem Einwand konfrontiert, er habe die
zur Verfügung stehenden verfahrensrechtlichen Möglichkeiten,
den Mangel umgehend zu rügen (motion to quash service), nicht
genutzt und sei deshalb jetzt mit seiner Rüge präkludiert (s. *Hollmann* RIW 82, 784, 795).

b) Die **motion to quash service** ist allerdings nur dann zu emp- 15
fehlen, wenn ein weiterer Zustellungsversuch nicht mehr innerhalb
der (nach amerikanischem Recht prozeßrechtlich zu qualifizieren-
den) Verjährungsfrist möglich erscheint. Dabei ist zu beachten, daß
nach einigen Prozeßrechten der USA die Rechtshängigkeit bereits
mit Einreichung der Klage bei Gericht eintritt, wenn danach innerhalb bestimmter Frist ordnungsgemäß zugestellt wird (dazu *Junker*
JZ 89, 121, 124 m. N.). Kann also der Eintritt der Verjährung noch
durch einen weiteren Zustellungsversuch verhindert werden, so
führt die motion to quash service zwar zu einem Zeitgewinn, verursacht aber Anwaltskosten, die auch im Falle des Erfolgs allenfalls
teilweise erstattungsfähig sind. In diesem Fall ist dem Zustellungsadressaten zu empfehlen, sich trotz Zustellungsmangels auf das
Verfahren einzulassen (*Junker* aaO; *ders.* IPRax 86, 197, 207).

5. Für Zustellungsersuchen nach oder aus Nicht-Vertragsstaaten 16
gilt das HZÜ nicht. „Zwangszustellungen" dann im Inland für
unmöglich zu erklären, s. §§ 70 Abs. 2, 68 Abs 2 ZRH, verstößt
gegen die justiziellen Menschenrechte des ausländischen Klägers
(*Schlosser* FS Matscher [1992] 388f).

6. Das HZÜ regelt naturgemäß auch nicht die Frage, ob der 17
Bürger einen **Rechtsanspruch** darauf hat, daß die Zentrale Behörde eines Staates jedenfalls einen Versuch macht, gewünschte Aus-

landeszustellungen vorzunehmen. Für das deutsche Recht muß man annehmen, daß die Behörden verpflichtet sind, dem Bürger die ihnen rechtlich zur Verfügung stehenden Mittel zur Rechtsdurchsetzung im Ausland auch einzusetzen (*Stein/Jonas/Roth*[21] § 199 Rn 42). Zur Gewährleistung effektiven Rechtsschutzes kann es geboten sein, anstatt nach § 175 ZPO zu verfahren, eine Auslandszustellung auf offiziellem Weg zu betreiben (Stuttgart IPRax 88, 163 – *Hausmann*). Rechtsbehelf bei Ablehnung: § 567 ZPO. Allerdings gilt dies primär nur für die Anordnung des Gerichts oder einer sonstigen Stelle, eine Auslandszustellung zu veranlassen. Rechtshilfe ist gewiß Pflege auswärtiger Beziehungen (BVerfG DRiZ 79, 219; BGHZ 87, 389; *Schack* IZPR Rn 171). Jedoch muß auch die Pflege auswärtiger Beziehungen in den Dienst der effektiven Rechtsdurchsetzung gestellt werden. Daher ist von den ausführenden Stellen im Zweifel ein Versuch der Zustellung zu machen. Die bloße und immer wieder beschworene „Möglichkeit" daß der betreffende auswärtige Staat diesen Versuch als Verletzung seiner Hoheit auffassen und deshalb die Zustellung ablehnen könnte, genügt nicht, um von vornherein den Versuch nicht zu unternehmen. Meist steht hinter derartiger Argumentation auch nur das strenge und starre eigene Souveränitätsdenken und der Wunsch, sich Vorhaltungen bezüglich inkonsequenten Verhaltens zu ersparen. Rechtsbehelf bei Ablehnung: §§ 23 ff EGGVG.

Eine Zustellung von **Einstweiligen Verfügungen**, **Pfändungs- (und Überweisungs-) beschlüssen** (*Geimer* IZPR[2] Rn 1229; *Mössle* 111 ff; *Stürner* FS Henckel [1995] 866; *Koch* aaO 196 – Zur Unmöglichkeit öffentlicher oder einer Zustellung durch Aufgabe zur Post s. *Gottwald* IPRax 91, 289. **AA** Düsseldorf IPRspr. 80 Nr. 17), erst recht von **Arrestanordnungen**, die ja als solche noch keine Beschlagnahmewirkung haben (*Koch* aaO 178, 201 mwN, freilich nicht für Überweisungsbeschlüsse, 202 f; *Pfennig* 76; *Ost* D. J. 76, 134 f; *Stein/Jonas/Münzberg*[21] § 829 Rn 24 mwN), bedeutet noch keine Anerkennung von Entscheidungswirkungen im ersuchten Staat. Sie kann deshalb nicht mit der Begründung abgelehnt werden, sie führe zu einer Verletzung von dessen Souveränität, s. Art. 13 Rn 2. Auch eingehende Ersuchen müssen erledigt werden, schon deswegen, um den Drittschuldner zu warnen. Denn die Pfändungswirkung kann vom ausländischen Staat an die Zustellung an den Schuldner geknüpft werden, was keineswegs gegen das Völkerrecht verstößt. S. aber Art. 16 EuGVÜ Rn 27.

7. Der Adressat kann auf amtliche Zustellung **verzichten**. Das 18
folgt daraus, daß ihr Fehlen keinen Anerkennungsversagungsgrund darstellt, wenn sich die in einer Klage als Beklagter bezeichnete Person auf das Verfahren einläßt (§ 328 Abs. 1 Nr. 2 ZPO,
Art. 27 Nr. 2 EuGVÜ). Praktisch wird dies im Hinblick auf new
rule 4 (d) Federal Rules of Civil Procedure (U. S. A.). Der Beklagte
wird aufgefordert, sich mit einer bloßen „notice" zufriedenzuge-
ben, andernfalls er die Kosten der Zustellung zu tragen hat. Eine
bloße Mitteilung, vor allem wenn von dem Anwalt der Gegenseite
vorgenommen, ist auch in Deutschland kein Hoheitsakt, kann daher nach Deutschland übermittelt werden. Auch gegen die postalische Benachrichtigung von der *„remise au parquet"*, Art. 15 Rn 1,
hat noch kein Staat Einwendungen erhoben.

8. Neben dem HZÜ gilt Art. IV Abs. 2 ProtIEuGVÜ, der aber 19
wegen des von Deutschland erklärten Widerspruchs (BGBl. 1973 II
S. 60) für Zustellungen im Inland keine Bedeutung hat.

Kapitel I. Gerichtliche Schriftstücke

Art. 2 [Zentrale Behörde]

(1) **Jeder Vertragsstaat bestimmt eine Zentrale Behörde, die
nach den Artikeln 3 bis 6 Anträge auf Zustellung von Schriftstücken aus einem anderen Vertragsstaat entgegenzunehmen
und das Erforderliche zu veranlassen hat.**

(2) **Jeder Staat richtet die Zentrale Behörde nach Maßgabe seines Rechts ein.**

Bezeichnung und Anschrift der von den Vertragsstaaten be- 1
stimmten zentralen Behörden sind – soweit ermittelbar – im Anhang zu Art. 2 abgedruckt. Art. 2 wird ergänzt durch Art. 18. Von
der in Art. 18 Abs. 1 vorgesehenen Möglichkeit, neben der zentralen Behörde weitere Behörden zu bestimmen, hat nur Großbritannien Gebrauch gemacht. Art. 18 Abs. 3 stellt es ferner Bundesstaaten frei, mehrere zentrale Behörden zu bestimmen. Dies haben
Deutschland, Kanada und die Schweiz getan.

Anh. Art. 2 HZÜ (Zentrale Behörden der Vertragsstaaten):
Ägypten: Ministry of Justice, Office for International Judicial Co-
operation, Cairo.
Antigua und Barbuda: The Covernor-General, Antigua und Barbuda.

Barbados: The Registrar of the Supreme Court of Barbados, Law Courts, Bridgetown, Barbados.

Belgien: Ministère de la Justice, Service d'entraide civile et judiciaire internationale, Place Poelaert 3, 1000 Bruxelles.

Botswana: The Minister of State in the Office of the President of Botswana, Lobatse, Botswana.

China: Ministry of Justice, Bureau of International Judicial Assistance No 11, Xiaguangli, Chaoyong District, Beijing, 100001, The People's Republic of China

Dänemark: Justitsministeriet, Slotsholmsgade 10, 1216 Kobenhavn K

Deutschland:

- Baden-Württemberg: Justizministerium Baden-Württemberg, Schillerplatz 4, Stuttgart
- Bayern: Bayerisches Staatsministerium der Justiz, Justizpalast, Prielmayerstraße 7, München
- Berlin: Senatsverwaltung für Justiz, Salzburgerstr. 21–25, Berlin
- Brandenburg: Ministerium der Justiz des Landes Brandenburg, Heinrich-Mann-Allee 107, Potsdam
- Bremen: Präsident des Landgerichts Bremen, Domsheide 16, Bremen
- Hamburg: Präsident des Amtsgerichts Hamburg, Sieveking-platz 1, Hamburg
- Hessen: Hessisches Ministerium der Justiz, Luisenstr. 13, Wiesbaden
- Mecklenburg-Vorpommern: Ministerium für Justiz, Bundes- und Europaangelegenheiten des Landes Mecklenburg-Vorpommern, Demmlerplatz 1–2, Schwerin
- Niedersachsen: Niedersächsisches Justizministerium, Am Waterlooplatz 1, Hannover
- Nordrhein-Westfalen: Präsident des Oberlandesgerichts Düsseldorf, Cecilienallee 3, Düsseldorf
- Rheinland-Pfalz: Ministerium der Justiz, Ernst-Ludwig-Str. 3, Mainz
- Saarland: Ministerium der Justiz, Zähringerstr. 12, Saarbrücken
- Sachsen: Sächsisches Staatsministerium der Justiz, Archivstr. 1, Dresden
- Sachsen-Anhalt: Minister der Justiz, Wilhelm-Höpfner-Ring 4, Magdeburg
- Schleswig-Holstein: Justizminister des Landes Schleswig-Holstein, Lorentzendamm 35, Kiel
- Thüringen: Justizministerium Thüringen, Alfred-Hess-Str. 8, Erfurt

Finnland: Ministry of Justice, Eteläesplandi 10, 00130 Helsinki
Frankreich: Ministère de la Justice, Service des Affaires européenes et internationales, Bureau du Droit international et de l'Entraide judiciaire internationale en matière civile et commerciale, 13, Place Vendôme, 75042 Paris Cedex 01
Griechenland: Ministry of Foreign Affairs, Department of, Administrative and Judicial Affairs, Athen
Israel: Director of Courts, 19 Jaffa Road, PO Bcx 114, Jerusalem 91000
Italien: L'Ufficio unico degli ufficiali giudiziari presso la corte d'appello di Roma, Roma
Japan: The Minister for Foreign Affairs, 2–2-1 Kasumigaseki, Chiyoda-ku, Tokyo 100
Kanada: Director, Legal Advisory Division, Department of External Affairs, 125 Sussex Drive, Ottawa, Ontario, Canada KIA OG2 (Anm.: In Kanada existiert zusätzlich je eine zentrale Behörde für jeden Bundesstaat; die aufgeführte zentrale Behörde des Bundes leitet eingehende Ersuchen jedoch weiter). *Luxemburg:* Parquet général près la Cour supérieure de Justice, 12 Côte d'Eich, Postbox 15, Luxembourg-Ville L-2010 Luxembourg
Malawi: The Registrar of the High Court of Malawi, PO Box 30244, Chichiri, Blantyre 3, Malawi
Niederlande: De Officier van Justitie bij de Arrondissementsrechtbank te ,s-Gravenhage, Juliana van Stolberglaan 2–4, Den Haag
Norwegen: The Royal Ministry of Justice and Police, PO Box 8005 Dep, N–0030 Oslo
Pakistan: The Solicitor, Ministry of Law and Justice, Islamabad
Portugal: Direcçao-Geral dos Serviços Judiciários, Ministério da Justiça, Praça do Comércio, 1194 Lisboa Codex
Schweden: Ministry for Foreign Affairs, Legal Department, Box 16121, S-103 23 Stockholm 16
Schweiz. Kantonal verschieden. Möglicher Adressat auch Eidgenössisches Justiz- und Polizeidepartement, Bern.
Seychellen: The Registrar, Supreme Court, Victoria Mahé, Republic of Seychelles
Spanien: Ministerio de Relaciones Exteriores
Tschechien: Ministerstvo spravedlnosti Ceské federativni republiky/Ministry of Justice of the Czech Federal Republic 128 10 Praha 2, Vysehradskà 16
Slowakische Republik: Ministersvo spravodlivosti Slovenskej federativni republiky/Ministry of Justice of the Slovak Federal Republic, 883 11 Bratislava, Suvorovova 12

Türkei: Adalet Bakanligi Hukuk Isleri Genel Müdürlügü, Ankara
USA: Department of Justice, Office of International Judicial, Assistance, Washington, D. C. 10530
Vereinigtes Königreich: Her Majesty's Principal Secretary of State for Foreign and Commonwealth Affairs, London SW1A 2AL
Zypern: Ministry of Justice

Art. 3 [Antrag]

(1) Die nach dem Recht des Ursprungsstaates zuständige Behörde oder der nach diesem Recht zuständige Justizbeamte richtet an die Zentrale Behörde des ersuchten Staates einen Antrag, der dem diesem Übereinkommen als Anlage beigefügten Muster entspricht, ohne daß die Schriftstücke der Legalisation oder einer anderen entsprechenden Förmlichkeit bedürfen.

(2) Dem Antrag ist das gerichtliche Schriftstück oder eine Abschrift davon beizufügen. Antrag und Schriftstück sind in zwei Stücken zu übermitteln.

1   Die nach dem Recht der jeweiligen Vertragsstaaten zuständigen Behörden oder Justizbeamte sind im Anhang zu Art. 2 aufgeführt. Die Doppelnennung von Behörden und Beamten ist nur auf dem Hintergrund mancher Rechtsordnungen, insbesondere der französischen, zu verstehen, die freiberuflich tätige Justizbeamte (in Frankreich in Gestalt des „huissier de justice") kennen. Privatpersonen haben nicht die Möglichkeit, sich unmittelbar an die Zentralen Behörden zu wenden.

2   In Deutschland ist für den Erlaß des Ersuchungsschreibens in erster Linie der Vorsitzende des Prozeßgerichts zuständig (§ 202 ZPO). Er ist allerdings gem. § 27 ZRHO verpflichtet, es der jeweiligen Prüfungsstelle iSv § 9 ZRHO vorzulegen. Prüfungsstellen sind die Präsidenten der Landgerichte, der Amtsgerichte, sofern sie die Dienstaufsicht über ein Amtsgericht ausüben, sowie der Oberlandesgerichte. Diese leiten gem. § 29 ZRHO Ersuchen an die zentralen Behörden weiter, sodaß letztlich auch nur sie unmittelbar gegenüber der zentralen Behörde auftreten. Fehlt es an einem Prozeßgericht, so ist die sonst mit der Angelegenheit befaßte Justizstelle berechtigt, im Falle von § 794 Abs. 1 Nr. 5 etwa der Notar. Zuständige Stellen in fremden Staaten: Practical Handbook 50 ff.

3   Von der Prozeßpartei (zB dem Kläger im Fall der internationalen Zustellung einer Klageschrift) kann dabei nicht erwartet werden, daß sie gegenüber dem Vorsitzenden oder der Prüfungsstelle auf eine bestimmte Art der Zustellung hinwirkt (*Pfennig* NJW 89,

2172. **AA** Schleswig NJW 88, 3104 für das dort irrtümlich heran-
gezogene HZPÜ). Insbesondere die Unterscheidung zwischen
formloser und förmlicher Zustellung (§ 5 Nr. 1 ZRHO bzw.
Art. 5 HZÜ) überfordert jedenfalls die anwaltlich nicht vertrete-
ne Partei. Aber auch im Falle anwaltlicher Vertretung gilt nichts
anderes: Hindert der Gesetzgeber den Rechtsanwalt daran, selbst
gegenüber der Zentralen Behörde tätig zu werden, indem er die
Zuständigkeiten in diesem Bereich bei Gericht konzentriert und
dort eigene Prüfungsstellen vorsieht, so muß die Verantwortung
für eine korrekte und effiziente Durchführung des Verfahrens
auch bei Gericht bzw. bei der Prüfungsstelle liegen. Scheitert also die bei der ausländischen Zentralen Behörde beantragte formlose Zustellung, so geht der Zeitverlust, der dadurch eintritt, daß
nicht von vorneherein stattdessen oder zumindest hilfsweise
förmliche Zustellung beantragt wurde, in den Fällen der §§ 270
Abs. 3, 693 Abs. 2 ZPO nicht zu Lasten der Partei (**aA** OLG
Schleswig aaO). Die dem HZÜ beigefügten Muster für Anträge
sind im Anh. zu Art. 3 wiedergegeben. Im Muster wird bei juristischen Personen die Angabe einer vertretungsberechtigten Person nicht verlangt. Es ist daher in erster Linie Aufgabe der Zentralen Stelle oder der Amts- und Landgerichtspräsidenten die zur
Ausstellung einer deutschen Zustellungsurkunde nötigen Angaben zu ermitteln, etwa durch Einsicht ins Handelsregister, s.
auch Art. 5 Rn. 10.

Abs. 2 verlangt Übermittlung des „Schriftstücks oder einer 4
Abschrift davon". Es muß sich nicht um eine beglaubigte Abschrift handeln (**aA** *Stein/Jonas/Roth*[21] § 199 Rn 44). Es ist ausschließlich Sache des Rechts des Ausgangsstaates zu entscheiden,
ob die Zustellung von Originalen, Ausfertigungen, beglaubigten
Abschriften oder einfacher Abschriften die mit der Zustellung
beabsichtigte Wirkung entfalten.

Art. 4 [Einwände der Zentralen Behörde]

**Ist die Zentrale Behörde der Ansicht, daß der Antrag nicht
dem Übereinkommen entspricht, so unterrichtet sie unverzüglich die ersuchende Stelle und führt dabei die Einwände gegen
den Antrag einzeln an.**

Im Gegensatz zu Art. 13 meint die Vorschrift formelle Män- 1
gel, etwa Abweichungen von dem in Art. 3 genannten Muster
(**aA** *Pfennig* aaO 73) oder bei Authentitätszweifeln. Ergänzungen
aus eigenem Wissen der Zentralen Behörde, liquiden Erkenntnis-

quellen einschließlich telefonischer Rückfragen bei der ersuchten Stelle oder bei Verfahrensbeteiligten sind, zulässig und angeraten.

2   Rechtsmittel wie bei Art. 13 Rn 8 ff, aber nur dann, wenn die Erledigung zumindest schlüssig abgelehnt worden ist und nicht nur auf Nachholung leicht zu ermittelnder Angaben oder leicht vorzunehmender Präzisierungen gedrängt wird. War es für die Parteien des Ausgangsverfahrens ersichtlich von Bedeutung, eine möglichst breite und allgemein gehaltene Ermittlung zu erreichen, dann ist auch das Verlangen nach Präzisierung anfechtbar. Die Frist von § 26 EGGVG beginnt erst mit schriftlicher Bekanntgabe an den Antragsteller zu laufen. Jedoch genügt die Bekanntgabe durch das ausländische Gericht, die auch als im Auftrag der Zentralen Behörde vorgenommen aufgefaßt werden kann.

3   Glaubt das Zustellungsorgan Mängel des Zustellungsersuchens zu entdecken, so muß es bei der Zentralen Behörde zurückfragen, s. Art. 5 HBÜ Rn 1.

4   Praktisch wird die Frage, wenn eine der Zentralen Behörde zum Zweck der Zustellung übermittelte Ausfertigung der Klageschrift gegenüber dem Original in der Absicht **manipuliert** worden ist, etwaige Bedenken, insbesondere im Hinblick auf eingeklagte *„punitive damages"*, s. Art. 1 Rn 4, Art. 13 Rn 3 ff, nicht aufkommen zu lassen. Ist dies offensichtlich oder steht es nach Rückfrage fest, so fehlt es an einem zuzustellenden Schriftstück (Zustellung zugelassen durch Frankfurt IPRax 92, 166 ff; Düsseldorf NJW 92, 3120 ff. Zustellung ablehnend, aber zu Unrecht auf die Rechtsnatur von punitive damages abstellend *Merkt* aaO 187 ff)

Art. 5 [Zustellungen]

(1) **Die Zustellung des Schriftstücks wird von der Zentralen Behörde des ersuchten Staates bewirkt oder veranlaßt, und zwar**
a) entweder in einer der Formen, die das Recht des ersuchten Staates für die Zustellung der in seinem Hoheitsgebiet ausgestellten Schriftstücke an dort befindliche Personen vorschreibt
b) oder in einer besonderen von der ersuchenden Stelle gewünschten Form, es sei denn, daß diese Form mit dem Recht des ersuchten Staates unvereinbar ist.

(2) **Von dem Fall des Absatzes 1 Buchstabe b abgesehen, darf die Zustellung stets durch einfache Übergabe des Schriftstücks an den Empfänger bewirkt werden, wenn er zur Annahme bereit ist.**

(3) **Ist das Schriftstück nach Absatz 1 zuzustellen, so kann die Zentrale Behörde verlangen, daß das Schriftstück in der Amtssprache oder einer der Amtssprachen des ersuchten Staates abgefaßt oder in diese übersetzt ist.**

(4) **Der Teil des Antrags, der entsprechend dem diesem Übereinkommen als Anlage beigefügten Muster den wesentlichen Inhalt des Schriftstücks wiedergibt, ist dem Empfänger auszuhändigen.**

I. System der Zustellungsarten

1. Die Vorschrift bedeutet für Zustellungen, die in Deutschland 1 auszuführen sind, folgendes (S. dazu Bekanntmachung v. 21. 6. 79, BGBl II S. 779, ergangen auf der Grundlage des AusfG v. 22. 12. 77, BGBl I, S. 3105): Zustellungsanträge sind an die Zentrale Behörde im jeweiligen Bundesland zu richten, s. Anh. Art. 2.

2. Für den Fortgang des Verfahrens sind drei Formen der Zustel- 2 lung zu unterscheiden: Die formlose nach Abs. 2, die förmliche nach Abs. 1 Buchst. a) und die in einer besonderen, vom ersuchenden Staat gewünschte Form. Das amtliche Formblatt zählt diese drei Alternativen auf und fordert zur Ankreuzung in einer Weise auf, die den Eindruck erweckt, als könne immer nur eine Ankreuzung erfolgen. Das kann im Verhältnis von Abs. 1 Buchst. a) zu Abs. 2 zu Mißverständnissen in der Durchführung der Rechtshilfe führen.

a) Ist förmliche Zustellung angekreuzt und eine Übersetzung 3 beigefügt, so wird im allgemeinen ohne Einschaltung von Gerichten durch die Post zugestellt, § 4 AusfG. Der Wunsch nach förmlicher Zustellung ist dann bindend (BGH WM 88, 1210), weil Zeitverlust durch zunächst versuchte formlose Zustellung ein Verjährungsrisiko trägt, s. Rn 6. Bei Ablehnung der Annahme ist nach § 186 ZPO zu verfahren (Saarbrücken IPRax 95, 35, insoweit zust. *Heß* 19).

b) Ist nur formlose Zustellung beantragt und keine Übersetzung 4 mitgeschickt, dann ist die Zustellung im Fall der Annahmeverweigerung gescheitert. Belehrung und Einsichtgewährung nach § 69 Abs. 3 ZRHO ist nicht Bestandteil einer ordnungsgemäßen Zustellung, weil die ZRHO nicht den Charakter einer Rechtsvorschrift hat, s. Art. 27 EuGVÜ Rn 18. Ist eine Übersetzung mitgeschickt, ist der Antrag als hilfsweise auf Durchführung der förmlichen Zustellung gerichtet auszulegen und zwar auch im Geltungsbereich einer nach Art 24 aufrechterhaltenen Zusatzvereinbarung, die die förmliche Zustellung nur bei ausdrücklichem Ersuchen vorsieht (*Heß* aaO).

5   Eine besondere Zustellungsform nach Abs. 1 Buchst. b) muß immer unmißverständlich gewünscht sein. Das Übersetzungserfordernis bezieht sich auch hierauf (*Wiehe* aaO 34. **AA** *Ristau* Judicial Assistance 150).

II. Einzelfragen

6   Die Notwendigkeit einer **Übersetzung** ordnet für Zustellungen in Deutschland § 3 AusfG generell an (anders interessanterweise Frankreich: *Cour de cassation* Clunet 79, 381; 81, 854). Ausgenommen den Fall von Abs. 2, also bei allen Formen der Ersatzzustellung, muß eine deutsche Zentrale Behörde eine Übersetzung verlangen (BGH NJW 91, 641). Beglaubigt braucht die Übersetzung nicht zu sein. Die Vorschrift kann aber sinnvollerweise nur als Anweisung an die Zentralen Behörden verstanden werden. „Verlangt" diese eine Übersetzung nicht im Einzelfall, so ist die Zustellung nach Abs. 3 wirksam. Im Falle einer einfachen Übergabe an den Empfänger muß diesem, bevor er sich entscheiden kann, das Schriftstück gezeigt werden, das ihm übergeben werden soll. Im Falle einer Verweigerung der Annahme einer formlosen Zustellung wird die Verjährung nicht unterbrochen (Schleswig RIW 89, 309, abl. *Pfennig*).

7   Lehnt ein Adressat, der die Sprache, in der das Schriftstück abgefaßt ist, bestens beherrscht, die Entgegennahme nach Abs. 2 ab, so kann die spätere Berufung darauf, daß ihm nicht ordnungsgemäß zugestellt worden sei, **rechtsmißbräuchlich** sein. Es zunächst ohne Übersetzung mit der formlosen Zustellung ohne Übersetzung zu versuchen, ist im allgemeinen auch nicht mißbräuchlich (Frankfurt RIW 87, 628: Bamberg RIW 87, 541), auch nicht, wenn der Adressat nicht weiß, worum es im Schriftstück geht (**aA** Hamm IPRspr. 79 Nr. 195). Zur Heilung von Zustellungsmängeln s. Art. 27 EuGVÜ Rn 12, 13.

8   In nicht ganz einfach gelagerten Fällen geben manche Zentrale Behörden den Zustellungsadressaten den Eingang eines Ersuchens bekannt und gewähren ihnen Gelegenheit, zur Frage der Bewilligungsfähigkeit der Zustellung Ausführungen zu machen. Nötig ist dies nicht (Düsseldorf NJW 92, 3110 = RIW 848; *Stein/Jonas/Roth*[21]

§ 199 Rn 20. **AA** *Wölki* RIW 85, 530, 534). **Rechtsmittel** nach Zustellungsbewilligung s. Art. 13 Rn 8 ff.

Für Zustellung ins Ausland s. Bekanntmachungen v. 21. 6. 1979 **9** (BGBl II S. 779), v. 23. 6. 1980 (BGBl II S. 90) – u. a. Belgien, Luxemburg, Schweden, VK, Dänemark, Frankreich, Israel, Japan, Niederlande, Norwegen, Portugal, Türkei, USA – und v. 22. 4. 1982 (BGBl 82 II S 522) – Italien.

Dazu, welche von der ersuchenden Stelle gewünschten Zustel- **10** lungsformen **in Deutschland akzeptabel** sind, sagen amtliche Bekanntmachungen nichts Generelles. Außer den Zustellungsformen der §§ 211–212b ZPO ist sicherlich auch eine Zustellung durch den Gerichtsvollzieher mit deutschem Recht nicht unvereinbar. Eine Zustellung nach Abs. 1 Buchst. b ist die von Österreich häufig gewünschte Zustellung der Klageschrift zu „eigenen Händen" (s. näher *Bülow/Böckstiegel* 170.3 Fn 18).

Die Angaben über den Zustellungsadressaten sind peinlich genau **11** zu befolgen. Ist kein Zustellungsbevollmächtigter angegeben, so darf grundsätzlich nicht ohne Genehmigung der Ausgangsstelle an einen solchen zugestellt werden (BGHZ 65, 291 = NJW 76, 478). Die Frage, ob die Ausführung der Zustellung an einen Zustellungsbevollmächtigten wirksam ist, bleibt aber davon unberührt und hängt allein davon ab, ob Zustellungsvollmacht erteilt worden ist und – nach dem Recht des Ausgangsstaates – erteilt werden konnte.

Zur Heilbarkeit von Zustellungsmängeln s. Artt. 27 ff Rn 13. **12**

Die Zentrale Behörde ist berechtigt, dem Zustellungsadressaten **13** Erläuterungen zu geben. In dem Umfang wie Behörden generell zur Beratung verpflichtet sind, ist es auch die Zentrale Behörde.

Art. 6 [Zustellungszeugnis]

(1) **Die Zentrale Behörde des ersuchten Staates oder jede von diesem hierzu bestimmte Behörde stellt ein Zustellungszeugnis aus, das dem diesem Übereinkommen als Anlage beigefügten Muster entspricht.**

(2) **Das Zeugnis enthält die Angaben über die Erledigung des Antrags; in ihm sind Form, Ort und Zeit der Erledigung sowie die Person anzugeben, der das Schriftstück übergeben worden ist. Gegebenenfalls sind die Umstände anzuführen, welche die Erledigung verhindert haben.**

(3) **Die ersuchende Stelle kann verlangen, daß ein nicht durch die Zentrale Behörde oder durch eine gerichtliche Behörde aus-**

gestelltes Zeugnis mit einem Sichtvermerk einer dieser Behörden versehen wird.

(4) Das Zeugnis wird der ersuchenden Stelle unmittelbar zugesandt.

1 Zur Zuständigkeit ausländischer Stellen als Zentrale Behörden s. Anh. Art. 2

2 Die Verweigerung des Zustellungszeugnisses sagt nicht verbindlich, daß es nicht zu einer rechtswirksamen Zustellung gekommen sei. Entgegen der Rechtsprechung des BGH (NJW 93, 2688) eröffnet die Erteilung eines Zustellungszeugnisses aber einen **Vertrauenstatbestand**. Es ist mit dem Prinzip eines fairen Verfahrens unvereinbar, anläßlich eines Antrags auf Anerkennung und Vollstreckung des ergangenen Urteils die Ordnungsmäßigkeit der Zustellung lediglich deshalb in Frage zu stellen, weil sie anders hätte ausgeführt werden müssen, denn als korrekt erledigt bezeugt. Sofern durch die tatsächliche Art der Zustellung der Zustellungsadressat in seiner Rechtswahrung nicht beeinträchtigt worden ist (und etwa selbst keine Zweifel an der Ordnungsmäßigkeit der Zustellung hatte), muß im Interesse des justiziellen Vertrauensschutzes die Zustellung als wirksam betrachtet werden, s. auch Art. 5 Rn 7.

Art. 7 [Antragssprachen]

(1) **Die in dem diesem Übereinkommen beigefügten Muster vorgedruckten Teile müssen in englischer oder französischer Sprache abgefaßt sein. Sie können außerdem in der Amtssprache oder einer der Amtssprachen des Ursprungsstaats abgefaßt sein.**

(2) **Die Eintragungen können in der Sprache des ersuchten Staates oder in englischer oder französischer Sprache gemacht werden.**

Der auffällige Unterschied in den zulässigen Sprachen für vorformulierte Textbestandteile einerseits und Eintragungen andererseits erklärt sich aus folgendem: Im ersuchten Staat sind die vorformulierten Bestandteile in englischer und französischer Sprache leicht verfügbar; der die Eintragungen vornehmende Beamte soll aufgrund eines ihm vertrauten Textes arbeiten können. Im ersuchten Staat sollen bezüglich der vorgenommenen Eintragungen Fremdsprachenkenntnisse nur in Englisch oder Französisch erwartet werden.

Art. 8 [Direkte Zustellung durch diplomatische oder konsularische Vertreter]

(1) Jedem Vertragsstaat steht es frei, Personen, die sich im Ausland befinden, gerichtliche Schriftstücke unmittelbar durch seine diplomatischen oder konsularischen Vertreter ohne Anwendung von Zwang zustellen zu lassen.

(2) Jeder Staat kann erklären, daß er einer solchen Zustellung in seinem Hoheitsgebiet widerspricht, außer wenn das Schriftstück einem Angehörigen des Ursprungsstaats zuzustellen ist.

In § 6 des AusfG hat Deutschland von der Möglichkeit des Abs. 2 Gebrauch gemacht. Ähnliche Erklärungen haben Ägypten, Belgien, China, Frankreich, Luxemburg, Norwegen, Pakistan, Portugal, die ehemalige Tschecheslowakei und die Türkei abgegeben, s. Art. 1 Fn 1. „Zwang" liegt bei jeder Zustellung gegen den Willen des Zustellungsadressaten vor. Eine widerspruchslos hingenommene Zustellung durch ein postalisches Schreiben ist zwar kein Zwang. Jedoch kann sich die diplomatische Vertretung nicht der Zustellung durch die Post bedienen (Hamm RIW 96, 150 – Niederlegung bei der Post und Abholung durch Sekretärin, die zur Erklärung der Empfangsbereitschaft unbefugt war, unwirksam). § 6 AusfG („nur zulässig, wenn das Schriftstück einem Angehörigen des Absenderstaates zugestellt ist") ist so formuliert, daß die Zustellung auch zulässig ist, wenn der Zustellungsadressat zusätzlich die inländische Staatsangehörigkeit besitzt (aA *Taborda Ferreira* aaO 373).
Ausnahme: Norwegen, s. Art. 24 Rn 7. Zu Einzelheiten bei erlaubter Zustellung durch deutschen Konsul s. *Wiehe* Art. 1 Lit. vor Rn 1, 43 ff.

Art. 9 [Indirekte Zustellung durch diplomatische oder kunsularische Vertreter]

(1) Jedem Vertragsstaat steht es ferner frei, den konsularischen Weg zu benutzen, um gerichtliche Schriftstücke zum Zweck der Zustellung den Behörden eines anderen Vertragsstaats, die dieser hierfür bestimmt hat, zu übermitteln.

(2) Wenn außergewöhnliche Umstände dies erfordern, kann jeder Vertragsstaat zu demselben Zweck den diplomatischen Weg benutzen.

Der **diplomatische Weg** ist im vertragslosen Verkehr einzu- **1**
schlagen. Er geht über das Auswärtige Amt, das sich entweder an

die deutsche Auslandsvertretung im ersuchten Staat zur Weiterleitung an das dortige Außenministerium, bzw. eine andere von der dortigen Rechtsordnung bestimmte Stelle, oder an die inländische diplomatische Vertretung des ausländischen Staates wendet. Aus Art. 9 erwächst dem ersuchten Staat die Verpflichtung, die auf diplomatischem Weg geschehene Übermittlung zu erledigen. Eine Nachprüfung, ob außergewöhnliche Umstände vorliegen, sollte im Interesse eines effektiven Rechtsschutzes unterbleiben, vor allem auch im nachfolgenden Exequaturverfahren (Cour de cassation Riv.crit. 82, 565).

2   Der **konsularische Weg** setzt an sich voraus, daß die ausländische Rechtsordnung eine Stelle bestimmt hat, die zur Entgegennahme von Zustellungsersuchen zuständig ist, die von Konsuln anderer Staaten unterbreitet werden. Art. 21 Abs. 1 Buchst. c begründet sogar eine amtliche Notifikationspflicht. Einzelheiten über Stellen, die zur Entgegennahme zuständig sind: BGBl 1979 II S 522 (abgedr. auch in *Bülow/Böckstiegel* Bd I Art. 9 HZÜ). Der ausländische Staat kann aber, wie etwa die USA, unmittelbare Zustellungen durch Konsuln an den Zustellungsadressaten gestatten (*Pfeil-Kammerer* Lit. vor Art. 1, 72f). Vom deutschen Recht her sind die Konsuln nach § 16 des Gesetzes über die Konsularbeamten (BGBl 1974 I S. 2317) dazu ermächtigt.

3   Die Beweislast für die ordnungsgemäße Zustellungsausführung trägt die daran interessierte Partei (Hamm IPRax 95, 255).

Art. 10 [Vereinfachte Zustellungen]

(1) **Dieses Übereinkommen schließt, sofern der Bestimmungsstaat keinen Widerspruch erklärt, nicht aus,**

a) **daß gerichtliche Schriftstücke im Ausland befindlichen Personen unmittelbar durch die Post übersandt werden dürfen,**

b) **daß Justizbeamte, andere Beamte oder sonst zuständige Personen des Ursprungsstaats Zustellungen unmittelbar durch Justizbeamte, andere Beamte oder sonst zuständige Personen des Bestimmungsstaats bewirken lassen dürfen,**

c) **daß jeder an einem gerichtlichen Verfahren Beteiligte Zustellungen gerichtlicher Schriftstücke unmittelbar durch Justizbeamte, andere Beamte oder sonst zuständige Personen des Bestimmungsstaats bewirken lassen darf.**

1   Die Vorschrift ist in der Hoffnung geschaffen worden, daß möglichst viele Staaten die kleinliche Vorstellung aufgeben werden, die Zustellung eines Schriftstücks sei ein Hoheitsakt (für Deutschland:

BVerfG NJW 95, 649 mit unkrit. positiver Bewertung des Ausschlusses der in Art. 10 genannten Zustellungsformen (zu Recht krit. zu dem genannten Postulat *Wiehe* Lit. vor Art. 1, 96 ff). Durch inländische Ersatzzustellungen mit der nachfolgenden, völkerrechtlich allseits als unproblematisch empfundenen schlichten Mitteilung der bereits erfolgten Zustellung kann dieser Anspruch auch weitgehend unterlaufen werden, Art. 1 Rn 6, 7 (zur Anpassung der U. S. Federal Rules of Civil Procedure in diesem Sinne: Art. 1 Rn 18).

Mag sein, daß man aus guten Gründen eine Globalermächtigung **2** in Bezug auf alle gegenwärtigen und künftigen Vertragsstaaten vermeiden wollte. Deutschland hat aber nicht nur nach dieser Vorschrift widersprochen, § 6 AusfG, sondern auch als einziger Staat der EU an den Generalsekretär von dessen Rat den entsprechenden Widerspruch nach Art. IV Abs. 2 Protokoll EuGVÜ erklärt (BGBl 1973 II S. 60) und keines der in der Denkschrift (BTDrcks 7/4892 S. 46) angekündigten bilateralen Erleichterungsabkommen abgeschlossen.

Wird der Vorschrift zuwidergehandelt, so verlangen rechtstaatli- **3** che Prinzipien (faires Verfahren) die Anwendung von § 187 ZPO, Art. 27 EuGVÜ Rn 13. Hat sich der Beklagte auf das Verfahren im Ausland eingelassen, so ist der Verstoß sanktionslos, Art. 27 EuGVÜ Rn 20, § 328 Abs. 1 Nr. 2 EuGVÜ. Einlassung ist auch ein Verzicht auf förmliche Zustellung, Art. 1 Rn 18, nicht aber Verschweigen auf eine Aufforderung, einen solchen Verzicht zu erklären (zu den möglichen Reaktionen auf postalische Zustellungen aus den USA *Pfeil-Kammerer* aaO 125 ff).

Die Vorschrift gibt dann, wenn Deutschland der ersuchende **4** Staat ist, den Interessierten keinen Rechtsanspruch darauf, daß nach ihr verfahren wird, wenn der entsprechende ausländische Staat keinen Widerspruch erklärt hat (*Schack* IZPR Rn 608, s. auch Art. 1 Rn 17). Es sollte jedoch entsprechenden Wünschen möglichst Rechnung getragen werden. Deutsche Gerichtsvollzieher sind berechtigt, nach Buchst. c zu verfahren. § 6 S. 2 AusfG soll nur das Inland vor (vermeintlicher) Souveränitätsverletzung schützen, nicht aber eine Zustellung verhindern, die im Ausland als völlig korrekt betrachtet wird.

Die **Beweislast** für die ordnungsmäßige Erledigung der Zustel- **5** lung durch die Post trägt die an ihr interessierte Partei.

Außer Deutschland haben den Widerspruch erklärt: Ägypten, **6** China, Norwegen, ehemalige Tschechoslowakei; ohne Erwähnung von Buchst a Finnland, Israel, Japan, Schweden, Vereinigtes

Königreich; beschränkt auf Buchst. c Dänemark; s. Art. 1 Fn 1. Anwendungsbeispiel: OLG Köln RIW 90, 668. Die belgischen Gerichte stehen auf dem Standpunkt, die Vorschrift gelte im Verhältnis zu Deutschland deshalb nicht, weil Art. 24 des deutsch-belgischen Zusatzabkommens lex specialis sei (Cour de cassation, *Follens v. Overhoff u. Altmayer*, Pasicrisie 82 I 1029, 1031; s. auch *Strömer/Le Fevre* EuZW 92, 212).

7 Zur Sonderregelung im Verhältnis zum **V. K.** und zu einigen wichtigen Staaten des britischen **Commonwealth** s. Art. 25.

Art. 11 [Andere Übermittlungswege]

Dieses Übereinkommen schließt nicht aus, daß Vertragsstaaten vereinbaren, zum Zweck der Zustellung gerichtlicher Schriftstücke andere als die in den vorstehenden Artikeln vorgesehenen Übermittlungswege zuzulassen, insbesondere den unmittelbaren Verkehr zwischen ihren Behörden.

Solche Vereinbarungen hat die Bundesrepublik nicht abgeschlossen. Zu den nach Art. 24 aufrechterhaltenen Zusatzvereinbarungen zum Haager Zivilprozeßübereinkommen 1954 siehe dort.

Art. 12 [Gebühren und Auslagen]

(1) Für Zustellungen gerichtlicher Schriftstücke aus einem Vertragsstaat darf die Zahlung oder Erstattung von Gebühren und Auslagen für die Tätigkeit des ersuchten Staates nicht verlangt werden.

(2) Die ersuchende Stelle hat jedoch die Auslagen zu zahlen oder zu erstatten, die dadurch entstehen,
a) daß bei der Zustellung ein Justizbeamter oder eine nach dem Recht des Bestimmungsstaats zuständige Person mitwirkt,
b) daß eine besondere Form der Zustellung angewendet wird.

Art. 13 [Ablehnung der Erledigung]

(1) Die Erledigung eines Zustellungsantrags nach diesem Übereinkommen kann nur abgelehnt werden, wenn der ersuchte Staat sie für geeignet hält, seine Hoheitsrechte oder seine Sicherheit zu gefährden.

(2) Die Erledigung darf nicht allein aus dem Grund abgelehnt werden, daß der ersuchte Staat nach seinem Recht die ausschließliche Zuständigkeit seiner Gerichte für die Sache in An-

spruch nimmt oder ein Verfahren nicht kennt, das dem entspricht, für das der Antrag gestellt wird.

(3) **Über die Ablehnung unterrichtet die Zentrale Behörde unverzüglich die ersuchende Stelle unter Angabe der Gründe**

I. Sinn und Anwendungsbereich der Vorschrift

Die Bewilligung der Zustellung besagt noch nichts darüber, ob **1**
das später zu erlassende Urteil anerkannt und vollstreckt werden
kann. Sie besagt auch nicht mit Wirkung für das spätere Exequaturverfahren, daß die Zustellung ordnungsgemäß war (BGH NJW
93, 2688, s. aber Art. 6 Rn 2). Eine Ablehnung bedeutet demgegenüber, daß aus der Sicht des ersuchten Staates nicht ordnungsgemäß (etwa iSv § 328 Abs. 1 Nr. 2 ZPO) zugestellt worden ist, auch
wenn dem Zustellungsadressaten das Schriftstück bekanntgemacht
worden sein sollte. Ob das Verfahren im ersuchenden Staat weiter-
geführt werden kann, regelt ausschließlich dessen Rechtsordnung.
Auf diesem Hintergrund soll die Vorschrift klarstellen, daß es nicht
gänzlich ausgeschlossen ist, die Zustellung auch dann noch zu verweigern, wenn der Zustellungsantrag formal dem Übereinkommen genügt.

II. Die möglichen Ablehnungsgründe

Abs. 1 ist wörtlich aus Art. 4 HZPÜ 1954 übernommen und **2**
denkbar mißglückt formuliert. „**Hoheitsrechte**" kann eine Zustellung schon begrifflich nicht mehr gefährden, wenn die Zustellung
durch den zuständigen Hoheitsträger bewilligt wird (*Stürner* FS
Henckel [1995] 866). Man müßte schon sagen, das Ersuchen müsse, um seine Ablehnung zu rechtfertigen, auf ein unzumutbares
Ansinnen zur Preisgabe von Hoheitsrechten hinauslaufen. Denkbar
ist derartiges kaum. Die „**Sicherheit**" in Deutschland ist allenfalls
dann gefährdet, wenn entweder in dem zuzustellenden Schriftstück
ausdrücklich oder unmittelbar eine Aufforderung zu illegalem Tun
enthalten ist oder wenn in ihm schwere Sanktionen für den Fall
angedroht werden, daß etwas geschieht oder unterbleibt, das für
die deutsche Rechtsordnung Ausübung fundamentaler Freiheitsrechte ist. Dabei sollte man es auch sein Bewenden haben lassen.
Dies entspricht dem Geist, aus dem heraus das HZÜ entstanden

ist. Ein Grund, eine Klageschrift nicht zuzustellen ist somit praktisch ausgeschlossen. Aber auch **einstweilige Verfügungen, Pfändungs-** und Überweisungsbeschlüsse sowie Vorpfändungen oder Pfändungen müssen zugestellt werden, s. Art. 1 Rn 12, 17. Entgegen einer Gerichtsstandsvereinbarung oder einer Schiedsklausel die gesetzlich vorgesehenen staatlichen Gerichte anrufen zu können, ist nicht Ausübung fundamentaler Freiheitsrechte, wenn vernünftige Gründe für die Geltendmachung der Unwirksamkeit der Abmachung nicht bestehen. Daher müssen auch englische „anti suit injunctions" zugestellt werden, die zur Absicherung solcher Vereinbarungen erlassen wurden (**AA** Düsseldorf ZIP 96, 294).

3   Vorherrschend ist freilich die Tendenz, in der Norm eine Art stark **eingeschränkten ordre-public-(international)-Vorbehalt** (München NJW 89 3102 = IPRax 90, 175, 176 = RIW 89, 483; Frankfurt IPRax 92, 166 ff; *Stürner/Stadler* IPRax 90, 157), oder gar den normalen ordre-public-(international)-Vorbehalt (*Merkt* aaO 126 ff) zu sehen, der sich als Notbremse einsetzen läßt, wenn das ausländische Verfahren stark befremdlich anmutet. Das BVerfG (NJW 95, 649) hat aber mit Recht in der Zustellung einer US-Klageschrift, mit der **„punitive damages"** geltend gemacht wurden, keinen Verstoß gegen rechtsstaatliche Grundprinzipien gesehen und offengelassen, was zu geschehen hat, „wenn das mit der Klage angestrebte Ziel offensichtlich gegen unverzichtbare Grundsätze eines freiheitlichen Rechtsstaats" verstößt. Auf die Intensität des Inlandsbezugs kam es dem BVerfG mit Recht nicht an (**aA** *Merkt* aaO 142 ff)

III. Prüfungsmaßstab

4   **a)** Ob eine Gefährdung von Hoheitsrechten oder Sicherheit des ersuchten Staates vorliegt, ist anhand der **Wertungsgrundlagen der Rechtsordnung des ersuchten Staates** zu ermitteln (München aaO; *Stürner/Stadler* aaO). Diese manifestieren sich insbesondere in dessen Verfassungsrecht; in Deutschland also vor allem in den Grundrechten. Aus ihnen kann zwar theoretisch ein Abwehranspruch des Zustellungsadressaten hergeleitet werden, einen Hoheitsakt (die Zustellung) zu unterlassen, der die Verletzung von Grundrechten zur Folge hat (*Greger* FS Schwab [1990] 336). Es muß aber eine Zwangsläufigkeit drohen, die von der deutschen Rechtsordnung anders nicht mehr anzuhalten ist.

b) Auch im Rahmen der von der hM postulierten (eingeschränk- 5
ten) ordre-public-Kontrolle sind daher **im möglichen Urteilsin-
halt liegende Folgen** in diesem Zusammenhang nicht zu berücksichtigen. Ob aus dem im ersuchenden Staat erstrittenen Urteil
später in dem um Klagezustellung ersuchten Staat vollstreckt werden kann, hängt von der dortigen Anerkennung und damit von
einer erneuten eigenen ordre-public-Prüfung ab, die im Zustel-
lungsverfahren nicht vorwegzunehmen ist (München aaO; dass.
NJW 92, 3113 = EuZW 616; *Stürner/Stadler* aaO; *Mouion-Hersant*
Jurisclasseur Droit International, vol 10, Fasc 589-B-1/13). Im
Rahmen des Art. 13 HZÜ kann es somit nur darauf ankommen, ob
bereits die Einbeziehung des Zustellungsadressaten in den Prozeß
geeignet ist, die in Art. 13 HZÜ vorausgesetzte Gefährdung her-
beizuführen (BVerfG aaO). Daher ist eine Überprüfung des im
ersuchenden Staates angewandten materiellen oder Prozeßrechts
anhand der Verfassungsgarantien des ersuchten Staates fehl am
Platz (**aA** wohl *Greger* aaO 337; *Merkt* aaO 142 ff). Ob die im
Ausland belegenen Vermögensinteressen des Beklagten in einer
Weise gefährdet sind, die deutschem rechtsstaatlichen Standard widerspricht, ist jenseits der Kontrolle deutscher Behörden. Es ist im
übrigen schwer vorstellbar, daß nach Ablehnung des Gesuchs
durch die Zentrale Behörde im Ausgangsstaat keine Möglichkeit
der Ersatzzustellung, notfalls eine öffentliche Zustellung, zur Verfügung steht (zweifelnd *Merkt* aaO 301, aber ohne Beispiele zu
nennen), s. Art. 1 Rn 5. Auch im Inhalt eines Schriftstückes sich
findende Aussagen mit besonders schweren Beeinträchtigungen
der Wertungsgrundlagen des ersuchten Staates können durch die
bloße offizielle Kenntnisnahme so gut wie nie zur Grundrechtsver-
letzung werden (**aA** München aaO; *Stürner/Stadler* aaO).

IV. Einzelfälle

In der Praxis hat die Norm vor allem im Zusammenhang mit 6
Klagen eine Rolle gespielt, die abnorm hohe Schadenersatzforde-
rungen implizierten. Sie sind entgegen anfänglichem Zögern eini-
ger Zentraler Behörden zuzustellen (Düsseldorf NJW 92 3110 =
RIW 846 = EZW 776). Class actions, s. Art. 1 Rn 4 a. E., und
Ansprüche auf **punitive damages** machen keine Ausnahme
(BVerfG aaO: München NJW 92, 3113 = EZW 616; dass. NJW 89,
3102 = RIW 483 = IPRax 90, 175, 176; Frankfurt IPRax 92, 166 =
RIW 91, 417; Düsseldorf aaO; KG OLGZ 94, 587; *Stürner/Stadler*

aaO. – **AA** *Greger* aaO 341). Kein Ablehnungsgrund ist ferner der Umstand, daß hinter dem Zustellungsantrag eine Absicht steht, die nach Ansicht der Zentralen Behörde auf dem Weg des Beweisaufnahmeübereinkommens verfolgt werden sollte. Auch eine Ladung an eine **inlandsansässige Person**, vor einem ausländischen Gericht **als Zeuge** zu erscheinen, ist zuzustellen. Es ist ihre Sache, vor dem Ausgangsgericht geltend zu machen, daß sie dort dem Zeugniszwang nicht unterliege. Erst recht sind Aufforderungen an Prozeßparteien, Erklärungen abzugeben, Unterlagen vorzulegen oder zur Parteibefragung persönlich vor dem ausländischen Gericht zu erscheinen, zuzustellen. Mit einer Zustellungsablehnung würde man einer solchen Partei selten einen Dienst erweisen, weil sie vom Ausland her mit viel gefährlicheren Methoden einer Ersatzzustellung und nachfolgender einfacher Benachrichtigung getroffen werden könnte, s Art. 1 Rn 5 ff, Art. 10 Rn 1. Jedoch empfiehlt sich ein Hinweis, daß mit der Zustellung keine Bestätigung verbunden ist, der Adressat müsse der Aufforderung nachkommen. Zur Behandlung manipulierter Dokumente s. Art. 4 Rn 4. Ist die Zustellung eines Pfändungsbeschlusses beim Drittschuldner konstitutiv, so kann dessen Sitzstaat ihre Vornahme ablehnen (*Spellenberg* in Gilles Transnationales Prozeßrecht [1995] 326; Düsseldorf IPRspr 80 Nr. 177). Die Zustellung einer gerichtlichen Entscheidung aus dem Erkenntnisverfahren ist aber kraft Staatenpraxis auch dann keine Souveränitätsverletzung, wenn sie privatrechtsgestaltende Wirkung hat und diese von der Vornahme der Zustellung abhängt. Auch Sanktionen können eine solche Entscheidung für den Fall der Zuwiderhandlung androhen (*Spellenberg* aaO, str.).

V. Verfahren

7 Grundlage für die Prüfung des Zustellungsersuchens sind ausschließlich die mitgesandten **Zustellungsunterlagen** (Düsseldorf NJW 92, 3110, 3111). Zulässig ist jedoch die Ermittlung ausländischen Rechtes. Entsprechen die Zustellungsunterlagen nicht dem HZÜ, insb. Art. 3 HZÜ, und erlauben sie deshalb keine ordnungsgemäße Prüfung nach Art. 13 HZÜ, so ist nach Art. 4 HZÜ zu verfahren. Entsprechend kommt diese Vorschrift zur Anwendung, wenn in dem zuzustellenden Schriftstück mehrere Ansprüche klageweise geltend gemacht werden und nur bei einem Teil die Ablehnungsgründe des Art. 13 HZÜ vorliegen. Von der

Ablehnung und ihren Gründen ist die ersuchende Stelle unverzüglich zu unterrichten (Abs. 3).

VI. Rechtsbehelfe

1. Die Entscheidung der Zentralen Behörde, das Rechtshilfeersuchen zu erledigen, ist **als Justizverwaltungsakt nach §§ 23 ff EGGVG anfechtbar.** Antragsgegner ist die zentrale Behörde und nicht das Amtsgericht, das nach § 4 Abs. 2 AusfG die Zustellung durchgeführt hat, da dem Amtsgericht hier keine eigene Entscheidungsbefugnis zukommt (Düsseldorf NJW 92, 3110 = RIW 846). **8**

2. Auch wenn die Zustellung bereits bewirkt ist, ist die Entscheidung der Zentralen Behörde nach §§ 23 ff EGGVG anfechtbar (Düsseldorf aaO; Frankfurt IPRax 92, 166 = RIW 417). Die Entscheidung über das Rechtshilfeersuchen kann auch auf diese Weise in den Grenzen der §§ 23 ff EGGVG beseitigt werden, wodurch die Zustellung ihre Wirkung verliert (BVerfG ZIP 94, 1353, 1355; Frankfurt aaO). Zwar sieht das HZÜ eine Beseitigung der Entscheidung über die Zustellung nicht ausdrücklich vor, aus rechtsstaatlichen Erwägungen ist aber eine Korrektur zu ermöglichen. Da nie von vornherein ausgeschlossen ist, daß eine Aufhebung der Entscheidung vom Gericht des ersuchenden Staates berücksichtigt werden wird, und wegen der Folgen für eine spätere Anerkennung des Urteils in Deutschland besteht auch ein Rechtsschutzinteresse (**aA** *Stadler* IPRax 92, 147, die nur Feststellungsantrag zulassen will). **9**

3. Im Hinblick auf Art. 19 Abs. 4 Grundgesetz ist außerdem ein Vorgehen im Wege **einstweiligen Rechtsschutzes** zuzulassen (*Stadler* aaO). Zu denken wäre hier an einen Antrag, die Übermittlung des Zustellungszeugnisses, Art. 6 Abs. 4, vorläufig zu unterlassen. **10**

4. Auch die Ablehnung der Zustellungsbewilligung ist auf diese Weise anfechtbar (Köln NJW 87, 1091). Neben dem ausländischen Kläger (oder einem sonstigen interessierten Prozeßbeteiligten) sollte man auch jenes ausländische Justizorgan für anfechtungsbefugt halten, das in verantwortlicher Funktion um die Erledigung der Zustellung besorgt sein muß. **11**

Art. 14 [Beilegung von Schwierigkeiten]

Schwierigkeiten, die aus Anlaß der Übermittlung gerichtlicher Schriftstücke zum Zweck der Zustellung entstehen, werden auf diplomatischem Weg beigelegt.

Art. 15 [Aussetzung zur Feststellung ordnungsgemäßer Zustellung]

(1) War zur Einleitung eines gerichtlichen Verfahrens eine Ladung oder ein entsprechendes Schriftstück nach diesem Übereinkommen zum Zweck der Zustellung in das Ausland zu übermitteln und hat sich der Beklagte nicht auf das Verfahren eingelassen, so hat der Richter das Verfahren auszusetzen, bis festgestellt ist,

a) daß das Schriftstück in einer der Formen zugestellt worden ist, die das Recht des ersuchten Staates für die Zustellung der in seinem Hoheitsgebiet ausgestellten Schriftstücke an dort befindliche Personen vorschreibt, oder

b) daß das Schriftstück entweder dem Beklagten selbst oder aber in seiner Wohnung nach einem anderen in diesem Übereinkommen vorgesehenen Verfahren übergeben worden ist
und daß in jedem dieser Fälle das Schriftstück so rechtzeitig zugestellt oder übergeben worden ist, daß der Beklagte sich hätte verteidigen können.

(2) Jedem Vertragsstaat steht es frei zu erklären, daß seine Richter ungeachtet des Absatzes 1 den Rechtsstreit entscheiden können, auch wenn ein Zeugnis über die Zustellung oder die Übergabe nicht eingegangen ist, vorausgesetzt,

a) daß das Schriftstück nach einem in diesem Übereinkommen vorgesehenen Verfahren übermittelt worden ist,

b) daß seit der Absendung des Schriftstücks eine Frist verstrichen ist, die der Richter nach den Umständen des Falles als angemessen erachtet und mindestens sechs Monate betragen muß, und

c) daß trotz aller zumutbaren Schritte bei den zuständigen Behörden des ersuchten Staates ein Zeugnis nicht zu erlangen war.

(3) Dieser Artikel hindert nicht, daß der Richter in dringenden Fällen vorläufige Maßnahmen einschließlich solcher, die auf eine Sicherung gerichtet sind, anordnet.

I. Grundsätzliches Regelungsanliegen

Die Vorschrift war aus deutscher Sicht neben der Einrichtung 1
der Zentralen Behörde der bedeutendste Fortschritt, den das
Übereinkommen gebracht hat. Sie stellt einen vernünftigen Ausgleich zwischen dem den Kläger begünstigenden System der „remise au parquet" und der den Beklagten favorisierten ausschließlichen Abhängigkeit des Klägers vom Erfolg der internationalen
Rechtshilfe dar. Die Vorschrift tritt an die Stelle von Art. 20
Abs. 2 EuGVÜ, s. dort Abs. 3. Nach dem System der *„remise au
parquet"* (Frankreich, Griechenland, Beneluxstaaten, Italien – mit
nicht unbedeutenden Varianten; hier zugrundegelegt Frankreich)
gibt es im Grunde niemals die Notwendigkeit einer förmlichen
Auslandszustellung. Bei Personen mit Wohnsitz im Ausland
wird vielmehr stets eine förmliche Ersatzzustellung bei dem inländischen Staatsanwalt vorgenommen. Die Zustellung ist damit
perfekt. Von diesem Tatbestand wird der Zustellungsadressat
postalisch informiert, was völkerrechtlich zulässig ist, da die
Übersendung einer „einfachen Mitteilung" kein Einbruch in
fremde Souveränität ist. Zu informellen Zwecken wird dann
auch noch zusätzlich die „Zustellung" auf dem Wege der internationalen Rechtshilfe veranlaßt, was aber wiederum eine zusätzliche Mitteilung über eine bereits erfolgte (Ersatz-) Zustellung ist
(zu belgischen Besonderheiten BGH IPRax 93, 324 Anm. *Linke*).
In rigider Konsequenz durchgeführt, braucht sich der Richter
hinsichtlich der weiteren Führung des Verfahrens nur daran zu
orientieren, ob die *„remise au parquet"* in Ordnung ging. Im Ausgangsstaat muß ein Urteil als verfahrensfehlerhaft zustandegekommen aufgehoben werden, wenn sie es nicht war (Cour de
cassation Rev. crit. 81, 713)

Der **Durchbruch**, den **Art. 15** brachte, besteht auf diesem Hintergrund und in Anbetracht der Tatsache, daß fast alle Vertragsstaaten eine Erklärung nach Abs. 2 abgegeben haben, in folgendem: Der Richter im Ursprungsstaat muß mit weiteren Prozeßhandlungen solange zuwarten, bis entweder der Beklagte sich
auf das Verfahren einläßt (BGH NJW 87, 592 = IPRax 88, 159 –
Hausmann) oder bis Gewißheit darüber entsteht, daß auch die
Mitteilung über die offizielle internationale Zustellung der Klageschrift den Beklagten rechtzeitig erreicht hat oder daß alle dies-
bezüglichen Bemühungen nach Verstreichen von mindestens
sechs Monaten immer noch im Sande verlaufen sind.

2 Für den **deutschen Richter im Erkenntnisverfahren** spielt die Vorschrift nur eine geringe Rolle. Stellt er bei Säumnis des Beklagten fest, daß das Zustellungszeugnis gemäß Art. 6 nicht vorliegt, so ist ohnehin zu vertagen. Er kann aber nach dem Ablauf von sechs Monaten Abs. 2 anwenden, wenn dessen sonstige Voraussetzungen vorliegen. Er braucht also nicht mehr eine öffentliche Zustellung abzuwarten, seit Deutschland entgegen der ursprünglichen Ankündigung (BTDrucks 7/4892 S. 40) eine Erklärung nach Abs. 2 abgegeben hat, s. Rn 7. Insofern betrifft die Vorschrift nicht nur die Staaten, welche die *„remise au parquet"* kennen.

Der **deutsche Exequaturrichter** braucht nicht zu überprüfen, ob im Ausgangsstaat, der die *„remise au parquet"* kennt, Art. 15 beachtet wurde. Die Ordnungsmäßigkeit der Zustellung ist allein die Ordnungsmäßigkeit der *„remise au parquet"*. Der Beklagte wird dadurch hinreichend geschützt, daß nach Art. 27 Nr. 2 EuGVÜ, § 328 Abs. 1 Nr. 2 ZPO bei Anerkennung und Vollstreckung ausländischer Urteile auch nachgeprüft wird, ob er rechtzeitig Gelegenheit gehabt hat, sich zu verteidigen, s. Art. 27 EuGVÜ Rn 14.

II. Einzelheiten

3 **1.** Die deutsche Übersetzung des Einleitungssatzes ist mißglückt. Bei der *„remise au parquet"* ist ein Schriftstück gerade nicht „zum Zweck der *Zustellung"* ins Ausland zu übermitteln. Gemeint ist, daß im Zusammenhang mit der Verfahrenseinleitung ein Schriftstück amtlich ins Ausland zu übermitteln ist. Das folgt aus der französischen Formulierung *„signification ou notification"* (*Schack* IZPR Rn 611; *Rauscher* IPRax 91, 155; nahezu allgM. **AA** *Nagel* IPRax 92, 150). Daß die Zustellung durch *„remise au parquet"* als solche bereits bewirkt ist, s. Rn 2 a. E., ändert daran nichts. Die Vorschrift gilt aber nur für das verfahrenseinleitende Dokument. Ist einmal wirksam zugestellt, so muß der Beklagte sich selbst um das Verfahren kümmern, etwa einen Prozeßbevollmächtigten bestellen. Spätere Klageerweiterungen: Art. 27 EuGVÜ Rn 7.

4 **2.** Vor Ablauf von sechs Monaten, s. Rn 7, 8, ist auf jeden Fall nach Abs. 1 zu verfahren. Es braucht nicht **förmlich „ausgesetzt"** zu werden (*Tabora Feireira*-Bericht 377). Es müssen nur Prozeßhandlungen unterbleiben, die die prozessuale Stellung des Beklagten beeinträchtigen, sofern es sich nicht um Maßnahmen des einstweiligen Rechtsschutzes im Sinne von Abs. 3 handelt. Zu letzteren gehören aber auch eilbedürftige Maßnahmen im Rahmen eines selbständigen Beweisverfahrens. Eine öffentliche Zustellung vor Ablauf von sechs Monaten ist unzulässig (OLG Hamm NJW 89, 2203). Hat sich der Beklagte auf das Verfahren eingelassen, was auch durch Rüge der Unzuständigkeit geschehen kann, so ist Art. 15 nicht anwendbar (BGH aaO).

3. Zu Abs. 1 Buchst a) s. Art. 5 Rn 1. Die Alternative b) bezieht 5 sich auf Art. 5 Abs. 1 Buchst. b), Abs. 2, Artt. 8, 9 und 10. Die im deutschen Recht vorgesehenen Möglichkeiten der **Ersatzzustellung** stehen also unter den Voraussetzungen von Buchst. b) nur zur Verfügung, wenn diese in der Wohnung des Beklagten vorgenommen werden soll. Geschäftsräume sind der Wohnung nicht gleichgestellt. Das dortige Personal braucht nur über die gewöhnlichen inländischen Zustellungsformen instruiert zu sein. Der Richter im Urteilsstaat muß in keinem der beiden Fälle prüfen, ob dem zuzustellenden Schriftstück eine Übersetzung in die Landessprache beigefügt war. Bevor die Zentrale Behörde nach Art. 5 Abs. 3 eine **Übersetzung** verlangt hat, ist das nicht von einer Übersetzung begleitete Schriftstück „nach einem in diesem Übereinkommen vorgesehenen Verfahren" übermittelt. Ist dem Gericht allerdings bekannt, daß der ersuchte Staat generell eine Übersetzung verlangt, gehört die Anfertigung der Übersetzung zu den „zumutbaren Schritten" iSv Abs. 2 Buchst. c). Liegt ein Zustellungszeugnis iSv Art. 6 vor, so braucht der Richter (trotz BGH NJW 93, 2688, s. Art. 6 Rn 2) keine weiteren Nachforschungen anzustellen.

4. Außer Deutschland (erst BGBl 93 II S. 703) haben eine Erklä- 6 rung nach Art. 2 abgegeben: Antigua und Barbuda, Belgien, China, Dänemark, Frankreich, Griechenland, Japan, Kanada, Luxemburg, Niederlande, Norwegen, Pakistan, Portugal, Spanien, Tschechoslowakei (s. Art. 1 Fn 1), Türkei, Vereinigtes Königreich, USA, Zypern.

5. Buchst. c) suggeriert, daß noch vielfältige Anstrengungen ge- 7 macht werden sollen, bis die **Zumutbarkeitsgrenze** erreicht ist. Jedoch kann es füglich nur darauf ankommen, was gerade dem erkennenden Gericht zumutbar ist, das den weiteren Lauf von Rückfragen nicht in der Hand hat. Mehr als die Zentrale Behörde um eine Rückfrage zu bitten und mehr als etwa einen Monat auf eine Antwort zu warten, ist weder dem Gericht noch dem Kläger zumutbar (**aA** OLG Hamm aaO, das eine „Nachfragepflicht" des erkennenden Gerichts bei „den türkischen Behörden" postulierte). Vergewisserungen, die ein Gericht in Ausführung von Abs. 2 Buchst. c) betreibt, geschehen in richterlicher Unabhängigkeit.

Andere beteiligte Stellen haben sich dem zu beugen (str. Nw *Geimer* NJW 89, 645).

8 **6.** Die **Sechsmonatsfrist** beginnt erst zu laufen, wenn das Gesuch ins Ausland abgeschickt worden ist (Cour de cassation Rev.crit. 81, 708).

9 **7.** Von Art. 15 werden **Schriftstücke, die nicht der Verfahrenseinleitung dienen,** etwa Urteile, nicht betroffen. Für sie gilt zwar auch das zu Art. 5 Rn 3 Gesagte. Jedoch ist deren Zustellung durch *„remise au parquet"* als Inlandszustellung ohne Übersetzung rechtens (Oldenburg IPRax 92, 159, zust. *Nagel* 150), auch wenn man dem hier bei Art. 27 EuGVÜ Rn 14 eingenommenen Standpunkt nicht folgt.

10 **8.** Bezüglich der **Rechtzeitigkeit** s. Art. 27 EuGVÜ Rn 17.

Art. 16 [Wiedereinsetzung in den vorigen Stand]

(1) **War zur Einleitung eines gerichtlichen Verfahrens eine Ladung oder ein entsprechendes Schriftstück nach diesem Übereinkommen zum Zweck der Zustellung in das Ausland zu übermitteln und ist eine Entscheidung gegen den Beklagten ergangen, der sich nicht auf das Verfahren eingelassen hat, so kann ihm der Richter in bezug auf Rechtsmittelfristen die Wiedereinsetzung in den vorigen Stand bewilligen, vorausgesetzt,**

a) **daß der Beklagte ohne sein Verschulden nicht so rechtzeitig Kenntnis von dem Schriftstück erlangt hat, daß er sich hätte verteidigen können, und nicht so rechtzeitig Kenntnis von der Entscheidung, daß er sie hätte anfechten können, und**

b) **daß die Verteidigung des Beklagten nicht von vornherein aussichtslos scheint.**

(2) **Der Antrag auf Wiedereinsetzung in den vorigen Stand ist nur zulässig, wenn der Beklagte ihn innerhalb einer angemessenen Frist stellt, nachdem er von der Entscheidung Kenntnis erlangt hat.**

(3) **Jedem Vertragsstaat steht es frei zu erklären, daß dieser Antrag nach Ablauf einer in der Erklärung festgelegten Frist unzulässig ist, vorausgesetzt, daß diese Frist nicht weniger als ein Jahr beträgt, vom Erlaß der Entscheidung an gerechnet.**

(4) **Dieser Artikel ist nicht auf Entscheidungen anzuwenden, die den Personenstand betreffen.**

Die Vorschrift gewährt eine außerordentliche Wiedereinset- 1
zungsmöglichkeit für den Einspruch (oder sonstigen Rechtsbehelf)
gegen ein nach Säumnis des Beklagten gegen diesen ergangenes
Urteil (in Deutschland im technischen Sinne Versäumnisurteil),
wenn entweder Art. 15 nicht eingehalten wurde oder weil gemäß
dessen Abs. 2 zur Sache entschieden wurde, obwohl die ordnungsgemäße Zustellung im Ausland nicht nachgewiesen war. Die Behauptung, Art. 16 habe für Deutschland keine Bedeutung
(BTDrucks 7/4892 S. 49; München IPRax 90, 111), war nie ganz
richtig und ist vollends unzutreffend geworden, seit Deutschland
eine Erklärung nach Art. 15 Abs. 2 abgegeben hat, s. Art. 15 Rdnr.
2, 7. Die Frage der Beweislast für Verschulden oder Schuldlosig-
keit ist bewußt offengelassen worden (BTDrucks aaO). Daher
muß man das nationale Recht, § 236 ZPO, anwenden.

Man muß die Vorschrift analog anwenden, wenn es im Pro- 2
zeßrecht eines Staates an einer Bestimmung ähnlich § 210a ZPO
fehlt und das kontradiktorische Urteil durch *„remise au parquet"*
oder sonst ersatzweise zugestellt (Beispiel Griechenland, s. *Stürner*
JZ 92, 329 Fn 47) und dadurch die Rechtsbehelfsfrist in Lauf gesetzt
wird. Das gleiche gilt, wenn der anwaltlich nicht vertretenen Partei
das Urteil nach § 175 ZPO zugestellt wird (**aA,** ohne Art. 16 HZÜ
zu nennen, BGH FamRZ 89, 1287, zu Recht krit. *Hausmann*
1288 f).

Kapitel II. Außergerichtliche Schriftstücke

Art. 17 [Übermittlung nach diesem Übereinkommen]

**Außergerichtliche Schriftstücke, die von Behörden und Ju-
stizbeamten eines Vertragsstaats stammen, können zum Zweck
der Zustellung in einem anderen Vertragsstaat nach den in diesem Übereinkommen vorgesehenen Verfahren und Bedingungen übermittelt werden.**

S. Art. 1 Rn 11 und 12.

Kapitel III. Allgemeine Bestimmungen

Art. 18 [Zentrale Behörde und weitere Behörden]

**(1) Jeder Vertragsstaat kann außer der Zentralen Behörde wei-
tere Behörden bestimmen, deren Zuständigkeit er festlegt.**

(2) **Die ersuchende Stelle hat jedoch stets das Recht, sich unmittelbar an die Zentrale Behörde zu wenden.**

(3) **Bundesstaaten steht es frei, mehrere Zentrale Behörden zu bestimmen.**

Zu den jeweils bestimmten Behörden s. Anhang Art. 2. S. auch Bek. BGBl 1990 II S. 1281 – V. K. u. 1984 II S. 506 – Zypern.

Art. 19 [Einzelstaatliche Regelungen internationaler Zustellungen]

Dieses Übereinkommen schließt nicht aus, daß das innerstaatliche Recht eines Vertragsstaats außer den in den vorstehenden Artikeln vorgesehenen auch andere Verfahren zuläßt, nach denen Schriftstücke aus dem Ausland zum Zweck der Zustellung in seinem Hoheitsgebiet übermittelt werden können.

Deutschland läßt solche Verfahren nicht zu.

Art. 20 [Zulässige Abweichungen]

Dieses Übereinkommen schließt nicht aus, daß Vertragsstaaten vereinbaren, von folgenden Bestimmungen abzuweichen:

a) **Artikel 3 Absatz 2 in bezug auf das Erfordernis, die Schriftstücke in zwei Stücken zu übermitteln,**

b) **Artikel 5 Absatz 3 und Artikel 7 in bezug auf die Verwendung von Sprachen,**

c) **Artikel 5 Absatz 4,**

d) **Artikel 12 Absatz 4.**

Die BRD hat solche Vereinbarungen nicht abgeschlossen, s. auch Anm. zu Art. 24.

Art. 21 [Vom Abdruck wurde abgesehen]

Art. 22 [Rechtshilfeersuchen mit demselben Gegenstand]

Daß ein Beweis wegen der Weigerung einer Person mitzuwirken nicht nach diesem Kapitel aufgenommen werden konnte, schließt ein späteres Rechtshilfeersuchen nach Kapitel I mit demselben Gegenstand nicht aus.

Art. 23 [Verhältnis zu den früheren Haager Übereinkommen]

(1) **Dieses Übereinkommen berührt weder die Anwendung des Artikels 23 des am 17. Juli 1905 in Den Haag unterzeichne-**

ten Abkommens über den Zivilprozeß noch die Anwendung des Artikels 24 des am 1. März 1954 in Den Haag unterzeichneten Übereinkommens über den Zivilprozeß.

(2) Diese Artikel sind jedoch nur anwendbar, wenn die in diesen Übereinkünften vorgesehenen Übermittlungswege benutzt werden.

Art. 24 Abs. 1 des Übereinkommens von 1954 lautet:

„Ist einem Angehörigen eines Staates für ein Verfahren das Armenrecht bewilligt worden, so hat der ersuchende Staat für Zustellungen jeglicher Art, die sich auf dieses Verfahren beziehen, und die in einem anderen Vertragsstaat zu bewirken sind, dem ersuchten Staat Kosten nicht zu erstatten".

Art. 24 [Zusatzvereinbarungen]

Zusatzvereinbarungen zu dem Abkommen von 1905 und dem Übereinkommen von 1954, die Vertragsstaaten geschlossen haben, sind auch auf das vorliegende Übereinkommen anzuwenden, es sei denn, daß die beteiligten Staaten etwas anderes vereinbaren.

Das Übereinkommen unterscheidet solche früher abgeschlosse- **1**
nen Staatsverträge und Regierungsvereinbarungen, die in Ergänzung des Haager Zivilprozeßübereinkommens von 1909 und 1954 abgeschlossen worden sind, und solchen, die ursprünglich ohne eine solche Bezugnahme gedacht waren. Letztere sind in Art. 25 geregelt, s. auch Bem zu Art. 9. Die von Art. 24 aufrechterhaltenen werden in den wichtigsten Textteilen im folgenden wiedergegeben, wobei in eckigen Klammern gesagt wird, auf welche Artikel des HZÜ sich die Zusatzverträge heute beziehen.

Deutsch-belgische Vereinbarung (BGBl 1959 II S. 1525): **2**

Art. 1: (1) In Zivil- und Handelssachen werden gerichtliche und außergerichtliche Schriftstücke, die von einem der beiden Staaten ausgehen, im unmittelbaren Verkehr übersandt, und zwar,
1. wenn sie für Personen in der Bundesrepublik Deutschland bestimmt sind, von den Procureurs généraux oder von den Procureurs du Roi an den Präsidenten des Landgerichts oder Amtsgerichts, in dessen Bezirk sich der Empfänger aufhält,
2. wenn die Zustellung an Personen in Belgien bewirkt werden soll, von den zuständigen deutschen Justizbehörden an den Procureur du Roi, in dessen Zuständigkeitsbereich sich der Empfänger aufhält.
(2) Die genannten Behörden bedienen sich für Zustellungsanträge nach Artikel

1 Absatz 1 des Haager Übereinkommens und bei dem weiteren Schriftwechsel ihrer Landessprache.

Die Vorschrift wird in Belgien als lex specialis zu Art. 10 HZÜ angesehen, s. dort Rn 6. Zwischen Amts- und Landgerichtspräsidenten hat die ersuchende Stelle die Auswahl. Aus Art. 3 ergibt sich klar, daß die Übersendung an die Gerichtspräsidenten noch nicht die Zustellung ist (**aA** die bei *Moons* RIW 89, 904 Fn. 7 berichtete belgische Rechtsprechung). In Belgien gibt es auch außer der „*remise au parquet*" eine fiktive Zustellung durch Aufgabe zur Post (*Moons* aaO 903 u. *Braun* Art. 25 EuGVÜ Lit. vor Rn 1, 101). Diese ist als Inlandszustellung an sich so wenig eine Verletzung deutscher Souveränität wie im umgekehrten Fall die Anwendung von § 175 ZPO. Anders als die fiktive Zustellung beim Staatsanwalt, der um eine Weiterleitung nach dem HZÜ besser ist, kann die Zustellung zur Aufgabe zur Post niemals dem Richter eine Entscheidung nach Art. 15 Abs. 2 HZÜ ermöglichen.

Art. 2: *Ist die Behörde, der das Schriftstück übersandt worden ist, nicht zuständig, so gibt sie es von Amts wegen an die zuständige Behörde ab und benachrichtigt hiervon unverzüglich die ersuchende Behörde.*

Art. 3: *(1) Die Zustellung durch einfache Übergabe und die förmliche Zustellung von Schriftstücken wird gemäß den Artikeln 2, 3, 4 und 5 des Haager Übereinkommens [Art. 3, 4, 5 und 6] ausgeführt.*

(2) Hat die ersuchende Behörde nicht, wie in Artikel 3 Absatz 2 des Haager Übereinkommens [Art. 5 Abs. 1,2] vorgesehen, den Wunsch ausgesprochen, das Schriftstück in der Form zuzustellen, die nach den innerstaatlichen Rechtsvorschriften der ersuchten Behörde für die Bewirkung gleichartiger Zustellungen vorgeschrieben ist, und kann eine Zustellung nicht durch einfache Übergabe nach Artikel 2 des Haager Übereinkommens [Art. 5 Abs. 2] bewirkt werden, so sendet die ersuchte Behörde das Schriftstück unverzüglich der ersuchenden Behörde zurück und teilt ihr die Gründe mit, aus denen die einfache Übergabe nicht möglich war.

(3) Hat die ersuchende Behörde ihrem Antrag, ein Schriftstück in der Form, die nach den innerstaatlichen Rechtsvorschriften der ersuchten Behörde für die Bewirkung gleichartiger Zustellungen vorgeschrieben ist, oder in einer besonderen Form zuzustellen, eine Übersetzung des Schriftstücks nicht beigefügt, so wird diese von der ersuchten Behörde auf Kosten der ersuchenden Behörde beschafft.

(4) [Betrifft Kostenerstattung, nicht abgedruckt]

Artt. 4–17 [vom Abdruck wurde abgesehen]

3   Deutsch-dänische Vereinbarung (RGBl. S. 871, 873; RGBl II S. 20; BGBl. II S. 186; BGBl. II S. 1853):

Art. 1: *Gemäß den Vorbehalten im Artikel 1 Abs. 4 [Art 11] . . . des Haager Abkommens über den Zivilprozeß vom 17. Juli 1905 ist den deutschen und den dänischen gerichtlichen Behörden der unmittelbare Geschäftsverkehr miteinander in allen Fällen gestattet, in denen durch das Abkommen der Rechtshilfeverkehr in Zivil- und Handelssachen für die Mitteilung gerichtlicher und außergerichtlicher Urkunden sowie für die Erledigung von Ersuchungsschreiben geregelt ist.*

Art. 2: *Auf seiten des Reichs sind für die unmittelbare Übermittlung von Zustellungs- und sonstigen Rechtshilfeersuchen alle gerichtlichen Behörden, für ihre Entgegennahme die Landgerichtspräsidenten zuständig.*

Auf seiten Dänemarks sind für die unmittelbare Übermittlung von Zustellungs- und sonstigen Rechtshilfeersuchen alle gerichtlichen Behörden zuständig, für ihre Entgegennahme:

a) außerhalb Kopenhagens: das Gericht des Ortes, wo die Zustellung zu bewirken oder die nachgesuchte Handlung vorzunehmen ist;

b) in Kopenhagen: bei Zustellungsersuchen der Präsident des Kopenhagener Stadtgerichts und bei sonstigen Rechtshilfeersuchen das Justizministerium.

Art. 3: *In dem unmittelbaren Geschäftsverkehr werden die Schreiben der beiderseitigen Behörden in deren Landessprache abgefaßt.*

Die im Artikel 3 Abs. 1 des Haager Abkommens über den Zivilprozeß [Art. 5 Abs. 3] vorgesehenen Übersetzungen sind zu beglaubigen. Die Beglaubigung erfolgt durch einen diplomatischen oder konsularischen Vertreter des ersuchenden Staates oder durch einen beeidigten oder amtlich bestellten Dolmetscher des ersuchenden oder ersuchten Staates. Sind den im genannten Artikel des Haager Abkommens über den Zivilprozeß erwähnten Schriftstücken derartig beglaubigte Übersetzungen nicht beigegeben, so werden die erforderlichen Übersetzungen von der ersuchten Behörde beschafft.

Art. 3 Abs. 2 wohl absolet, s. Art. 5 HZÜ Rn 3.

Deutsch-französische Vereinbarung: (BGBl. II S. 1040).   **4**

Literatur zum fr. Zustellungsrecht: *Wiehe* Art. 1 Lit. vor Rn 1.

Art. 1: *(1) Gerichtliche und außergerichtliche Schriftstücke, die von einem der beiden Staaten ausgehen, werden im unmittelbaren Verkehr übersandt, und zwar,*

1. wenn sie für Personen in der Bundesrepublik Deutschland bestimmt sind, von den Procureurs de la République (Staatsanwaltschaften) an den Präsidenten des Landgerichts oder Amtsgerichts, in dessen Bezirk sich der Empfänger aufhält;

2. wenn die Zustellung an Personen in Frankreich bewirkt werden soll, von den zuständigen deutschen Justizbehörden an den Procureur de la République près le Tribunal de grande instance (Staatsanwaltschaft bei dem Gericht erster Instanz), in dessen Zuständigkeitsbereich sich der Empfänger aufhält;

(2) Die genannten Behörden bedienen sich für die Zustellungsanträge nach Artikel 1 Absatz 1 des Haager Übereinkommens [Art. 3] und bei dem weiteren Schriftwechsel ihrer Landessprache.

Art. 2: *Ist die Behörde, der das Schriftstück übersandt worden ist, nicht zuständig, so gibt sie es von Amts wegen an die zuständige Behörde ab und benachrichtigt hiervon unverzüglich die ersuchende Behörde.*

Art. 3: *Hat die ersuchende Behörde nicht, wie in Artikel 3 Absatz 2 des Haager Übereinkommens [Artt. 1, 4] vorgesehen, den Wunsch ausgesprochen, das Schriftstück in der Form zuzustellen, die nach den innerstaatlichen Rechtsvorschriften der ersuchten Behörde für die Bewirkung gleichartiger Zustellungen vorgeschrieben ist, und kann eine Zustellung nicht durch einfache Übergabe nach Artikel 2 des Haager*

Übereinkommens [Art. 5 Abs. 2] bewirkt werden, so sendet die ersuchte Behörde das Schriftstück unverzüglich der ersuchenden Behörde zurück und teilt ihr die Gründe mit, aus denen die einfache Übergabe nicht möglich war.

(2) Hat die ersuchende Behörde ihrem Antrag, ein Schriftstück in der Form, die nach den innerstaatlichen Rechtsvorschriften der ersuchten Behörden für die Bewirkung gleichartiger Zustellungen vorgeschrieben ist, oder in einer besonderen Form zuzustellen, eine Übersetzung des Schriftstücks nicht beigefügt, so wird diese von der ersuchten Behörde beschafft. Die Kosten der Übersetzung werden der ersuchten Behörde erstattet.

(3) Die in Artikel 3 Absatz 2 des Haager Übereinkommens [Art. 5 Abs. 3] vorgesehene Übersetzung ist von einem vereidigten Übersetzer des ersuchenden oder des ersuchten Staates zu beglaubigen.

Abs. 3 wohl überholt, s Art. 5 HZÜ Rn 3.

5   **Deutsch-luxemburgische Vereinbarung** (RGBl. 1909, 907, 910)

Art. 1: *Gemäß den Vorbehalten im Artikel 1 Abs. 4 [Art. 11] . . . des Haager Abkommens über den Zivilprozeß vom 17. Juli 1905 ist den deutschen und den luxemburgischen gerichtlichen Behörden der unmittelbare Geschäftsverkehr miteinander in allen Fällen gestattet, in denen durch das Abkommen der Rechtshilfeverkehr in Zivil- und Handelssachen für die Mitteilung gerichtlicher und außergerichtlicher Urkunden sowie für die Erledigung von Ersuchungsschreiben geregelt ist.*

Art. 2: *(1) Zuständig für den unmittelbaren Geschäftsverkehr sind auf seiten des Reichs alle gerichtlichen Behörden, für die Entgegennahme von Zustellungs- und sonstigen Rechtshilfeersuchen jedoch nur die Landgerichtspräsidenten; auf seiten Luxemburgs: der Generalstaatsanwalt in Luxemburg sowie die Staatsanwälte in Luxemburg und Diekirch, für die Entgegennahme der Ersuchen jedoch nur die bezeichneten Staatsanwälte.*

(2) Im Falle der örtlichen Unzuständigkeit der ersuchten Behörde ist das Ersuchen von Amts wegen an die zuständige Behörde abzugeben und die ersuchende Behörde hiervon unverzüglich zu benachrichtigen.

Art. 3: *(1) In dem unmittelbaren Geschäftsverkehr sind die Schreiben der beiderseitigen Behörden sowie die im Artikel 3 des Haager Abkommens über den Zivilprozeß [Art. 5] bezeichneten Schriftstücke in deutscher Sprache abzufassen.*

(2) Die luxemburgischen Behörden können sich auch der französischen Sprache bedienen; doch müssen in diesem Falle die im Artikel 3 bezeichneten Schriftstücke von einer deutschen Übersetzung begleitet sein.

Artt. 4–7 [vom Abdruck wurde abgesehen]

6   **Deutsch-niederländische Vereinbarung:** BGBl. II S. 468.

Art. 1: *(1) Gerichtliche und außergerichtliche Schriftstücke, die von einem der beiden Staaten ausgehen, werden im unmittelbaren Verkehr übersandt, und zwar, wenn sie für Personen in der Bundesrepublik Deutschland bestimmt sind, von den zuständigen niederländischen Justizbehörden an den Präsidenten des Landgerichts* *oder Amtsgerichts, in dessen Bezirk sich der Empfänger aufhält, wenn die Zustellung an Personen in den Niederlanden bewirkt werden soll, von den zuständigen deutschen Justizbehörden an den Officier van Justitie bij de Arrondissements-Rechtbank (Staatsanwalt bei dem Arrondissementsgericht), in deren Bezirk sich der Empfang aufhält.*

(2) Die genannten Behörden bedienen sich für die Anträge und bei dem weiteren Schriftwechsel ihrer Landessprache.

Art. 2: *Ist die Behörde, der das Schriftstück übersandt worden ist, nicht zuständig, so gibt sie es von Amts wegen an die zuständige Behörde ab und benachrichtigt hiervon unverzüglich die ersuchende Behörde.*

Art. 3: *(1) Die Zustellung (Mitteilung) durch einfache Übergabe und die förmliche Zustellung (förmliche Mitteilung) von Schriftstücken wird gemäß den Artikeln 2.3.4 und 5 des Haager Übereinkommens [Artt. 3, 4, 5,6] ausgeführt.*

(2) Hat die ersuchende Behörde nicht, wie in Artikel 3 Absatz 2 des Haager Übereinkommens [Art. 5 Abs. 1] vorgesehen, den Wunsch ausgesprochen, das Schriftstück in der Form, die nach den innerstaatlichen Rechtsvorschriften der ersuchten Behörde für die Bewirkung gleichartiger Zustellungen (Mitteilungen) vorgeschrieben ist, oder in einer besonderen Form zuzustellen (mitzuteilen), und kann eine Zustellung (Mitteilung) nicht durch einfache Übergabe nach Artikel 2 des Haager Übereinkommens [Art. 5 Abs. 2] bewirkt werden, so sendet die ersuchte Behörde das Schriftstück unverzüglich der ersuchenden Behörde zurück und teilt ihr die Gründe mit, aus denen die einfache Übergabe nicht möglich war.

(3) Hat die ersuchende Behörde dem Antrag, ein Schriftstück in der Form, die nach den innerstaatlichen Rechtsvorschriften der ersuchten Behörde für die Bewirkung gleichartiger Zustellungen (Mitteilungen) vorgeschrieben ist, oder in einer besonderen Form zuzustellen (mitzuteilen), eine Übersetzung des Schriftstücks nicht beigefügt, so wird diese von der ersuchten Behörde beschafft. Etwa entstehende Übersetzungskosten werden nicht erstattet; der Betrag dieser Kosten ist jedoch der ersuchenden Behörde mitzuteilen.

(4) Die in Artikel 3 Absatz 2 des Haager Übereinkommens [Art. 5 Abs. 3] vorgesehene Übersetzung kann auch von einem vereidigten Übersetzer des ersuchenden Staates beglaubigt werden.

(5) [Kostenerstattungsregelung, nicht abgedruckt]

Deutsch-norwegische Vereinbarung (BGBl. II S. 1292)　　　7

Die Vereinbarung ist zwar nach Inkrafttreten des HZÜ wirksam geworden, aber inhaltlich noch auf das Zivilprozeßübereinkommen von 1954 zugeschnitten.

Art 1: *In Zivil- und Handelssachen können gerichtliche und außergerichtliche Schriftstücke, die von einem der beiden Staaten ausgehen, auch im unmittelbaren Verkehr übersandt werden, und zwar*

1. *wenn die Zustellung an Personen in der Bundesrepublik bewirkt werden soll, von den zuständigen norwegischen Justizbehörden an den Präsidenten des Landgerichts oder Amtsgerichts, in dessen Bezirk sich der Empfänger aufhält,*
2. *wenn die Zustellung an Personen in Norwegen bewirkt werden soll, von den*

zuständigen deutschen Justizbehörden an das herredsrett oder das byrett, in dessen Bezirk sich der Empfänger aufhält.

Art 2: *Ist die Behörde, der das Schriftstück übersandt worden ist, nicht zuständig, so gibt sie es von Amts wegen an die zuständige Behörde ab. Sie benachrichtigt hiervon unverzüglich die ersuchende Behörde auf demselben Wege, auf dem ihr das Ersuchen zugegangen ist.*

Art 3: *(1) in dem Antrag soll angegeben werden, ob die Zustellung durch einfache Übergabe des Schriftstücks an den Empfänger (Art. 2 des Haager Übereinkommens [Art. 5 Abs. 3]) oder in der Form, die durch die Rechtsvorschriften der ersuchten Behörde vorgeschrieben ist, oder in einer besonderen Form (Art. 3 Abs. 2 des Haager Übereinkommens [Art. 5 Abs. 12 Buchst a]) bewirkt werden soll. Der Wunsch, die Zustellung in einer der in Abs. 2 des Haager Übereinkommens [Art. 5 Abs. 1 Buchst. b]) vorgesehenen Form zu bewirken, kann auch nur hilfsweise für den Fall ausgesprochen werden, daß die einfache Übergabe nicht möglich ist, weil der Empfänger zur Annahme des Schriftstücks nicht bereit ist.*

(2) Hat die ersuchende Behörde nicht, wie in Artikel 3 Abs. 2 des Haager Übereinkommens [Art. 5 Abs. 1] vorgesehen, den Wunsch ausgesprochen, das Schriftstück in einer der in Artikel 2 des Haager Übereinkommens angeführten Formen zuzustellen, und kann die Zustellung nicht durch einfache Übergabe nach Artikel 2 des Haager Übereinkommens [Art. 5 Abs. 2] bewirkt werden, so sendet die ersuchte Behörde das Schriftstück unverzüglich der ersuchenden Behörde zurück und teilt ihr die Gründe mit, aus denen die einfache Übergabe nicht möglich war. Ist jedoch das zuzustellende Schriftstück von einer Übersetzung begleitet, so wird die Zustellung nach den innerstaatlichen Rechtsvorschriften der ersuchten Behörde für die Bewirkung gleichartiger Zustellungen durchgeführt.

(3) Hat die ersuchende Behörde ihrem Antrag, nach Absatz 1 ein Schriftstück in den in Artikel 3 Abs. 2 des Haager Übereinkommens [Art. 5 Abs. 1] vorgesehenen Formen zuzustellen, eine Übersetzung ausnahmsweise nicht beigefügt, so wird diese von der ersuchten Behörde beschafft. Die Kosten der Übersetzung werden von der ersuchenden Behörde erstattet.

(4) Die in Artikel 3 Abs. 2 des Haager Übereinkommens [Art. 5 Abs. 3] vorgesehene Übersetzung kann auch von einem vereidigten Übersetzer des ersuchenden Staates beglaubigt werden.

(5) [Betrifft Kostenerstattung; nicht abgedruckt]

Absatz 4 wohl obsolet, s. Art. 5 HZÜ Rn 3.

Art. 4: *(1) Die diplomatischen oder konsularischen Vertreter eines jeden der beiden Staaten können Zustellungen ohne Anwendung von Zwang (Art. 6 Abs. 1 Nr. 3 in Verbindung mit Absatz 2 Satz 2 des Haager Übereinkommens [Art. 8] auch dann bewirken, wenn die Empfänger neben der Staatsangehörigkeit des Entsendestaates auch die Staatsangehörigkeit eines dritten Staats besitzen. Kommen für die Beurteilung der Staatsangehörigkeit der Person, an die zugestellt werden soll, verschiedene Rechte in Betracht, so ist das Recht des Staates maßgebend, in dem der Zustellungsantrag ausgeführt werden soll.*

(2) Im Verhältnis zwischen beiden Staaten sind die in Artikel 6 Abs. 2 Nummern 1 und 2 des Haager Übereinkommens [Art. 10] vorgesehenen unmittelbaren Zustellungsarten ebenso wie die unmittelbare Zustellung durch die diplomatischen oder konsularischen Vertreter an Personen, welche die Staatsangehörigkeit des Empfangsstaates oder eines dritten Staates besitzen, nicht zulässig.

Artt. 5–13 [nicht abgedruckt]

Artt. 14: *Die vorstehenden Vereinbarungen schließen nicht aus, daß Zustellungsanträge, Rechtshilfeersuchen oder Anträge auf Bewilligung des Armenrechts auf dem im Haager Übereinkommen vorgesehenen Weg 8 (Art. 1 Abs. 1, Art. 9 Abs. 1, Art. 23 Abs. 1 [Art. 5] übermittelt werden.*

Art. 15–17 [nicht abgedruckt]

Deutsch-österreichische Vereinbarung (BGBl. II S. 1523) 8

Art. 1: *(1) In Zivil- und Handelssachen werden die Zustellungsanträge (die Ersuchen um Zustellung) im unmittelbaren Verkehr der beiderseitigen Behörden übersandt.*
(2) Für die Entgegennahme von Ersuchen um Zustellung (Zustellungsanträgen) ist das Amtsgericht (das Bezirksgericht) zuständig, in dessen Bezirk die Zustellung bewirkt werden soll.
(3) Ist die ersuchte Behörde nicht zuständig, so hat sie den Zustellungsantrag (das Ersuchen um Zustellung) von Amts wegen an die zuständige Behörde abzugeben und die ersuchende Behörde von der Abgabe unverzüglich zu benachrichtigen.

Art. 2: *Die ersuchte Behörde hat die Zustellung in der durch ihre innere Gesetzgebung für gleichartige Zustellungen vorgeschriebenen Form zu bewirken. Auf Wunsch der ersuchenden Behörde hat sie die Zustellung in einer besonderen Form durchzuführen, sofern diese ihrer Gesetzgebung nicht zuwiderläuft.*

Artt. 3–12 [nicht abgedruckt]

Deutsch-polnische Vereinbarung (BGBl. 1994 II S 361) – nicht 9 Vertragsstaat des HZÜ

Deutsch-schwedische Vereinbarung (RGBl. 1910 S. 455) 10

Art. 1: *[vom Abdruck wurde abgesehen, s. Art. 5 HZÜ Rn 3 (Beglaubigung von Übersetzungen)]*

Art. 2: *Gemäß dem Vorbehalt in Art. 8 des Haager Übereinkommens über den Zivilprozeß kann jeder Teil Zustellungen im Gebiete des anderen Teiles in allen Fällen, wo es sich nicht um dessen Angehörige handelt, ohne Anwendung von Zwang durch seine diplomatischen oder konsularischen Vertreter unmittelbar bewirken lassen.*
[Betrifft Beweisaufnahme]

Artt. 3–5 [vom Abdruck wurde abgesehen]

Deutsch-schweizerische Vereinbarung: RGBl. 1910 S. 674 11

Art. 1: *Gemäß den Vorbehalten im Artikel 1 Abs. 4 [Art. 11]* ... *des Haager Abkommens über den Zivilprozeß vom 17. Juli 1905 wird in allen Fällen, in denen durch das Abkommen der Rechtshilfeverkehr in Zivil- und Handelssachen für die Mitteilung gerichtlicher und außergerichtlicher Urkunden sowie für die Erledigung von Ersuchungsschreiben geregelt ist, der zwischen den deutschen und den schweizerischen gerichtlichen Behörden auf Grund der Vereinbarung vom 1./10. Dezember 1878 bestehende unmittelbare Geschäftsverkehr beibehalten.*

Dazu: Übereinkommen zwischen dem Deutschen Reich und der Schweiz wegen Herbeiführung eines unmittelbaren Geschäftsverkehrs zwischen den deutschen und den schweizerischen Gerichtsbehörden vom 1./10. Dezember 1878:

> Zwischen der kaiserlich deutschen Regierung und dem schweizerischen Bundesrath ist, um die Verwaltung der Rechtspflege beiderseits zu erleichtern, nachstehende Vereinbarung getroffen worden.
>
> Den deutschen und schweizerischen Gerichtsbehörden ist der unmittelbare Geschäftsverkehr in allen Fällen gestattet, in welchen nicht der diplomatische Verkehr durch Staatsverträge vorgeschrieben ist, oder in Folge besonderer Verhältnisse rätlich erscheint.

Art. 2: *In dem unmittelbaren Geschäftsverkehr werden die Schreiben der beiderseitigen Behörden in deren Landessprache abgefaßt.*

(2) Die Bestimmungen des Artikel 3 des Haager Abkommens über den Zivilprozeß [Art. 5 Abs. 3] wegen Abfassung oder Übersetzung der dort bezeichneten Schriftstücke bleiben unberührt. Sind diesen Schriftstücken die vorgeschriebenen Übersetzungen nicht beigegeben, so werden sie von der ersuchten Behörde auf Kosten der ersuchenden Behörde beschafft.

Artt. 3–4 [vom Abdruck wurde abgesehen]

Art. 25 [Verhältnis zu anderen Übereinkommen]

Unbeschadet der Artikel 22 und 24 berührt diese Übereinkommen nicht die Übereinkommen, denen die Vertragsstaaten angehören oder angehören werden und die Bestimmungen über Rechtsgebiete enthalten, die durch dieses Übereinkommen geregelt sind.

1   Obwohl die deutsche offizielle internationalrechtliche Terminologie unter „Übereinkommen" nur multilaterale Staatsverträge versteht, ist man sich einig, daß unter dieser Vorschrift auch einige bilaterale Staatsverträge aufrechterhalten bleiben, die ohne Bezugnahme zum Haager Zivilprozeßabkommen 1954 oder seinem Vorgänger stehen. Für Deutschland betrifft die Vorschrift das deutschbritische Abkommen, das allein hier teilweise abgedruckt ist, sowie das deutsch-griechische Abkommen v. 11. 5. 1938 (RGBl. 1939 II S. 848) und das deutsch-türkische Abkommen vom 28. 5. 1929 (RGBl. 1930 II S. 7). Im einzelnen:

Griechenland: Verkehr zwischen Konsul des ersuchenden 2
Staates und Landgerichtspräsidenten bzw. (Gr) Staatsanwalt
beim erstinstanzlichen Gericht.

Liechtenstein: Übernahme der Regelung der deutsch-schweizeri-
schen Vereinbarung.

Türkei: Verkehr zwischen Konsul des ersuchenden Staates und
den Land- oder Amtsgerichtspräsidenten bzw. (Türkei) der
Staatsanwaltschaft (Verbalnote v. 6. 7. 1932 Nr. 13514/59, s.
Bülow/Böckstiegel 517.6).

Die in diesen Abkommen vorgesehenen Wege gelten wahlweise zu den Möglichkeiten des HZÜ.

Deutsch-britisches Abkommen v. 20. 3. 1928 (RGBl. 1928 II 3
S. 623, BGBl 1953 II S 116).

Das Abkommen gilt noch heute für zahllose Staaten und Ter-
ritorien, in Bezug auf die das damalige VK die auswärtigen Beziehungen verwaltete, u. a. für **Australien** (BGBl 1955 II S. 699,
918; 1956 II S. 890; 1957 II S. 744), **Kanada** (BGBl 1954 II S. 15);
Neuseeland (BGBl 1953 II S. 118); **Singapur** (BGBl 1976 II
S. 576); **Zypern** (BGBl 1975 II S. 1129). Zu weiteren Staaten s.
Stein/Jonas/Roth[21] Anh. § 199 Rn 79, *Jayme/Hausmann* Internationales Privat- und Verfahrensrecht[7] Nr. 116 Fn 2.

Das Abkommen hat in Bezug zu dem VK viel an Bedeutung
verloren, seit dieses dem HZÜ beigetreten ist. Entgegen § 6 S. 2
AusfG HZÜ/HBÜ ist aber eine **unmittelbare Beauftragung eines deutschen Gerichtsvollziehers** nach Art. 7 nach wie vor zulässig (*Stürner* JZ 92, 330 fn 52; *Stein/Jonas/Roth* aaO Rn 37). Zulässig ist auch eine **Zustellung durch die Post** in den seltenen
Fällen, in denen sie das Recht des VK zuläßt, Art. 6 (*Stürner*
aaO. **AA**, aber Art. 25 übersehend, Frankfurt RIW 91, 587). In
Bezug auf andere Staaten als das VK, für die das Abkommen
weiter gilt, können diese Zustellungsarten eine größere Bedeutung erlangen.

II. Zustellung gerichtlicher und außergerichtlicher
Schriftstücke

Art. 2: *Wenn gerichtliche oder außergerichtliche Schriftstücke, die in dem Gebiet eines der vertragsschließenden Teile ausgestellt sind, auf das dieses Abkommen Anwendung findet, Personen, Gesellschaften oder Körperschaften in dem
Gebiet des anderen Teiles zugestellt werden sollen, auf das dieses Abkommen
Anwendung findet, so können sie, unbeschadet der Bestimmungen der nachstehen-*

*den Artikel 6 und 7, dem Empfänger auf einem der in den Artikeln 3 und 5
vorgesehenen Wege zugestellt werden.*

Art. 3: *a)* *Der Zustellungsantrag wird übermittelt: in Deutschland durch einen
britischen konsularischen Beamten an den Präsidenten des deutschen
Landgerichts,
in England durch einen deutschen diplomatischen oder konsularischen
Beamten an den Senior Master des Höchsten Gerichtshofs in England.*

b) *Das Übermittlungsschreiben, das den Namen der Behörde, von der das übermittelte
Schriftstück ausgeht, die Namen und Bezeichnungen der Parteien, die Anschrift
des Empfängers und die Art des in Frage stehenden Schriftstücks angibt, ist in der
Sprache des ersuchten Landes abzufassen. Wenn in einem besonderen Falle die
ersuchte gerichtliche Behörde gegenüber dem diplomatischen oder konsularischen
Beamten, der den Antrag übermittelt hat, einen dahingehenden Wunsch äußert,
wird dieser Beamte eine Übersetzung des zuzustellenden Schriftstücks zur Verfügung stellen.*

c) *Die Zustellung ist durch die zuständige Behörde des ersuchten Landes zu bewir-
ken. Mit Ausnahme des im Abs. d dieses Artikels vorgesehenen Falles kann die
Behörde ihre Tätigkeit darauf beschränken, die Zustellung durch Übergabe des
Schriftstücks an den Empfänger zu bewirken, sofern er zur Annahme bereit ist.*

d) *Ist das zuzustellende Schriftstück in der Sprache des ersuchten Landes abgefaßt
oder ist es von einer Übersetzung in diese Sprache begleitet, so läßt die ersuchte
Behörde, falls in dem Antrag ein dahingehender Wunsch ausgesprochen ist, das
Schriftstück in der durch die innere Gesetzgebung für die Wirkung gleichartiger
Zustellungen vorgeschriebenen Form oder in einer besonderen Form zustellen,
sofern diese ihrer Gesetzgebung nicht zuwiderläuft.*

e) *Die in diesem Artikel vorgesehene Übersetzung ist von dem diplomatischen oder
konsularischen Beamten des ersuchenden Teiles oder durch einen beamteten oder
beeidigten Dolmetscher eines der beiden Länder zu beglaubigen.*

f) *Die Ausführung des Zustellungsantrags kann nur abgelehnt werden, wenn der
vertragschließende Teil, in dessen Gebiet sie erfolgen soll, sie für geeignet hält,
seine Hoheitsrechte oder seine Sicherheit zu gefährden.*

g) *Die Behörde, die den Zustellungsantrag empfängt, hat dem diplomatischen oder
konsularischen Beamten, der ihn übermittelt hat, die Urkunde zu übersenden,
durch die die Zustellung nachgewiesen wird oder aus der sich der die Zustellung
hindernde Umstand ergibt. Der Nachweis der Zustellung wird durch ein Zeugnis
der Behörde des ersuchten Landes erbracht, aus dem sich die Tatsache, die Art und
Weise und der Zeitpunkt der Zustellung ergibt. Ist ein zuzustellendes Schriftstück
in zwei gleichen Stücken übermittelt worden, so ist das Zustellungszeugnis auf
eines der beiden Stücke zu setzen oder damit zu verbinden.*

Art. 4: *[vom Abdruck wurde abgesehen. Betrifft Gebühren u. Auslagen]*

Art. 5: *Das zuzustellende Schriftstück kann dem Empfänger, sofern er nicht ein
Angehöriger des vertragschließenden Teiles ist, in dessen Gebiet die Zustellung
erfolgen soll, auch ohne Mitwirkung der Behörden dieses Landes zugestellt werden:*
*a) durch einen diplomatischen oder konsularischen Beamten des Teiles, in dessen
Gebiet das Schriftstück ausgestellt ist, oder*

b) durch einen Vertreter, der von einem Gericht des Landes, in dem das Schriftstück ausgestellt ist, oder von der Partei, auf deren Antrag das Schriftstück ausgestellt ist, allgemein oder für einen besonderen Fall bestellt ist, mit der Maßgabe, daß die Wirksamkeit einer durch einen solchen Vertreter bewirkten Zustellung von den Gerichten des Landes, wo die Zustellung so bewirkt wird, nach dem Rechte dieses Landes zu beurteilen ist.

Art. 6: *Schriftstücke können auch durch die Post übermittelt werden in Fällen, wo diese Art der Übermittlung nach dem Rechte des Landes gestattet ist, in welchem das Schriftstück ausgestellt ist.*

Im Verhältnis zu den Vertragsstaaten ist also entgegen der sonstigen strikten Verweigerung Deutschlands, s. Art. 10 Rn 2, eine Zustellung durch die Post möglich. Nur muß diese Zustellungsform nach dem Recht des Gerichtsstaates zulässig sein. Zur Aufnahme einer Zustellungsurkunde nach dem Recht des Ausgangsstaates hat sich Deutschland nicht verpflichtet.

Art. 7: *Die Bestimmungen der Artikel 2, 3, 4, 5 und 6 stehen dem nicht entgegen, daß die beteiligten Personen die Zustellung unmittelbar durch die zuständigen Beamten des Landes bewirken, in dem das Schriftstück zugestellt werden soll.*

Artt. 8–18 [vom Abdruck wurde abgesehen]

b) Verordnung vom 5. 3. 1929 zur Ausführung des deutsch-britischen Abkommens über den Rechtsverkehr (RGBl. II. S. 135)

Art. 1: *Für die Erledigung der in den Artikeln 3 und 9 des Abkommens vorgesehenen Angelegenheiten ist das Amtsgericht zuständig, in dessen Bezirk die Amtshandlung vorgenommen werden soll.*

Artt. 26–31 [vom Abdruck wurde abgesehen]

Haager Übereinkommen
über die Beweisaufnahme im Ausland in Zivil- oder Handelssachen

Vom 18. 3. 1970[1]

(Übersetzung)[2]

Kapitel I. Rechtshilfeersuchen

Literatur: Martens Erfahrungen mit Rechtshilfeersuchen aus den USA nach dem Haager Beweisaufnahmeübereinkommen RIW 81, 725; *Pfeil-Kammerer* Deutsch-amerikanischer Rechtshilfeverkehr in Zivilsachen (1987); *Schlosser* Internationale Rechtshilfe und Rechtsstaatlicher Schutz von Beweispersonen ZZP 94 (1981), 369 ff; *ders.* Internationale Rechtshilfe und richterliche Unabhängigkeit GS Constantinesco (1983) 653; *v. Hülsen* Gebrauch und Mißbrauch US-amerikanischer „pre-trial discovery" und die internationale Rechtshilfe RIW 82, 225; *Stürner* Die Gerichte und Behörden der USA und die Beweisaufnahme in Deutschland ZVglRW 81 (1982) 159; *Ristau* International Judicial Assistance (Civil and Commercial) (1984); *Abbo Junker* Discovery im deutsch-amerikanischen Rechtsverkehr (1986) 212; *Trittmann* Anwendungsprobleme des Haager Beweisaufnahmeübereinkommens im Rechtsverkehr zwischen der Bundesrepublik und den Vereinigten Staaten von Amerika (1989); *A. Stadler* Der Schutz des Unternehmensgeheimnisses im deutschen und US-amerikanischen Zivilpozeß und im Rechtshilfeverfahren (1989); *MüKommZPO-Musielak* Anh. § 363 ZPO. S. auch Fn 1 vor Art. 1 HZÜ.

Art. 1 [Zulässiger Inhalt des Ersuchens]

(1) **In Zivil- oder Handelssachen kann die gerichtliche Behörde eines Vertragsstaates nach seinen innerstaatlichen Rechtsvorschriften die zuständige Behörde eines anderen Vertragsstaats ersuchen, eine Beweisaufnahme oder eine andere gerichtliche Handlung vorzunehmen.**

---

[1] BGBl 1977 II S. 1442. Bek. v. 21. 6. 1979 (BGBl II S. 780 und v. 5. 9. 1980 (BGBl II S. 1290). Vertragsstaaten Dänemark, Frankreich, Luxemburg, Norwegen, Portugal, Schweden, Tschechoslowakei und beide Nachfolgestaaten (s. vor Art 1 HZÜ), USA, V. K., außerdem Singapur (BGBl 1981 II S. 962), Barbados (BGBl 1982 II S. 539), Jugoslawien (BGBl 1982 II S. 949–1994 S. 3650 – Mazedonien, Italien (BGBl 1982 II S. 998), Zypern (BGBl 1983 II S. 567), Monaco (BGBl 1986 II S. 1135), Spanien (BGBl 1987 II S. 615), Argentinien (BGBl 1988 II S. 823), Mexico (BGBl 1990 II S. 298), Australien (BGBl 1993 II S. 2398), Venezuela (BGBl 1994 II S. 3647), Schweiz (BGBl 1995 II S. 532), Lettland (IPRax 1996, 233).

[2] Der englische und der französische Text sind gleichberechtigt authentisch.

(2) **Um die Aufnahme von Beweisen, die nicht zur Verwendung in einem bereits anhängigen oder künftigen gerichtlichen Verfahren bestimmt sind, darf nicht ersucht werden.**

(3) **Der Ausdruck „andere gerichtliche Handlung" umfaßt weder die Zustellung gerichtlicher Schriftstücke noch Maßnahmen der Sicherung oder der Vollstreckung.**

1 Art. 1 legt fest, wann im Empfangsstaat ein dort eingehendes Ersuchen erledigt werden muß (Rn 2). Es legt nicht fest, wann sich das Gericht des einen Staates der Möglichkeiten des Übereinkommens bedienen muß, um an die Information zu gelangen (Rn 3 ff). Es behandelt auch nicht die Frage, ob sich eine Prozeßpartei unmittelbar durch Inanspruchnahme von Gerichten im Ausland Informationen und Beweismittel verschaffen kann, s. vor Artt. 15 ff Rn 2.

2 **1.** Art. 1 enthält einige limitative Tatbestandsmerkmale. Zu **Zivil- und Handelssachen** s. Art. 1 HZÜ Rn 1 ff. Zur Abgrenzung von Beweisaufnahmen und Entscheidungen über **materielle Ansprüche auf Informationsbeschaffung** s. Art. 9 Rn 2. Steht im Hintergrund des Ersuchens im Grunde nur das Bestreben des ersuchenden Staates, Informationen für ein Strafverfahren oder verwaltungsbehördliches Verfahren zu erlangen, so kann das Gesuch abgelehnt werden (Fall „Westinghouse", s. Anm. zu Art. 3). Ein generelles Verbot, im Wege der Rechtshilfe erlangte Information für andere Zwecke als das Ausgangsverfahren zu verwenden, besteht aber nicht (**aA** *Junker* aaO 273f). Die **„innerstaatlichen Rechtsvorschriften"** in Deutschland sind jene der ZRHO. Eine gerichtliche Behörde braucht kein gerichtlicher Spruchkörper zu sein. In England sind die solicitors „officers of the court". Soweit sie nach englischem Recht zuständig sind, können sie auch Rechtshilfeersuchen stellen. Ein Schiedsgericht ist keine gerichtliche Behörde. Es muß sich (in Deutschland nach § 1036 ZPO) an ein innerstaatliches Gericht wenden, damit dieses ein Rechtshilfeersuchen stelle. **Die „zuständige Behörde"** eines anderen Vertragsstaates ist jene, die das Rechtshilfeersuchen erledigen soll, nicht die Zentrale Stelle. Die „zuständige" ausländische Behörde braucht aber im Ersuchensschreiben nur angegeben zu werden, wenn sie bekannt ist, Art. 3 Abs. 1 Buchst. a. Eine Beweisaufnahme **„vorzunehmen"** umfaßt auch: sie durch die in der ausländischen Rechtsordnung vorgesehenen anderen Stellen vorzunehmen zu lassen. So braucht ein französisches Gericht einen Augenschein nicht selbst einzunehmen, wenn in vergleichbaren internen Fällen ein „constat d'huissier" (s. Artt. 249 ff c.pr.c.) in Auftrag gegeben würde. Auch die Befragung von Personen kann in den Formen erledigt werden, wie sie das Prozeßrecht des ersuchten Staates vorsieht, etwa auch durch Rechtsanwälte, die das Gericht beauftragt. Aus Abs. 2 ergibt sich, daß das Ausgangsverfahren zur Hauptsache noch nicht eingeleitet worden sein muß. Im **selbständigen Beweisverfahren** und im Verfahren des **einstweiligen Rechtsschutzes** ist daher das HBÜ anwendbar. Zur Zuständigkeitsfrage und zum Wahlrecht zwischen inländischen und ausländischen Beweissicherungsverfahren: *Stürner* IPRax 84, 300. Pre-trial Discovery setzt eine, wenn auch sehr summarische, Klageerhebung voraus (München Erläuterung Art. 3).

„**Andere gerichtliche Handlungen**" werden nur selten im Wege **3** der internationalen Rechtshilfe erbeten, weil sich die interessierten Parteien zumeist unmittelbar an das ausländische Gericht wenden können. Die Besorgung beglaubigter Kopien von amtlichen Dokumenten (s. *Pfeil-Kammerer* aaO 205) ist noch „Beweisaufnahme". Im amtlichen Bericht (BTDrucks 7/4892 S. 52) sind als Beispiele nur die Vornahme eines Sühneversuchs, die Anhörung der Parteien und die Bekanntgabe einer gerichtlichen Aufforderung oder Mitteilung genannt. Realistischere Beispiele stehen in §§ 41 ff ZHRO (Ablichtung aus amtlichen Akten, Verfahrensüberleitung, Akteneinsicht). Auch die Entgegennahme von Parteierklärungen, die nach deutschem Recht bei einemem Gericht der FG einzureichen sind, gehört hierher, wenngleich solche Erklärungen sicherlich auch unmittelbar durch die Post an deutsche Gerichte gesandt werden können.

Absatz 2 schränkt den Begriff „andere gerichtliche Handlungen" auch noch inhaltlich ein. Auf **die Zustellung eines Schriftstücks** gleich welchen Inhalts (s. Art. 1 HZÜ Rn 9 ff, Art. 13 HZÜ Rn 2) findet ausschließlich das HZÜ Anwendung, auch wenn es sich um ein Schriftstück handelt, das eine Person dazu auffordert, dem Gericht eine Information zukommen zu lassen, s. Rn 5.

Maßnahmen der Vollstreckung werden durch §§ 328, 722 f **4** ZPO und die internationalen Übereinkommen und Abkommen geregelt, die eine vorhergehende Vollstreckbarerklärung voraussetzen, s. Artt. 31 ff EuGVÜ/LÜ. Der Begriff „**Maßnahmen der Sicherung**" entspricht dem des einstweiligen Rechtsschutzes. Ihn muß die interessierte Partei im Inland selbständig beantragen. Nur ausnahmsweise, s. Art. 25 EuGVÜ Rn 6, kann sie nach Vollstreckbarerklärung einer vom ausländischen Gericht verfügten Maßnahme des einstweiligen Rechtsschutzes im Inland vollstrecken lassen. Die Einschränkung gilt jedoch nur für solche Maßnahmen, die der

Sicherung der späteren Urteilsvollstreckung dienen sollen. Die Sicherung von Beweismitteln fällt durchaus in den Bereich des HBÜ, auch wenn nach ausländischem Recht einstweiliger Rechtsschutz und Beweissicherung in der gleichen äußeren Form organisiert sind. Daher kann auch die in einem selbständigen Beweisverfahren gesuchte Information im Wege der internationalen Rechtshilfe beigeschafft werden, ohne daß es angebracht wäre, danach zu differenzieren, ob die interessierte Partei aus dem Ausland das Verfahren in Deutschland selbständig hätte durchführen können oder nicht. Ebenso kann in Deutschland ein selbständiges Beweisverfahren mit dem Ziel angestrengt werden, aus dem Ausland Information im Wege der internationalen Rechtshilfe zu erlangen. S. auch Art. 2 EuGVÜ Rn 6, Art. 24 EuGVÜ Rn 3, 7.

5   **2.** Das Wort **„kann"** bringt zum Ausdruck, daß das Gericht dann, wenn es eine im Ausland belegene Information benötigt, sich nicht des HBÜ zu bedienen braucht, sondern durchaus auf sonstige, nach autonomem Recht ihm zur Verfügung stehende Mittel zurückgreifen kann (US Supreme Court *Société Nationale Industrielle Aérospatiale v. US Discrict Court* 8th Cir, 107 S. Ct. 2542 = JZ 87, 984 Anm. *Stürner,* besprochen auch von *Koch* IPRax 87, 328). Es braucht auch nicht zuerst versucht zu werden, mit den vom HBÜ angebotenen Möglichkeiten zurechtzukommen (**aA** die Minderheit von vier Richtern in der genannten US-Entscheidung), eine Einstellung, die in der reformierten Fassung der Federal Rules of Civil Procedure auch nur in Nuancen übernommen worden ist (s. *Reimann* IPRax 94, 154). Bis zum Aufkommen der Kunde der weitreichenden *discovery*-Ansprüche, die das US-Recht an Parteien und Dritte auch dann stellt, wenn es sich um Auslandsbewohner handelt, galt es auch in Deutschland als problemlos, daß von auslandsansässigen Prozeßparteien die Abgabe von Erklärungen und die Vorlage sächlicher Beweismittel in demselben Umfang und unter denselben Sanktionen verlangt werden kann wie von inlandsansässigen. Die Sanktion war nur meist aus tatsächlichen Gründen auf „Beweisnachteile bis zur Umkehr der Beweislast" beschränkt (s. etwa BGH IPRax 87, 176 zust. *Schlosser* 153. Zu dieser Entscheidung auch *Stürner* JZ 87, 42, 44 und *Schröder* JZ 87, 605). Unter dem Eindruck der US-*discovery* sind dann verschiedene Versuche unternommen worden, den klassischen Grundsatz einzuschränken – bis hin zu der ans Absurde grenzenden These, der Zugriff auf alle im Ausland belegenen Informationsquellen könne auch bei Mitwirkungsbereitschaft der Parteien nur über das HBÜ erreicht wer-

den. Das Meinungsspektrum braucht hier nicht im einzelnen ausgebreitet zu werden. Die Frage wird aus der in Rn 6 und 7 gegebenen Begründung nur im Zusammenhang mit der Anerkennung und Vollstreckung von Gerichtsentscheidungen aus den USA praktisch.

Mit Tendenz eher in dem hier vertretenen Sinne: *Zöller/Geimer*[19] § 363 Rn 38ff; *Junker* aaO 361ff, 401ff; *Schack* IZPR Rn 725; *Gottwald* FS Habscheid (1989) 119ff; *Schlosser* FS Lorenz (1989) 497 mwLitN; *Mössle* Extraterritoriale Beweisbeschaffung im internatonalen Wirtschaftsverkehr (1990) 433ff.

Mit Tendenz eher iS der Einschränkung der Zulässigkeit eines unmittelbaren Durchgriffs: *Leipold* Lex fori, Souveränität, Discovery (1989) 54ff; *Mann* Rec. Cours 1984 III 19ff, 47ff; *Heidenberger* RIW 88, 310; *Stadler* aaO 270ff; *Collins* JCLQ 1986, 765ff.

Im übrigen ist zwischen Mitwirkungsansinnen gerichtet an Prozeßparteien und an Dritte zu unterscheiden:

a) Das Übereinkommen errrichtet keinerlei Schranken dagegen, **6** eine **auslandsansässige Prozeßpartei** vor deutschen Gerichten unmittelbar in die Pflicht zu nehmen. Es kann von ihr die Vorlage von Urkunden, die Presentation sächlicher Beweismittel, selbst die Hingabe einer Blutprobe (BGH aaO), verlangt werden. Auch das persönliche Erscheinen einer Partei kann angeordnet werden, wenngleich die Ladung (§ 141 Abs. 2) nur dann unmittelbar ausgeführt werden kann, wenn ihr Art. 10 HZÜ (s. Bem. dort Rn 1) nicht entgegensteht (näher *Stein/Jonas/Leipold*[21] § 141 Rn 12a mmN). Gerichtliche Aufklärungsbeschlüsse können an den inländischen Prozeßbevollmächtigten der auslandsansässigen Partei zugestellt werden. **Sachverständigenermittlungen** im Ausland kann ein inländisches Gericht nur anordnen, wenn der fragliche Staat darin keinen Eingriff in seine Souveränität sieht (**aA** Cour d'Appel Versailles Rev.crit. 95, 80ff, abl. *Couchez*) oder beide Parteien einig sind und dadurch zum Ausdruck bringen, daß der Sachverständige auch in ihrem Privatauftrag handelt.

b) Soweit die Mitwirkung von auslandsansässigen Personen begehrt wird, die **nicht Prozeßparteien** sind, muß man abermals **7** unterscheiden:

Ihrem freiwilligen Mitwirken steht keine Rechtsregel entgegen. Vor allem kann dem Prozeßbevollmächtigten einer Partei anheimgegeben (nicht aber: aufgegeben, BGH IPRax 81, 57) werden, auslandsansässige **Zeugen** im Verhandlungstermin zu **gestellen** (BGH NJW 80, 1848). Das deutsche Gericht kann sich auch unmittelbar an Personen im Ausland wenden und sie bitten, sich als Zeugen zur Verfügung zu stellen oder sonst zur Aufklärung beizutragen. Die Zulässigkeit darüber hinausgehender Initiativen, wie etwa unmittelbare schriftliche Befragung nach § 377 Abs. 3 S. 1 ZPO, ist sehr strittig (ausgezeichnete Dokumentation des Meinungsstandes bei *Zöller/Geimer* aaO Rn 4 ff). Wenn das ausländische Prozeßrecht es gestattet, daß die Parteien schriftliche Zeugenaussagen beibringen (etwa Artt. 200 ff code de procédure civile), kann dies unbedenklicherweise auch mit auslandsansässigen Zeugen so gehalten werden.

Personen, die sich für längere Zeit im Inland aufhalten, sind ohnehin zeugnispflichtig (anders zurecht bei nur vorübergehendem Aufenthalt *Stürner* in Habscheid (Hsg) der Justizkonflikt [1986] 20).

6   c) Eingehende Ersuchen ausländischer Gerichte können nur in dem Ausmaß berücksichtigt werden, wie die in Anspruch genommene Person auch in Bezug auf ein inländisches Verfahren mitwirkungspflichtig wäre, es sei denn, der fragliche Informationsträger wirkt freiwillig mit. Einmzelheiten s. Art. 9, 10 Rn 1, 2.

9   4. Ein Auslandsbewohner kann auch von einem inländischen Gericht zum Sachverständigen ernannt werden. Auch dies vom § 40 ZRHO für untersagt zu halten, wäre absurd. Er kann auch gebeten werden, sich zu einem Gerichtstermin einer Befragung zu stellen (**aA** BGH MDR 80, 931). Darüber hinaus besteht ein dringendes Bedürfnis, einem vom ausländischen Gericht ernannten **Sachverständigen** eine grenzüberschreitende Tätigkeit im Inland zu gestatten. Dem kann dadurch entsprochen werden, daß der vom ausländischen Gericht ernannte Sachverständige im Wege der Rechtshilfe auch vom inländischen Gericht zum Sachverständigen bestellt wird. Um zu vermeiden, daß sein Gutachten in die deutsche Sprache übersetzt werden muß, kann das Rechtshilfeersuchen zurückgenommen werden, nachdem der Sachverständige seine Tätigkeit auf inländischem Boden beendet hat. Um solche, wenn auch legitimen juristischen Umwege zu vermeiden, sollte man die Genehmigung, daß sich der vom ausländischen Gericht ernannte Sachverständige auf deutschen Boden begibt und hier arbeitet, als eine „andere gerichtliche Handlung" betrachten (für zulässig gehalten auch von *MünchKommZPO-Musielak* § 363 Rn 2). Sie ist im Verhältnis zur Ernennung auch als Sachverständigen des deutschen Gerichts ein minus. Zur Information eines im Ausland ansässigen und im Wege der internationalen Rechtshilfe in Anspruch genommenen Sachverständigen: BGH MDR 81, 1014.

5. Der Inanspruchnahme von Rechtshilfe durch ausländische Be- 10
hörden muß in Deutschland ein Beweisbeschluß vorausgehen.
§ 358a und § 63 ZPO sind anwendbar.

Art. 2 [Zentrale Behörde]

(1) **Jeder Vertragsstaat bestimmt eine Zentrale Behörde, die
von einer gerichtlichen Behörde eines anderen Vertragsstaats
ausgehende Rechtshilfeersuchen entgegennimmt und sie der zuständigen Behörde zur Erledigung zuleitet. Jeder Staat richtet
die Zentrale Behörde nach Maßgabe seines Rechts ein.**

(2) **Rechtshilfeersuchen werden der Zentralen Behörde des ersuchten Staates ohne Beteiligung einer weiteren Behörde dieses
Staates übermittelt.**

Zentrale Behörden in Deutschland (BGBl 79 II S. 780): Wie 1
Art. 2 HZÜ. Im Ausland ebenfalls im allgemeinen wie zu HZÜ;
Ausnahmen Italien (Ministerium für Auswärtige Angelegenhei-
ten), Niederlande (Staatsanwalt bei Bezirksgericht Den Haag),
Australien (Secretary to the Attorney General's Department at the
Commonwealth of Australia, Canberra), Singapur (Registrar of
the Supreme Court). Zu weiteren Details Bek. BGBl 80 II S. 1290;
81 II S 374, 573, 962; 82 II S. 539, 682, 998; 84 II S. 567, 919.

Das Übereinkommen sagt nicht, welche Befugnisse der Zentralen Behörde zukommen. Deutschland hat in Gestalt von § 13
AusfG der Zentralen Behörde auch eine Reihe von Entscheidungs-
befugnissen übertragen, s. auch Rn 3.

Abs. 2 soll lediglich klarstellen, daß im ersuchten Staat nur die 2
Zentrale Behörde Empfangsadressat ist und erst nach Weiterleitung durch jene Behörden, die das Rechtshilfeersuchen erledigen
sollen, mit der Sache befaßt sind. Im ersuchenden Staat können
aber zwischen dem Gericht und jenen Stellen, die das Ersuchen ins
Ausland weiterleiten, beliebig viele Behörden zwischengeschaltet
werden. Die Verfahrensbeteiligten können auch als Boten eingesetzt werden (München Bem. zu Art. 3).

In Deutschland ist nach einer tautologischen gesetzlichen For- 3
mulierung das Amtsgericht in dem Bezirk zuständig, in dem die
Amtshandlung vorzunehmen ist, § 4 Abs. 2 AusfG. Sind Personen
zu vernehmen, so läßt sich § 375 ZPO in folgender Weise entsprechend anwenden: Welches andere Gericht der ersuchende Richter
mit der Beweisaufnahme beauftragen soll, sagt das Gesetz nicht. Es
ist eine Ermessensfrage des Richters, der die Mitwirkung eines
anderen Gerichts anordnet. Da das ausländische Gericht diese An-

ordnung nicht treffen kann, muß sie der Zentralen Behörde obliegen. Auch in der innerstaatlichen Rechtshilfe hat das ersuchende
Gericht ein Auswahlrecht (s. *Kissel* GVG § 375 Rn 4). Nur wenn
außer dem Wohnsitzgericht einer Person ein anderes Gericht nicht in
Betracht kommt, hat jenes kraft Gesetzes örtliche Zuständigkeit.
Der Wortlaut der Vorschrift („der zuständigen Behörde zur Erledigung zuleiten") trägt auch eine Auslegung, wonach die Zentrale
Behörde entscheidet, welches die zuständige Behörde ist. Darauf,
daß solche Entscheidungen durch ein Gericht getroffen werden,
haben weder die Prozeßbeteiligten noch die zur Rechtshilfe auffor-
dernden Stellen, noch die mit zusätzlicher Aufgabe belasteten Richter einen Anspruch (**aA** *Stürner* JZ 81, 524f, der die §§ 12, 13 und 36
Nr. 3 entsprechend anwenden möchte).

4   Zu den aufrechterhaltenen Zusatzvereinbarungen s. Art. 31.

Art. 3 [Notwendige Angaben]

(1) **Ein Rechtshilfeersuchen enthält folgende Angaben:**
a) **die ersuchende und, soweit bekannt, die ersuchte Behörde;**
b) **den Namen und die Anschrift der Parteien und gegebenenfalls
   ihrer Vertreter;**
c) **die Art und den Gegenstand der Rechtssache sowie eine ge-
   drängte Darstellung des Sachverhalts;**
d) **die Beweisaufnahme oder die andere gerichtliche Handlung,
   die vorgenommen werden soll.**

(2) **Das Rechtshilfeersuchen enthält außerdem je nach Sachlage**
e) **den Namen und die Anschrift der zu vernehmenden Personen;**
f) **die Fragen, welche an die zu vernehmenden Personen gerichtet werden sollen, oder die Tatsachen, über die sie vernommen
   werden sollen;**
g) **die Urkunden oder die anderen Gegenstände, die geprüft werden sollen;**
h) **den Antrag, die Vernehmung unter Eid oder Bekräftigung
   durchzuführen, und gegebenenfalls die dabei zu verwendende
   Formel;**
i) **den Antrag, eine besondere Form nach Artikel 9 einzuhalten;**

(3) **In das Rechtshilfeersuchen werden gegebenenfalls auch die
für die Anwendung des Artikels 11 erforderlichen Erläuterungen
aufgenommen.**

(4) **Eine Legalisation oder eine ähnliche Förmlichkeit darf
nicht verlangt werden.**

Im Unterschied zu Zustellungsersuchen, Art. 3 HZÜ, eignet sich für Rechtshilfeersuchen nach dem HBÜ ein Formular nicht. Zur Sprachenfrage s. Art. 4. Anders als bei Zustellungsersuchen, Art. 3 HZÜ Rn 3, Art. 5 HZÜ Rn 10, muß ein etwaiger gesetzlicher Vertreter oder Organwalter der Parteien des Ausgangsverfahrens genannt sein.

Abs. 1 Buchst. d) Abs. 2 Buchstn. f), g) verlangen spezifische Angaben, auch wenn man nicht das hohe Maß an Spezifität voraussetzen darf, das einem deutschen Beweisbeschluß eignet. In diesem Rahmen ist aber auch eine „Ausforschung" der zu vernehmenden Person zulässig, weil es diese auch in solchen deutschen Zivilprozeßarten gibt, die die Verhandlungsmaxime nicht kennen (ausführlich zu den einzelnen Erfordernissen *Junker* aaO 307 ff). S. auch Art. 23 Rn 4.

Für ausgehende Ersuchen finden sich einzelne Erfordernisse in § 37 ZRHO. Sie können aber nicht reziprok als Erfordernisse der Ordnungsmäßigkeit auch gegenüber eingehenden Ersuchen aufgestellt werden.

Interessante Anwendungsbeispiele: München ZZP 94 (1981) 462 und 468 (mit Abdruck eines US-Rechtshilfeersuchens) = RIW 554 und 555 – „Siemens"; *Rio Tinto Zinc Corp. v. Westinghouse Electric Corp.* 2 W. L. R. (1978) 81 H. L. – dazu Die Ausführliche Schilderung der gesamten Prozeßgeschichte *Junker* aaO 239; *RE Asbestos Insurance Coverage Cases* 1 W. L. R. 331 H. L. (1985). S. auch Art. 5 Rn 2.

Art. 4 [Sprache]

(1) **Das Rechtshilfeersuchen muß in der Sprache der ersuchten Behörde abgefaßt oder von einer Übersetzung in diese Sprache begleitet sein.**

(2) **Jeder Vertragsstaat muß jedoch, sofern er nicht den Vorbehalt nach Artikel 33 gemacht hat, ein Rechtshilfeersuchen entgegennehmen, das in französischer oder englischer Sprache abgefaßt oder von einer Übersetzung in eine dieser Sprachen begleitet ist.**

(3) **Ein Vertragsstaat mit mehreren Amtssprachen, der aus Gründen seines innerstaatlichen Rechts Rechtshilfeersuchen nicht für sein gesamtes Hoheitsgebiet in einer dieser Sprachen entgegennehmen kann, muß durch eine Erklärung die Sprache bekanntgeben, in der ein Rechtshilfeersuchen abgefaßt oder in die es übersetzt sein muß, je nachdem, in welchem Teil seines**

Hoheitsgebiets es erledigt werden soll. Wird dieser Erklärung ohne hinreichenden Grund nicht entsprochen, so hat der ersuchende Staat die Kosten einer Übersetzung in die geforderte Sprache zu tragen.

(4) Neben den in den Absätzen 1 bis 3 vorgesehenen Sprachen kann jeder Vertragsstaat durch eine Erklärung eine oder mehrere weitere Sprachen bekanntgeben, in denen ein Rechtshilfeersuchen seiner Zentralen Behörde übermittelt werden kann.

(5) Die einem Rechtshilfeersuchen beigefügte Übersetzung muß von einem diplomatischen oder konsularischen Vertreter, von einem beeidigten Übersetzer oder von einer anderen hierzu befugten Person in einem der beiden Staaten beglaubigt sein.

1   Sinn der Vorschrift ist es, die ersuchte Behörde nicht mit Sprachproblemen zu behelligen. Daher kann sie sich auch bei etwaigen Rückfragen der eigenen Sprache bedienen. Die Sprachregelung betrifft nur das Ersuchen. Daß die Rechtshilfe in der Landessprache erledigt wird, setzt das Übereinkommen als selbstverständlich voraus. Wenn kein Beteiligter widerspricht, können die mündlichen Teile (nicht: Protokoll) der Erledigung aber auch in einer Fremdsprache laufen. Der Zweck von § 184 GVG erfordert es nicht, dies zu unterbinden.

2   Die englische und die französische Sprache werden in Abs. 2 als die beiden im internationalen Verkehr führenden Sprachen hervorgehoben. Jedoch kann nach Art. 33 die Erleichterung ausgeschlossen werden, wovon von den Staaten, in denen Englisch oder Französisch nicht Landessprache sind, außer Mexico und Portugal nur Deutschland Gebrauch gemacht hat (BGBl 1979 II S. 780). Frankreich und Monaco erledigen nur französischsprachige Ersuchen, Singapur und das VK nur englischsprachige, Dänemark, Finnland, Norwegen außer landessprachlichen nur englischsprachige. In Abs. 5 bezieht sich der Zusatz „in einem der beteiligten Staaten" auch auf diplomatische bzw. konsularische Vertreter.

3   Deutsch als nach Abs. 4 zulässige Sprache hat nur Luxemburg akzeptiert.

Art. 5 [Einwände der Zentralen Behörde]

Ist die Zentrale Behörde der Ansicht, daß das Ersuchen nicht dem Übereinkommen entspricht, so unterrichtet sie unverzüglich die Behörde des ersuchenden Staates, die ihr das Rechtshilfeersuchen übermittelt hat, und führt dabei die Einwände gegen das Ersuchen einzeln an.

Die Vorschrift betrifft nur formale Mängel. Es gilt im wesentlichen das gleiche wie zu Art. 4 HZÜ ausgeführt. Glaubt das Rechtshilfegericht solche Mängel zu entdecken, so ist die Entscheidung der Zentralen Behörde einzuholen, § 59 Abs. 6 ZRHO, die an ihre ursprüngliche Entscheidung nicht gebunden ist. Ob das Gericht, an welches das Rechtshilfeersuchen weitergeleitet worden ist, an die Entscheidung der Zentralen Behörde über dessen Zulässigkeit gebunden ist (so München ZZP 95 [1982] 469; *MünchKommZPO-Musielak* Art. 5 Rn 2; *Martens* RIW 81, 730) oder nicht (so *Schlosser* FS Constantinesco [1983] 655 ff mN), ist streitig. Zur Bindung an die Zuständigkeitsentscheidung der Zentralen Behörde s. Bem. Art. 6.

Art. 6 [Unverzügliche Weiterleitung bei Unzuständigkeit]

Ist die ersuchte Behörde nicht zuständig, so wird das Rechtshilfeersuchen von Amts wegen unverzüglich an die nach den Rechtsvorschriften ihres Staates zuständige Behörde weitergeleitet.

Die Vorschrift hat in Deutschland kaum einen Anwendungsbereich, weil die Zentrale Behörde in Zweifelsfällen bindend festlegt, welches Amtsgericht örtlich zuständig ist, s. Art. 2 Rn 3. Der einzig praktisch denkbare Fall ist ein Irrtum über den inländischen Wohnsitz der zu vernehmenden Person, etwa aufgrund eines zwischenzeitlich eingetretenen Wohnsitzwechsels. Wenn ein Amtsgericht sich für örtlich unzuständig hält, muß es das örtlich zuständige Gericht ermitteln und das Gesuch dorthin weiterleiten. Akzeptiert die Zentrale Behörde dies dadurch, daß sie der nach § 58 Abs. 1 iVm § 150 Abs. 4 ZRHO vorgeschriebenen Abgabenachricht nicht widerspricht, so hat sie ihre Bestimmung des zuständigen Amtsgerichts geändert. Zu den vergleichbaren Situationen bei der inländischen Rechtshilfe s. *Kissel* GVG Art. 158 Rn 23.

Art. 7 [Benachrichtigung vom Termin]

Die ersuchende Behörde wird auf ihr Verlangen von dem Zeitpunkt und dem Ort der vorzunehmenden Handlung benachrichtigt, damit die beteiligten Parteien und gegebenenfalls ihre Vertreter anwesend sein können. Diese Mitteilung wird

auf Verlangen der ersuchenden Behörde den Parteien oder ihren Vertretern unmittelbar übersandt.

1   Aus der Vorschrift ergibt sich mittelbar das **Recht der Parteien** des Ausgangsverfahrens und ihrer Prozeßvertreter auf **Anwesenheit** und auf eine rechtzeitige Benachrichtigung, daß sie von ihrem Anwesenheitsrecht Gebrauch machen können. Eine Anwendung von § 356 ZPO ohne Nachfrage, warum die Benachrichtigung vom Erledigungstermin noch immer aussteht, kann auf eine Verletzung von Art. 103 Abs. 1 GG hinauslaufen (BVerfG NJW RR 94, 700). Die unmittelbare Übersendung nach Satz 2 fällt außerhalb des Anwendungsbereiches des HZÜ und geschieht am besten durch eingeschriebenen Brief mit Rückschein, ohne daß dafür Auslagenerstattung verlangt werden könnte, Art. 14. Durch Satz 2 verzichten die Vertragsstaaten auf jede Einwendung gegen die unmittelbare Übersendung. Die Mitteilung hat so ausgestaltet zu sein, daß sich die Adressaten ein Bild von dem machen können, was bevorsteht. Zweckmäßig ist eine Übersendung einer Abschrift des bei dem Gericht eingegangenen Rechtshilfeersuchens und der vorbereitenden Maßnahmen, die das Gericht getroffen hat, s. dazu Bem. zu Art. 9. Eine Übersetzung der Mitteilung und der ihr beigefügten Unterlagen braucht der Benachrichtigung nicht beigefügt zu sein. Bei einer bevorstehenden Zeugeneinvernahme sollte zur Beruhigung der Anwälte aus common law Ländern gesagt werden, daß der Richter die Zeugen vernimmt, daß aber die Prozeßbeteiligten Fragen an die Zeugen stellen können.

2   Zu den Obliegenheiten des deutschen Gerichts vor Absendung des Ersuchens s. § 38 ZRHO. Die Verwertbarkeit des Beweisergebnisses, wenn Teilnahme der Parteien an der Beweisaufnahme nicht möglich war, stellt BGHZ 33, 63, 64f = NJW 60, 1950 in das Ermessen des Ausgangsgerichts. Heute müssen hierbei die aufgezeigten Anforderungen des BVerfG an die Wahrung des rechtlichen Gehörs beachtet werden. Daher ist eine Verwertung nur zulässig, wenn es praktisch ausgeschlossen ist, daß die Parteien durch Fragen, von denen sie nachträglich behaupten, sie hätten sie stellen wollen, das Beweisergebnis hätten beeinflussen können.

Art. 8 [Terminsteilnahme von Behördenvertretern]

Jeder Vertragsstaat kann erklären, daß Mitglieder der ersuchenden gerichtlichen Behörde eines anderen Vertragsstaats bei der Erledigung eines Rechtshilfeersuchens anwesend sein können. Hierfür kann die vorherige Genehmigung durch die vom

erklärenden Staat bestimmte zuständige Behörde verlangt werden.

Kaum ein Staat hat auf die Abgabe einer Erklärung verzichtet. Zu Deutschland s. § 10 AusfG. Die meisten anderen Staaten haben die Anwesenheit unter Genehmigungsvorbehalt gestellt. Ganz ausgeschlossen hat die Anwesenheit Frankreich, Israel, Luxemburg, Schweden und das VK s. Bek. in Fn vor Art. 1. Seine Anwesenheit gibt dem ausländischen Richter nicht das Recht, Fragen zu stellen (*MünchKommZPO-Musielak* Rn 2). Jedoch kann dies auf jeden Fall als besondere Form der Beweisaufnahme iSv Art. 9 Abs. 2 genehmigt werden, s. dort Rn 4. Aber auch wenn im Ersuchen ein solcher Antrag nicht gestellt worden ist, kann der Vorschrift nicht entnommen werden, daß der anwesende ausländische Richter konsequent stumm zu sein hat. Der vernehmende Richter kann sich durch ihn beraten lassen, welche Zusatzfragen er stellen sollte. Auch kann der ausländische Richter als Sachverständiger zu Fragen des Bestehens von Mitwirkungsverweigerungsrechten nach ausländischem Recht eingesetzt werden, s. Art. 11 Rn 3.

Art. 9 [Maßgebliches Recht bei Erledigung des Ersuchens]

(1) **Die gerichtliche Behörde verfährt bei der Erledigung eines Rechtshilfeersuchens nach den Formen, die ihr Recht vorsieht.**

(2) **Jedoch wird dem Antrag der ersuchenden Behörde, nach einer besonderen Form zu verfahren, entsprochen, es sei denn, daß diese Form mit dem Recht des ersuchten Staates unvereinbar oder ihre Einhaltung nach der gerichtlichen Übung im ersuchten Staat oder wegen tatsächlicher Schwierigkeiten unmöglich ist.**

(3) **Das Rechtshilfeersuchen muß rasch erledigt werden.**

Art. 10 [Geeignete Zwangsmaßnahmen]

Bei der Erledigung des Rechtshilfeersuchens wendet die ersuchte Behörde geeignete Zwangsmaßnahmen in den Fällen und in dem Umfang an, wie sie das Recht des ersuchten Staates für die Erledigung eines Ersuchens inländischer Behörden oder eines zum gleichen Zweck gestellten Antrags einer beteiligten Partei vorsieht.

Die Vorschriften wollen den Schwierigkeiten begegnen, die die **1** unterschiedlichen **Methoden der Informationsbeschaffung** für ein Gericht aufwerfen. Für eingehende Ersuchen aus Ländern des „civil law" bedeutet dies: eines eigenen Beweisbeschlusses bedarf es nicht. In der Weiterleitung des Gesuchs durch die Zentrale Behörde liegt zugleich die bindende Feststellung, daß Zurückweisungsgründe nach dem Übereinkommen nicht bestehen. Da diese Entscheidung eigens angefochten werden kann, Art. 12 Rn 3, ist sie, solange nicht aufgehoben, für das angegangene Gericht bindend, s. auch Art. 2 Rn 3. Die in der Weiterleitung liegende Genehmigung ersetzt den Beweisbeschluß. Das Rechtshilfegericht ist jedoch nicht gehindert, ein Verfahrensablaufprogramm zu fixieren, darin auch Elemente aufzunehmen, die zur Information speziell für ausländische Prozeßbeteiligte gedacht sind und diesen vorher bekanntzugeben.

Sodann verlaufen Zeugeneinvernahme, Urkundenvorlage, Einnahme eines Augenscheins und Beauftragung eines Sachverständigen, wie wenn es sich um ein deutsches Verfahren handelte. Der Rechtshilferichter muß auch dann zwischen Zeugenvernehmung und Parteivernehmung unterscheiden, wenn das Ersuchungsschreiben beides nicht auseinanderhält.

2   **Zwangsmittel** sind so anzuwenden (und anzudrohen), wie es auch der innerhalb Deutschlands ersuchte Richter tun könnte (*Junker* aaO 324 ff). Gegen ausgebliebene Zeugen können etwa Sanktionen nach § 380 ZPO verhängt werden. Es kommt nicht darauf an, ob vergleichbare Zwangsmaßnahmen auch im ausländischen Recht vorgesehen sind (*MünchKommZPO-Musielak* Rn 1). § 378 ZPO ist seinem ganzen Inhalt nach anwendbar und trotz der Peinlichkeit, die diese Vorschrift ausländischen Rechtsanwälten gegenüber hervorruft, auch insofern, als der Zeuge Unterlagen zwar mitzubringen, aber nicht vorzuzeigen hat. Zu Streitigkeiten über Aussage- oder sonstige Mitwirkungspflichten s. Art. 11 Rn 1. Gegenüber Prozeßparteien kann das deutsche Rechtshilfegericht im allgemeinen keine Sanktionen verhängen, s. Art. 11 Rn 1; Ausnahme: § 372a Abs. 2 ZPO. Das gilt auch bei Verweigerung einer Urkundenvorlage. Umgekehrt können viele Richter in ausländischen Staaten bei Verweigerung einer Blutentnahme keine Zwangsmittel einsetzen. Daß deutsche Sachentscheidungen über Auskunfts- oder Vorlageansprüche nach dem EuGVÜ vollstreckungspflichtig sind, funktionell vergleichbare Beweiserhebungsanordnungen ausländischer Gerichte in Deutschland nicht und auch nicht über das HBÜ durchsetzbar sind, läuft auf ein untragbares Ungleichgewicht hinaus, s. Art. 25 EuGVÜ Rn 9. Zur *pre-trial discovery* s. Art. 23.

3   Eine **besondere Form** iSv Art. 9 Abs. 2 (ausführlich dazu *Junker* 334 ff) ist nicht schon dann mit dem deutschen Recht unvereinbar, wenn sie hierzulande nicht vorgesehen ist. Es muß der Beweisauf-

nahme vielmehr ein klarer Verbotssatz von ordre public ähnlichem Gewicht entgegenstehen (*Trittmann* aaO 140). Die Aufnahme eines Wortprotokolls, allgM, oder eines Videos ist sicherlich mit deutschem Recht nicht unvereinbar. Ob ein Kreuzverhör gestattet werden kann, ist bestritten (pro: *Schlosser* aaO 387ff; *Trittmann* aaO 139ff; *Junker* aaO 338. **AA** *MünchKommZPO-Musielak* Rn 1; *Nagel* IZPR³ Rn 598. Vermittelnd *Stürner* JZ 81, 524. Speziell zur Erledigung deutscher Rechtshilfeersuchen in den USA *Junker* aaO 405ff mit sehr dichter Information über die Praxis).

Art. 11 [Aussageverweigerung oder Aussageverbot]

(1) **Ein Rechtshilfeersuchen wird nicht erledigt, soweit die Person, die es betrifft, sich auf ein Recht zur Aussageverweigerung oder auf ein Aussageverbot beruft,**
a) das nach dem Recht des ersuchten Staates vorgesehen ist oder
b) das nach dem Recht des ersuchenden Staates vorgesehen und im Rechtshilfeersuchen bezeichnet oder erforderlichenfalls auf Verlangen der ersuchten Behörde von der ersuchenden Behörde bestätigt worden ist.

(2) **Jeder Vertragsstaat kann erklären, daß er außerdem Aussageverweigerungsrechte und Aussageverbote, die nach dem Recht anderer Staaten als des ersuchenden oder des ersuchten Staates bestehen, insoweit anerkennt, als dies in der Erklärung angegeben ist.**

Jede Aussageperson kann die im deutschen Recht anerkannten **Aussageverweigerungsrechte** geltend machen. Das wird vor allem bei den im deutschen Recht extrem weit gezogenen Zeugnisverweigerungsrechten aufgrund eines **Gewerbegeheimnisses** praktisch, s. § 383 Abs. 1 Nr. 6, § 384 Nr. 3 ZPO (dazu näher AG und LG München I, RIW 81, 580). Eine einschränkende Handhabung ist nicht möglich (*MünchKommZPO-Musielak* Rn. 3. **AA** *Koch* IPRax 85, 248. Zu Irritationen aus den USA *Löwenfeld* IPRax 84, 53). Eine einstweilige Verfügung auf Unterlassung bestimmter Aussagen vor dem Rechtshilferichter ist nicht zulässig. **Prozeßparteien** haben nach deutschem Recht keine förmlich festgeschriebenen „Aussageverweigerungsrechte". Es geht immer nur darum, wieweit ihnen aus einer Verweigerung der ihnen angesonnenen Mitwirkung zur Informationsbeschaffung Prozeßnachteile erwachsen. Welche Rechtsfolgen aus der fehlenden Mitwirkungsbereitschaft einer Partei bei der Sachverhaltsaufklärung zu ziehen sind, entscheidet aber ohnehin das Ausgangsgericht. Daß dessen Recht schärfere Sanktionen als das deutsche androht, um Parteien und Dritte zur Mitwirkung bei der Informationsbeschaffung anzuhalten, verstößt auch dann nicht gegen den deutschen ordre public, wenn solche Sanktionen drohen, um eine Mitwirkung bei der internationalen Rechtshilfe zu erzwingen. Der authentische englische („refuse to give evidence") und französische Text zeigen, daß sich die Vorschrift auf alle Mitwirkungsverweigerungsrechte der in Anspruch genommenen Personen bezieht. Soweit Parteien oder Dritte (§ 429 ZPO) im deutschen Zivilprozeß sanktionslos passiv bleiben können oder nur im ordentlichen Klageweg zur Mitwirkung angehalten werden können, hat das Rechtshilfegericht keine Entscheidung über die Berechtigung der Verweigerung zu treffen. Denn insoweit werden nicht wie in den Staaten des common law „privileges" (s. das Beispiel *Rio Tinto Zinc* Bem. zu Art. 3) geltend gemacht, so daß in einem vom deutschen Gericht ausgehenden Ersuchungsschreiben darauf auch nicht eigens hingewiesen werden muß.

2   Das Übereinkommen spricht von **„Erledigung"** des Rechtshilfeersuchens, sowohl wenn es die Tätigkeit der Zentralen Behörde wie wenn es das Verfahren vor der letztlich mit der Durchführung der nachgesuchten Maßnahmen betrauten Stelle meint. Aus dem Umstand, daß Art. 12 mit „Ablehnung der Erledigung" eine Entscheidung der Zentralen Behörde meint, kann nicht geschlossen werden, daß diese auch zur Entscheidung über Aussageverweigerungsrechte berufen wäre. Eine solche Entscheidung ist ihrem Wesen nach eine richterliche (LG München I ZZP 95 (1983) 362 im Anschluß an OLG München wie Art. 3). Nur wenn sicher feststeht, daß ein Gesuch wegen Geltendmachung von Aussageverweigerungsrechten nicht wird erledigt werden können, kann es bereits die Zentrale Behörde zurückweisen (*Schlosser* aaO 468). Die bloße Meinung der Zentralen Behörde, daß ein Aussage- oder sonstiges Beweiserhebungsverbot besteht, reicht für eine Zurückweisungsbefugnis nicht aus (**aA** *MünchKommZPO-Musielak* Rn 5), solange eine solche Annahme nicht über alle Zweifel erhaben ist. Die Niederlande haben ausdrücklich erklärt, daß nur der Rechtshilferichter entscheiden kann.

3   **Abs. 1 Buchst. b)** soll sicherstellen, daß die ersuchte Behörde keine **Ermittlung des Rechts des ersuchenden Staates** anzustellen braucht. Das Wort („erforderlichenfalls") bringt zum Ausdruck, daß die ersuchte Behörde das ausländische Recht auch selbst anwenden kann, etwa wenn es in Gestalt von Gesetzestexten oder klar einschlägigen Gerichtsentscheidungen verfügbar ist. Dann

können Zeit und Arbeitskraft sparende Rückfragen vermieden werden. Vor allem kann dann, wenn der Verdacht auf verzögerliche Strategien besteht, das Rechtshilfegericht eine Begründung für das geltend gemachte Aussageverweigerungsrecht verlangen und aufgrund der vorgelegten Rechtsquellen entscheiden, daß ein Aussageverweigerungsrecht nicht besteht. Wird ein solches Verweigerungsrecht nicht mindestens in der Weise substantiiert, daß konkrete Rechtsquellen angegeben werden, ist es von vornherein unglaubwürdig. **Rückfragen** bei der ersuchenden Stelle können in deutscher Sprache gehalten, Art. 4 Rn 1, und brauchen nicht über die Zentrale Behörde geleitet zu werden. Zur Möglichkeit, den etwa anwesenden ausländischen Richter zu konsultieren, s. Art. 8. Deutsche Gerichte sind angewiesen, bei ausgehenden Ersuchen bereits die nötige Information zu geben, § 37 ZRHO.

Zur Entscheidungsbefugnis der Zentralen Behörde im Fall von 4 verbotenen Aussagen s. Art. 12 Rn 3.

Zur Informationsbeschaffung durch die Parteien selbst s. 5 Artt. 15 ff Rn 2.

Art. 12 [Ablehnungsgründe]

(1) **Die Erledigung eines Rechtshilfeersuchens kann nur insoweit abgelehnt werden, als**

a) **die Erledigung des Ersuchens im ersuchten Staat nicht in den Bereich der Gerichtsgewalt fällt oder**

b) **der ersuchte Staat die Erledigung für geeignet hält, seine Hoheitsrechte oder seine Sicherheit zu gefährden.**

(2) **Die Erledigung darf nicht allein aus dem Grund abgelehnt werden, daß der ersuchte Staat nach seinem Recht die ausschließliche Zuständigkeit seiner Gerichte für die Sache in Anspruch nimmt oder ein Verfahren nicht kennt, das dem entspricht, für welches das Ersuchen gestellt wird.**

Kernstück der Vorschrift ist **Buchst. b).** Es gilt das zu Art. 13 1 HZÜ Rn 1, 2 Gesagte (tendenziell sehr ähnlich *Junker* aaO 286 ff, 322 ff). Die sehr begrenzten Sanktionsmöglichkeiten, s. Art. 11 Rn 1, schließen eine **Berührung deutscher Hoheitsrechte** oder der Sicherheit in Deutschland praktisch aus. Bisher ist noch kein einziger Fall bekanntgeworden, in dem Art. 12 angewandt worden wäre (abgelehnt: München s. Art. 3). Insbesondere hat es mit der Sicherheit in Deutschland nichts zu tun, wenn eine inlandsansässige Person unter akzeptablen Bedingungen in ein ausländisches Verfahren verwickelt wird und dort unter erheblich strengerem Sanktionsdruck zur Preisgabe von Information (im Wege der deutschen Rechtshilfe) steht, als es bei einem vergleichbaren Verfahren in Deutschland der Fall wäre. Daß im Ausgangsprozeß auf „punitive damages" geklagt wird, steht der deutschen internationalen Rechtshilfe nicht entgegen (*Stürner* aaO 205; *Trittmann* aaO 144 f; München aaO, aus dessen Tatbestand allerdings der Hintergrund „*treble damages*" nicht hervorgeht. **AA** *v. Hülsen* RIW 82, 550; *Stiefel* RIW 79, 518). Die einzige Ausnahme ist in folgender Situation denkbar: Eine dritte Person oder eine in einem exorbitanten internationalen Gerichtsstand verklagte, inlandsansässige Person steht unter einem solchen Sanktionsdruck (unkalkulierbar hohe Geldstrafen, Verhaftung bei Reisen ins Ausland). Denn zur „Sicherheit" in Deutschland gehört auch die Möglichkeit, als Inlandsbewohner den von der deutschen Rechtsordnung gewährten Freiheitsrahmen in Anspruch nehmen zu können, ohne von einem ausländischen Staat, zu dem man keine fallrelevanten Beziehungen unterhält, unter einschneidenden Sanktionsdruck gesetzt zu werden. In einem solchen Fall müssen die deutschen Behörden ihre Mitwirkung verweigern, auch wenn die in Anspruch genommene Person, dem Sanktionsdruck weichend, zur „freiwilligen" Mitwirkung bereit wäre. Bei Beurteilung der Frage, ob die gegenüber dem Beklagten in Anspruch genommene Zuständigkeit in diesem Sinne exorbitant ist, darf man nicht an einer uns befremdenden Begrifflichkeit des ausländischen Zuständigkeitsrechts hängenbleiben. Auch wenn in den USA „doing business" oder persönliche Aushändigung der Ladung Zuständigkeit begründen, muß geprüft werden, ob im konkreten Fall eine Zuständigkeitsbegründung als völlig unvertretbar erscheint. Dies ist dann, wenn der Beklagte in den USA nachhaltige Geschäftstätigkeit entfaltet und die Klage aus ihr hervorgegangen ist, sicherlich nicht der Fall.

Wenn einer Person eine Aussage angesonnen wird, die strafbar wäre, etwa nach § 203 StGB oder nach dem deutschen „blocking statute" in Seeschiffahrtsangelegenheiten (§§ 11, 17 G.v. 24. 5. 65, BGBl 65 II S. 833 idF BGBl 77 I S. 1314. Näher zu dieser Frage *Junker* aaO 395 f), entscheidet allein der Rechtshilferichter über geltend gemachte Zeugnisverweigerungsrechte. Meist sind solche Perspektiven aber kein Grund, die Erledigung des Gesuchs zu verweigern. Vielmehr muß der Rechtshilferichter solche Fragen zurückweisen.

2 Die hM versteht die Vorschrift wie Art. 13 HZÜ als einen im allgemeinen ordre-public-Denken verankerten Notbehelf (*MünchKommZPO-Musielak* Rn 2; *Stiefel* aaO 514; *Stürner* aaO 205; *Schütze*

WM 86, 635; *Pfeil-Kammerer* 215. *Schlosser* ZZP 94 [1981] 380 f im
hier entwickelten Sinne modifiziert). Aber auch dann sind „**Aus-
forschungen**" keineswegs ein Verstoß gegen den deutschen ordre
public, s. Art. 23 Rn 4.

Über die Erledigung eines Rechtshilfegesuchs entscheidet unter **3**
dem Gesichtspunkt des Art. 12 grundsätzlich die Zentrale Behörde. Gegen ihre Entscheidung kann nach Artt. 23 ff EGGVG vorgegangen werden (München aaO). Die Zentrale Behörde hat aber
peinlich darauf zu achten, Entscheidungen, die nach Artt. 9 und 11
dem Rechtshilferichter obliegen, nicht vorzugreifen, s. auch Rn 2.
Die Zentrale Behörde kann, bevor sie entscheidet, den betroffenen
Beweispersonen rechtliches Gehör gewähren. Nur wenn in diesem
Verfahrensstadium schon feststeht, daß die Voraussetzungen von
Art. 12 vorliegen, kann die Zentrale Behörde die Erledigung des
Gesuchs mit der Begründung verweigern, die in Anspruch genom-
mene Person mache sich durch eine Aussage (gleich welchen In-
halts) strafbar.

Art. **13** [Verfahren nach Erledigung]

(1) **Die ersuchte Behörde leitet die Schriftstücke, aus denen
sich die Erledigung eines Rechtshilfeersuchens ergibt, der ersuchenden Behörde auf demselben Weg zu, den diese für die Übermittlung des Ersuchens benutzt hat.**

(2) **Wird das Rechtshilfeersuchen ganz oder teilweise nicht erledigt, so wird dies der ersuchenden Behörde unverzüglich auf
demselben Weg unter Angabe der Gründe für die Nichterledi-
gung mitgeteilt.**

Art. **14** [Gebühren und Auslagen]

(1) **Für die Erledigung eines Rechtshilfeersuchens darf die Erstattung von Gebühren und Auslagen irgendwelcher Art nicht
verlangt werden.**

(2) **Der ersuchte Staat ist jedoch berechtigt, vom ersuchenden
Staat die Erstattung der an Sachverständige und Dolmetscher
gezahlten Entschädigungen sowie der Auslagen zu verlangen,
die dadurch entstanden sind, daß auf Antrag des ersuchten
Staates nach Artikel 9 Absatz 2 eine besondere Form eingehalten
worden ist.**

(3) **Eine ersuchte Behörde, nach deren Recht die Parteien für
die Aufnahme der Beweise zu sorgen haben und die das Rechts-**

hilfeersuchen nicht selbst erledigen kann, darf eine hierzu geeignete Person mit der Erledigung beauftragen, nachdem sie das
Einverständnis der ersuchenden Behörde eingeholt hat. Bei der
Einholung dieses Einverständnisses gibt die ersuchte Behörde
den ungefähren Betrag der Kosten an, die durch diese Art der
Erledigung entstehen würden. Durch ihr Einverständnis verpflichtet sich die ersuchende Behörde, die entstehenden Kosten
zu erstatten. Fehlt das Einverständnis, so ist die ersuchende Behörde zur Erstattung der Kosten nicht verpflichtet.

Die Vorschrift begründet keinen Kostenerstattungsanspruch gegenüber irgendeinem Prozeßbeteiligten, sondern allenfalls des ersuchten gegen den ersuchenden Staat. Dieser wird aber die von
ihm zu tragenden Kosten jener Partei in Rechnung stellen, die für
die Gerichtskosten aufzukommen hat (GKG Anl. 1 Nr. 9013). Zu
den in Abs. 2 und 3 von der Kostenerstattungsfreiheit gemachten
Ausnahmen kommt noch Art. 26. In den nach Art. 31 aufrechterhaltenen bilateralen Verträgen mit Frankreich, den Niederlanden
und Norwegen ist noch weitergehend auf Kostenerstattung verzichtet worden. Abs. 3 ist auf common law Staaten zugeschnitten,
denen eine Zeugenvernehmung durch den Richter fremd ist. Da
die Vorschrift von der Einsicht geprägt ist, daß in diesen Ländern
die ersuchten Behörden (Gerichte) das Gesuch selbst nicht erledigen können, darf das Gesuch abgelehnt werden, wenn das Einverständnis mit der Übernahme der Kosten nicht erklärt wird. Ist die
an der Rechtshilfe interessierte Partei eines deutschen Verfahrens
mit der Kostenübernahme einverstanden, dann besteht im Interesse
des effizienten Rechtsschutzes auch eine Verpflichtung, die Kosten-
übernahmebereitschaft zu erklären.

Kapitel II. Beweisaufnahme durch diplomatische oder konsularische Vertreter und durch Beauftragte

Vorbemerkungen zu Artt. 15–22

1 Zu den nach Art. 33 möglichen Vorbehalten s. die jeweilige amtliche Bek. in Fn 1 bei Art. 1. Die von Deutschland erklärten Vorbehalte sind auch in §§ 11–13 AusfG niedergelegt. Die Bereitschaft
eines ausländischen Staates ist aus der jeweils ihn betreffenden Bek.
zu entnehmen. Die meisten Staaten stellen das Erfordernis einer
Einzelgenehmigung durch die Zentrale Behörde auf. Besonders

liberal sind Finnland und die USA (s. dazu *Pfeil-Kammerer*, Lit. vor Art. 1 HZÜ, 258 ff). Das US-Rechtshilfegericht kann seinerseits eine beliebige Person als „commissioner" ernennen, etwa auch ein Mitglied des Ausgangsgerichts aus dem ersuchenden Staat.

Im **deutsch-US**-Rechtsverkehr besteht die **Besonderheit**, daß US-Konsuln auf deutschem Boden auch deutsche Staatsangehörige amtlich befragen können, wenn kein Zwang ausgeübt wird. Das ergibt sich aus einem deutsch-amerikanischen Notenwechsel aus dem Jahr 1955/56, der durch einen weiteren Notenwechsel aus dem Jahr 1980 auch im Hinblick auf das Inkrafttreten des HBÜ bestätigt und inhaltlich näher spezifiziert worden ist (abgedruckt bei *Pfeil-Kammerer* aaO Anh. 13). Zu Einzelheiten existiert ein interessanter amicus „curiae brief" der US-Regierung (*Volkswagen AG v. Falzon* 23 ILM [1984] 412).

Zudem besteht vor den Bundesgerichten der **USA** die Möglich- 2 keit, daß die **Parteien** eines laufenden oder bevorstehenden ausländischen Prozesses **um Beweisaufnahme nachsuchen können**, auch in der Form der discovery. Die einschlägige Vorschrift, Title 28 § 1782 (a) United States Code lautet:

> „*The district court of the district in which a person resides or is found may order him to give his testimony or statement or to produce a document or other thing for use in a proceeding in a foreign or international tribunal. The order may be made. . . upon the application of any interested person and may direct that the testimony or statement be given, or the document or other thing be produced, before a person appointed by the court. By virtue of his appointment, the person appointed has power to administer any necessary oath and take the testimony or statement. The order may prescribe the practice and procedure, which may be in whole or part the practice and procedure of the foreign country or the international tribunal, for taking the testimony or statement or producing the document or other thing. . .".*

Informationen, insbesondere Beweismittel, die auf eine solche Art und Weise in einem fremden Staat legal erlangt worden sind, können in einem deutschen Prozeß verwertet werden, auch wenn das Verfahren erst nach Rechtshängigkeit in Deutschland eingeleitet wurde. Auch Art. 11 Abs. 1 Buchst. b) kann nicht entsprechend angewandt werden. Daß ein Gericht eines Staates nicht vom Gericht eines anderen Staates die Beschaffung einer Information begehren kann, die es nicht erlangen könnte, wenn sie im Inland belegen wäre, ist eine Sache. Der Umstand, daß eine Verfahrenspartei die in einem fremden Staat dort belegene Information mit legalen Mitteln herbeischafft, ist damit nicht vergleichbar.

3 Umgekehrt kann in Deutschland unter den Voraussetzungen des § 486 Abs. 3 ZPO ein **selbständiges Beweisverfahren** auch dann durchgeführt werden, wenn für die Hauptsache ein ausländisches Gericht zuständig ist. Der Begriff „dringende Gefahr" muß auch unter dem Gesichtspunkt ausgelegt werden, daß viel Zeit vergehen kann, bis ein in der Hauptsache angerufenes ausländisches Gericht im Wege der internationalen Rechtshilfe auf die Informationsquelle Zugriff nehmen kann.

Materiellrechtliche **Auskunftsansprüche** können in Deutschland auch dann eingeklagt werden, wenn die Information für ein im Ausland zu führende Verfahren benötigt wird.

4 Über Art. 17 kann eine praktische Lösung zu dem gefunden werden, was sich im deutsch-amerikanischen Rechtshilfeverkehr angestaut hat. US-Anwälte können von der Zentralen Behörde die Genehmigung einholen, als **„commissioners"** Beweise in Deutschland aufzunehmen. Die Genehmigung kann davon abhängig gemacht werden, daß der deutsche Richter oder ein sonstiger deutscher Justizbeamter anwesend ist und Einspruch einlegen kann, wenn das Verfahren in eine dem deutschen Teil unzumutbare, großangelegte Ausforschung ausarten sollte (so der Vorschlag des zuständigen Referenten im BMJ, *Böhmer* NJW 90, 2053, der bei seinen auf den zuständigen Rechtshilferichter abgestellten Vorschlägen allerdings die Sprachenprobleme nicht berücksichtigt).

Art. 15 [Beweisaufnahme bei eigenen Staatsangehörigen]

(1) **In Zivil- oder Handelssachen kann ein diplomatischer oder konsularischer Vertreter eines Vertragsstaats im Hoheitsgebiet eines anderen Vertragsstaats und in dem Bezirk, in dem er sein Amt ausübt, ohne Anwendung von Zwang Beweis für ein Verfahren aufnehmen, das vor einem Gericht eines von ihm vertretenen Staates anhängig ist, wenn nur Angehörige desselben Staates betroffen sind.**

(2) **Jeder Vertragsstaat kann erklären, daß in dieser Art Beweis erst nach Vorliegen einer Genehmigung aufgenommen werden darf, welche die durch den erklärenden Staat bestimmte zuständige Behörde auf einen von dem Vertreter oder in seinem Namen gestellten Antrag erteilt.**

Art. 16 [Beweisaufnahme bei fremden Staatsangehörigen]

(1) **Ein diplomatischer oder konsularischer Vertreter eines Vertragsstaats kann außerdem im Hoheitsgebiet eines anderen**

Vertragsstaats und in dem Bezirk, in dem er sein Amt ausübt, ohne Anwendung von Zwang Beweis für ein Verfahren aufnehmen, das vor einem Gericht eines von ihm vertretenen Staates anhängig ist, sofern Angehörige des Empfangsstaats oder eines dritten Staates betroffen sind,

a) wenn eine durch den Empfangsstaat bestimmte zuständige Behörde ihre Genehmigung allgemein oder für den Einzelfall erteilt hat und

b) wenn der Vertreter die Auflagen erfüllt, welche die zuständige Behörde in der Genehmigung festgesetzt hat.

(2) Jeder Vertragsstaat kann erklären, daß Beweis nach dieser Bestimmung ohne seine vorherige Genehmigung aufgenommen werden darf.

Art. 17 [Beweisaufnahme durch Beauftragte]

(1) In Zivil- oder Handelssachen kann jede Person, die zu diesem Zweck ordnungsgemäß zum Beauftragten bestellt worden ist, im Hoheitsgebiet eines Vertragsstaats ohne Anwendung von Zwang Beweis für ein Verfahren aufnehmen, das vor einem Gericht eines anderen Vertragsstaats anhängig ist,

a) wenn eine von dem Staat, in dem Beweis aufgenommen werden soll, bestimmte zuständige Behörde ihre Genehmigung allgemein oder für den Einzelfall erteilt hat und

b) wenn die Person die Auflagen erfüllt, welche die zuständige Behörde in der Genehmigung festgesetzt hat.

(2) Jeder Vertragsstaat kann erklären, daß Beweis nach dieser Bestimmung ohne seine vorherige Genehmigung aufgenommen werden darf.

Art. 18 [Unterstützung durch Zwangsmaßnahmen]

(1) Jeder Vertragsstaat kann erklären, daß ein diplomatischer oder konsularischer Vertreter oder ein Beauftragter, der befugt ist, nach Artikel 15, 16 oder 17 Beweis aufzunehmen, sich an eine von diesem Staat bestimmte zuständige Behörde wenden kann, um die für diese Beweisaufnahme erforderliche Unterstützung durch Zwangsmaßnahmen zu erhalten. In seiner Erklärung kann der Staat die Auflagen festlegen, die er für zweckmäßig hält.

(2) Gibt die zuständige Behörde dem Antrag statt, so wendet sie die in ihrem Recht vorgesehenen geeigneten Zwangsmaßnahmen an.

Art. 19 [Auflagen]

Die zuständige Behörde kann, wenn sie die Genehmigung nach Artikel 15, 16 oder 17 erteilt oder dem Antrag nach Artikel 18 stattgibt, von ihr für zweckmäßig erachtete Auflagen festsetzen, insbesondere hinsichtlich Zeit und Ort der Beweisaufnahme. Sie kann auch verlangen, daß sie rechtzeitig vorher von Zeitpunkt und Ort benachrichtigt wird; in diesem Fall ist ein Vertreter der Behörde zur Teilnahme an der Beweisaufnahme befugt.

Art. 20 [Beiziehung eines Rechtsberaters]

Personen, die eine in diesem Kapitel vorgesehene Beweisaufnahme betrifft, können einen Rechtsberater beiziehen.

Art. 21 [Umfang der Beweisaufnahme]

Ist ein diplomatischer oder konsularischer Vertreter oder ein Beauftragter nach Artikel 15, 16 oder 17 befugt, Beweis aufzunehmen,

a) so kann er alle Beweise aufnehmen, soweit dies nicht mit dem Recht des Staates, in dem Beweis aufgenommen werden soll, unvereinbar ist oder der nach den angeführten Artikeln erteilten Genehmigung widerspricht, und unter denselben Bedingungen auch einen Eid abnehmen oder eine Bekräftigung entgegennehmen;

b) so ist jede Ladung zum Erscheinen oder zur Mitwirkung an einer Beweisaufnahme in der Sprache des Ortes der Beweisaufnahme abzufassen oder eine Übersetzung in dieser Sprache beizufügen, es sei denn, daß die durch die Beweisaufnahme betroffene Person dem Staat angehört, in dem das Verfahren anhängig ist;

c) so ist in der Ladung anzugeben, daß die Person einen Rechtsberater beiziehen kann, sowie in einem Staat, der nicht die Erklärung nach Artikel 18 abgegeben hat, daß sie nicht verpflichtet ist, zu erscheinen oder sonst an der Beweisaufnahme mitzuwirken;

d) so können die Beweise in einer der Formen aufgenommen werden, die das Recht des Gerichts vorsieht, vor dem das Verfahren anhängig ist, es sei denn, daß das Recht des Staates, in dem Beweis aufgenommen wird, diese Form verbietet;

e) so kann sich die von der Beweisaufnahme betroffene Person auf die in Artikel 11 vorgesehenen Rechte zur Aussageverweigerung oder Aussageverbote berufen.

Art. 22 [Verhältnis zu späteren Rechtshilfeersuchen]

Daß ein Beweis wegen der Weigerung einer Person mitzuwirken nicht nach diesem Kapitel aufgenommen werden konnte, schließt ein späteres Rechtshilfeersuchen nach Kapitel I mit demselben Gegenstand nicht aus.

Kapitel III. Allgemeine Bestimmungen

Art. 23 [Pre-trial discovery]

Jeder Vertragsstaat kann bei der Unterzeichnung, bei der Ratifikation oder beim Beitritt erklären, daß er Rechtshilfeersuchen nicht erledigt, die ein Verfahren zum Gegenstand haben, das in den Ländern des „Common Law" unter der Bezeichnung „pre-trial discovery of documents" bekannt ist.

Eine Erklärung nach Art. 23 haben außer den USA nur die 1 Tschechoslowakei, Israel und Barbados nicht abgegeben. Frankreich hat erklärt, daß es Rechtshilfeersuchen erledigt, wenn die angeforderten Urkunden in dem Rechtshilfegesuch erschöpfend aufgezählt sind und mit dem Streitgegenstand in unmittelbarem und klarem Zusammenhang stehen (BGBl 87 II S. 307). Ähnliche Erklärungen haben Schweden, Dänemark, Norwegen (BGBl 80 II S. 1440), Finnland (BGBl 81 II S. 123) und das VK (BGBl 80 II S. 1297) abgegeben, letzteres allerdings mit dem Wort „including" sich innerstaatlich alle weiteren Optionen offengelassen. Den Staaten steht es natürlich frei, trotz Abgabe einer Erklärung nach Art. 23 durch innerstaatliches Recht unter die Vorschrift fallende Rechtshilfeersuchen gleichwohl zu erledigen.

Die Vorschrift ist eigenartigerweise auf englische Initiative ent- 2 standen. Hintergrund waren die englischen und kanadischen Entscheidungen *Re Radio Corporation of America v. Rauland* (2 W. L. R. [1956] 281, 612; 5 DLR 2d 424 – High Court Ontario [1956]). Dort war – in Kanada im vertragslosen Verkehr zu den USA – festgehalten worden, daß der Zugriff auf eine Informationsquelle nicht ermöglicht wird, wenn es nicht darum geht, sie in der Verhandlung vor dem auswärtigen Gericht als solche zu verwerten, sondern nur um in Erfahrung zu bringen, ob sich ein anspruchsbegründender Sachverhalt zugetragen hat. *„Pre-trial discovery"* (in der US-Fachsprache schlicht „discovery" genannt) ist allerdings auch zulässig „if the information sought appears reasonably calculated to lead to the discovery of admissable evidence" (Federal Rules of Civil Pro-

cedure 26 (b) (1». Ursprünglich stand dahinter mehr folgende
Überlegung: In der Hauptverhandlung („trial") vor der jury gibt es
zum Schutz der Geschworenen vor suggestiver Beeinflussung zahlreiche Regeln, die die Beweisführung begrenzen, z. B. die *„rule
against hear-say"*. In den von den Anwälten betriebenen vorbereitenden Ermittlungsverfahren, das ein sachgerechtes, ohne Unterbrechung durchlaufendes „trial" erst ermöglicht, bedarf es solcher
Schutzvorkehrungen nicht. Bald jedoch ist die „discovery" zu einem umfangreichen Ausforschungsverfahren geworden. Dieses
hatte man aber in Europa nur in der Form von „discovery of documents" erlebt und übersehen, daß es sich auf alle Arten der Informationsbeschaffung bezieht.

3   Demgemäß ist die Vorschrift in **mehrfacher Hinsicht mißraten**.
Es ist unter Wertungsgesichtspunkten willkürlich, einem aus einem „civil-law"-Staat kommenden Ersuchen um Urkundenvorlage zu erledigen, ein unter vergleichbaren Umständen eingehendes
Ersuchen aber zurückzuweisen, nur weil sich das US-Ausgangs-
verfahren noch im Stadium der „discovery" befindet. Auf der anderen Seite ist es ebenso willkürlich, eine Ausforschung bei anderen Informationsquellen als Urkundenvorlage zuzulassen. In der
Siemens-Entscheidung des OLG München (Bem. Art. 3) führte die
dem Wortlaut folgende Handhabung der Vorschrift zu dem Ergebnis, daß das Ersuchen um Vorlage zahlreicher Urkunden abgelehnt
wurde, jedoch Führungskräfte der Firma Siemens tagelang über
den Inhalt der Urkunden befragt werden durften. Zudem gibt es in
den USA „ein Verfahren, . . .das. . . unter der Bezeichnung „pre-
trial discovery of documents" bekannt ist, nicht. Das Ausgangsverfahren kann nämlich immer nur ein Zivilprozeß einer bestimmten Kategorie und nicht ein Informationsbeschaffungsverfahren bezüglich einzelner Informationsquellen sein. *"Discovery"* ist nur ein
Verfahrensabschnitt im Zivilprozeß. *„Discovery of documents"* ist
eine von mehreren Informationsbeschaffungsmethoden innerhalb
dieses Verfahrensabschnitts. § 14 Abs. 1 des deutschen AusfG, das
der von Deutschland abgegebenen Erklärung auch mit Wirkung
nach innen Gesetzeskraft verleiht, ist daher als willkürliche Regelung **verfassungswidrig**, wenn man sich nicht aufraffen kann, die
im Text der Vorschrift angelegten krassen Wertungswidersprüche
wegzuinterpretieren.

4   Dies ist sicherlich möglich, was den **Ausforschungscharakter
der begehrten Information** anbelangt. Schon Art. 3 verbürgt, daß
nur eine Information eingeholt wird, die thematisch hinreichend
bestimmt ist und sich auf spezifizierte Informationsmittel bezieht

(so mit Recht *Junker* aaO 317 ff). Insofern hätte es des Art. 23 nicht bedurft, um inlandsansässige Personen vor dem Überschwappen einiger Exzesse zu bewahren, die *„discovery"* in den USA angenommen hat. Ein über Bestimmtheits- und Spezifikationsanforderungen an erbetene Information hinausgehendes „Ausforschungsverbot" ist, soweit es in der deutschen Gerichtspraxis anerkannt wird, kein zum ordre public gehörender tragender rechtsstaatlicher Grundsatz des deutschen Rechts (*Junker* aaO 322; nahezu allgM trotz mißverständlicher Formulierungen auch *Pfeil-Kammerer* Lit. Art. 1, 218 ff, 239 ff und *MünchKommZPO-Musielak* Rn 5. **AA** *Schütze* FS Stiefel [1987] 702 ff). Weil all' dies aus Art. 3 zu entnehmen ist, gilt für Urkunden nichts anderes als für die übrigen Informationsermittlungsmethoden.

Belanglos ist, ob im Wege der Rechtshilfe eine Information gesucht wird, die sich nicht streng in das uns gewohnte **Schema „Beweis" einer streitig gebliebenen Behauptung** einfügt. Wenn eine Person zum Inhalt eines bestimmten Gesprächs vernommen werden soll, das der Antragsteller des Ausgangsverfahrens nur vermutet, kann Rechtshilfe auch gewährt werden, wenn das Gesuch die Form annimmt: „Es soll gefragt werden, ob, bzw. was im einzelnen mit welchem Ergebnis besprochen worden ist" (anstatt: über die Behauptung des Klägers, daß...). Daß im Ausgangsverfahren (noch) keine genauen Behauptungen über den Gesprächsinhalt aufgestellt oder bestritten worden sind, ist unerheblich. Ob man, wie in Deutschland, den Prozeßparteien gestattet, lediglich vermutete Tatsachen fest zu behaupten, um eine Beweisaufnahme zu erreichen, oder ob man, wie häufig im Ausland, danach forschen kann, „ob" sich etwas zugetragen hat, macht wertungsmäßig keinen Unterschied. Es ist auch nicht sinnvoll, wenn der ersuchte Staat danach fragt, ob die gesuchte Information im Ausgangsprozeß unmittelbar verwertbar und/oder relevant ist oder nicht (*Junker* aaO 310 ff. **AA** *von Hülsen* RIW 82, 553; *Stürner* aaO 201).

Soweit die Erledigung von unbestimmten Ersuchen nicht möglich ist, bleibt es dabei auch bei Einverständnis der betroffenen Personen (*Junker* aaO 330 ff), die auch davor geschützt werden müssen, wegen verweigerter Mitwirkung Prozeßnachteile im Ausland zu erleiden.

Liegen die notwendigen Spezifikationserfordernisse vor, dann 5 sind aber die Gefahren beseitigt, denen man mit Art. 23 begegnen wollte. Die Vorschrift muß daher **verfassungskonform**, Rn 3, dahin **eingeschränkt** ausgelegt werden, daß unter diesen Voraussetzungen die Vorlage bestimmter Urkunden auch dann angeordnet werden kann, wenn sich das Ausgangsverfahren in einem common law Staat noch im Stadium der *"discovery"* befindet (*Junker* aaO 284 ff mwN 296; *Stürner* aaO 201; *Stiefel* aaO 511; House of Lords, *"Westinghouse"* Bem. Art. 3. **AA** München Bem. Art. 3; *Münch-KommZPO-Musielak* Rn 4. Ansicht *Schlosser* ZZP 94 [1981] 393 aufgegeben). Sanktionen bei Vorlageverweigerung kann das deutsche Rechtshilfegericht ohnehin nicht verhängen, s. Artt. 9, 10 Rn 2 ff.

6   In dem Verfahren „Aérospatiale" (Art. 1 Rn 5) hat die deutsche Bundesregierung im Jahr 1986 erklären lassen, daß der Erlaß der in § 14 Abs. 2 des AusfG ermöglichten Rechtsverordnung unmittelbar bevorsteht (25 ILM 1555 [1986]). Sie ist indes immer noch nicht erlassen. Unüberbrückbare Meinungsverschiedenheiten zwischen der Bundesregierung und den Landesjustizverwaltungen ist der Grund hierfür (zum letzten Stand *Böhmer* NJW 90, 3053).

Art. 24 [Zentrale Behörde und weitere Behörden]

(1) **Jeder Vertragsstaat kann außer der Zentralen Behörde weitere Behörden bestimmen, deren Zuständigkeit er festlegt. Rechtshilfeersuchen können jedoch stets der Zentralen Behörde übermittelt werden.**

(2) **Bundesstaaten steht es frei, mehrere Zentrale Behörden zu bestimmen.**

Art. 25 [Staaten mit mehreren Rechtssystemen, nicht abgedruckt]

Art. 26 [Ausnahmen von der Kostenerstattungsfreiheit – nicht abgedruckt]

Art. 27 [Einzelstaatliche Regelungen internationaler Zustellungen]

Dieses Übereinkommen hindert einen Vertragsstaat nicht,
a) **zu erklären, daß Rechtshilfeersuchen seinen gerichtlichen Behörden auch auf anderen als den in Artikel 2 vorgesehenen Wegen übermittelt werden können;**
b) **nach seinem innerstaatlichen Recht oder seiner innerstaatlichen Übung zuzulassen, daß Handlungen, auf die dieses Übereinkommen anwendbar ist, unter weniger einschränkenden Bedingungen vorgenommen werden;**

c) **nach seinem innerstaatlichen Recht oder seiner innerstaatlichen Übung andere als die in diesem Übereinkommen vorgesehenen Verfahren der Beweisaufnahme zuzulassen.**

Zu a) haben Dänemark und Mexiko Erklärungen abgegeben. Ein Beispiel zu c) ist in Art. 23 Rdnr. 2 genannt.

Art. 28 [Möglichkeiten abweichender bilateraler Vereinbarungen – nicht mit abgedruckt]

Art. 29 [Inkrafttreten – nicht mit abgedruckt]

Art. 30 [nicht mit abgedruckt]

Art. 31 [Zusatzvereinbarungen]

Zusatzvereinbarungen zu dem Abkommen von 1905 und dem Übereinkommen von 1954, die Vertragsstaaten geschlossen haben, sind auch auf das vorliegende Übereinkommen anzuwenden, es sei denn, daß die beteiligten Staaten etwas anderes vereinbaren.

Betroffen sind die zu Art. 24 HZÜ genannten Vereinbarungen:

Belgien: "Unmittelbarer Verkehr" nur zwischen den Landesjustizverwaltungen und dem belgischen Justizministerium, § 4 – praktisch keine Erleichterung.

Dänemark: Unmittelbarer Geschäftsgang mit der Maßgabe, daß in Deutschland das Gesuch an die Landgerichtspräsidenten zu richten ist. In Dänemark hat das Justizministerium für solche Rechtshilfeersuchen Empfangszuständigkeit, die in Kopenhagen zu erledigen sind, Artt. 1 , 2 der Vereinbarung.

Frankreich: (Lit.: *Bülow* AWD 61, 205; BRDrucks Nr. 211/61): Unmittelbarer Verkehr. Empfangszuständigkeit haben in Deutschland Präsidenten vom Amts- oder Landgericht, in Frankreich Staatsanwaltschaft beim tribunal de grande instance, Art. 4 der Vereinbarung.

Luxemburg: Unmittelbarer Verkehr. Empfangszuständigkeit in Deutschland beim Landgerichtspräsidenten, in Luxemburg beim Staatsanwalt in Luxemburg (Stadt) und Diekirch.

Niederlande: Unmittelbarer Verkehr. Empfangszuständigkeit in Deutschland Land- oder Amtsgerichtspräsident, in Norwegen Staatsanwalt beim Arrondissementsgericht.

Norwegen: Unmittelbarer Verkehr. Empfangszuständigkeit in Deutschland beim Amts- oder Landgerichtspräsidenten, in Norwegen beim „herredsrett" oder beim „byrett" (jeweils städtische und ländliche Gerichte).

Österreich: (nicht Vertragsstaat): Unmittelbarer Verkehr. Empfangszuständigkeit in Deutschland beim Amtsgericht in Österreich beim Bezirksgericht.

Polen: (nicht Vertragsstaat): Unmittelbarer Verkehr. Empfangszuständigkeit in Deutschland Amts- oder Landgerichtspräsident, in Polen Präsident des Wojewodschaftsgerichts.

Schweden: Keine Vorschriften über die Rechtshilfe.

Schweiz: Beibehaltung des unmittelbaren Verkehrs.

Art. 32 [Verhältnis zu anderen Übereinkommen]

Unbeschadet der Artikel 29 und 31 berührt dieses Übereinkommen nicht die Übereinkommen, denen die Vertragstaaten angehören oder angehören werden und die Bestimmungen über Rechtsgebiete enthalten, die durch dieses Übereinkommen geregelt sind.

Für die Weitergeltung einiger bilateraler Abkommen gilt das zu Art. 25 HZÜ Ausgeführte. Praktisch bedeutsam ist vor allem, daß nach dem **deutsch-britischen Abkommen** der unmittelbare Verkehr (s. Art. 1 AusfVerO bei Art. 25 HZÜ) möglich ist, daß bei Verzicht auf Zwang Auslandsvertretungen Beweise ohne Rücksicht auf die Staatsangehörigkeit der beteiligten Personen aufnehmen können und gegen eigene Staatsangehörige sogar Zwang eingesetzt werden kann. Dazu die einschlägigen Vorschriften:

Art. 9: a) Das Gericht kann sich entsprechend den Vorschriften seiner Gesetzgebung mittels eines Rechtshilfeersuchens an die zuständige Behörde des anderen vertragsschließenden Teiles mit dem Ersuchen wenden, den Beweis innerhalb seines Geschäftsbereiches zu erheben.

b) Das Rechtshilfeersuchen soll in der Sprache der ersuchten Behörde abgefaßt oder von einer Übersetzung in diese Sprache begleitet sein, die von einem diplomatischen oder konsularischen Beamten oder beeidigten Dolmetscher eines der beiden Länder beglaubigt ist.

c) Das Rechtshilfeersuchen ist zu übermitteln:
– in Deutschland durch einen britischen konsularischen Beamten an den Präsidenten des deutschen Landgerichts;
– in England durch einen deutschen diplomatischen oder konsularischen Beamten an den Senior Master des Höchsten Gerichtshofs in England.

d) Der Gerichtsbehörde, an die das Rechtshilfeersuchen gerichtet ist, liegt es ob, ihm unter Anwendung derselben Zwangsmaßnahmen zu entsprechen wie bei Ausführung eines Ersuchens oder einer Anordnung der Behörden ihres eigenen Landes.

e) der diplomatische oder konsularische Beamte des ersuchenden Teiles ist auf seinen Wunsch von dem Zeitpunkt und dem Orte der Verhandlung zu benachrichtigen, damit die beteiligten Parteien ihr beiwohnen oder sich vertreten lassen können.

f) Die Erledigung des Rechtshilfeersuchens kann nur abgelehnt werden:
1. *wenn die Echtheit des Rechtshilfeersuchens nicht feststeht;*
2. *wenn in dem Lande, wo der Beweis erhoben werden soll, die Ausführung des in Frage stehenden Rechtshilfeersuchens nicht in den Bereich der Gerichtsgewalt fällt;*
3. *wenn der ersuchte Teil sie für geeignet hält, seine Hoheitsrechte oder seine Sicherheit zu gefährden.*

g) Im Falle der Unzuständigkeit der ersuchten Behörde ist das Rechtshilfeersuchen, ohne daß es eines weiteren Ersuchens bedarf, an die zuständige Behörde desselben Landes nach den von dessen Gesetzgebung aufgestellten Regeln abzugeben.

h) In allen Fällen, wo das Rechtshilfeersuchen von der ersuchten Behörde nicht erledigt wird, hat diese den diplomatischen oder konsularischen Beamten, der das Ersuchen übermittelt hat, unverzüglich zu benachrichtigen und dabei die Gründe anzugeben, aus denen die Erledigung des Rechtshilfeersuchens abgelehnt ist, oder die Behörde zu bezeichnen, an die das Ersuchen abgegeben ist.

i) Die Behörde, die das Rechtshilfeersuchen erledigt, hat in Ansehung des zu beobachtenden Verfahrens das Recht ihres eigenen Landes anzuwenden. Jedoch ist in einem Antrag der ersuchenden Behörde auf Anwendung eines besonderen Verfahrens zu entsprechen, sofern dies Verfahren der Gesetzgebung des ersuchten Landes nicht zuwiderläuft.

Der in Buchst. c) genannte höchste Gerichtshof Englands ist der Supreme Court of Judicature, der auch das erstinstanzlich tätige High Court umfaßt. Die anderen Staaten, für die das Abkommen weitergilt, haben entsprechende Gerichte benannt; s. amtl. Bek. bei Art. 25 HZÜ.

Art. 10 [Vom Abdruck wurde abgesehen]

Art. 11: a) Die Beweisaufnahme kann auch ohne Mitwirkung der Behörden des Landes, wo sie stattfinden soll, durch einen diplomatischen oder konsularischen Beamten des vertragschließenden Teiles vorgenommen werden, vor dessen Gerichten die Beweisaufnahme Verwendung finden soll, mit der Maßgabe, daß dieser Artikel auf Beweisaufnahmen bezüglich Angehöriger des vertragschließenden Teiles, auf dessen Gebiet sie stattfinden sollen, erst dann anwendbar ist, wenn die Deutsche Regierung zu irgendeinem Zeitpunkt durch eine förmliche Mitteilung ihres Botschafters in London bekanntgibt, daß sie mit einer derartigen Anwendung dieses Artikels einverstanden ist; in diesem Falle wird dieser Artikel von dem Zeitpunkt der förmlichen Mitteilung an auf derartige Angehörige anwendbar sein, wenn sie einer derartigen Beweisaufnahme zustimmen

b) Der diplomatische oder konsularische Beamte, der mit der Beweisaufnahme beauftragt ist, kann bestimmte Personen ersuchen, als Zeugen zu erscheinen oder Urkunden vorzulegen, und ist befugt, einen Eid abzunehmen, jedoch hat er keine Zwangsgewalt.

c) Die Beweisaufnahme kann nach Maßgabe des in den Gesetzen des Landes vorgesehenen Verfahrens vorgenommen werden, in dem sie Verwendung finden soll, und die Parteien haben das Recht, zu erscheinen oder sich durch Anwälte dieses Landes oder durch jede andere Person vertreten zu lassen, die befugt ist, vor den Gerichten eines der beiden Länder zu erscheinen.

Die in Buchst. a) Abs. 2 vorgesehene Bekanntgabe ist erfolgt (RGBl 29 II S. 133).

Art. 12: *a) Das zuständige Gericht des ersuchten Teiles kann auch ersucht werden, die Beweisaufnahme von einem diplomatischen oder konsularischen Beamten des ersuchenden Teiles vornehmen zu lassen.*

Sofern es sich um Angehörige des ersuchenden Teiles handelt, hat das ersuchte Gericht die erforderlichen Maßnahmen zu treffen, um sicherzustellen, daß die Zeugen oder die sonstigen zu vernehmenden Personen erscheinen und ihre Aussagen machen, und daß die Urkunden vorgelegt werden, wobei es, falls erforderlich, von seiner Zwangsgewalt Gebrauch macht.

b) Der von dem zuständigen Gericht bestellte Beamte ist befugt, einen Eid abzunehmen. Die Beweisaufnahme findet nach Maßgabe der Gesetzgebung des Landes statt, wo sie verwendet werden soll, und die Parteien haben das Recht, in Person zugegen zu sein oder sich durch Anwälte dieses Landes oder durch jede andere Person vertreten zu lassen, die befugt ist, vor den Gerichten eines der beiden Länder aufzutreten.

Art. 13–18 [vom Abdruck wurde abgesehen]

Art. 33 [Zulässige Vorbehalte]

(1) Jeder Staat kann bei der Unterzeichnung, bei der Ratifikation oder beim Beitritt die Anwendung des Artikels 4 Absatz 2 sowie des Kapitels II ganz oder teilweise ausschließen. Ein anderer Vorbehalt ist nicht zulässig.

(2) Jeder Vertragsstaat kann einen Vorbehalt, den er gemacht hat, jederzeit zurücknehmen; der Vorbehalt wird am sechzigsten Tag nach der Notifikation der Rücknahme unwirksam.

(3) Hat ein Staat einen Vorbehalt gemacht, so kann jeder andere Staat, der davon berührt wird, die gleiche Regelung gegenüber dem Staat anwenden, der den Vorbehalt gemacht hat.

Art. 34 [Rücknahme oder Änderung von Erklärungen]

Jeder Staat kann eine Erklärung jederzeit zurücknehmen oder ändern.

Art. 35–42 [vom Abdruck wurde abgesehen]

Anhang: Chronologisches Verzeichnis der EuGH-Rechtsprechung zum EuGVÜ

Tessili v. Dunlop	Urteil v. 6. 10. 76, Rs. 12/76; EuGHE 1976, 1473, 1474 = NJW 77, 491 – Geimer = RIW 77, 40 – Linke.
De Bloos v. Bouyer	Urteil v. 6. 10. 76, Rs. 14/76; EuGHE 1976, 1497, 1499 NJW 77, 490 – Geimer = RIW 77, 42 – Linke.
LTU v. Eurocontrol	Urteil v. 14. 10. 76, Rs. 29/76; EuGHE 1976, 1541, 1542 = NJW 77, 489 – Geimer = RIW 77, 40 – Linke.
Bier v. Mines de Potasse d'Alsace .	Urteil v. 30. 11. 76, Rs. 21/76; EuGHE 1976, 1735, 1736 = NJW 77, 493 – Geimer = RIW 77, 356 – Linke.
De Wolf v. Cox	Urteil v. 30. 11. 76, Rs. 42/76; EuGHE 1976, 1759, 1760 = NJW 77, 495 (L), 2023 – Geimer.
Colzani v. Rüwa	Urteil v. 14. 12. 76, Rs. 24/76; EuGHE 1976, 1831, 1833 = NJW 77, 494 = RIW 77, 104, 163 – G. Müller.
Segoura v. Bonakdarian	Urteil v. 14. 12. 76, Rs. 25/76; EuGHE 1976, 1851, 1853 = NJW 77, 495 = RIW 77, 105, 163 – G. Müller.
Bavaria Fluggesellschaft/Germanair v. Eurocontrol	Urteil v. 14. 7. 77, Rs. 9 u. 10/77; EuGHE 1977, 1517, 1519 = NJW 78, 483 – Geimer = RIW 77, 708.
Industrial Diamond Supplies v. Riva	Urteil v. 22. 11. 77, Rs. 43/77; EuGHE 1977, 2175, 2176 = NJW 78, 1107 (L) = RIW 78, 186.
Sanders v. van der Putte	Urteil v. 14. 12. 77, Rs. 73/77; EuGHE 1977, 2383, 2304 = NJW 78, 1107 (L) = RIW 78, 336.
Betrand v. Ott	Urteil v. 21. 6. 78, Rs. 150/77; EuGHE 1978, 1431, 1432 = RIW 78, 685.
Meeth v. Glacetal	Urteil v. 9. 11. 78, Rs. 23/78; EuGHE 1978, 2133, 2134 = NJW 79, 1110 (L) = RIW 78, 814.

Chronologisches Verzeichnis

Chronologisches Verzeichnis

W. v. H. . . . . Urteil v. 31. 3. 82, Rs. 25/81; EuGHE 1982, 1189, 1191 = RIW 82, 755; IPRax 83, 77, 65 – Sauveplanne.

Ivenel v. Schwab . . . . Urteil v. 26. 5. 82, Rs. 133/81; EuG-HE 1982, 1891, 1892 = RIW 82, 908 = IPrax 83, 173, 153 – Mezger.

Pendy Plastic v. Pluspunkt . . . . . . Urteil v. 15. 7. 82, Rs. 228/81; EuG-HE 1982, 2723, 2725 = NJW 82, 1937 (L) = RIW 82, 908 (L) = IPRax 85, 25, 6 – Geimer.

Peters v. Zuid Nederlandse
Aannemers Vereniging . . . . Urteil v. 22. 3. 83, Rs. 34/82; EuGHE 1983, 987, 989 = RIW 83, 871 = IPRax 84, 85, 65 – Schlosser.

Gerling v. Amministrazione del
tesoro dello Stato . . . . Urteil v. 14. 7. 83, Rs. 210/82; EuG-HE 1983, 2503, 2505 = RIW 84, 62 = IPRax 84, 259, 237 – Hübner.

Habourdin v. Italocremona . . . . . Beschluß v. 9. 11. 83, Rs. 80/83; EuGHE 1983, 3639, 3640.

Duijnstee v. Goderbauer . . . . Urteil v. 15. 11. 83, Rs. 228/82; EuG-HE 1983, 3663, 3665 = RIW 84, 483 = IPRax 85, 92, 76 – Stauder.

v. Gallera v. Maître . . . . Beschluß v. 28. 3. 84, Rs. 56/84; EuGHE 1984, 1769, 1770.

Zelger v. Salinitri. . . . . Urteil v. 7. 6. 84, Rs. 129/83; EuGHE 1984, 2397, 2398 = NJW 84, 2759 = RIW 84, 737 – Linke = IPRax 85, 336, 317 – Rauscher.

Russ v. Nova . . . . Urteil v. 19. 6. 84, Rs. 71/83; EuGHE 1984, 2417, 2419 = RIW 84, 909 – Schlosser = IPRax 85, 152, 133 – Basedow.

Firma P. v. Firma K. . . . . Urteil v. 12. 7. 84, Rs, 178/83; EuG-HE 1984, 3033, 3034 = RIW 84, 814 = IPRax 85, 274, 254 – Stürner.

Brennero v. Wendel . . . . Urteil v. 27. 11. 84, Rs. 258/83; EuG-HE 1984, 3971, 3972 = RIW 85, 235 – Linke = IPRax 85, 339, 321 – Schlosser.

Rösler v. Rottwinkel . . . . Urteil v. 15. 1. 85, Rs. 241/83; EuG-HE 1985, 99, 110 = NJW 85, 905 = RIW 85, 238 = IPRax 86, 97, 75 – Kreuzer.

Spitzley v. Sommer . . . . Urteil v. 7. 3. 85, Rs. 48/84; EuGHE 1985, 787, 794 = NJW 85, 2893 = RIW 85, 313, 887 – Rauscher = IPRax 86, 27, 20 – Gottwald.

Chronologisches Verzeichnis

Debaecker v. Bouwmann . . . . . . Urteil v. 11. 6. 85, Rs. 49/84; EuGHE 1985, 1779, 1793 = NJW 86, 1425 (L) = RIW 85, 967.

Deutsche Genossenschaftsbank
v. Brasserie du Pêcheur . . . . Urteil v. 2. 7. 85, Rs. 148/84; EuGHE 1985, 1981, 1987 = NJW 86, 657 (L).

AS Autoteile v. Malhé . . . . Urteil v. 4. 7. 85, Rs. 220/84; EuGHE 1985, 2267, 2273 = NJW 85, 2892 = RIW 85, 734 = IPRax 86, 232, 208 – Geimer.

Berghoefer v. ASA . . . . Urteil v. 11. 7. 85, Rs. 221/84; EUG-HE 1985, 2699, 2704 = NJW 85, 2893 (L) = RIW 85, 736.

Capelloni v. Pelkmans . . . . Urteil v. 3. 10. 85, Rs. 119/84; EuG-HE 1985, 3147, 3155 = RIW 86, 300.

Anterist v. Crédit Lyonnais . . . . . Urteil v. 24. 6. 86, Rs. 22/85; EuGHE 1986, 1951, 1958 = RIW 86, 636 = IPRax 87, 105, 81 – Gottwald.

Carron v. Bundesrepublik
Deutschland . . . . Urteil v. 10. 7. 86, Rs. 198/85; EuG-HE 1986, 2437, 2442 = RIW 86, 994 = IPRax 87, 229, 209 – Jayme/ Abend.

Iveco Fiat v. Van Hool . . . . Urteil v. 11. 11. 86, Rs. 313/85; EuG-HE 1986, 3337, 3354 = NJW 87, 2155 = RIW 87, 311 = IPRax 89, 383, 361 – Jayme.

Shenavai v. Kreischer . . . . Urteil v. 15. 1. 87, Rs. 266/85; EuG-HE 1987, 239, 252 = NJW 87, 1131 – Geimer = RIW 87, 213 = IPRax 87, 366, 346 – Mezger.

Gubisch v. Palumbo . . . . Urteil v. 8. 12. 87, Rs. 144/86; EuG-HE 1987, 4861, 4872 = NJW 89, 665 = RIW 88, 818 – Linke = IPRax 89, 157, 139 – Schack.

Schotte v. Parfums Rothschild . . . Urteil v. 9. 12. 87, Rs. 218/86; EuG-HE 1987, 4905, 4917 = NJW 88, 625 = RIW 88, 136, 220 (L) – Geimer = IPRax 89, 96, 81 – Kronke.

Hoffmann v. Krieg . . . . Urteil v. 4. 2. 88, Rs. 145/86; EuGHE 1988, 645, 663 = NJW 89, 663 = RIW 89, 820 – Linke = IPRax 89, 159, 139 – Schack.

Arcado v. Haviland . . . . Urteil v. 8. 3. 88, Rs. 9/87; EuGHE 1988, 1539, 1552 = NJW 89, 1424 = RIW 88, 987 (L) – Schlosser = IPRax 89, 227, 207 – Mezger.

Chronologisches Verzeichnis

Chronologisches Verzeichnis

Chronologisches Verzeichnis

	= IPRax 95, 31, 13 – Jayme = ZEuP 95, 655 – Schack.
Brenner und Noller v. Dean Witter Reynolds	Urteil v. 15. 9. 94, Rs. 318/93; EuG-HE 1994 I 4275 = RIW 94, 1045 = IPRax 95, 315, 289 – Rauscher = EWS 94, 353.
Tatry v. Maciej Rataj	Urteil v. 6. 12. 94, Rs. 406/92; EuG-HE 1994 I 5439 = NJW 95, 1883 (L) = JZ 95, 616, 603 – Huber = EuZW 95, 309, 365 – Wolf = IPRax 1996, 108, 80 – Schack = EWS 95, 90, 361 – Lenenbach.
Shevill v. Presse Alliance	Urteil v. 7. 3. 95, Rs. 68/93; EuGHE 1995 I 415 = NJW 95, 1881 = EWS 95, 165 = EuZW 95, 248.
Kleinwort Benson v. City of Glasgow	Urteil v. 28. 3. 95, Rs. 346/93; EuG-HE 1995 I 615 = EWS 95, 197.
Lloyd's Register of Shipping v. Campenon Bernard	Urteil v. 6. 4. 95, Rs. 439/93; EuGHE 1995 I 961 = RIW 95, 585 = EWS 95, 194.
Danvaern Production v. Schufabriken Otterbeck	Urteil v. 13. 7. 95, Rs. 341/93; EuG-HE 1995 I 2053 = NJW 96, 42 = EuZW 95, 639 – Geimer = EWS 95, 310.
Hengst Import v. Campese	Urteil v. 13. 7. 95, Rs. 474/93; EuG-HE 1995 I 2113 = EuZW 95, 803 = EWS 95, 308.
SISRO v. Ampersand	Urteil v. 11. 8. 95, Rs. 432/93; RIW 95, 940 = EuZW 95, 800 = EWS 95, 345.
Marinari v. Lloyds Bank	Urteil v. 19. 9. 95, Rs. 364/93; JZ 95, 1107 – Geimer = EuZW 95, 765 – Holl = EWS 45, 422.

Sachverzeichnis

Die fettgedruckten Ziffern bezeichnen die Artikel, die anderen die jeweiligen Randnummern. Artikel ohne weitere Angaben beziehen sich auf das EuGVÜ

Sachverzeichnis

Sachverzeichnis

Sachverzeichnis

Sachverzeichnis

Sachverzeichnis

Sachverzeichnis

Sachverzeichnis